TRICK 17

MALEN & ZEICHNEN

MONIKA REITER
GECKO KECK
KIRSTEN ALBERS

INHALT

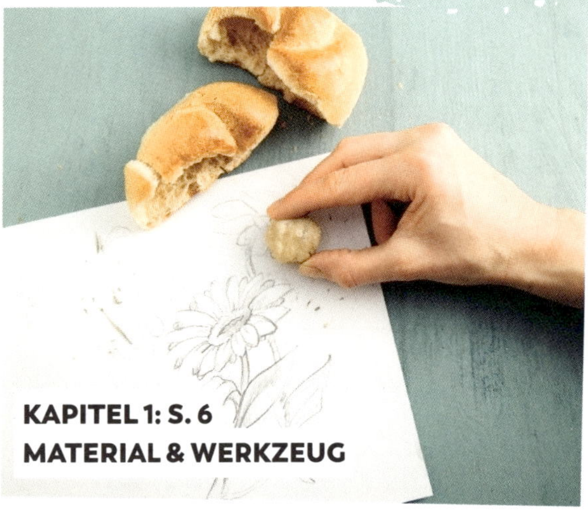

KAPITEL 1: S. 6
MATERIAL & WERKZEUG

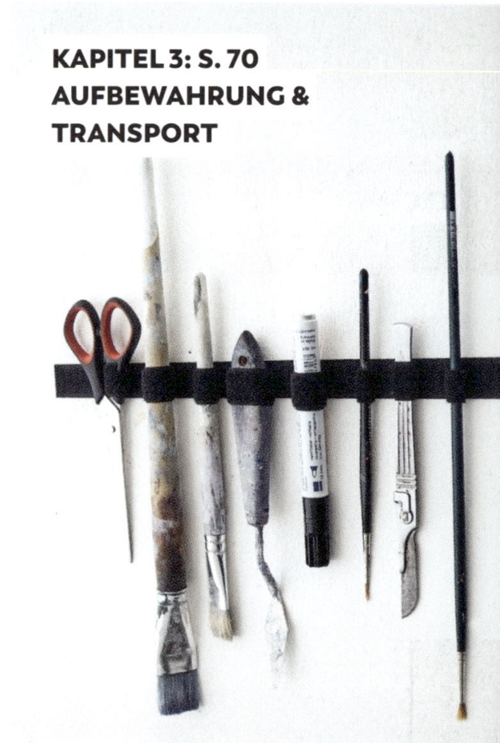

KAPITEL 3: S. 70
AUFBEWAHRUNG & TRANSPORT

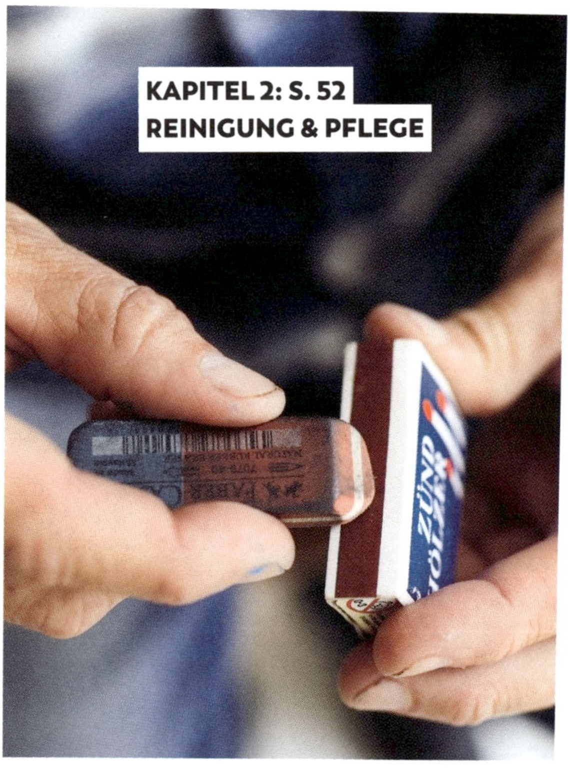

KAPITEL 2: S. 52
REINIGUNG & PFLEGE

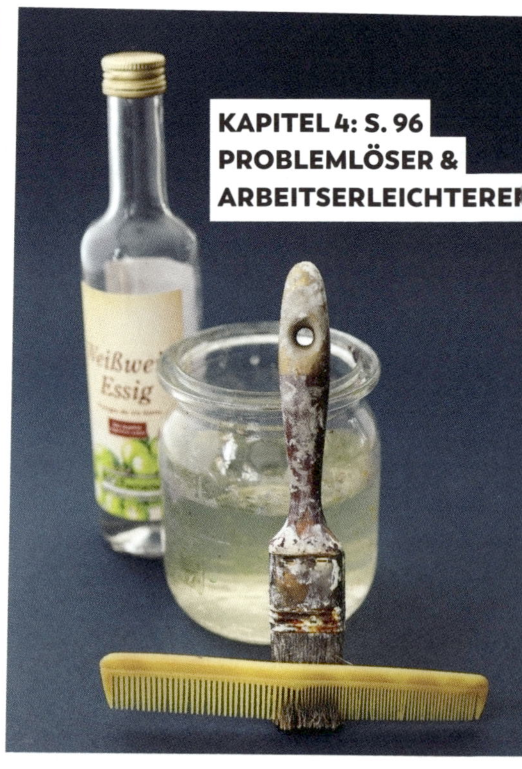

KAPITEL 4: S. 96
PROBLEMLÖSER & ARBEITSERLEICHTERER

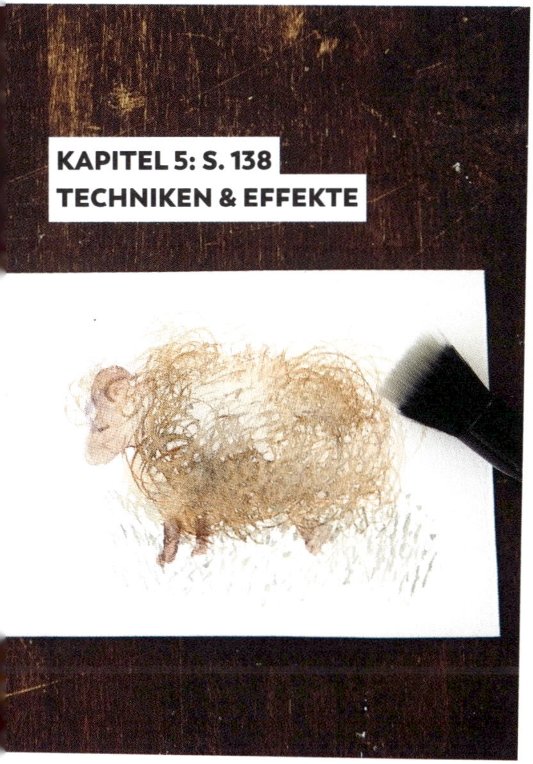

KAPITEL 5: S. 138
TECHNIKEN & EFFEKTE

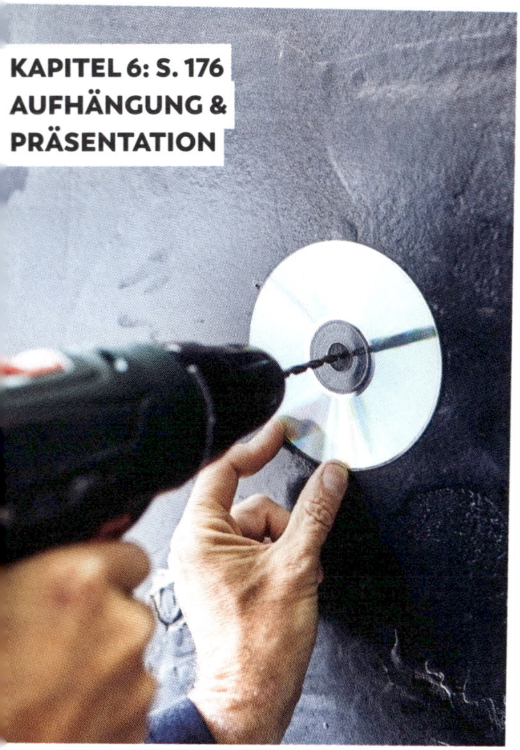

KAPITEL 6: S. 176
AUFHÄNGUNG & PRÄSENTATION

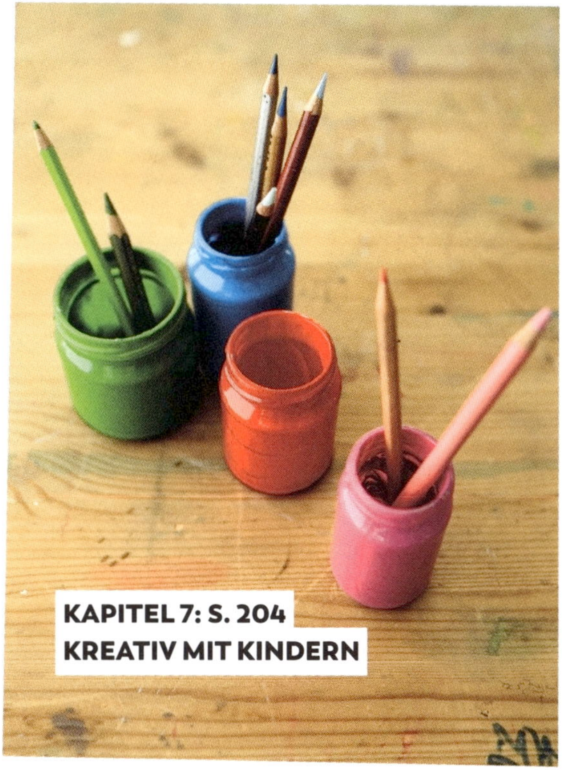

KAPITEL 7: S. 204
KREATIV MIT KINDERN

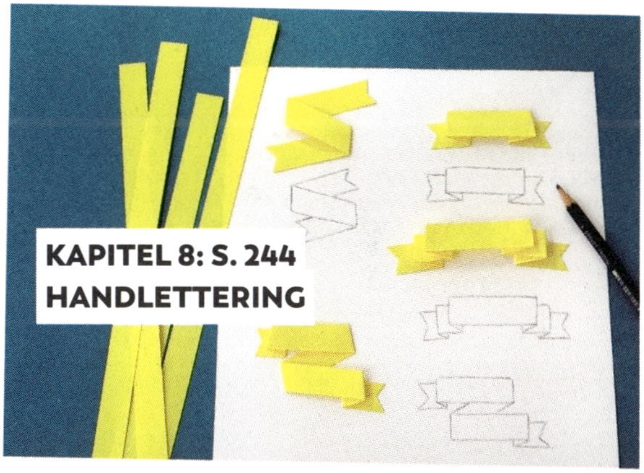

KAPITEL 8: S. 244
HANDLETTERING

MAKING OF: S. 302
FAILS: S. 306
REGISTER: S. 310
DER VERLAG: S. 314
BUCHEMPFEHLUNGEN: S. 316
IMPRESSUM: S. 320

VORWORT

Wer hat das nicht auch schon erlebt: Man möchte gerade loslegen und plötzlich bemerkt man, dass die Farbtuben nicht aufgehen, weil der Deckel verklebt ist, oder der Pinsel aus der Form geraten ist. Was tun? Auf diese und viele andere Alltagsherausforderungen aus dem Bereich Malen & Zeichnen bekommst du hier genial einfache Antworten.

Aber nicht nur Pannenhelfer und Problemlöser findest du in diesem Buch, auch viele kleine Tricks und Kniffe, die deine kreative Arbeit erleichtern, alternative Materialien, die schon in deiner Nähe auf dich warten, um von einem einfachen Haushaltsgegenstand zu einem kreativen Einsatzhelfer zu werden. Unsere Hacks sorgen nicht nur für Ordnung und geben praktische Tipps für die Reinigung und Pflege, sie halten auch spannende Ideen für Techniken und Effekte bereit und geben viele Anregungen für die Präsentation deiner Werke.

Auch das Thema Recycling spielt hier eine Rolle. Leere Pralinenschachteln werden zu Paletten, Farbreste zu neuen Bildern und alte Besen steigen auf zum Stiftehalter. Das schont nicht nur den Geldbeutel, sondern auch die Umwelt.

Da wir schon seit vielen Jahren im Bereich Malen & Zeichnen sowie Handlettering unsere Pinsel, Bleistifte oder Brush Pens schwingen, haben wir unseren großen Erfahrungsschatz in diese umfangreiche Lifehack-Sammlung einbringen können.

Wir wünschen dir viel Spaß für dein kreatives Schaffen!

Monika Reiter   Gecko Keck   Kirsten Albers

Material und Werkzeug

Ärgerlich, wenn eine gelungene Zeichnung durch den Handballen oder die Finger verwischt wird. Fixiere lieber deine Zeichnung, damit das nicht mehr passiert. Haarspray ist zum Beispiel ein gutes Fixativ.

Vorsicht: Sprühe nicht zu viel, das kann Flecken geben und die Zeichnung ruinieren.

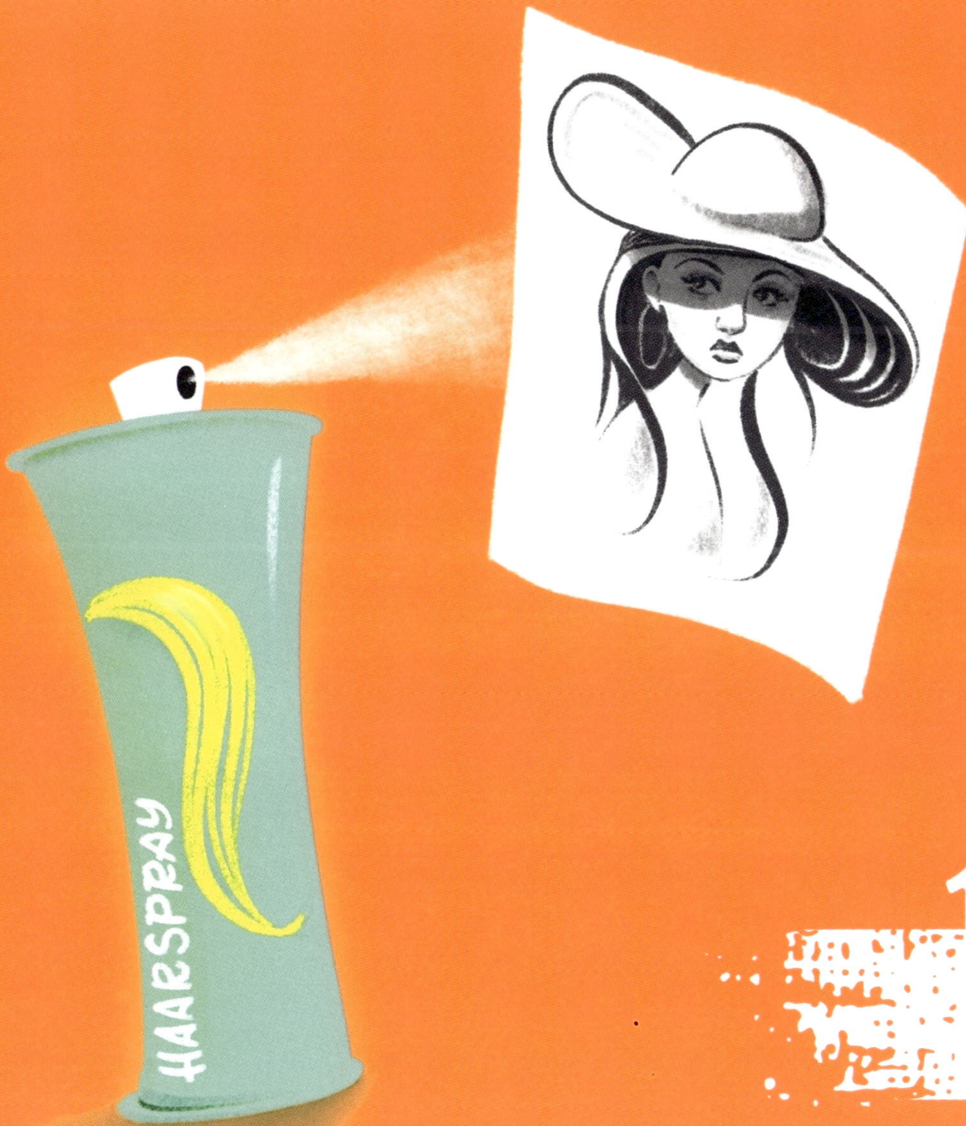

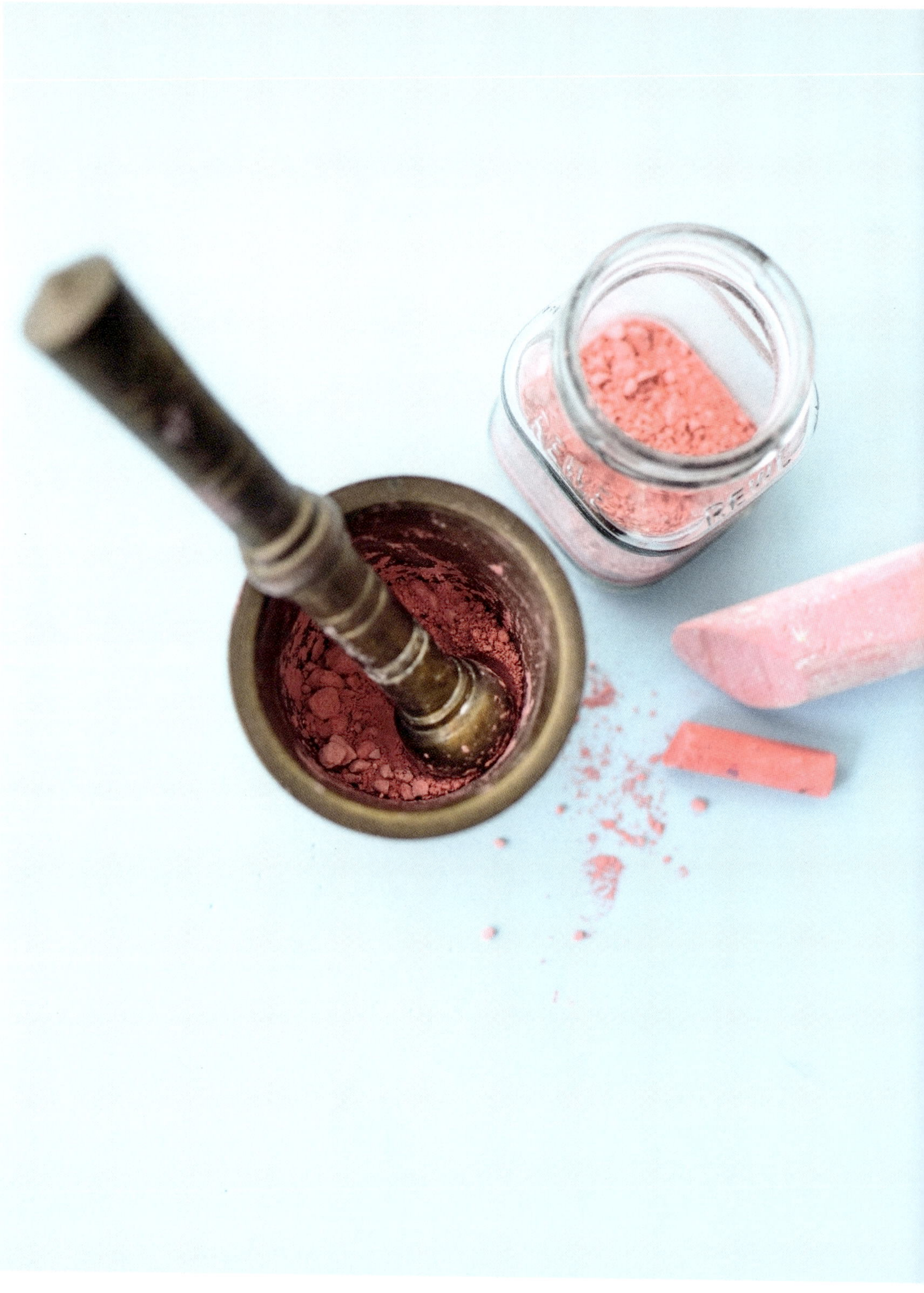

Das Schöne an diesem Kapitel ist: Man benötigt für die vorgestellten Hacks kaum Einkäufe. Das Meiste hat man in der Regel zuhause, besonders wenn man dazu neigt, nicht immer alles sofort wegzuwerfen. Alte Farbeimer, Besen oder Kartons verdienen eine zweite Chance – gib sie ihnen! Und schau mal, was sich sonst noch alles mit einfachen Mitteln herstellen lässt. Viel Freude beim Malen und Zeichnen!

2

KARTENTRICK

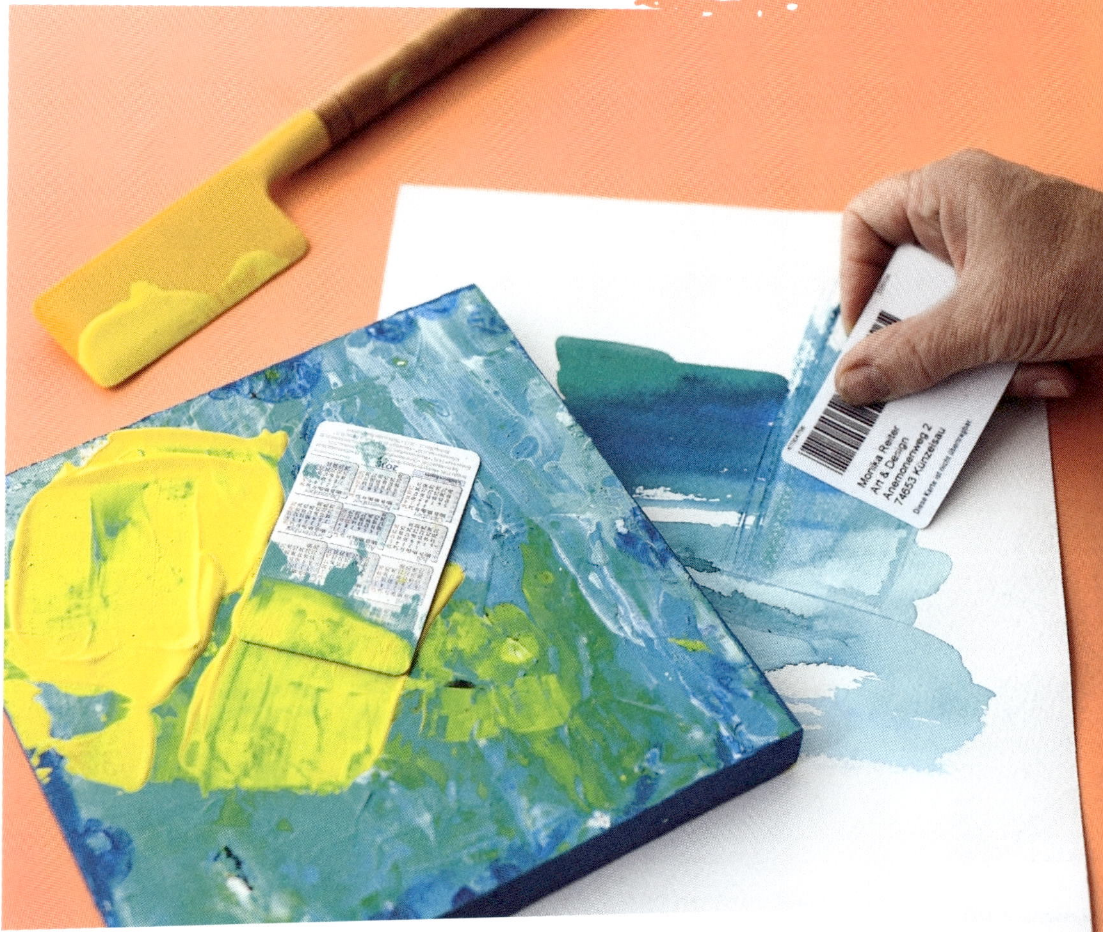

Verwende abgelaufene Plastikkärtchen zum Spachteln von Acryl- oder Ölfarbe. Auch für Effekte in wässriger Farbe eignen sie sich bestens.

Backschaber sind ebenfalls super, da sie sehr elastisch sind.

3

ULTIMATIVER MALGRUND

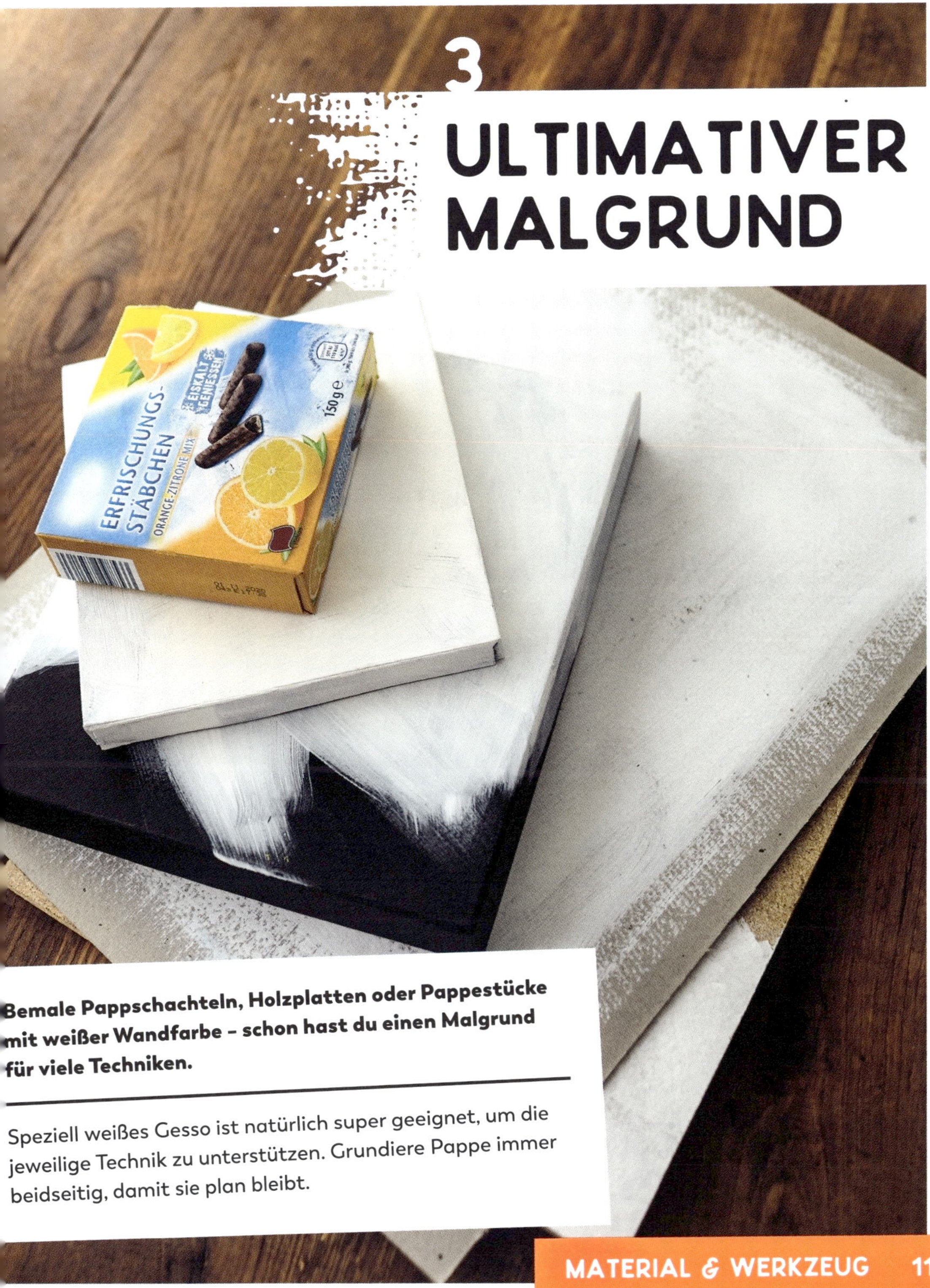

Bemale Pappschachteln, Holzplatten oder Pappestücke mit weißer Wandfarbe – schon hast du einen Malgrund für viele Techniken.

Speziell weißes Gesso ist natürlich super geeignet, um die jeweilige Technik zu unterstützen. Grundiere Pappe immer beidseitig, damit sie plan bleibt.

4

PERSPEKTIVE LEICHT GEMACHT

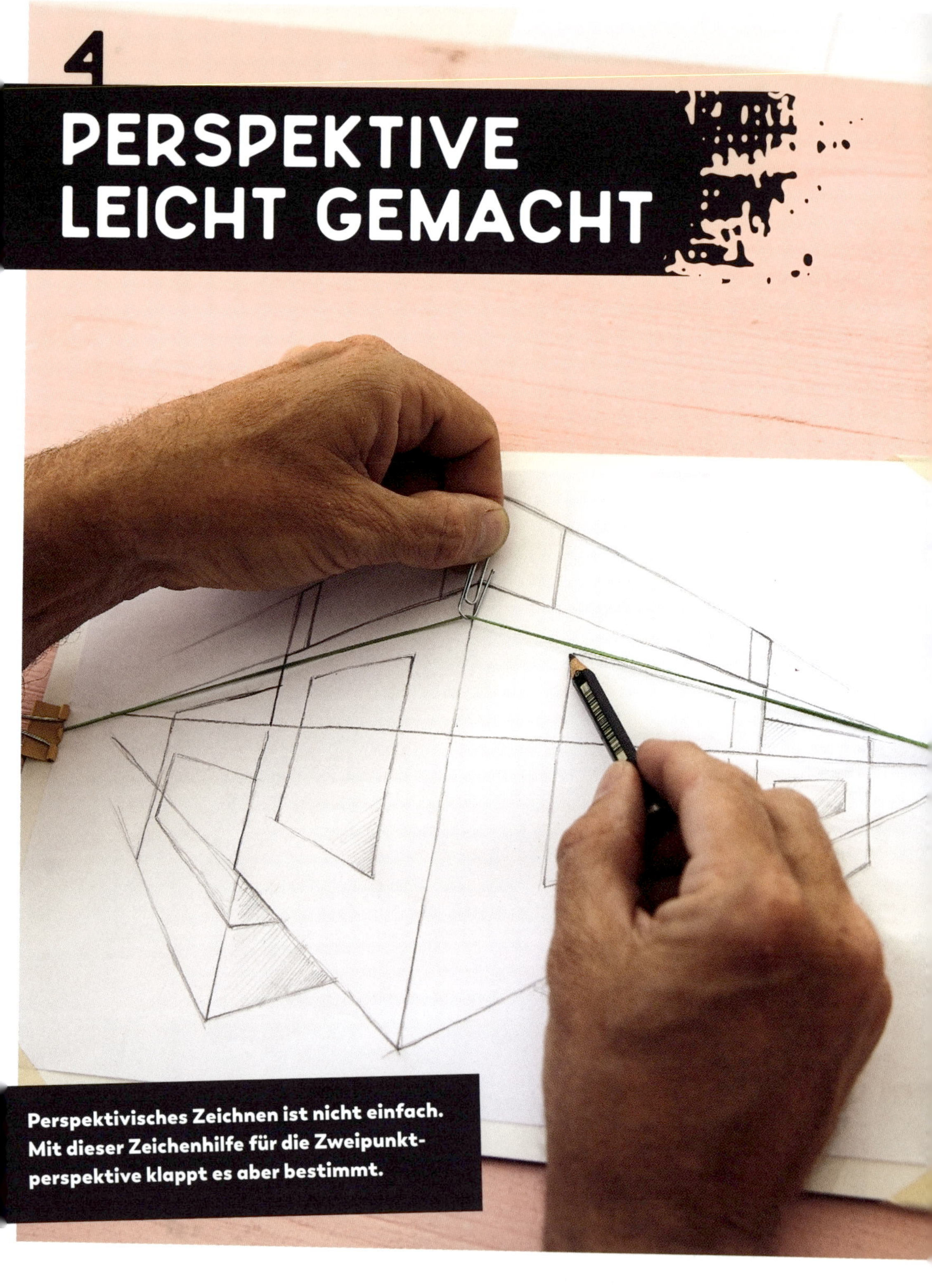

Perspektivisches Zeichnen ist nicht einfach. Mit dieser Zeichenhilfe für die Zweipunktperspektive klappt es aber bestimmt.

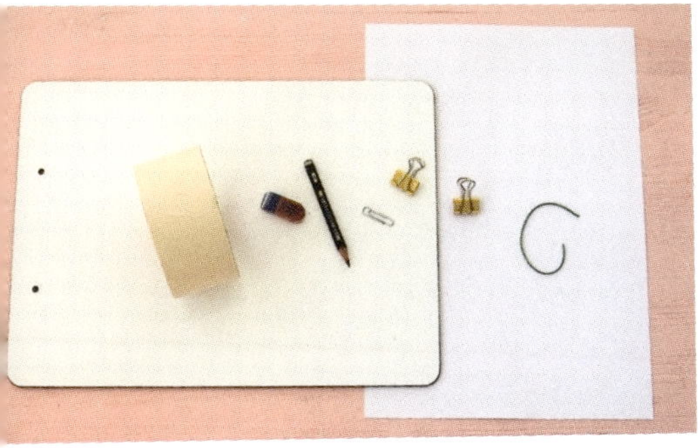

1 **Du benötigst: feste Unterlage, Papier, Klebeband, Bleistift, Gummiband, zwei Foldback-Klammern**

2 **Befestige ein Blatt Papier mit etwas Kreppband an den Ecken auf einer festen, glatten Zeichenunterlage.**

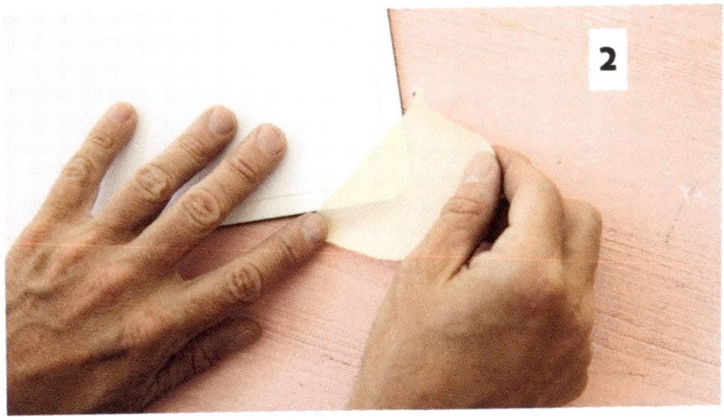

3 **Klemme zwei Foldback-Klammern mittig links und rechts an den Rand der Zeichenunterlage. Befestige an den Klammern ein Gummiband so, dass es leicht gespannt ist und horizontal auf dem Blatt aufliegt.**

4 **Spanne nun das Gummi so, wie es dem Verlauf deiner gewünschten Zeichenlinien entspricht. Jetzt kannst du anhand des Gummibands die perspektivischen Verläufe einzeichnen.**

Je nach Zeichenuntergrund kannst du das Gummiband auch an Reißzwecken oder Sicherheitsnadeln befestigen.

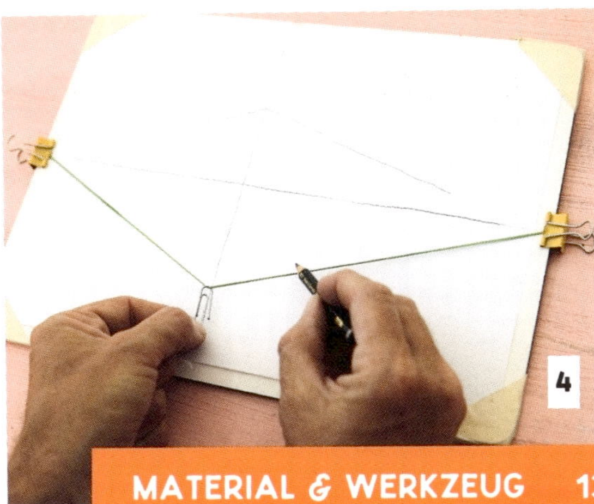

5

PUNKTGENAU

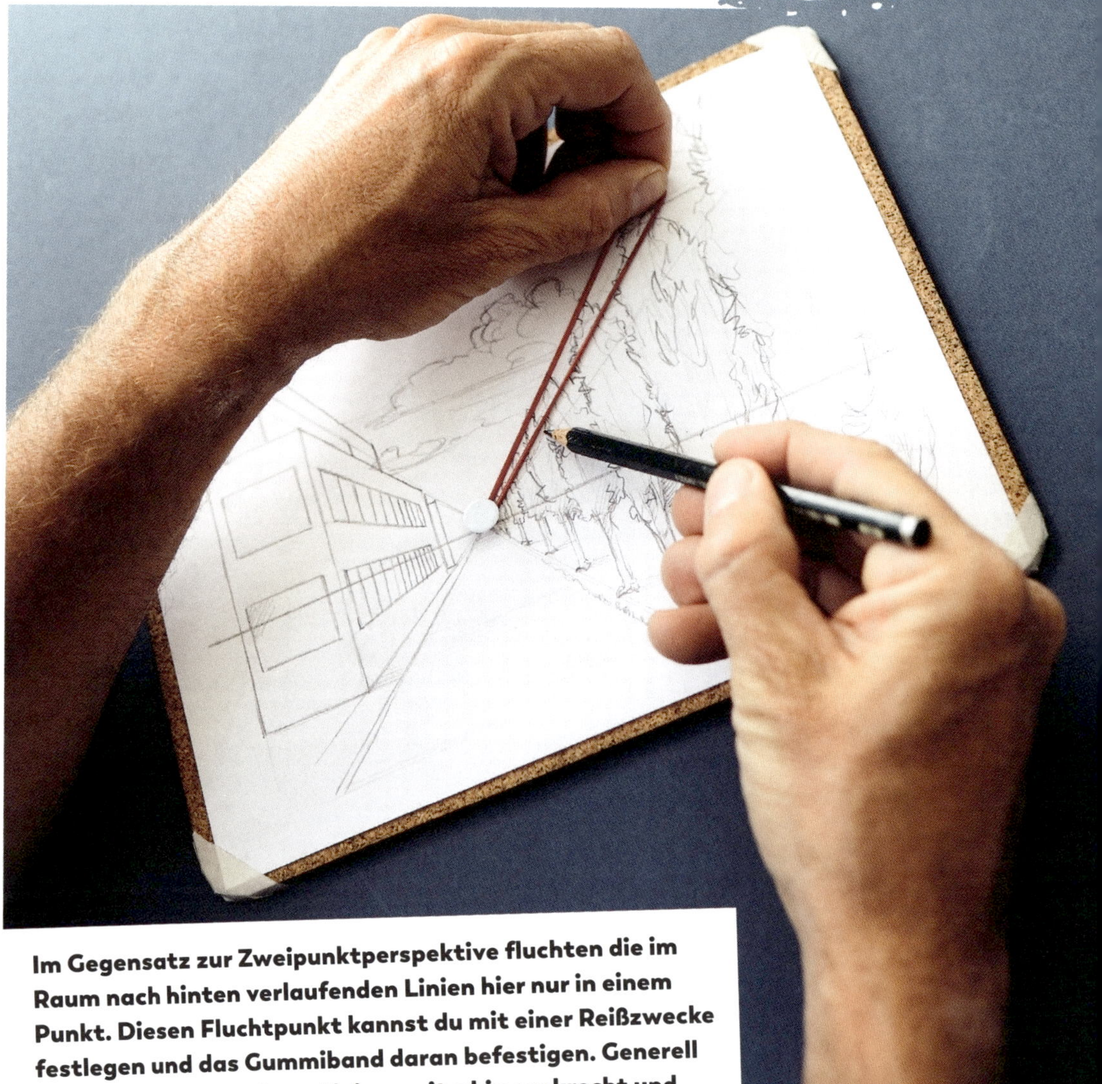

Im Gegensatz zur Zweipunktperspektive fluchten die im Raum nach hinten verlaufenden Linien hier nur in einem Punkt. Diesen Fluchtpunkt kannst du mit einer Reißzwecke festlegen und das Gummiband daran befestigen. Generell bleiben alle senkrechten Linien weiterhin senkrecht und alle waagrechten Linien waagrecht.

Für perspektivische Motive auf Leinwand, die einen Fluchtpunkt haben, eignet sich die Nadel-Faden-Methode. Stich mit einer Nadel mit eingefädeltem Faden von hinten durch die Leinwand. Vergiss den Knoten hinten nicht! Lege den Faden wie gewünscht auf und fahre mit einem Bleistift an ihm entlang. Spieße dann ein kleines Stück Zeichenkohle auf die Nadel – damit kannst du die Vorzeichnung für dein Acrylbild gut sichtbar anfertigen.

Die Methode ist auch für das Zeichnen von Kreisen auf Leinwänden geeignet.

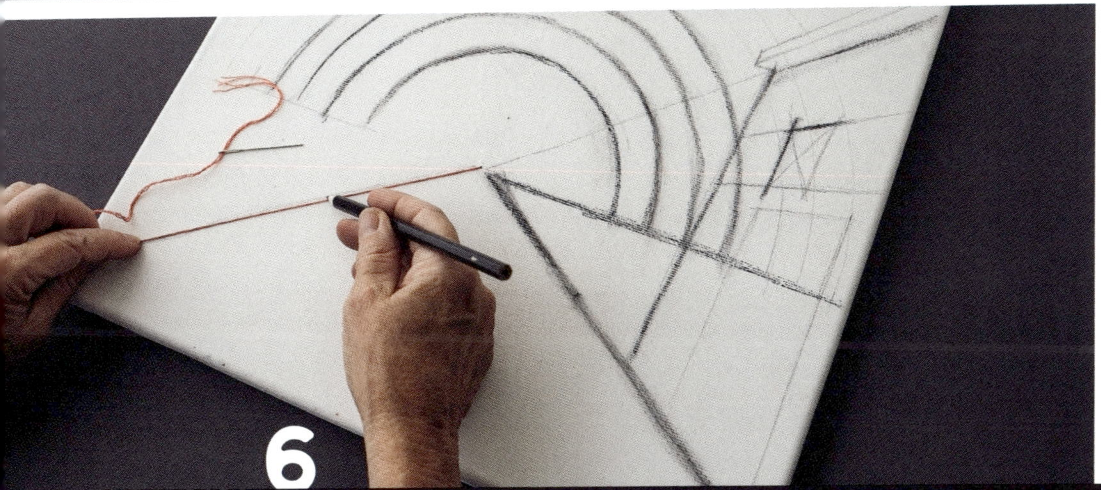

6 NADELPERSPEKTIVE

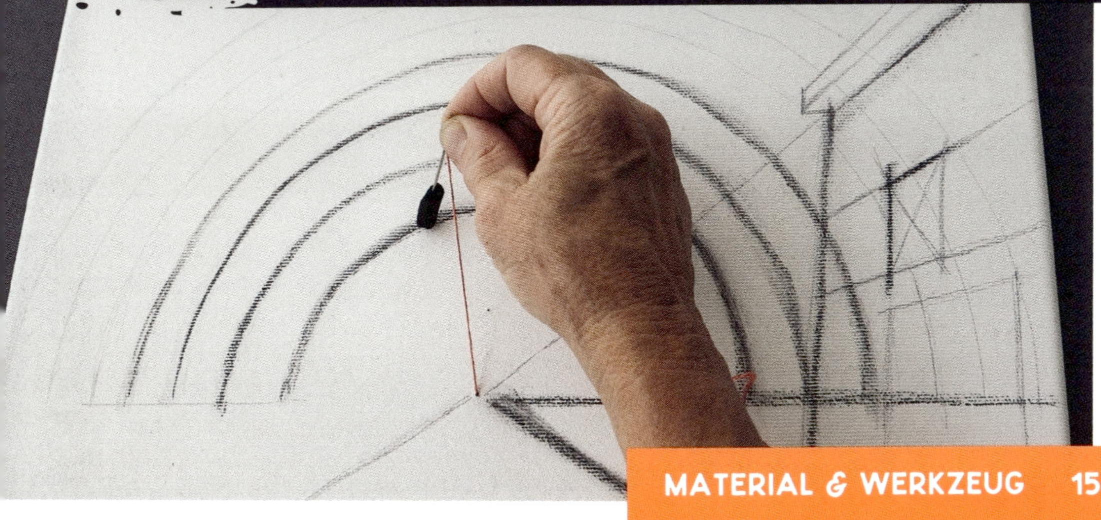

Die meisten Spitzer sind so konzipiert, dass möglichst viel vom Blei- oder Buntstift abgespitzt wird. Klar, wir sollen ja viele Stifte kaufen! Spitzt man vorsichtig mit einem kleinen Cuttermesser nur das, was nötig ist, hält der Stift mindestens doppelt so lang.

Führe die Bewegung mit dem Cuttermesser möglichst immer vom Körper weg, sonst droht Verletzungsgefahr!

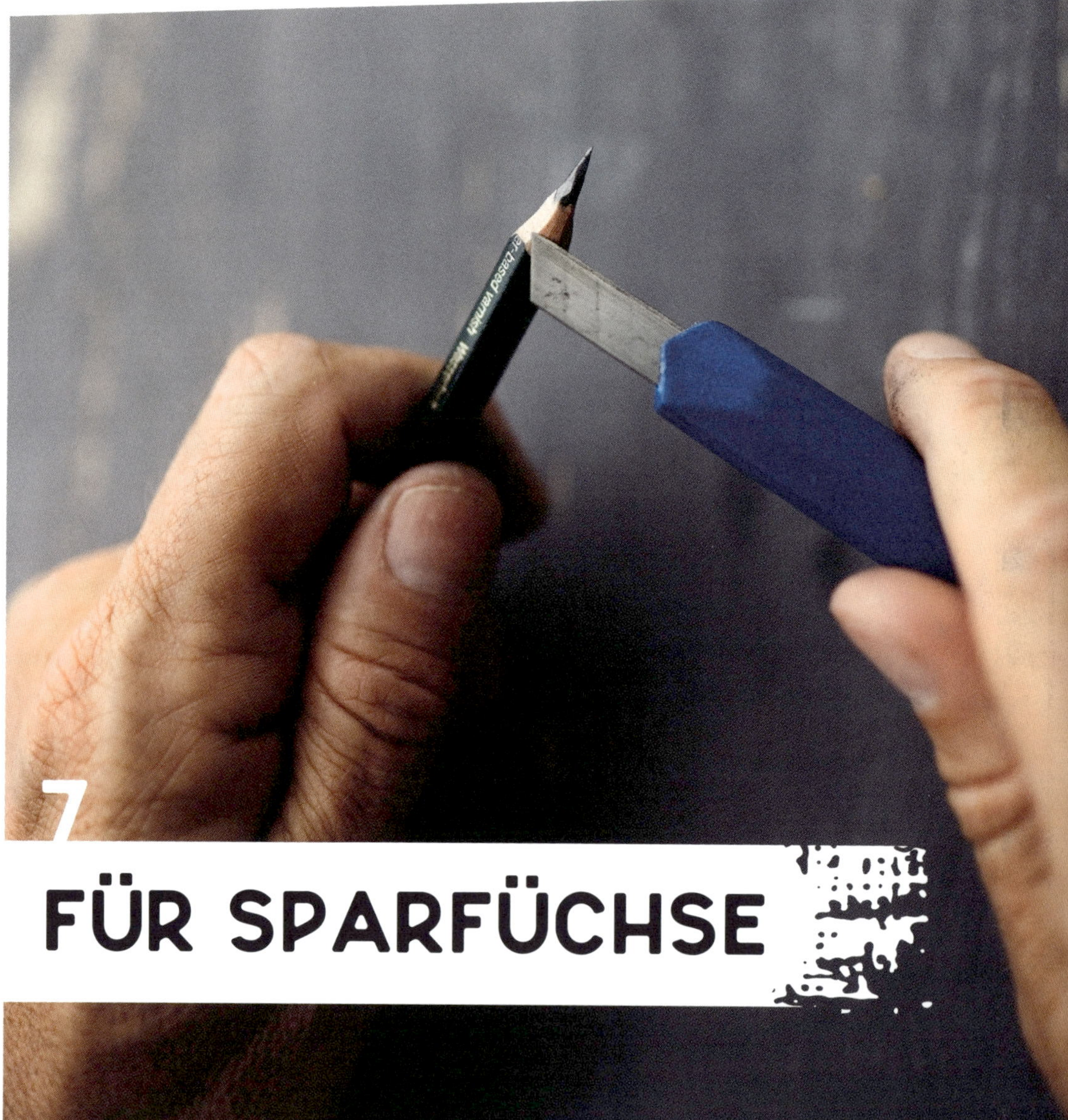

7 FÜR SPARFÜCHSE

Hast du das auch schon erlebt? Du zeichnest etwas, es schleicht sich ein kleiner Fehler ein – und der Radierer fehlt! In diesem Fall kannst du dir mit einem Stückchen geknetetem Weißbrot behelfen. Das funktioniert als „Ersatzradierer" gut.

Je weicher der verwendete Bleistift, umso eher funktioniert das Radieren mit dem Brotstückchen.

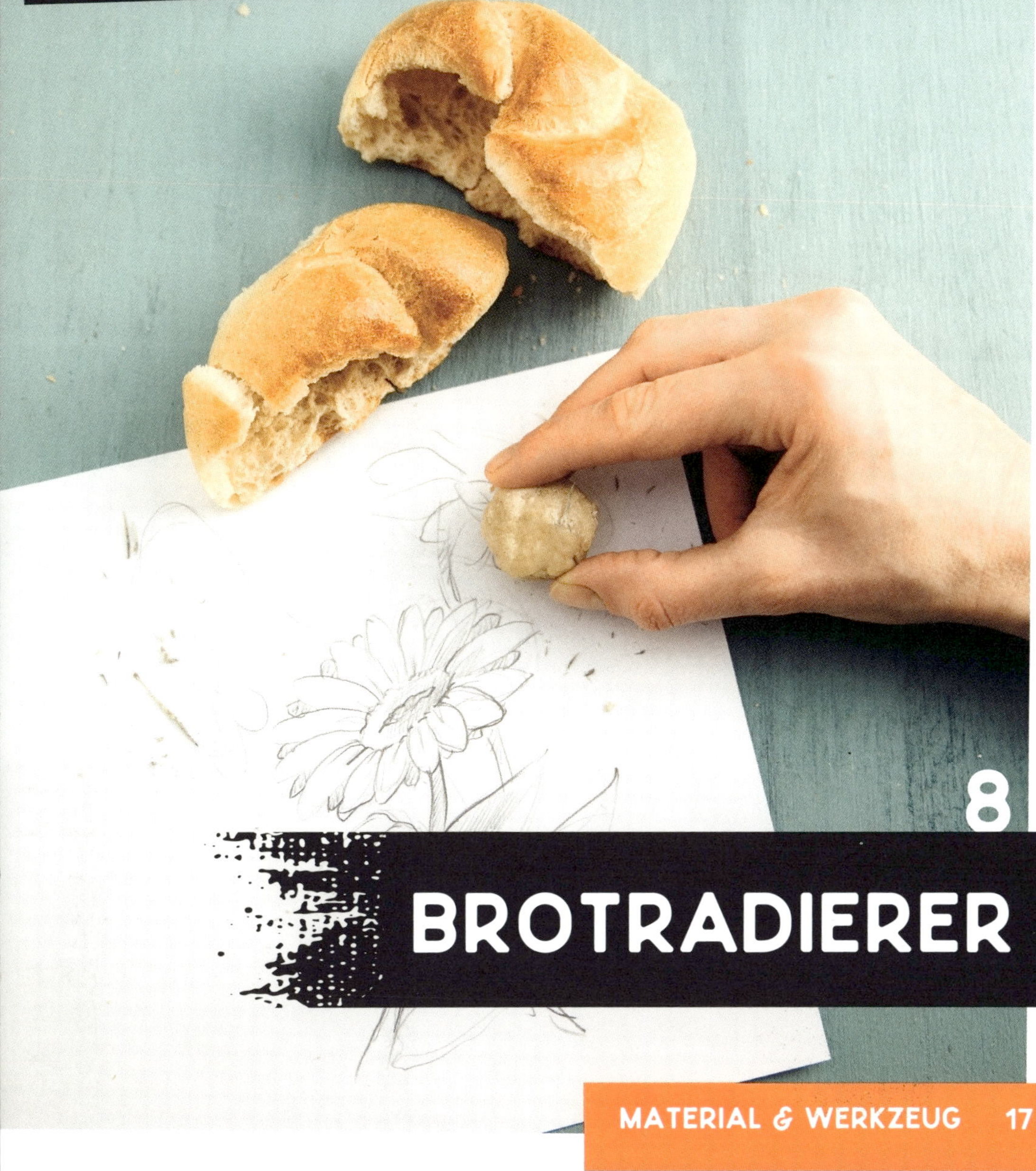

8

BROTRADIERER

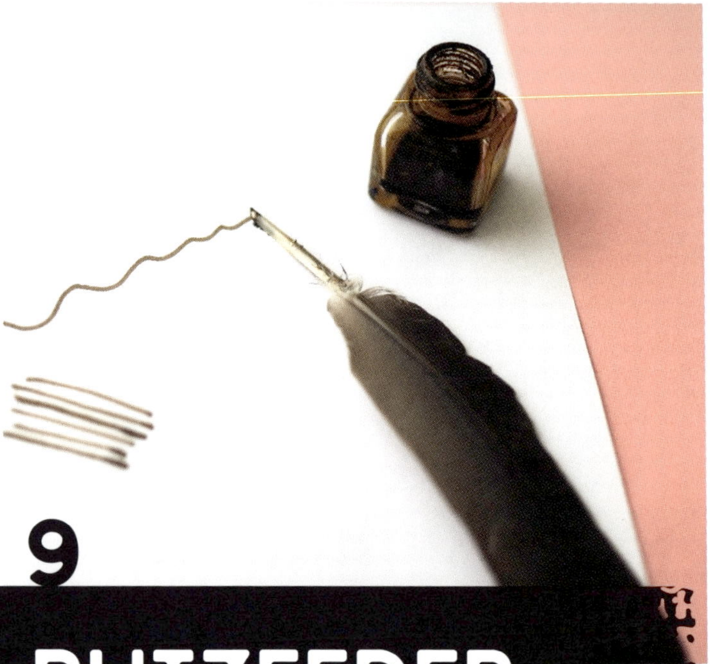

9 BLITZFEDER

Aus einem dünnen Trinkhalm, so wie er an Einwegverpackungen von Erfrischungsgetränken befestigt ist, lässt sich prima eine Zeichenfeder machen. Einfach vorne etwas anschrägen und mit einem kleinen Schlitz versehen.

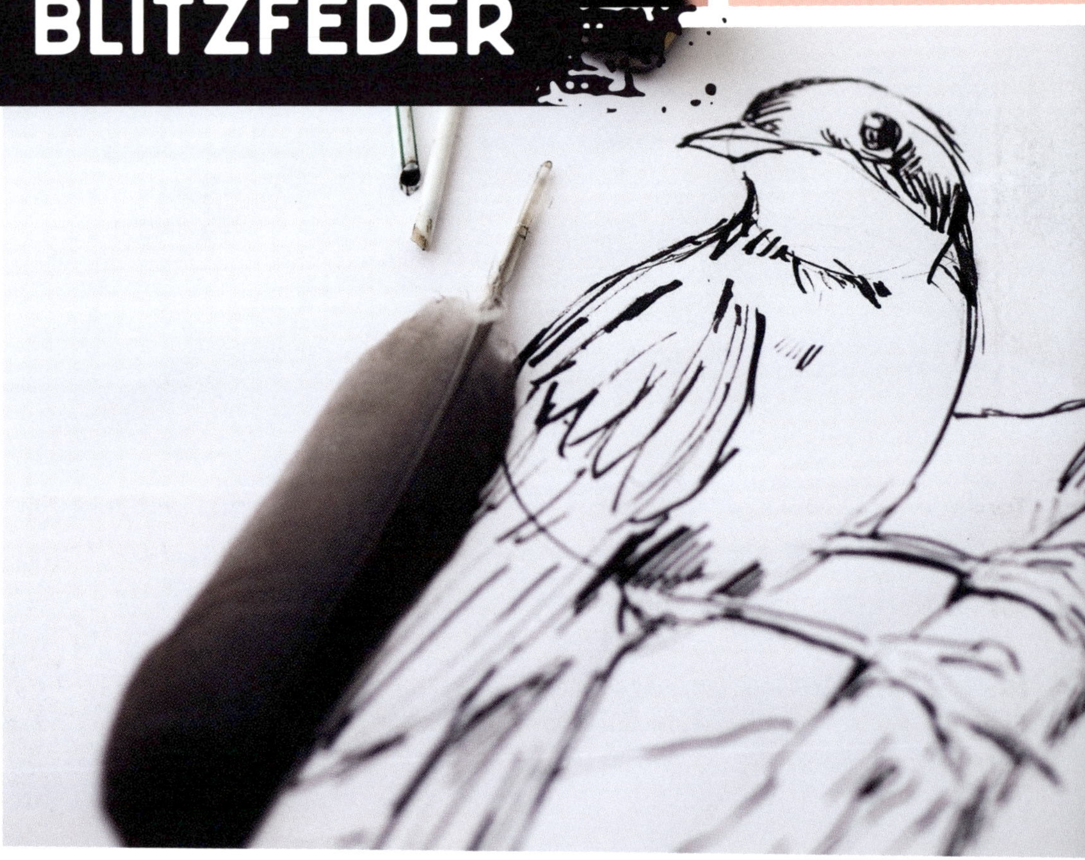

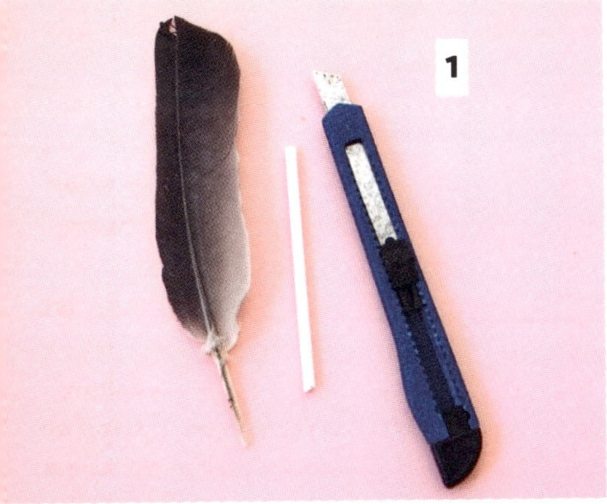

1 **Du benötigst: Trinkhalm, Cuttermesser, eventuell Vogelfeder**

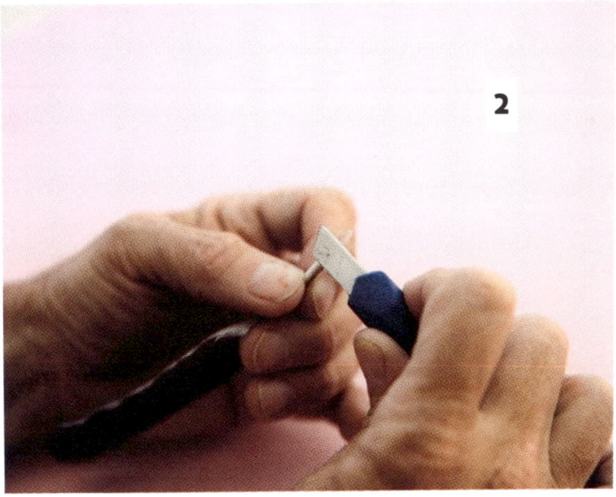

2 **Schneide das untere Ende eines Trinkhalms aus Kunststoff oder einer Vogelfeder mit einem Cuttermesser schräg ab.**

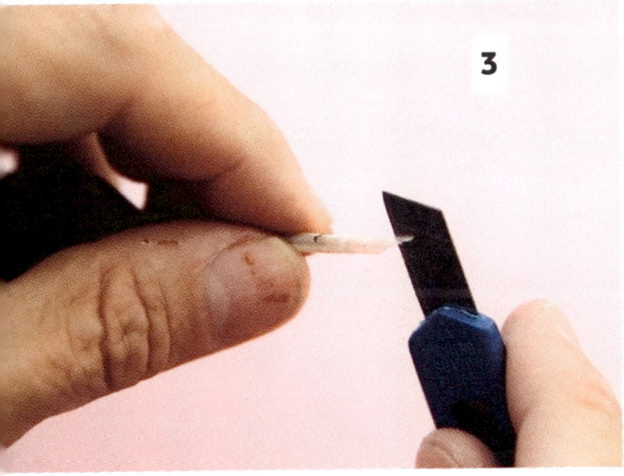

3 **Schneide dann in die Spitze der Feder oder des Trinkhalms einen feinen, etwa zwei Millimeter langen Schlitz.**

4 **Tauche die Feder oder den Halm etwa drei bis vier Millimeter tief in Tusche oder Tinte, sodass sich der vordere Teil der Spitze mit Farbe füllt.**

5 **Nun kannst du mit deiner selbstgemachten Feder schreiben und zeichnen. Tauche die Feder zwischendurch immer wieder in die Tusche oder Tinte ein.**

Alternativ kannst du auch eine große Vogelfeder, zum Beispiel von einem Schwan, zu einem Zeichenwerkzeug umgestalten. So wurden schon in früheren Zeiten Schreibfedern gemacht.

10

VOLLE PAUSKRAFT VORAUS

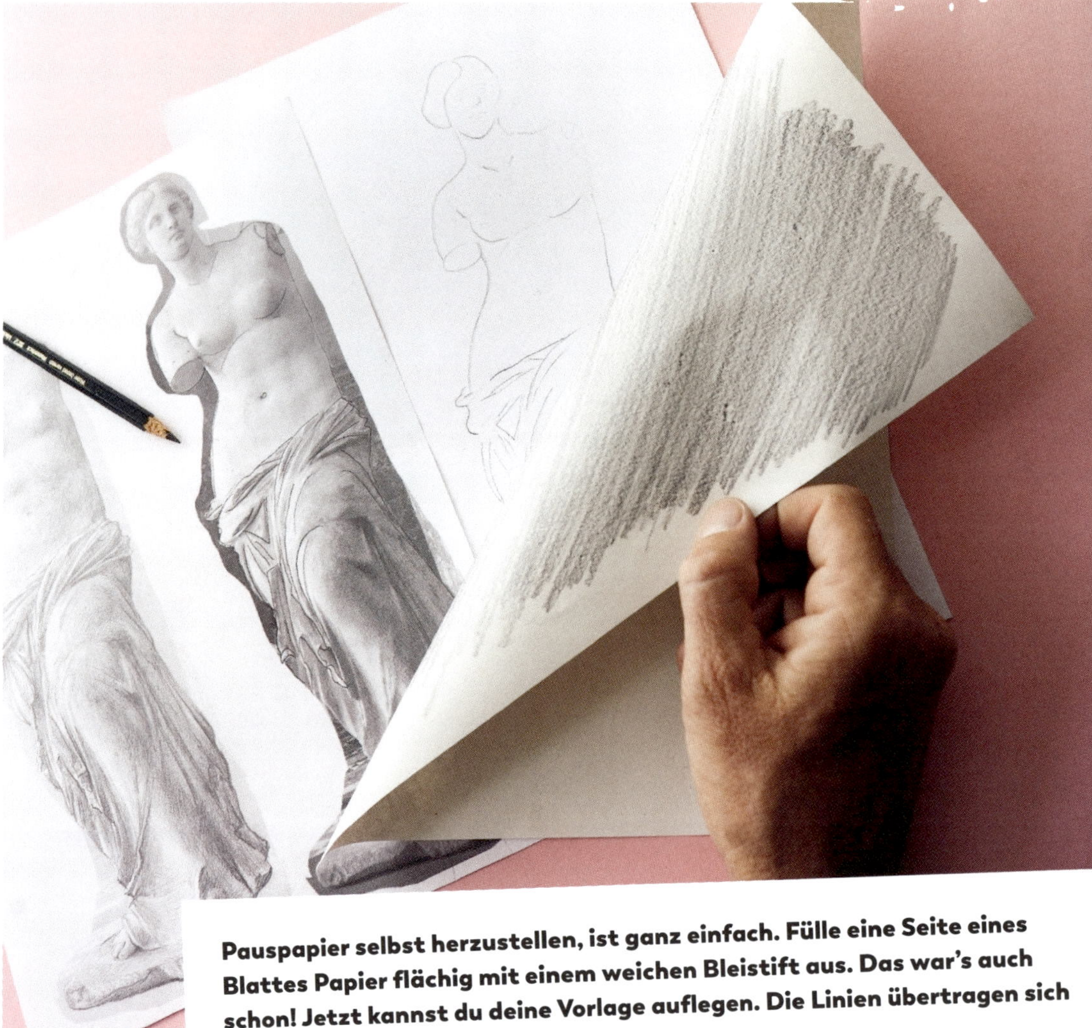

Pauspapier selbst herzustellen, ist ganz einfach. Fülle eine Seite eines Blattes Papier flächig mit einem weichen Bleistift aus. Das war's auch schon! Jetzt kannst du deine Vorlage auflegen. Die Linien übertragen sich auf das daruntergelegte Papier.

Je weicher der Bleistift ist, den du für das Pauspapier verwendest, umso dunkler werden die abgepausten Linien.

Abpausen auf die einfache Art: Lege einfach ein Blatt Papier auf den Bildschirm eines Tablets oder Notebooks, auf dem sich das Motiv befindet, das du zeichnen möchtest. Ist es im Zimmer etwas dunkler, kannst du das Motiv perfekt sehen und durchpausen.

Drücke mit dem Stift nicht so stark auf, damit du den Bildschirm nicht beschädigst.

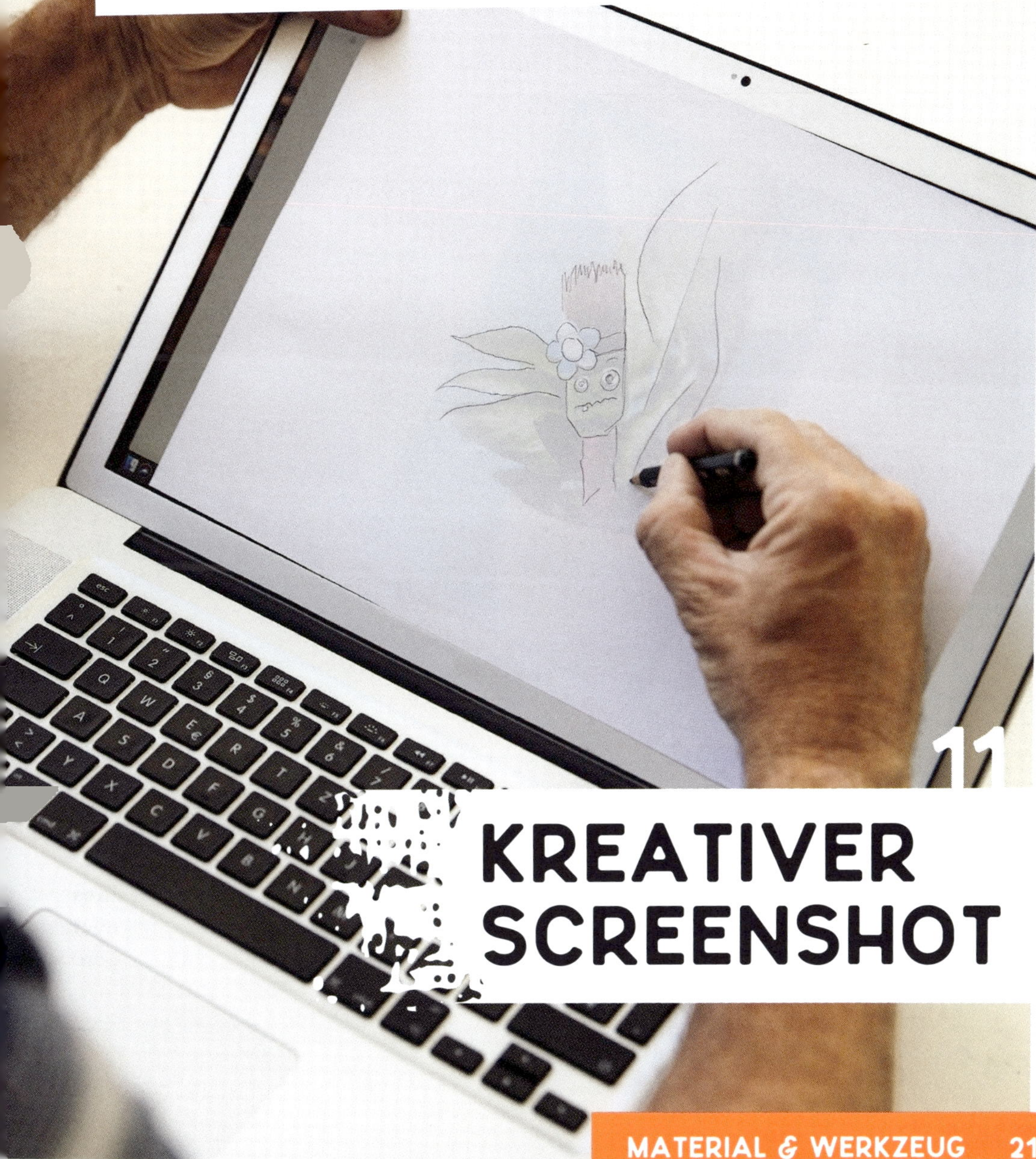

11 KREATIVER SCREENSHOT

12

ALLES AUF EIS

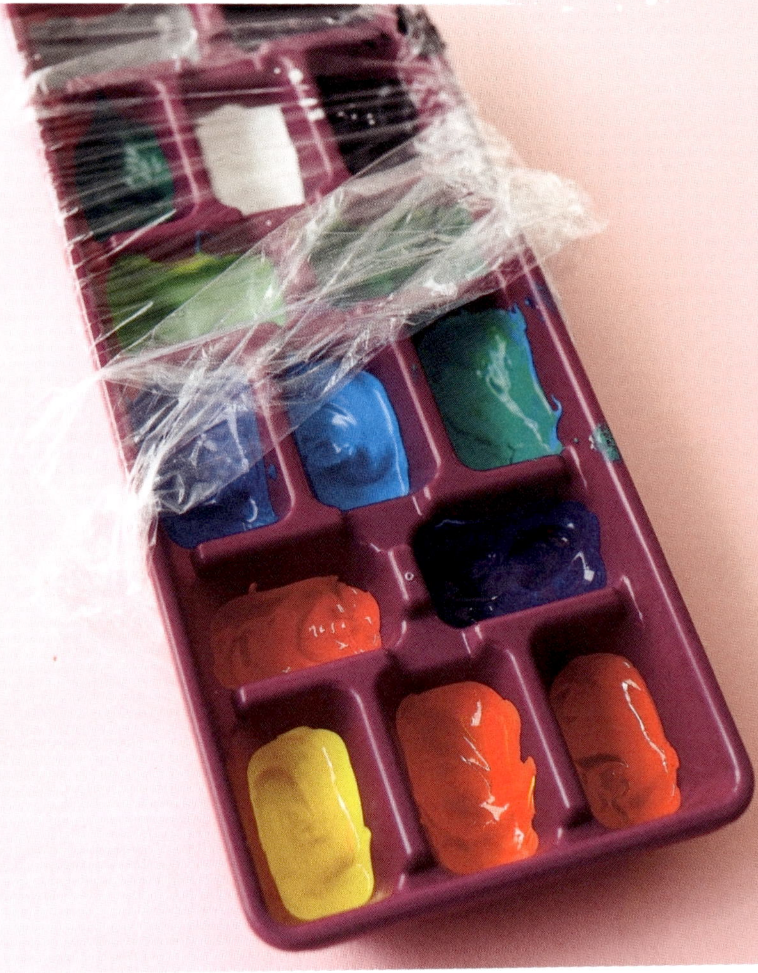

Um nicht jeden Tag neu mit dem Mischen deiner Acrylfarben anfangen zu müssen, empfiehlt es sich, einen kleinen Malkasten aus einer Eiswürfelform anzulegen. Decke die Form mit Alu- oder Frischhaltefolie ab, dann trocknen die Farben nicht ein.

Anstatt einer Eiswürfelform kannst du auch eine Pralinenform aus Kunststoff verwenden.

13

MALPALETTE GANZ EINFACH

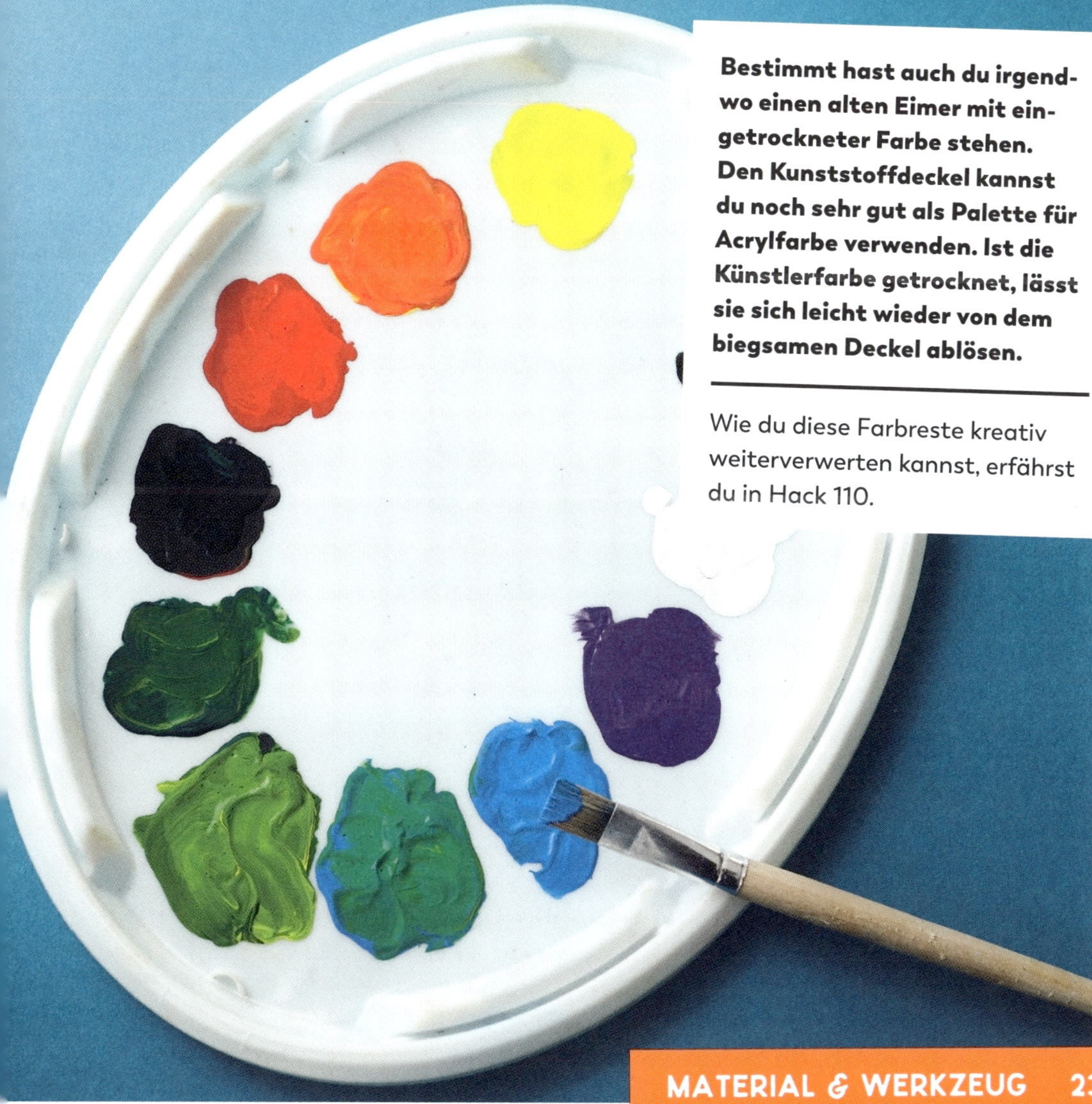

Bestimmt hast auch du irgendwo einen alten Eimer mit eingetrockneter Farbe stehen. Den Kunststoffdeckel kannst du noch sehr gut als Palette für Acrylfarbe verwenden. Ist die Künstlerfarbe getrocknet, lässt sie sich leicht wieder von dem biegsamen Deckel ablösen.

Wie du diese Farbreste kreativ weiterverwerten kannst, erfährst du in Hack 110.

14

PINSELWERKSTATT 1

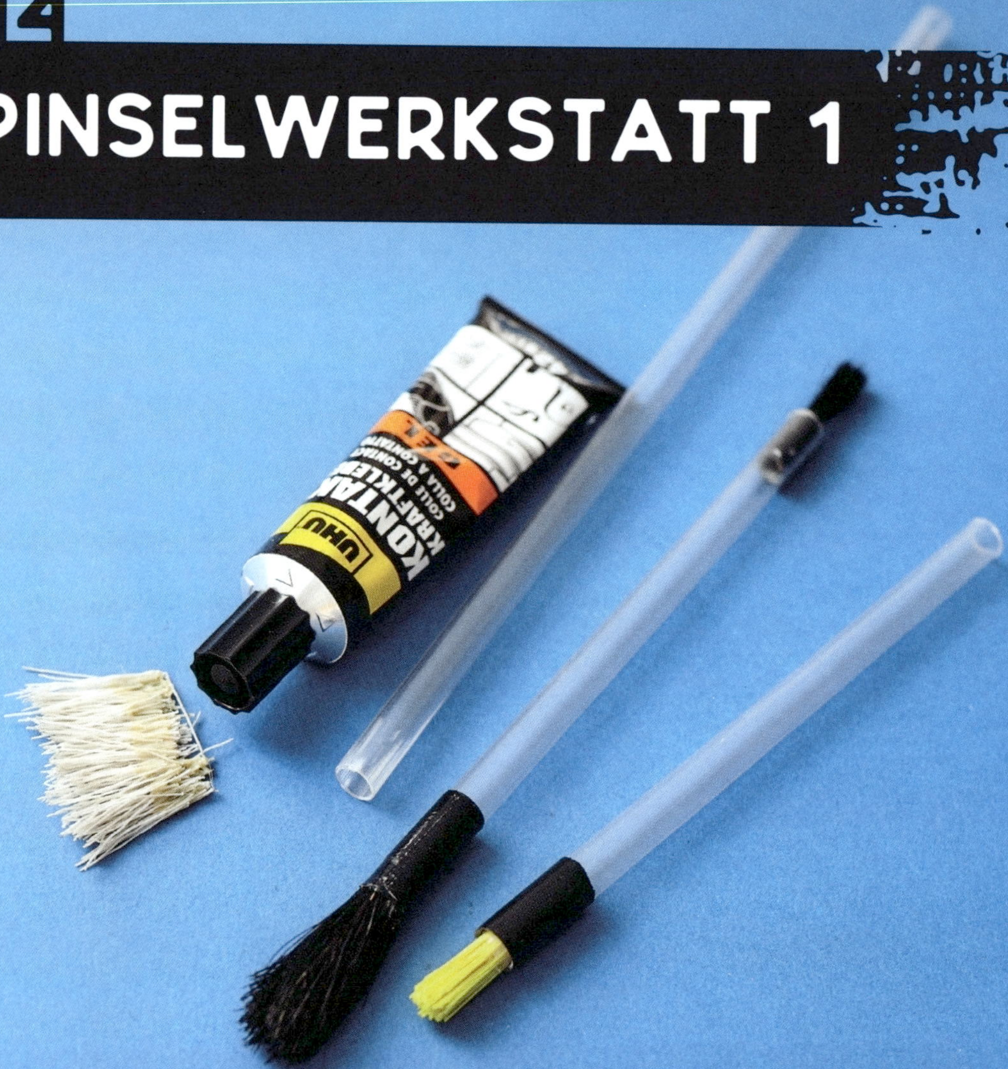

Mache deine Pinsel einfach selbst: Du kannst zum Beispiel Kunsthaar oder auch Echthaar auf die richtige Länge schneiden und in ein Kunststoff-röhrchen einkleben. Du solltest nur vor dem Einkleben darauf achten, dass die Haare schon als kleines Bündel miteinander verklebt sind.

Benutze zum Kleben am besten einen starken Kraftkleber, damit die Haare auch wirklich halten.

Auch ohne Röhrchen klappt das mit der Pinselherstellung: Klebe das Haarbüschel einfach von außen an einen Stab. Fixiere das Ganze zusätzlich mit einem wasserfesten, starken Klebeband.

Schneide am Ende die Haare deines Pinsels so zurecht, wie es für deinen Zweck am besten passt.

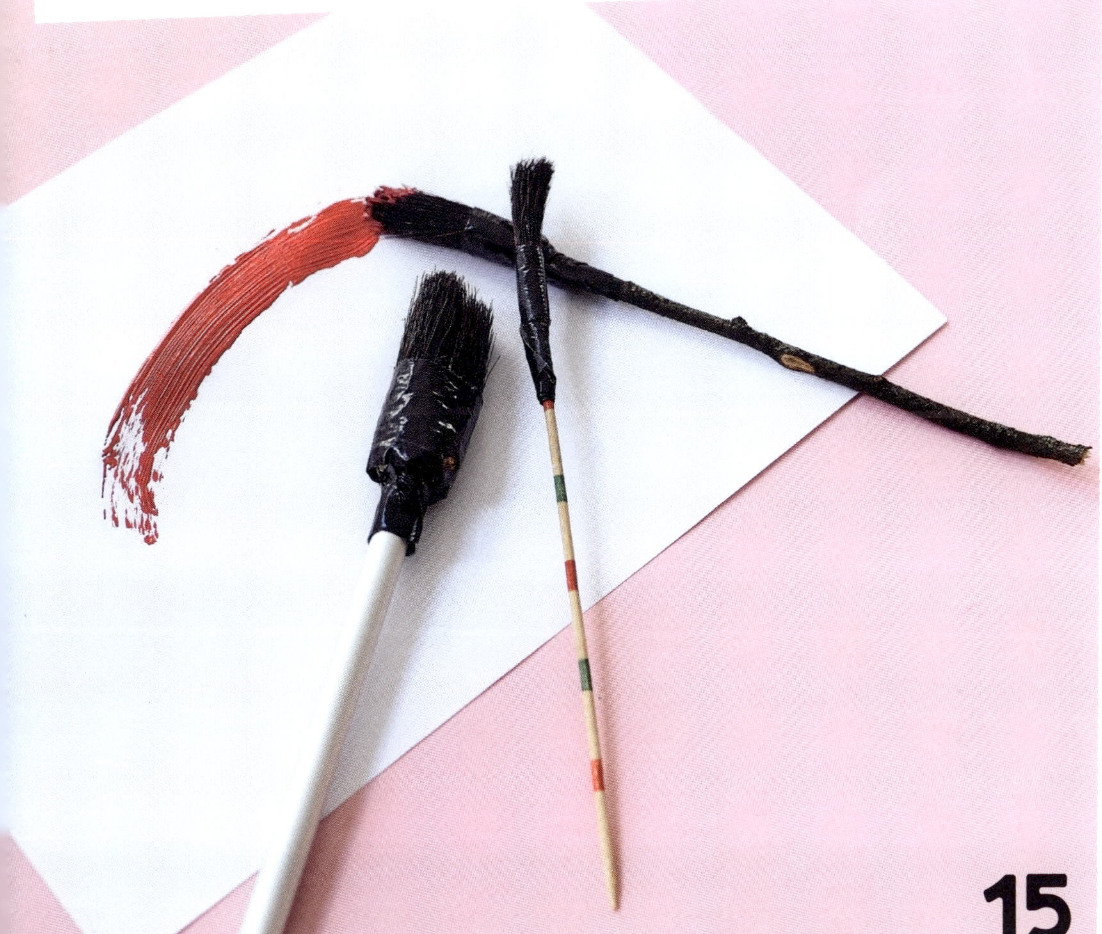

15

PINSELWERKSTATT 2

16

PINSEL, NATURNAH

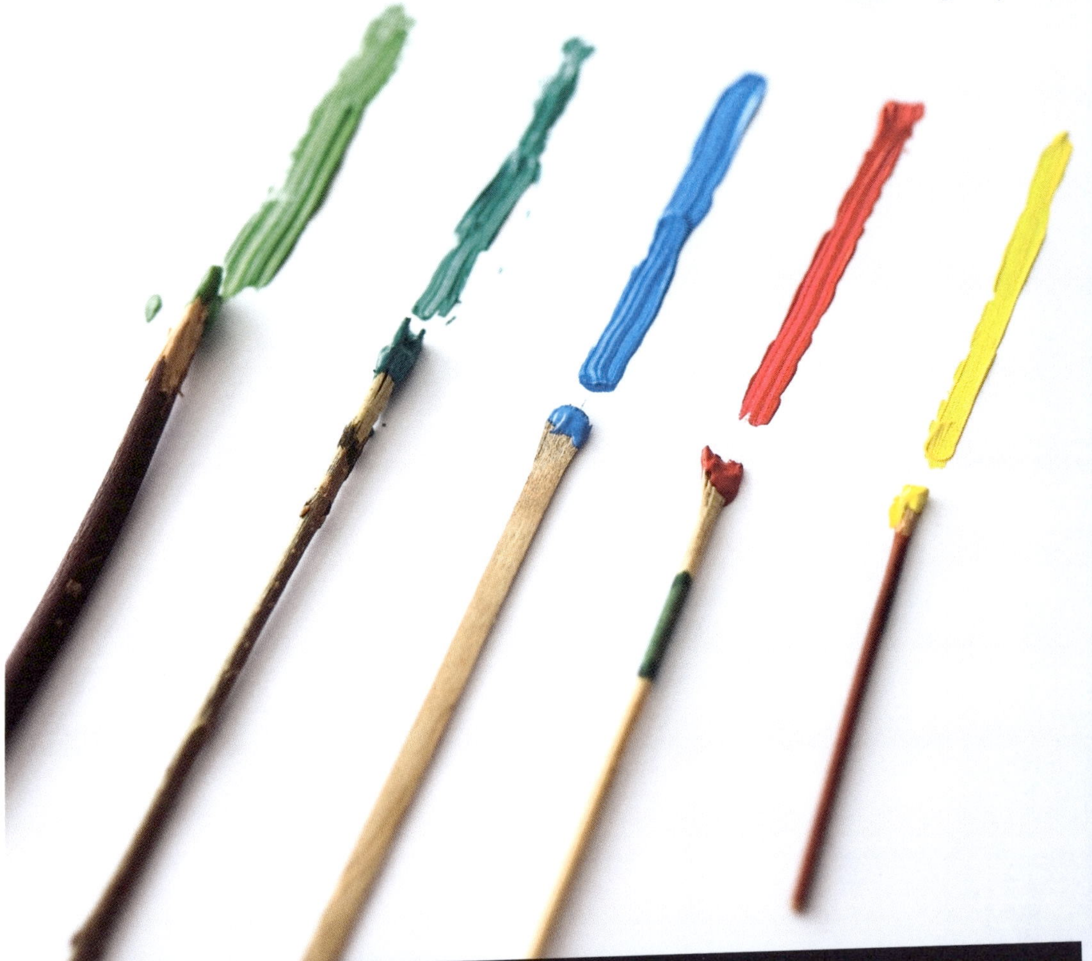

Stelle dir einen Pinsel aus einem Holzstäbchen oder einem kleinen Ast her, dessen Spitze du mit einem Hammer breitklopfst. Dabei fasert das Holz aus, und du kannst das Ende als Pinselspitze verwenden. Dieser Holzpinsel ist natürlich etwas gröber als ein Haarpinsel.

Nimm für diesen Pinsel Holz, das nicht so leicht bricht und stabile Fasern bildet.

Mache aus einfachen Borstenpinseln durch geschicktes Beschneiden Spezialpinsel für spezielle Effekte.

Auf diese Weise kannst du auch teilweise verklebten oder borstigen Pinseln noch ein neues Hairstyling verpassen.

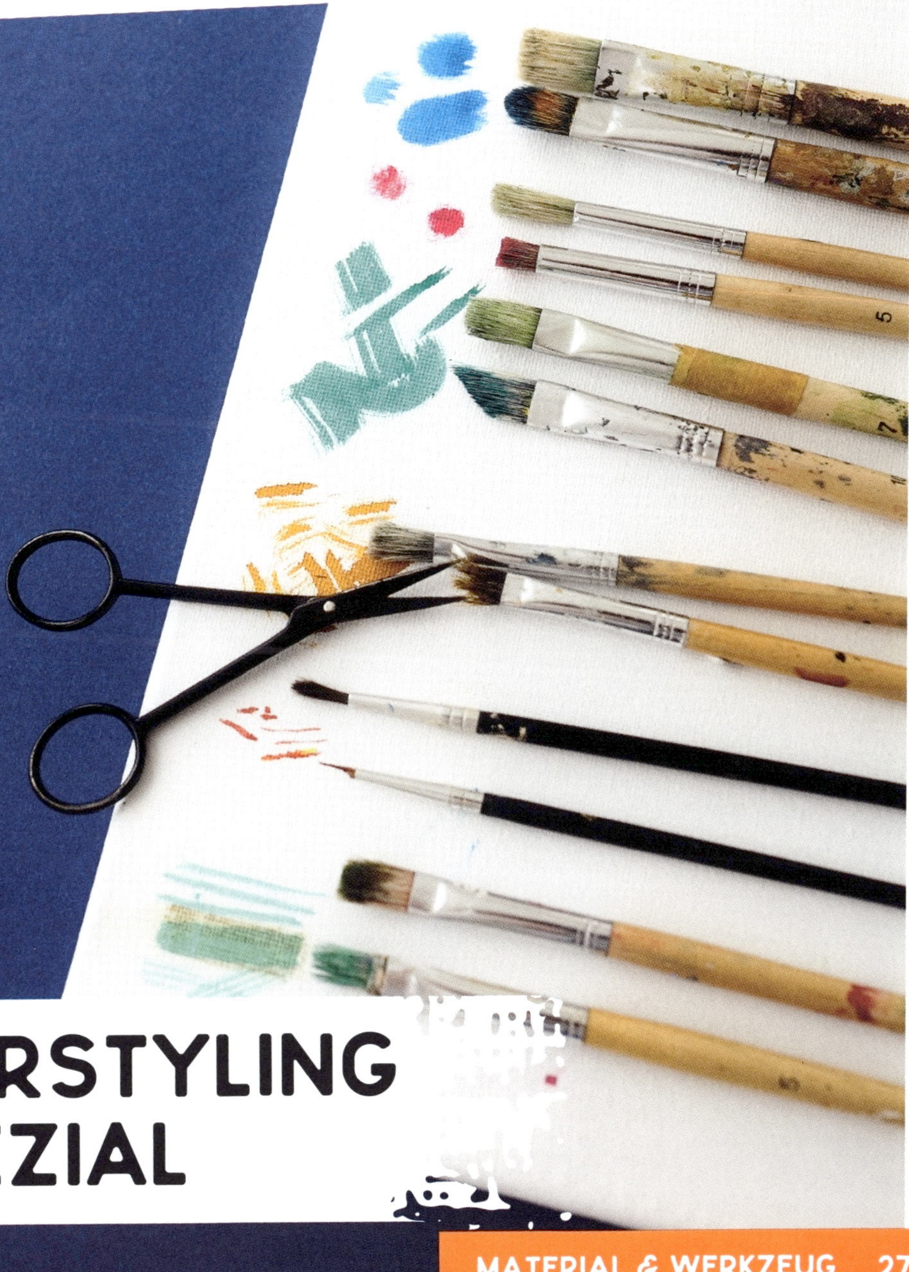

17 HAIRSTYLING SPEZIAL

Wasserfarben selbst gemacht – ganz easy. Wahrscheinlich findest du alle Zutaten dafür in deiner Küche. Also, los geht's!

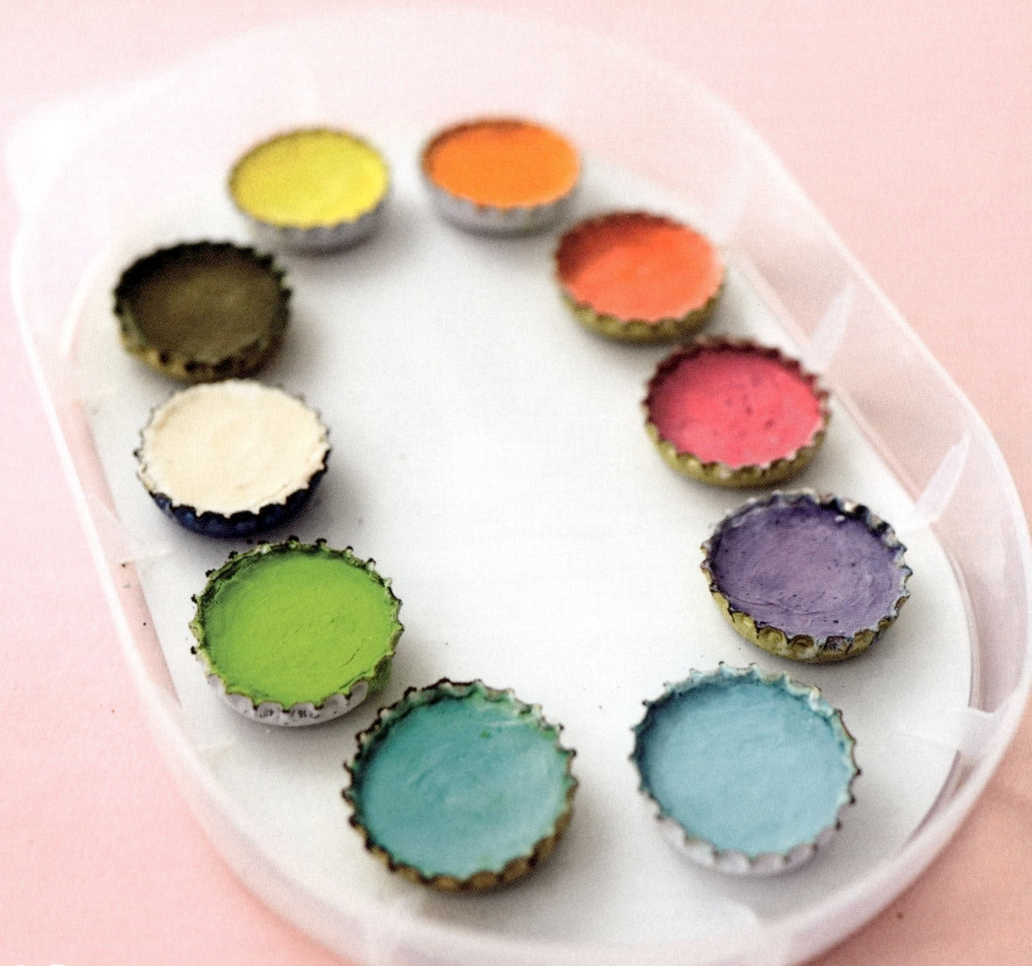

18

WASSERFARBEN AUS DER KÜCHE

1 Mische 50 Gramm Speisestärke, 50 Milliliter Essig und ein Päckchen Backpulver in einem Glas miteinander.

2 Fülle anschließend jeweils kleine Portionen der Mischung in kleine Behälter. Das können beispielsweise Flaschendeckel sein.

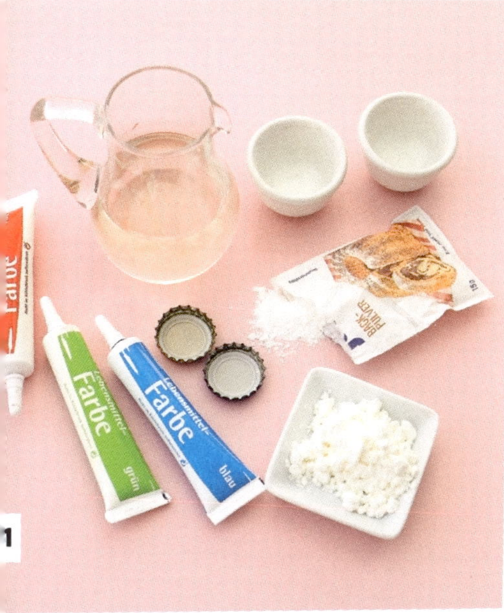

1

3 Gib dann jeweils die gewünschte Farbe, zum Beispiel Lebensmittelfarbe, dazu und rühre die Mischung vorsichtig mit einem Rührstäbchen durch.

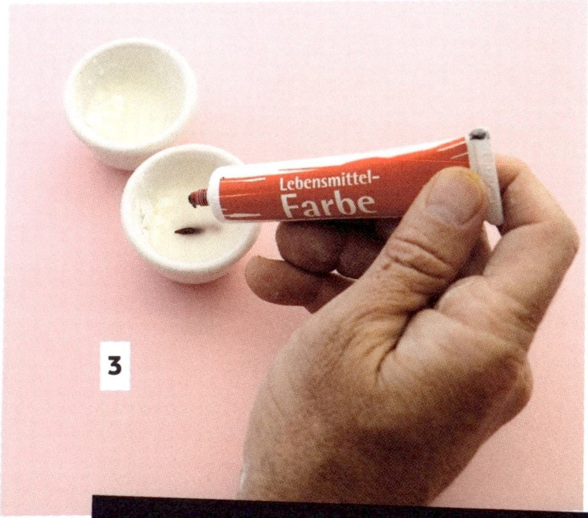

3

Du kannst deine Wasserfarben außer mit Lebensmittelfarben auch mit jedem anderen geeigneten Färbemittel wie zum Beispiel Pigmenten einfärben. Wie du Pigmente selbst herstellen kannst, erfährst du in Hack 20.

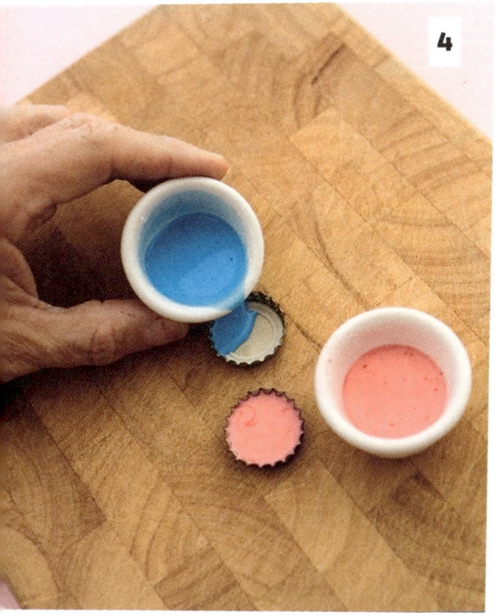

4

4 Fülle die farbigen Mischungen in kleine, flache Behältnisse um, zum Beispiel in Kronkorken. Lasse das Ganze über Nacht trocknen.
Nun kannst du mit deinen selbstgemachten Wasserfarben malen!

19

BUNTE GEWÜRZE

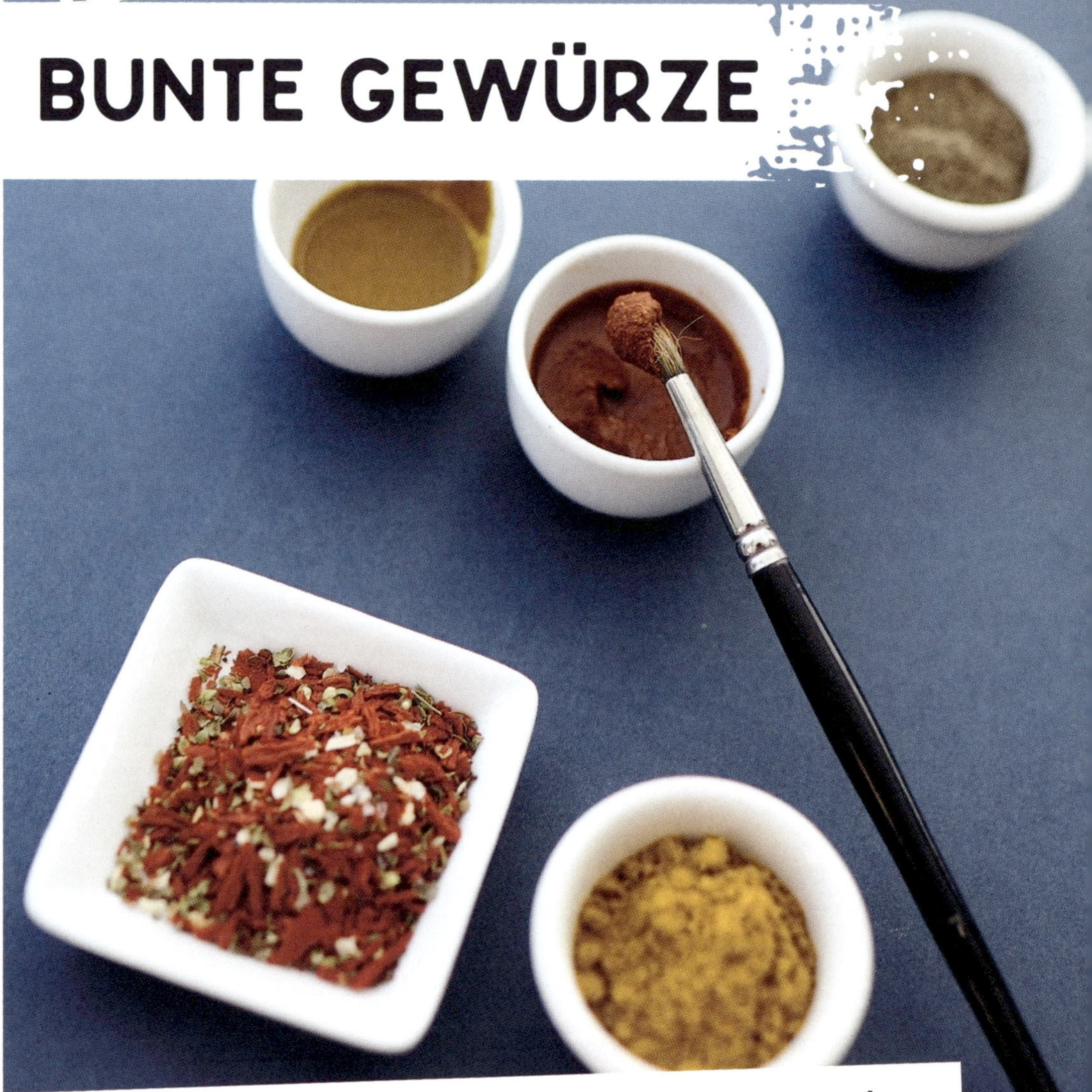

Um Farben selbst herzustellen, brauchst du Pigmente. Die kannst du auch selbst gewinnen. Zum Beispiel eignen sich Gewürze wie Paprika, Pfeffer oder Curry als Farbpigment. Im Grund kannst du alles ausprobieren, was zu einem feineren Pulver verarbeitet werden kann oder schon in Pulverform ist.

Gehe auf Entdeckungstour in deinem Zuhause und in der Natur und entdecke immer neue Substanzen, aus denen sich Pigmente machen lassen. Wie du aus Pastellkreiden Pigmente herstellst, erfährst du in Hack 20.

20

MA(H)L MAL WIEDER

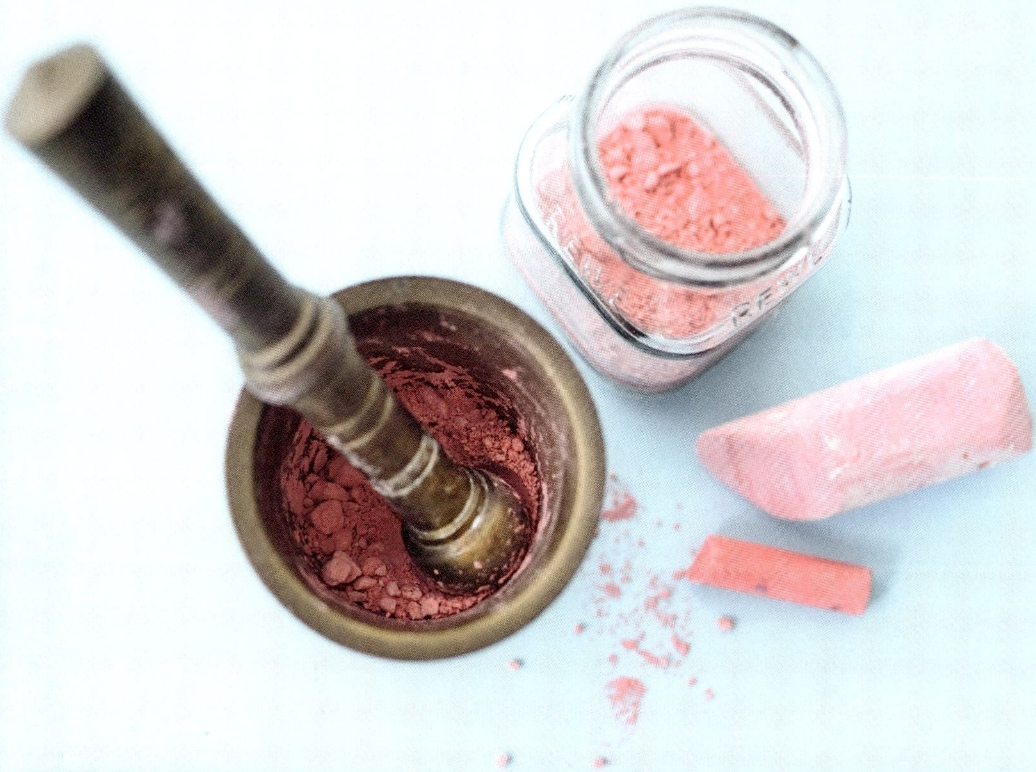

Falls du Reste von Pastellkreide übrig hast, kannst du sie in einem Mörser zerreiben und so deine eigenen Pigmente herstellen. Achte nur darauf, gleiche Farben zu mahlen. Wie du damit Farben selbst herstellen kannst, erfährst du in Hack 18.

Große Mengen an Kreide kannst du auch in einer Küchenmaschine pulverisieren.

21

MAGIC PEN

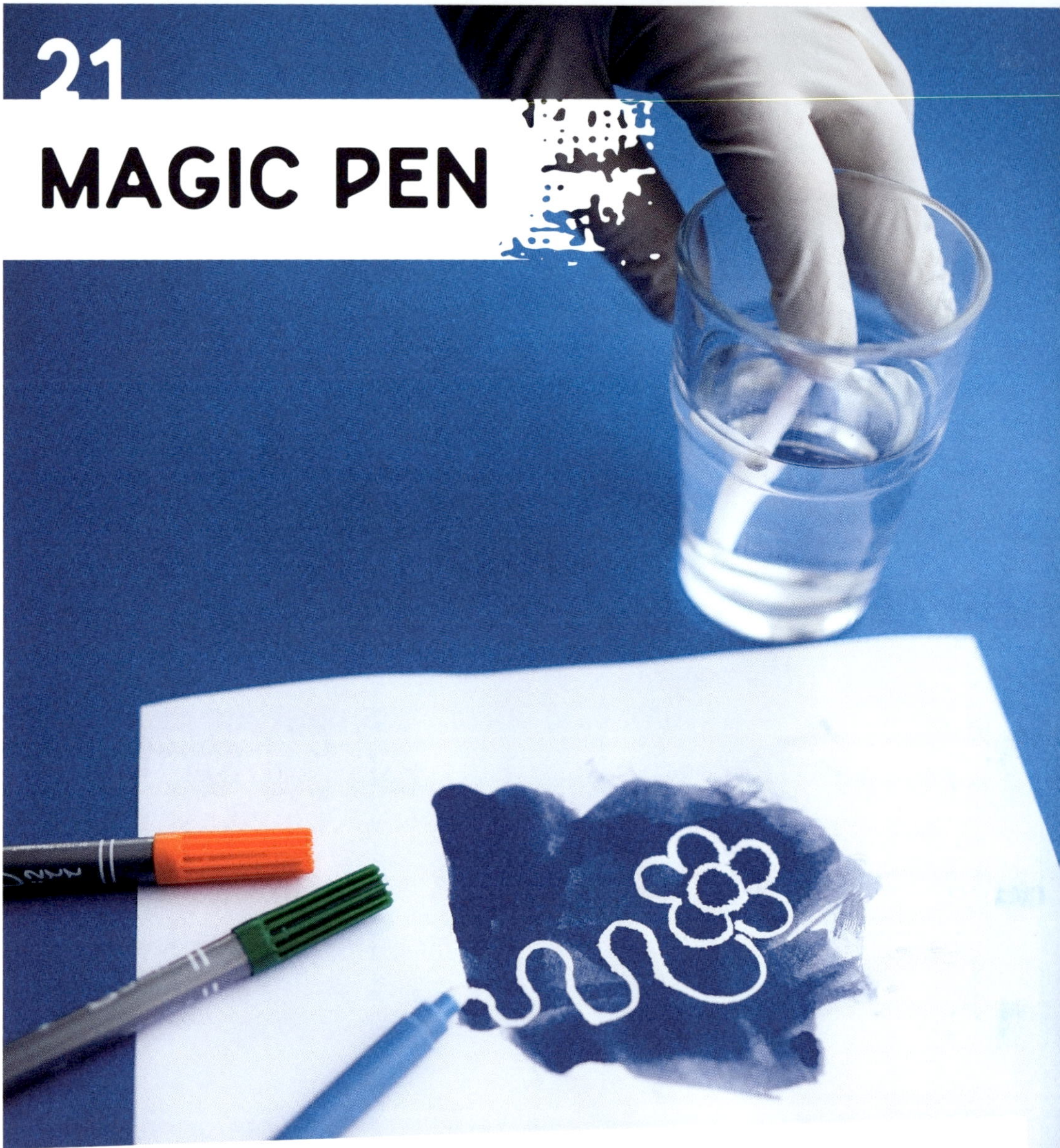

Für diesen Hack brauchst du alte Filzstifte, die sich öffnen lassen. Gib etwas Bleichmittel in ein Behältnis und lasse die Miene und den länglichen Farbschwamm darin ausbleichen. Baue anschließend den Stift wieder zusammen und verschließe ihn. Nun funktioniert er als Zauberstift, ähnlich wie ein Tintenkiller.

Vorsicht: Bleichmittel ist gesundheitsgefährdend, arbeite deshalb nur mit Handschuhen und atme nichts ein. Auf keinen Fall den behandelten Stift in den Mund nehmen!

So schaffst du einen tollen Zweifarb-Effekt: Bringe die Spitzen zweier Filzstifte so in Kontakt miteinander, dass die Farbe des dunkleren Stiftes in die Spitze des helleren Stiftes fließt. Schon kannst du zweifarbig zeichnen. Wie du mit dieser Methode und zwei Brush Pens einen schönen Farbverlauf kreieren kannst, steht in Hack 201.

Du kannst diesen Vorgang nicht rückgängig machen, nimm also Stifte, die du nicht mehr „einfarbig" benötigst.

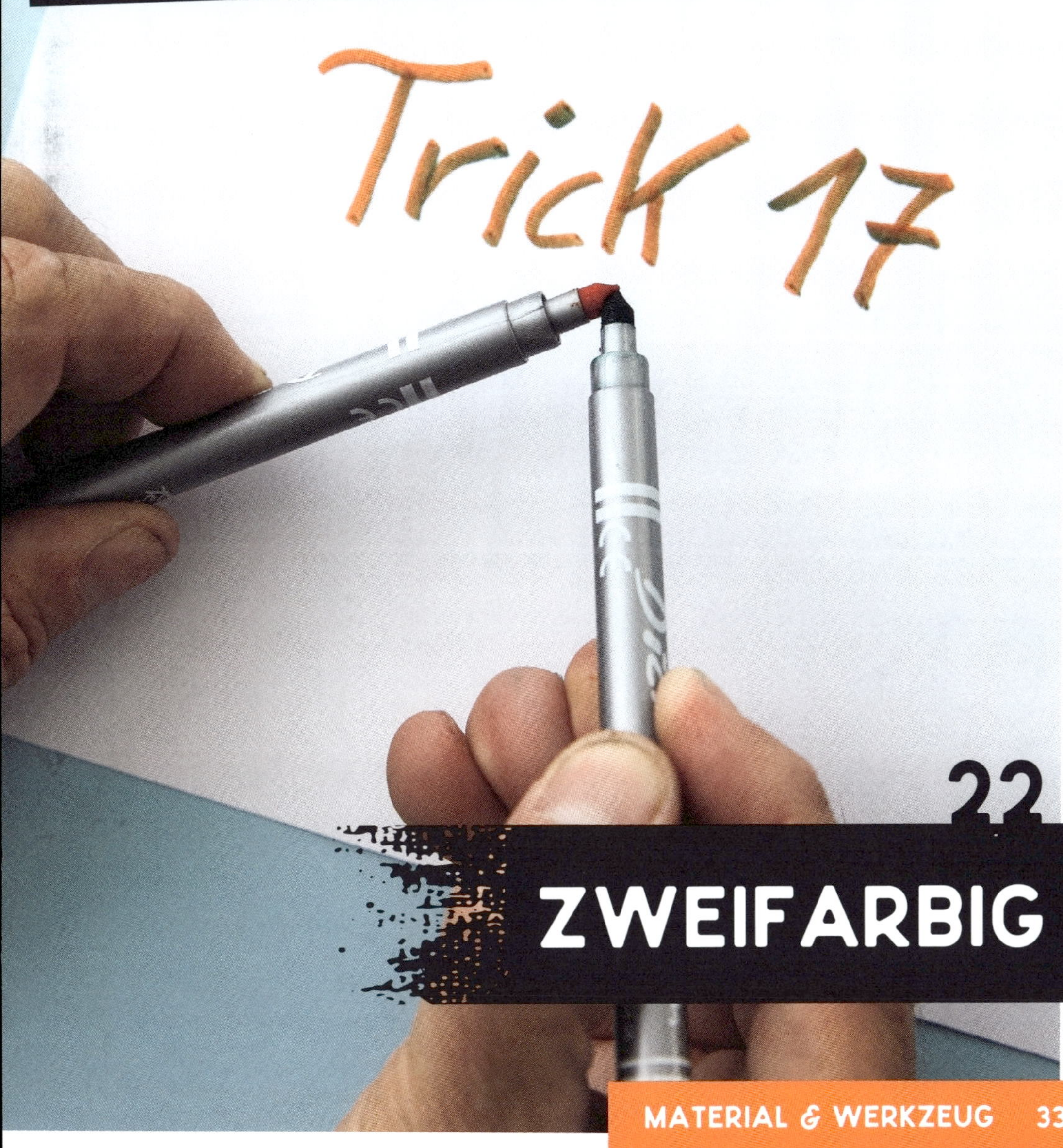

22 ZWEIFARBIG

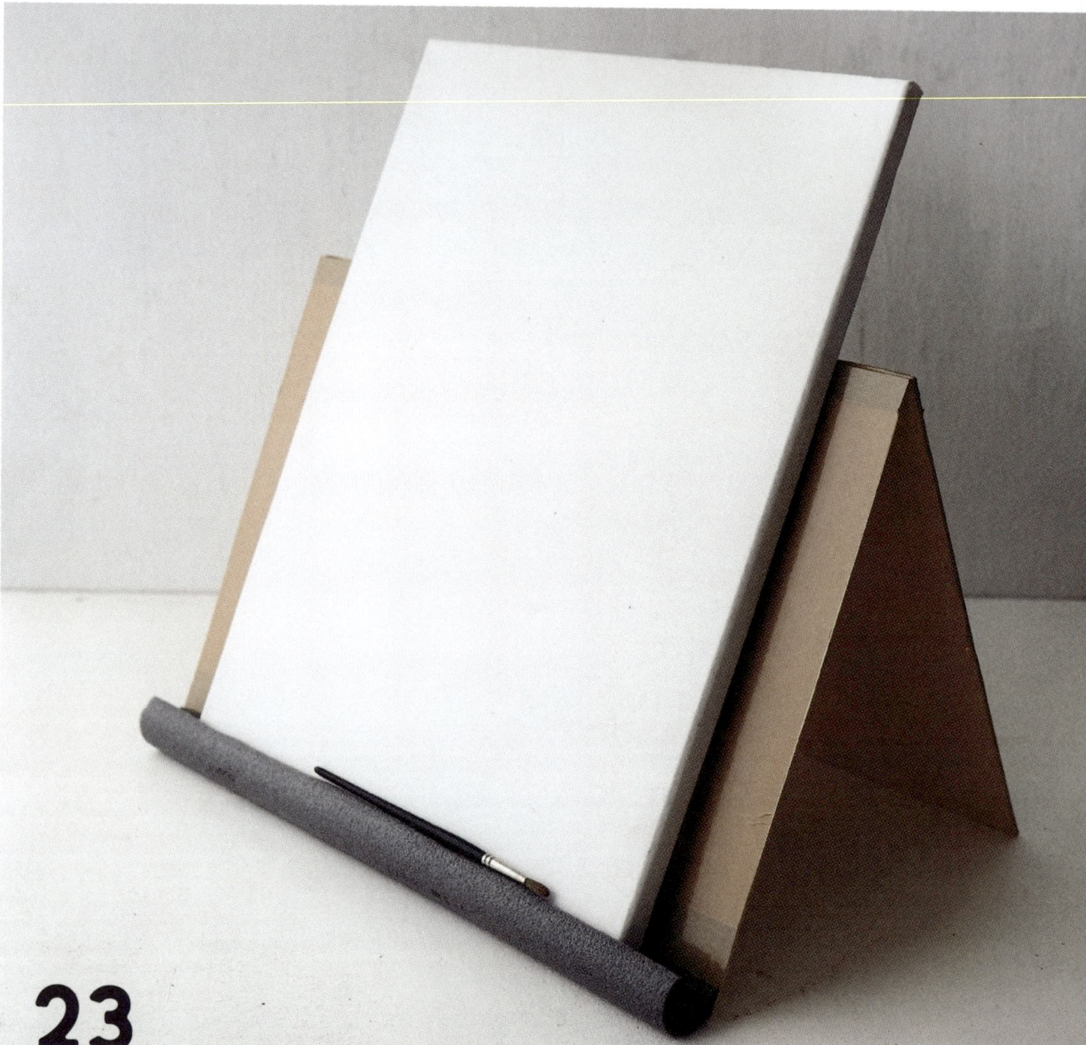

23 FIX AUF DEN TISCH

Eine kleine Staffelei für den Tisch ist sehr nützlich, wenn du kleine Formate malst. Aus Karton kannst du sie im Handumdrehen selbst herstellen.

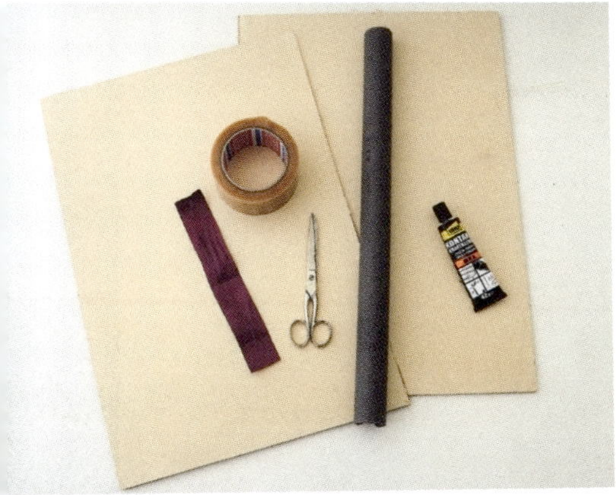

1 **Du benötigst: Zwei stabile Kartons, breites Geschenkband, Kraftkleber, breites Paketband, Schaumstoffrohr aus dem Baumarkt**

2 **Umklebe die Ränder der beiden Kartons mit Paketband. Klebe sie anschließend mit Klebeband aneinander. Verstärke den Rand, an dem die Kartons zusammenstoßen, mindestens doppelt, damit es gut hält.**

3 **Schneide das Schaumstoffrohr auf die passende Länge und klebe es mit Kraftkleber an den unteren Rand eines Kartons. Schneide dann mit der Schere auf der gesamten Länge des Rohrs einen offenen Spalt hinein.**

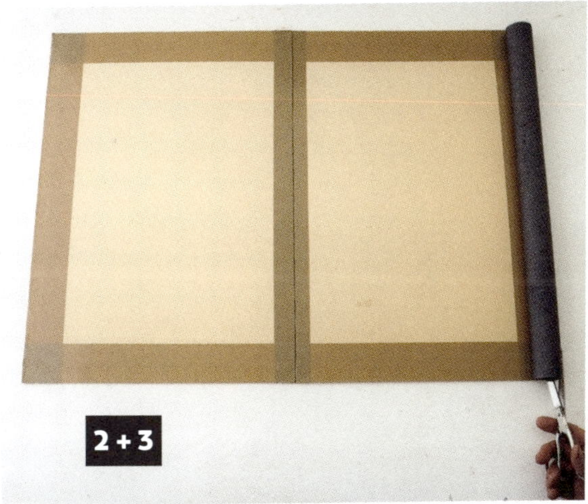

2 + 3

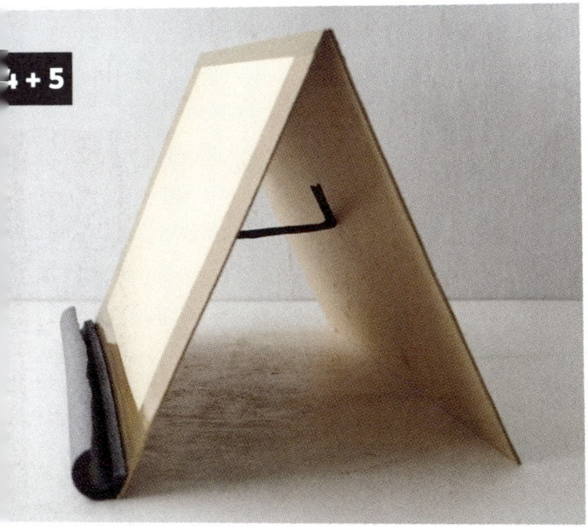

4 + 5

4 **Klebe innen zwischen die beiden Hälften der Kartons das Geschenkband als Abstandshalter ein.**

5 **Jetzt kannst du die Tisch-Staffelei für deine nächsten Malabenteuer nutzen!!**

Ganz ähnlich kannst du aus Holz eine dauerhaft stabile Tisch-Staffelei bauen.

WIE NEU!

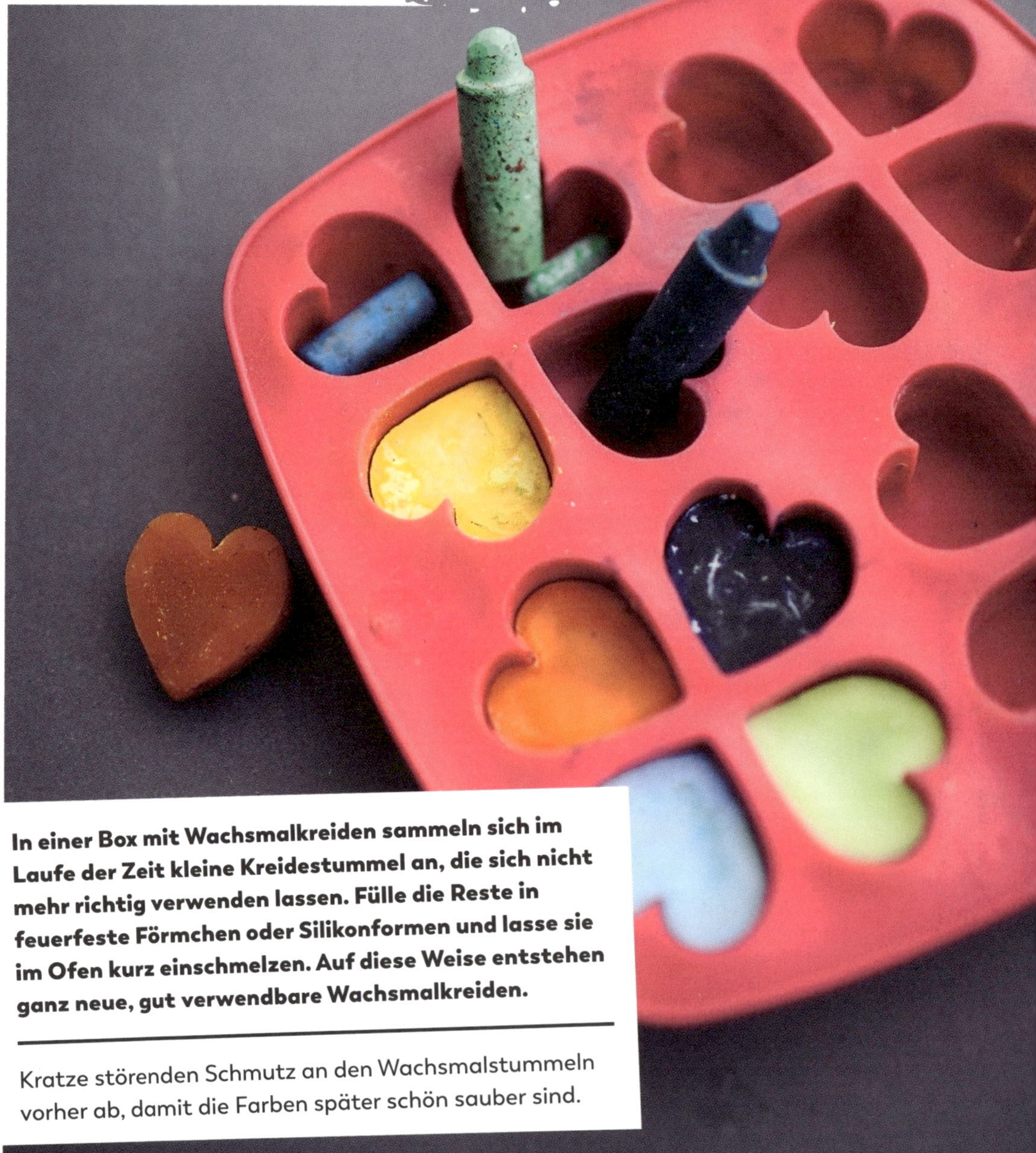

In einer Box mit Wachsmalkreiden sammeln sich im Laufe der Zeit kleine Kreidestummel an, die sich nicht mehr richtig verwenden lassen. Fülle die Reste in feuerfeste Förmchen oder Silikonformen und lasse sie im Ofen kurz einschmelzen. Auf diese Weise entstehen ganz neue, gut verwendbare Wachsmalkreiden.

Kratze störenden Schmutz an den Wachsmalstummeln vorher ab, damit die Farben später schön sauber sind.

25 MAKE-UP-MOTIVE

Was gut fürs Gesicht ist, kann doch nicht schlecht fürs Papier sein? Im Gegenteil, Make-up-Farben eignen sich prima zum Malen auf Papier. Mit den im Schminkset beigefügten Schminkpinseln lassen sich besonders Farbverläufe sehr fein gestalten.

Verwende ruhig die günstigsten Make-up-Farben, die es zu kaufen gibt. Sie eignen sich zum Malen genauso gut wie teure Produkte.

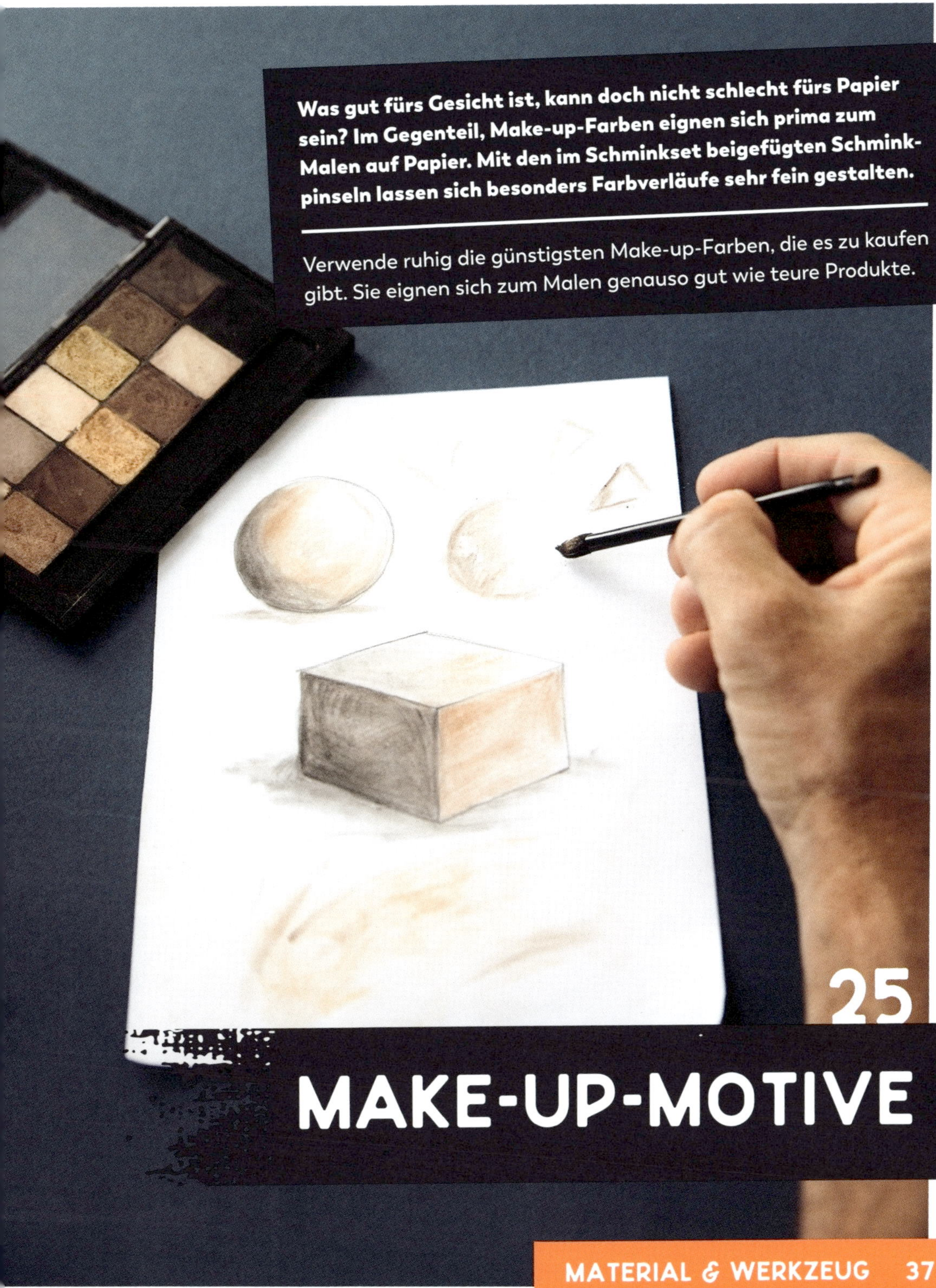

Schütte die Reste deiner Kaffeepause nicht weg! Kalter Kaffee eignet sich bestens, um Ton-in-Ton-Aquarelle zu kreieren.

Udo Lindenberg malt auf diese Weise mit Eierlikör seine „Likörelle".
Wie du mit Kaffee ein dekoratives Lettering gestalten kannst, steht in Hack 211.

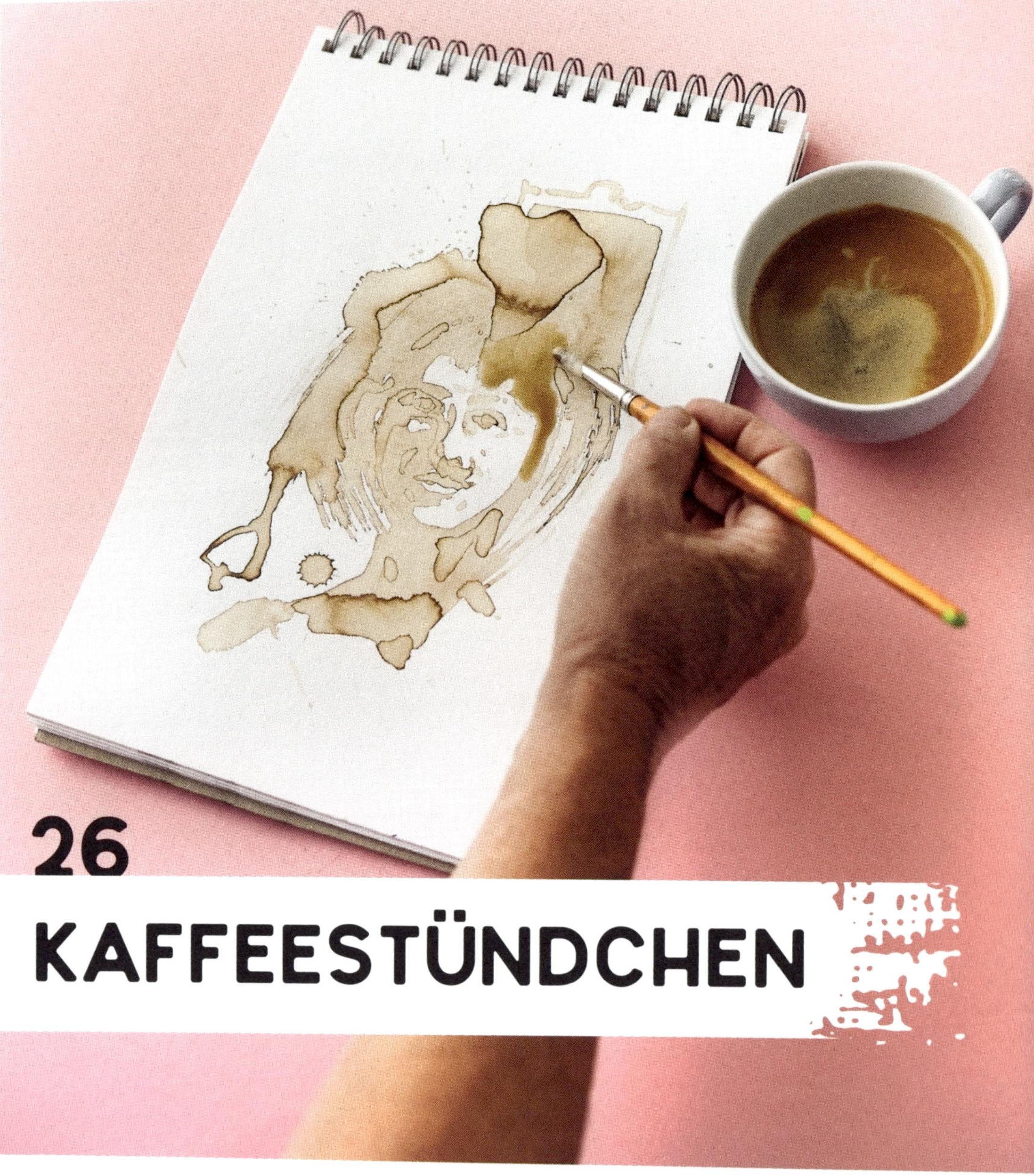

26 KAFFEESTÜNDCHEN

Vermische mit Hilfe eines Backschabers Vogelsand oder getrockneten Kaffeesatz mit dickem Tapetenkleister. Arbeite die Masse gut durch, bis ein pastenartiger Brei entstanden ist. Nun kannst du mit einem Spachtel Strukturen gestalten. Was du als Spachtelwerkzeug benutzen kannst, erfährst du in Hack 2.

Mit Klebestreifen oder Schablone bekommst du exakte Kanten hin.

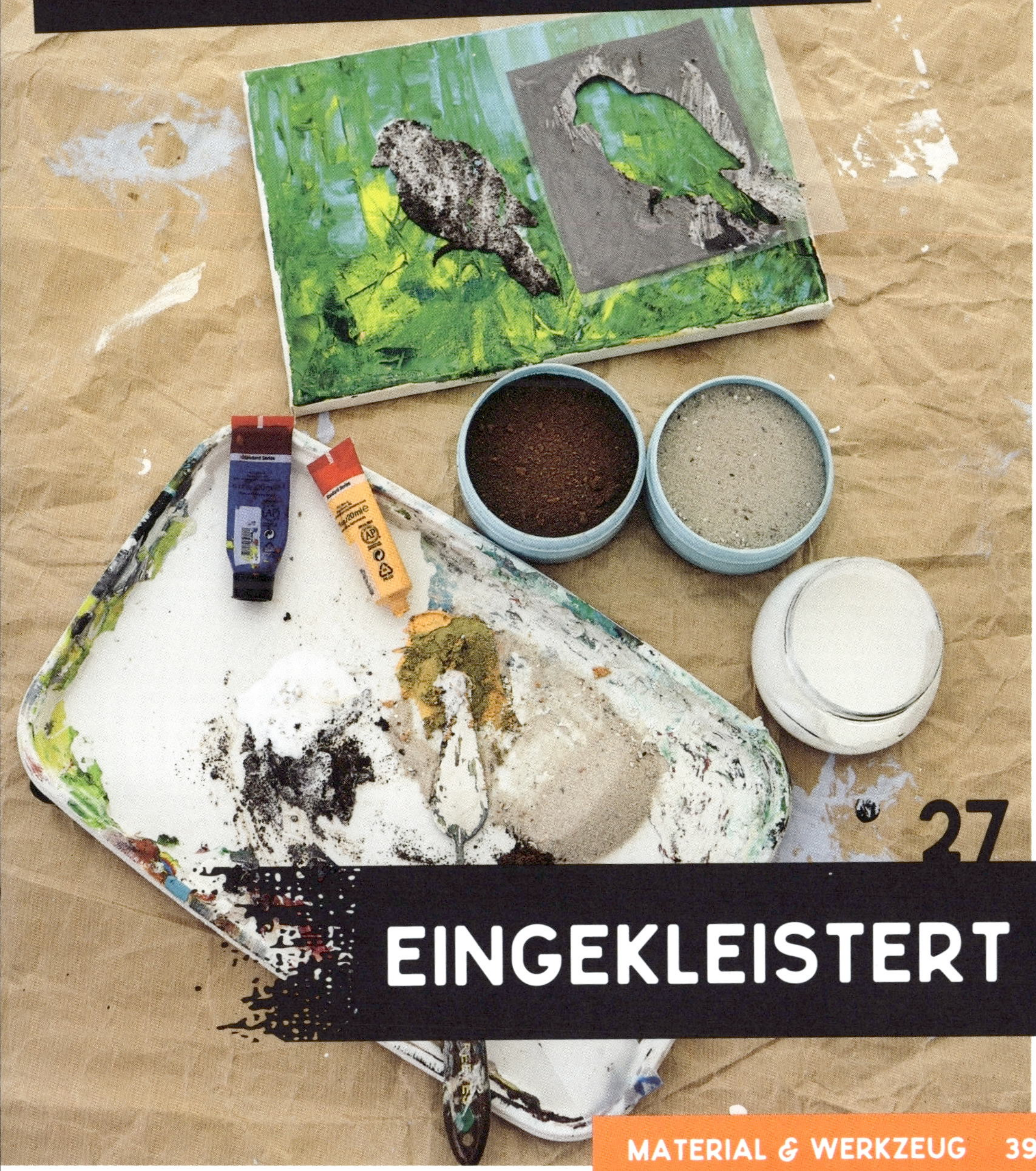

27 EINGEKLEISTERT

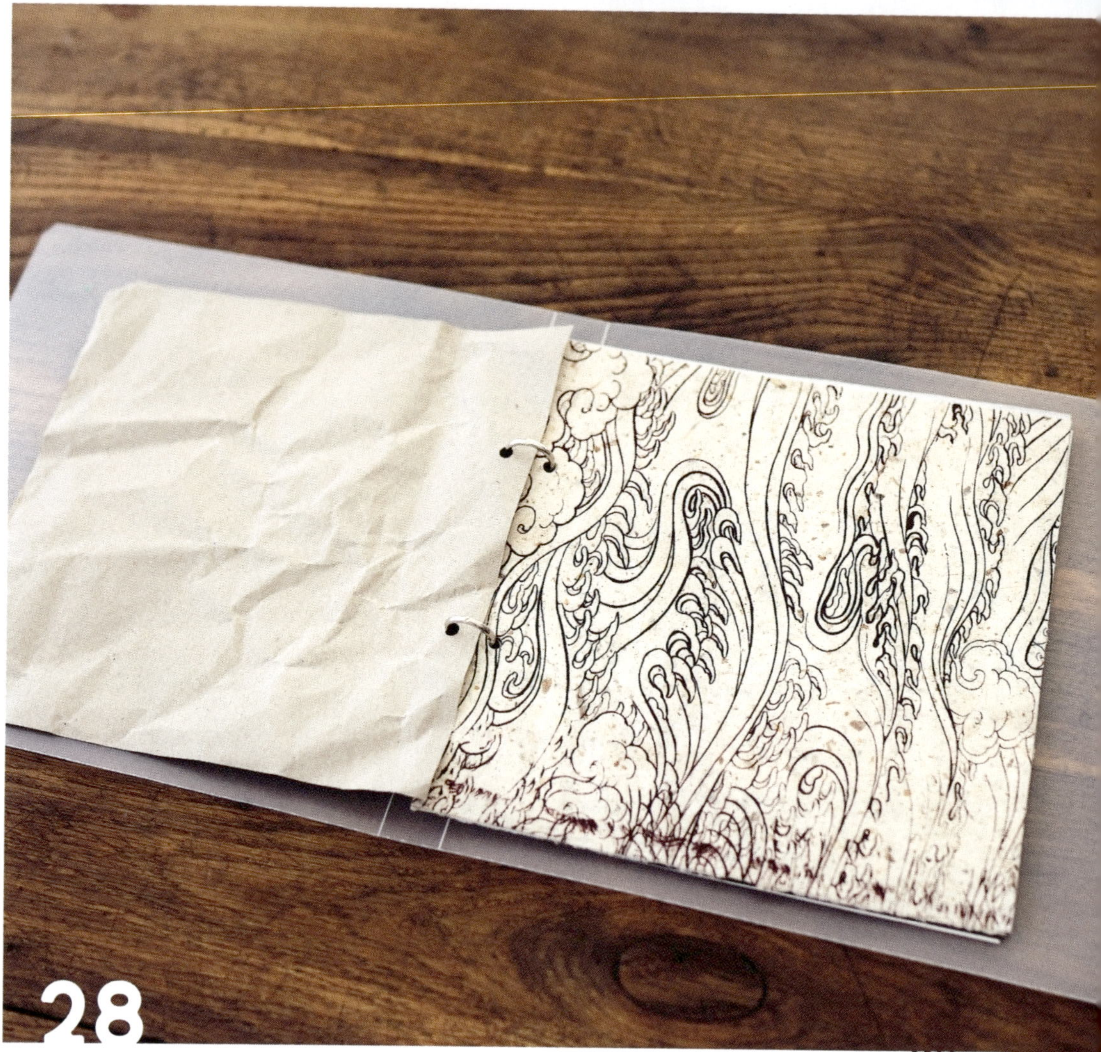

28 UPCYCLING DELUXE

Viele Papierreste sind viel zu schade zum Wegwerfen. Geglättet, auf ein einheitliches Maß gebracht und in einem Ordner gesammelt, führen sie zum Beispiel als Skizzenbuch zu neuen Entdeckungen.

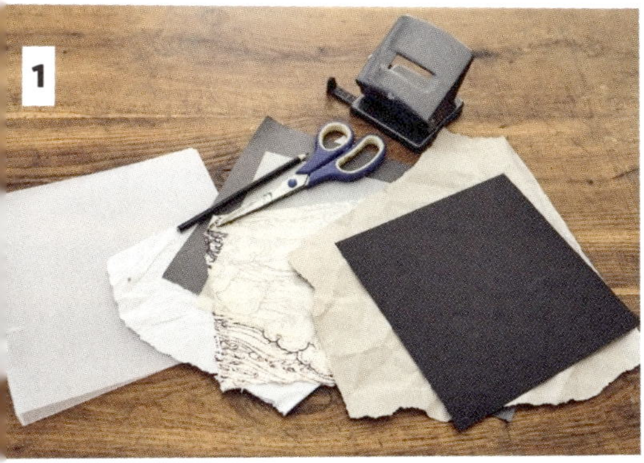

1 Du benötigst: Papierreste, Schablone im gewünschten Format, Bleistift, Schere, Locher, Ordner

2 Glätte zerknülltes Papier über einer Tischkante.

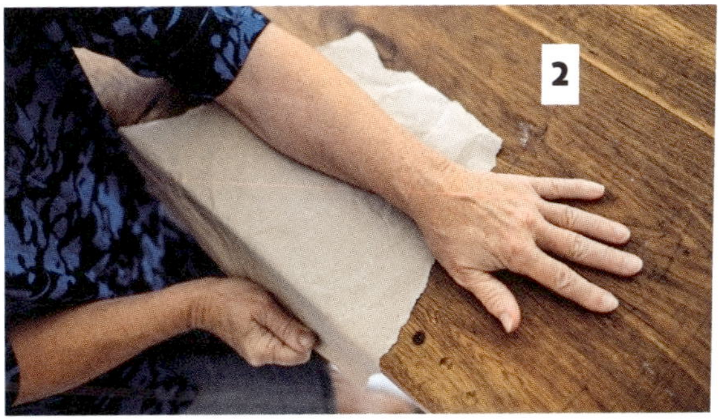

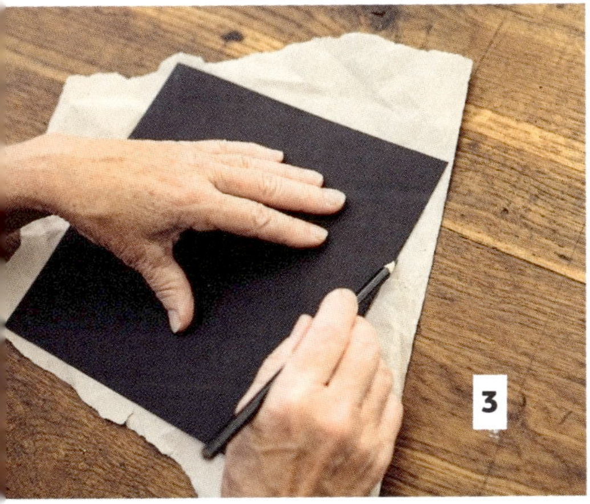

3 Schneide die Papierreste mit Hilfe einer Schablone auf ein einheitliches Maß, zum Beispiel DIN A4, zurecht.

4 Loche deine Papiere passend. Fertig!

So ein Sammelordner ist eine gute Gelegenheit, Farben und Techniken auf unterschiedlichem Papier auszutesten.

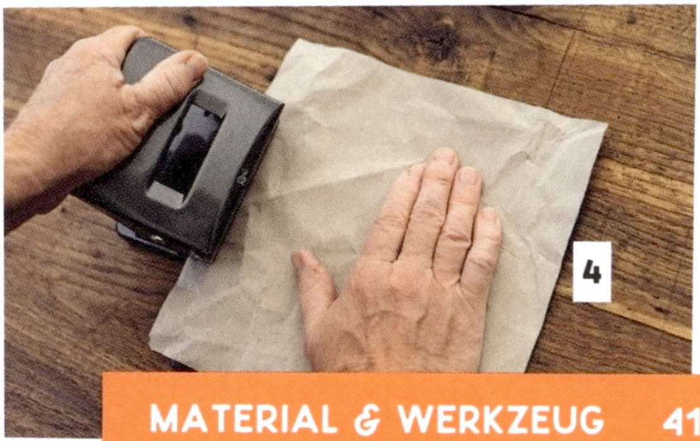

29

VÖLLIG LOSGELÖST

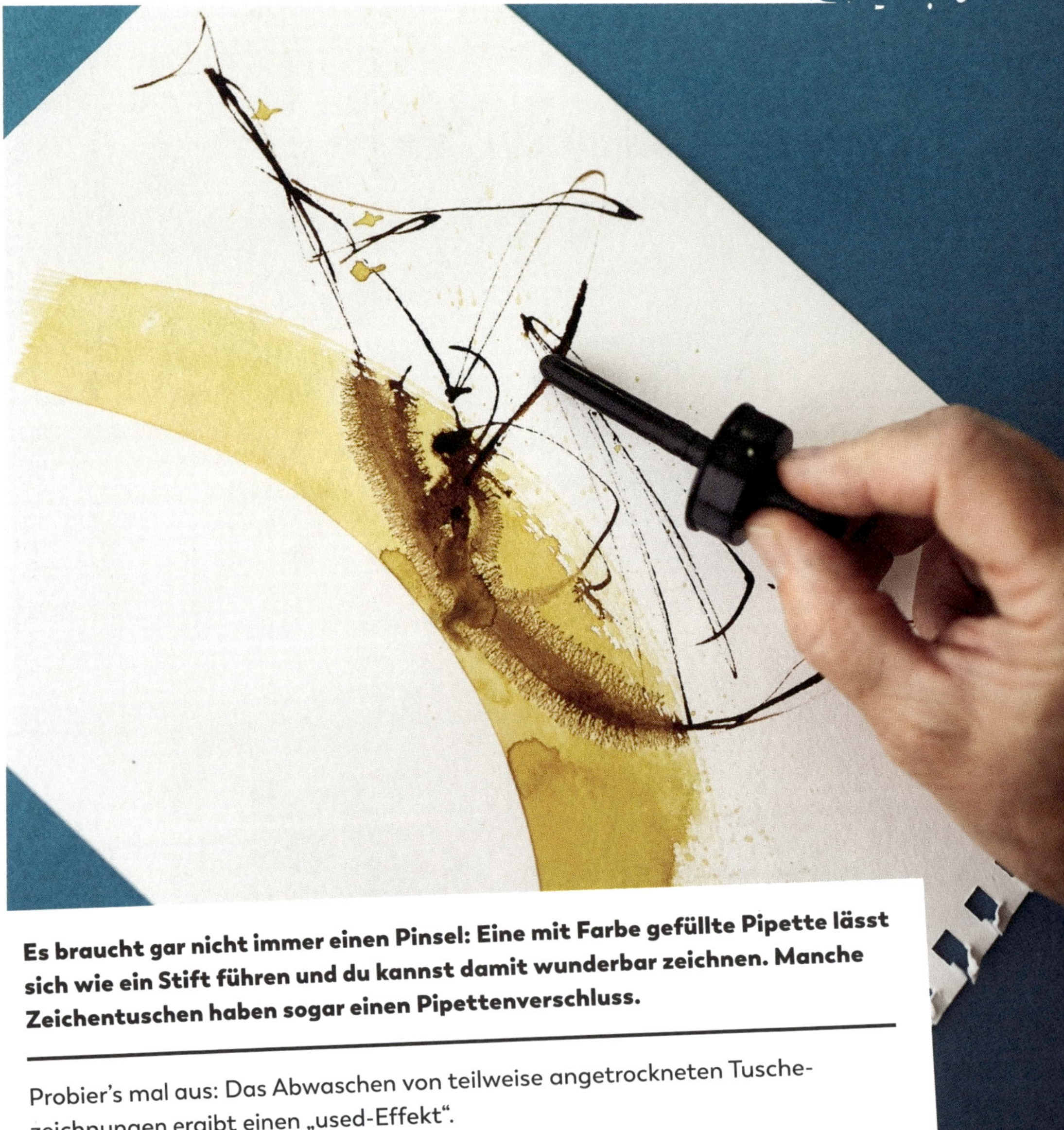

Es braucht gar nicht immer einen Pinsel: Eine mit Farbe gefüllte Pipette lässt sich wie ein Stift führen und du kannst damit wunderbar zeichnen. Manche Zeichentuschen haben sogar einen Pipettenverschluss.

Probier's mal aus: Das Abwaschen von teilweise angetrockneten Tuschezeichnungen ergibt einen „used-Effekt".

30 WUNDER-WATTE

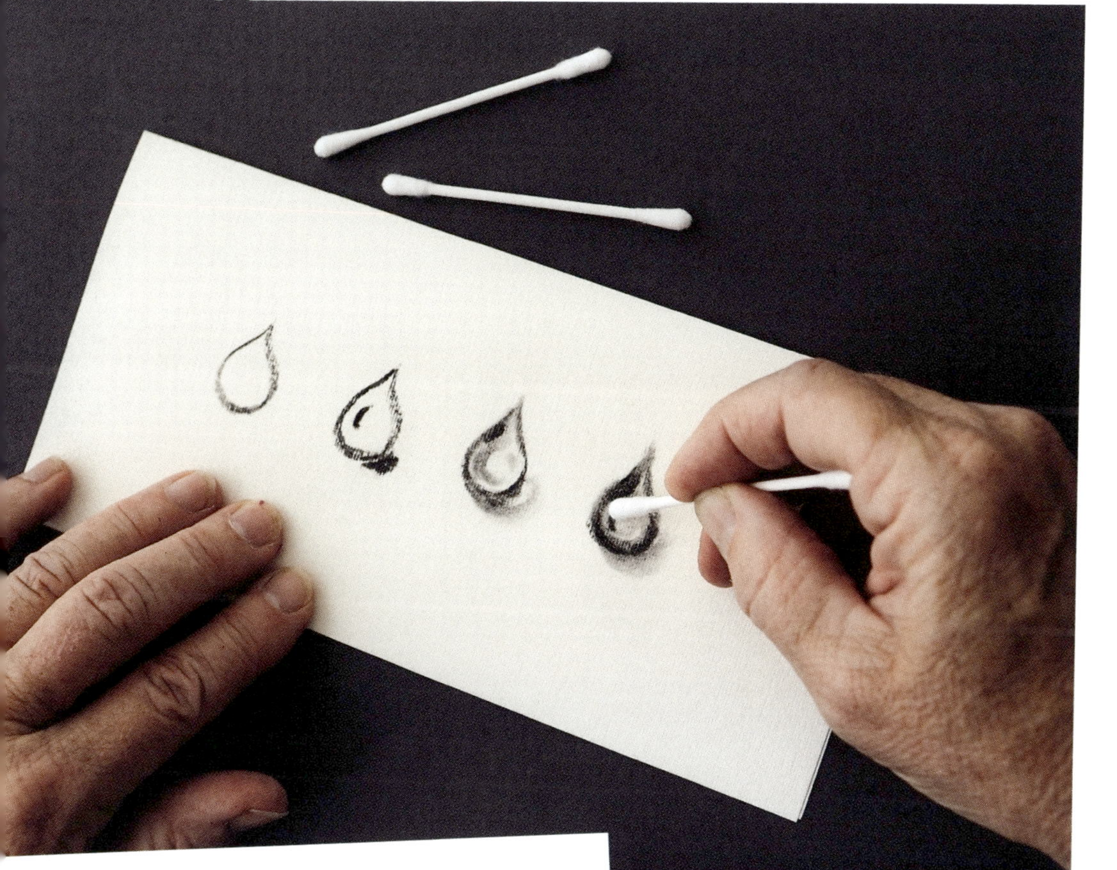

Das Verwischen von Farben in Kohle- oder Pastell-zeichnungen funktioniert punktgenau mit einem Badezimmer-Tool: mit Wattestäbchen! Und das, ohne dir die Hände schmutzig zu machen.

Mit Wattestäbchen kannst du auch überschüssiges Wasser in Aquarellbildern wegsaugen.

31 KARTON-ZIRKEL

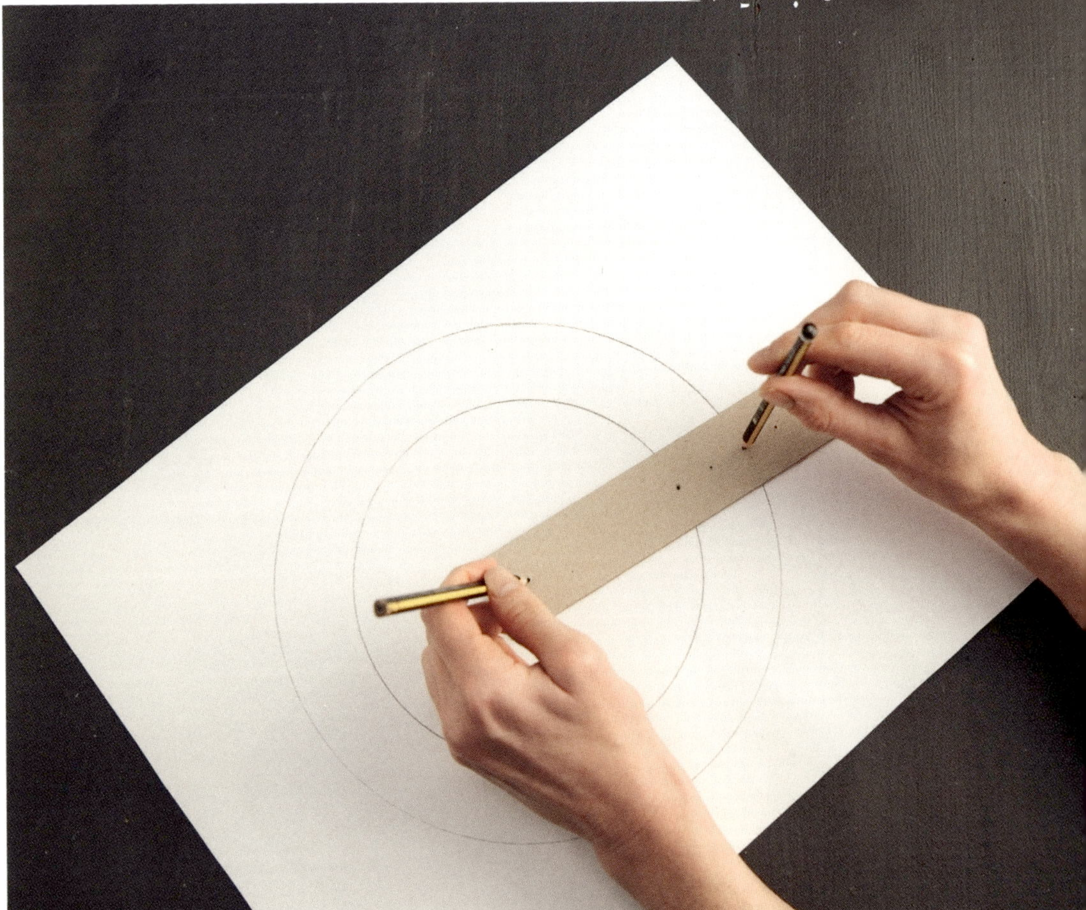

Aus einem Kartonstreifen kannst du ganz einfach einen Zirkel basteln, indem du mittig kleine Löcher in verschiedenen Abständen bohrst. Fixiere dann mit einem spitzen Bleistift die Mitte des Kreises auf deinem Papier. Mit einem zweiten Bleistift in einem der anderen Löcher zeichnest du dann den Kreis.

Das funktioniert auch mit einem Streifen aus dünnem Plastik.

Statt Zeichenkohle aus dem Künstlerbedarf zu beziehen, kannst du dir auch mit Grillkohle oder einfach verkohlten Ästen und Zweigen behelfen. Wickle die Kohlestückchen in Alufolie ein, damit lässt sich besser arbeiten und deine Finger werden nicht schmutzig.

Achtung: Nicht jede Grillkohle funktioniert – industriell gefertigte, gepresste Grill-Briketts sind zu hart und nicht geeignet.

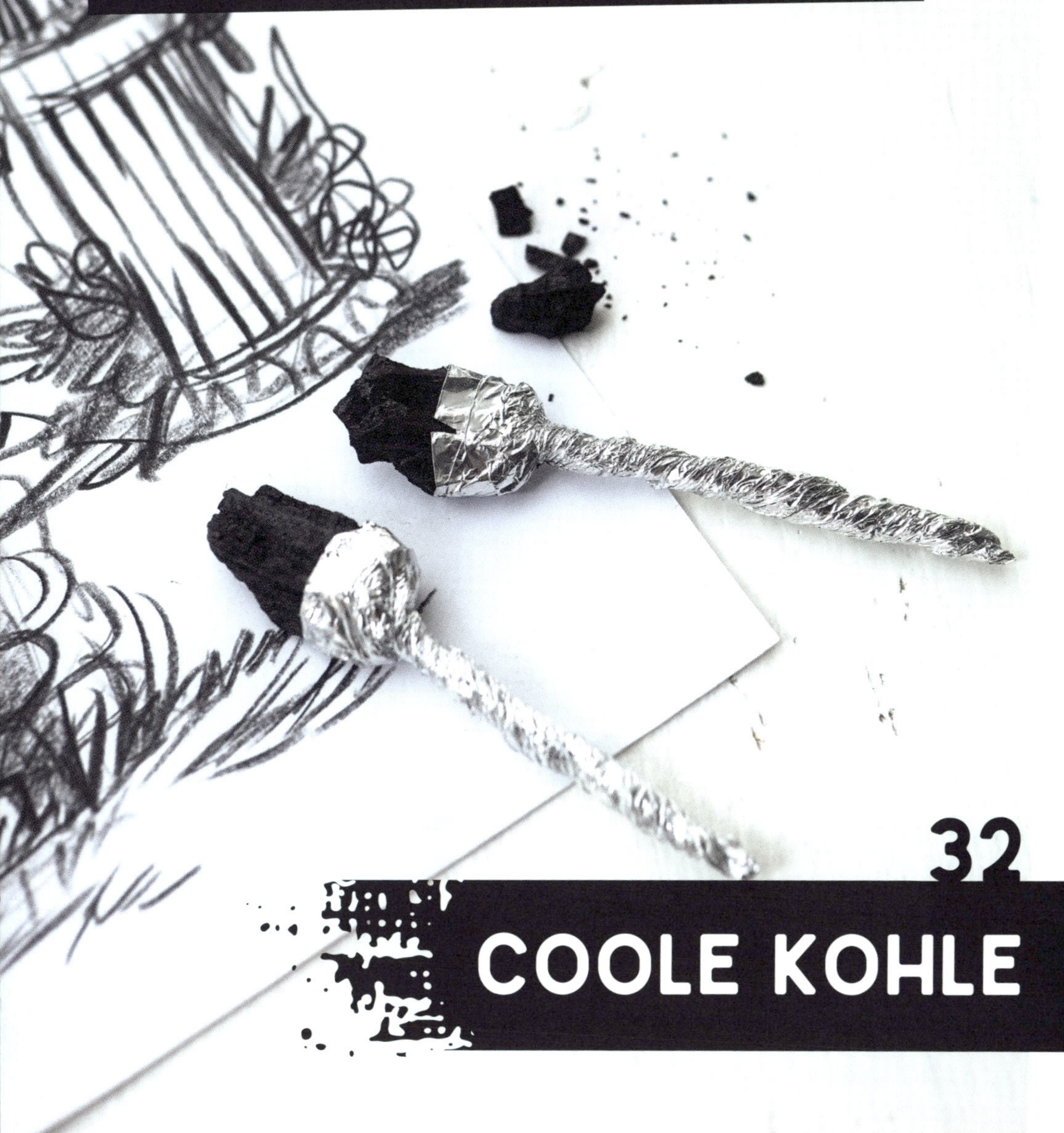

32 COOLE KOHLE

33

WIE SÜSS VON DIR

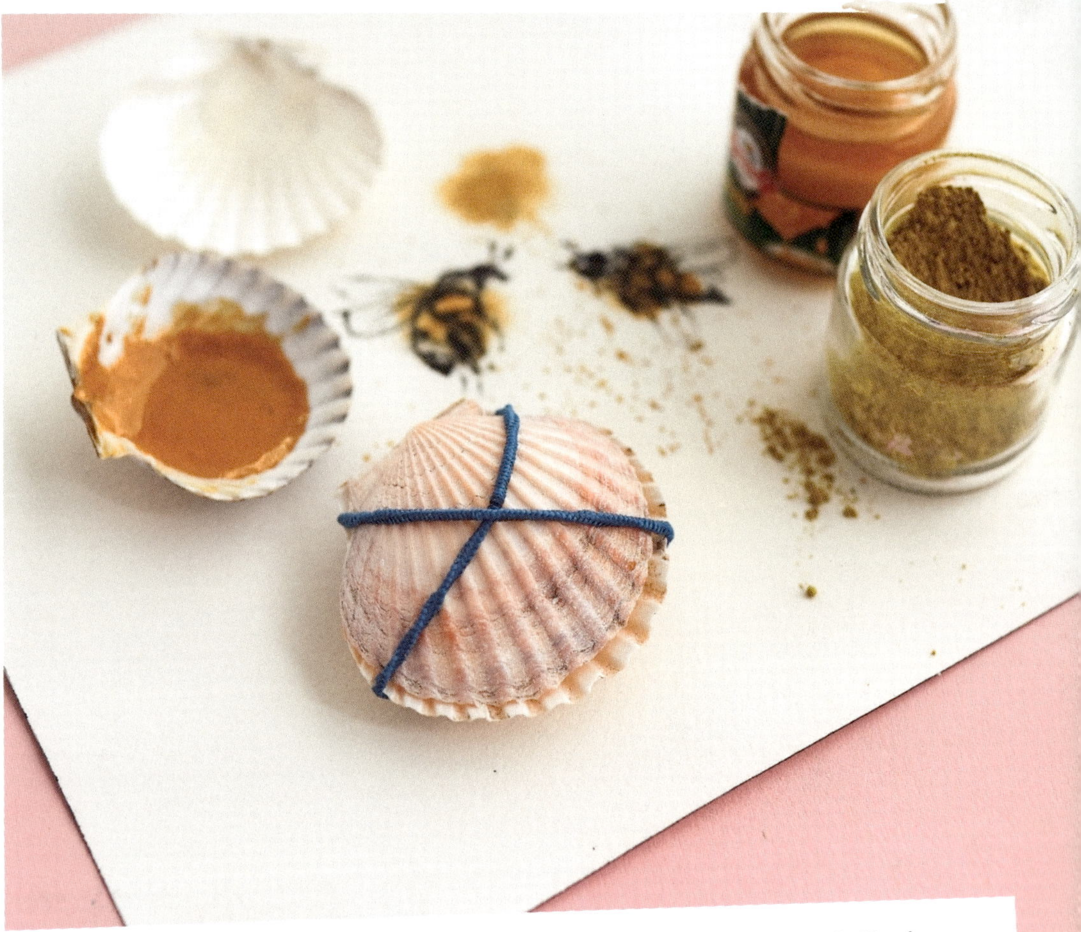

Verrühre deine selbst hergestellten Pigmente aus Kreiden oder Erden mit Honig zu einer ungewöhnlichen Aquarellfarbe. Fülle die zähe Paste in eine Muschelhälfte und lasse sie ein paar Stunden offen trocknen. Verschließe sie dann mit einer anderen Muschelhälfte – fertig! Ein Gummi hält dein süßes Geschenk zusammen.

Dieses sehr persönliches Geschenk ist leicht und schnell gemacht. Vermeide Hitze und Schräglage der Honigfarben.

Trockne gebrauchte Teebeutel und öffne sie vorsichtig. Leere die Teereste aus. Dann kannst du die Beutelbahnen mit Acrylfarbe bemalen und nach dem Trocknen als Lesezeichen verwenden – Upcycling mal anders!

Du kannst auch gefüllte, trockene Beutel bemalen. Ein zerlegter Teebeutel liefert zudem feines Collagematerial.

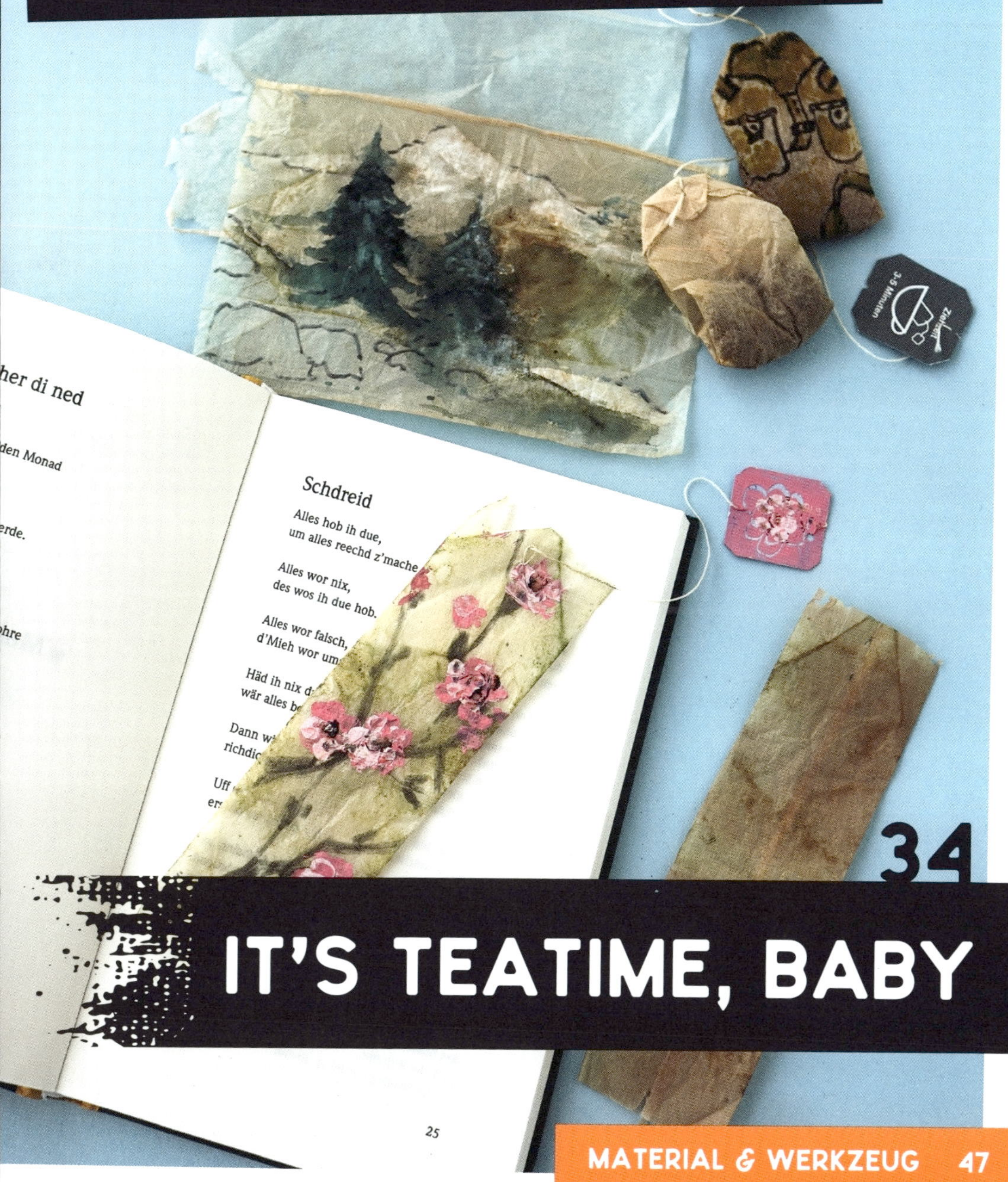

34

IT'S TEATIME, BABY

35

BUCH-SCHMUCK

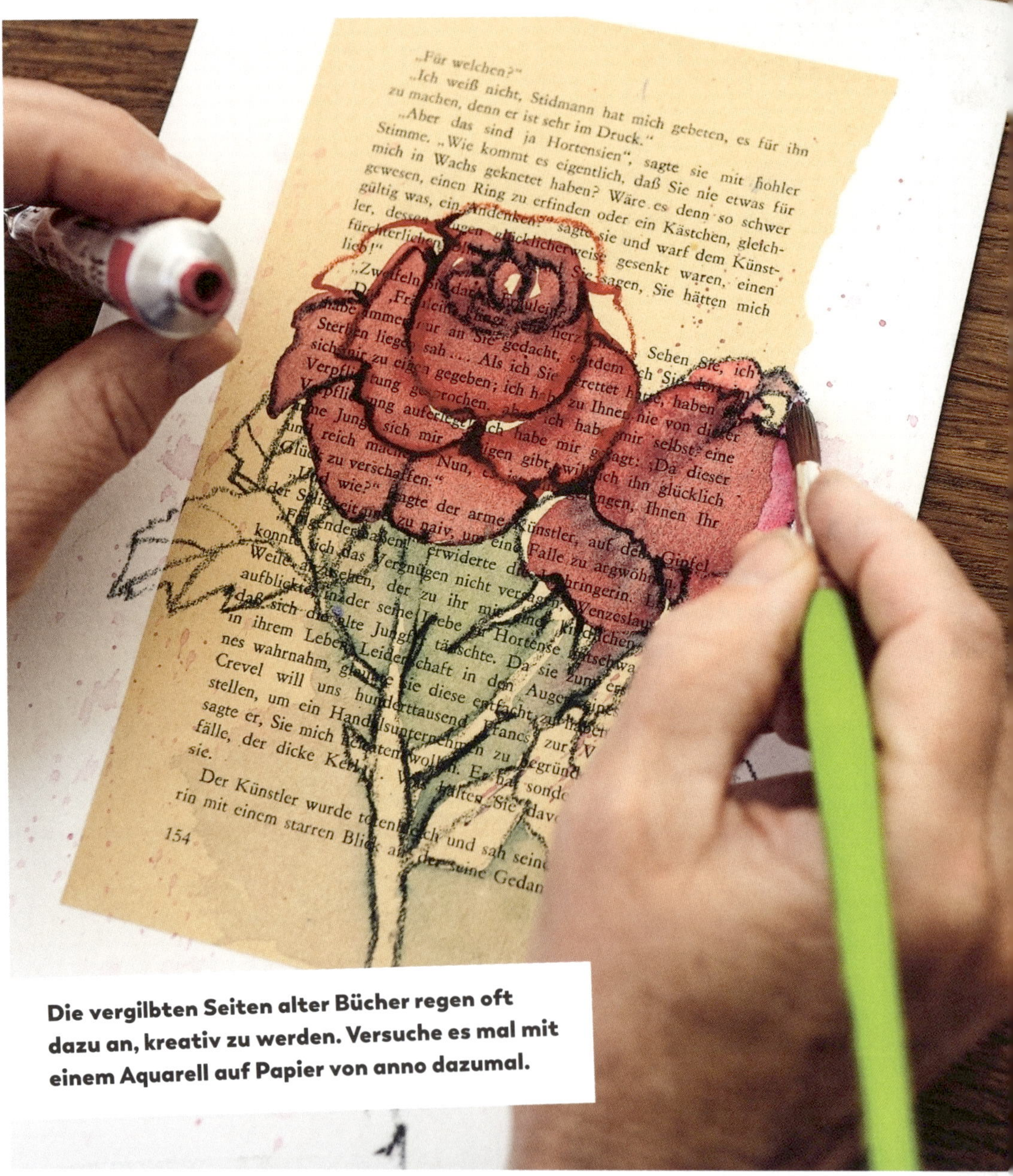

Die vergilbten Seiten alter Bücher regen oft dazu an, kreativ zu werden. Versuche es mal mit einem Aquarell auf Papier von anno dazumal.

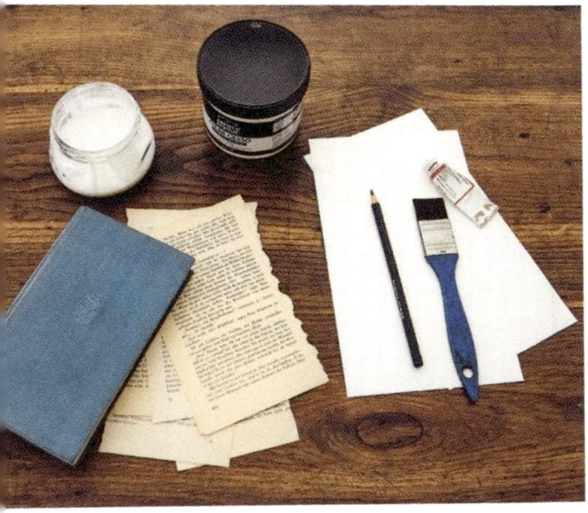

1 **Du benötigst: alten Bucheinband, alte Buchseiten, Aquarellpapier, Aquarellfarbe, Aquarellstift, Pinsel, Tapetenkleister, transparentes Gesso**

2 **Klebe die Buchseite mit Tapetenkleister auf ein Aquarellpapier auf.**

3 **Überstreiche die Seite nach dem Trocknen mit transparentem Gesso – das macht sie unempfindlich gegen die wässrige Malerei.**

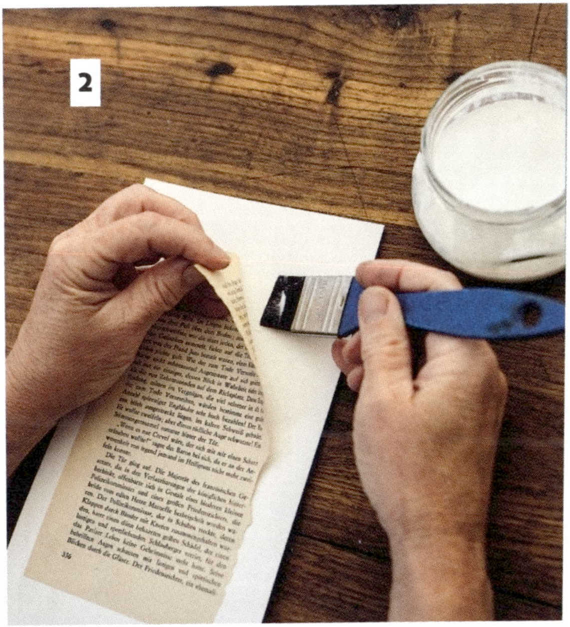

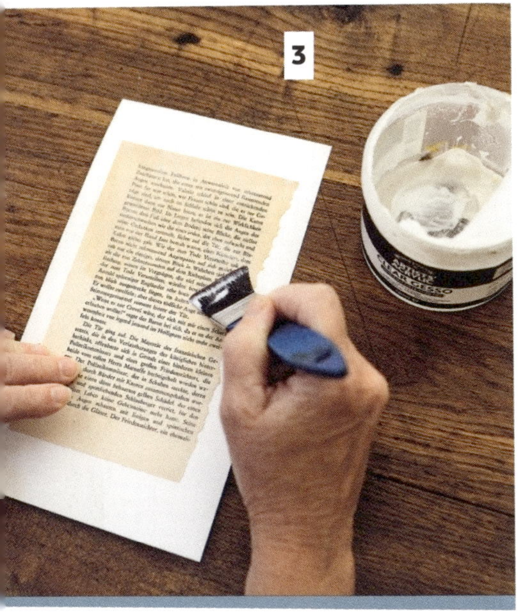

4 **Gestalte dein Motiv. Male ruhig etwas über den Rand der Buchseite hinaus.**

Alte Buchdeckel sind oft noch mit Leinen bespannt und geben einen guten Malgrund ab.

NOTIZEN

AHA!

Ist es nicht schön zu sehen, wie leicht du dir behelfen kannst, wenn zum Beispiel in deiner Mal- oder Zeichenausrüstung etwas fehlt? Du hast den Radiergummi zuhause vergessen? Okay, dann kaufst du dir einfach beim nächsten Bäcker ein Brötchen. Kein Pinsel oder Spachtel zur Hand? Ein Plastikkärtchen oder ein ausgefranster Ast tun es zur Not auch mal. Auch wenn du bisher keine Idee hattest, was du mit Papierresten tun sollst oder schon immer mal die Lust verspürt hast, Wasserfarben selbst herzustellen – sei erfinderisch und erleichtere dir mit Hacks dein Kreativ-Leben.

Reinigung und Pflege

Ein altes Ölgemälde erstrahlt in neuem Glanz, wenn du es mit einer halbierten Kartoffel abreibst. Entferne die Kartoffelstärke anschließend wieder mit einem feuchten Tuch.

Auch Acrylbilder lassen sich auf diese Weise reinigen.

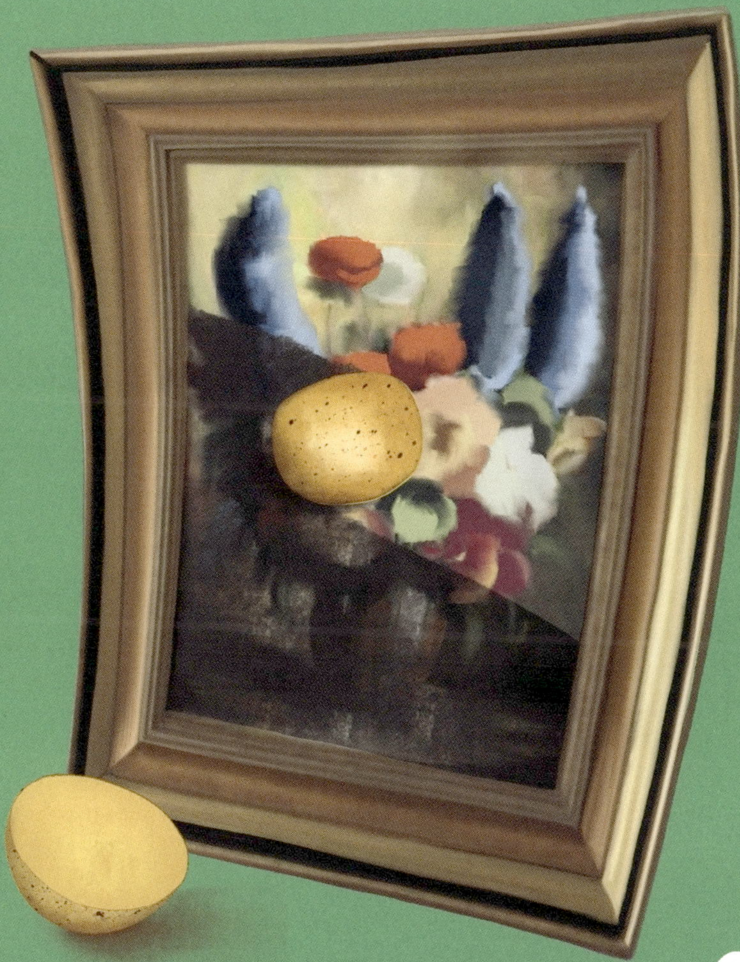

36

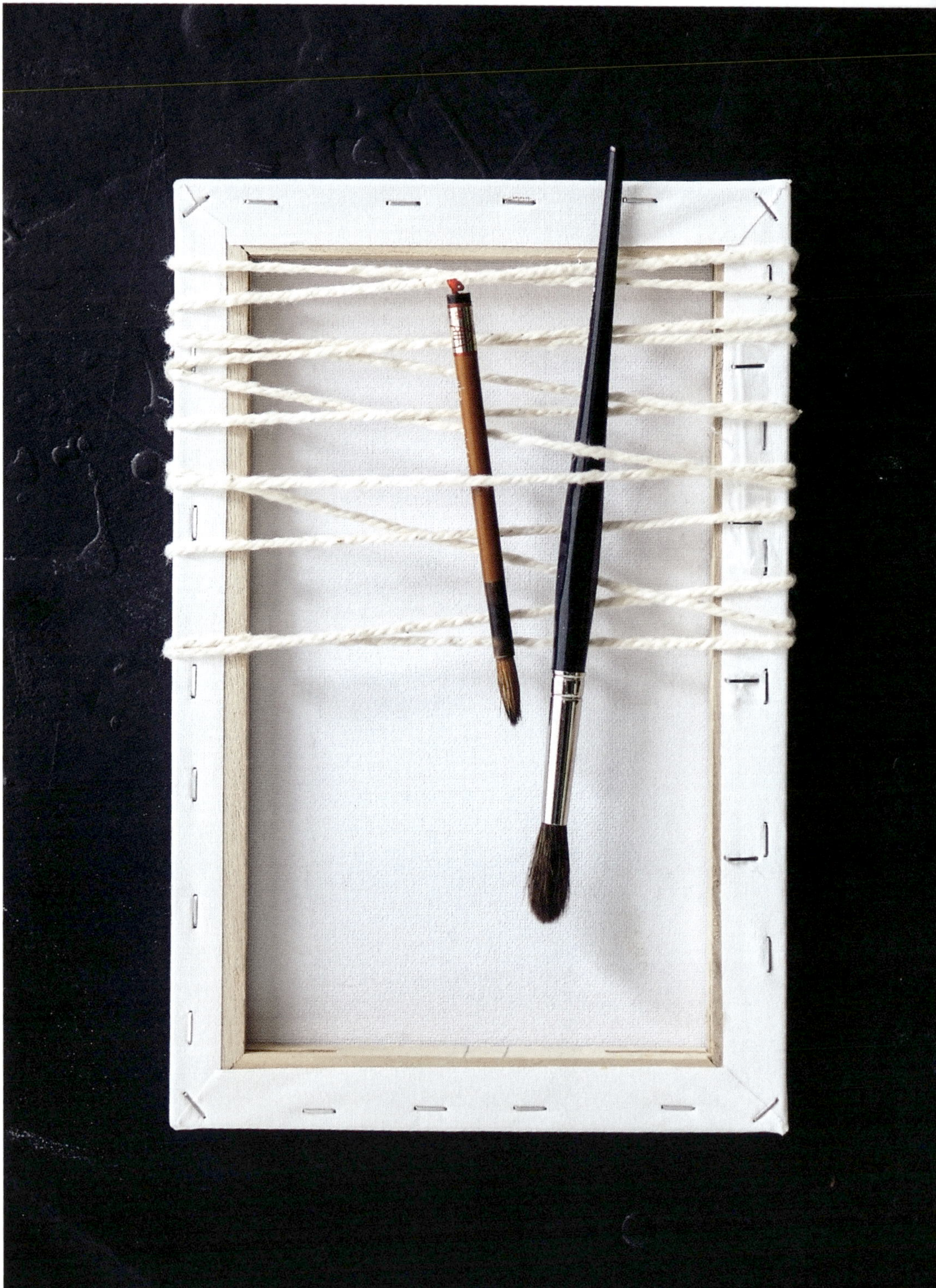

Kennst du das? Deckel verklebt, Pinsel eingetrocknet – und dabei wolltest du gerade mit dem Malen loslegen ... Die folgenden Hacks werden dafür sorgen, dass du in Zukunft immer einsatzfähige Pinsel und Farben zur Hand hast und genau weißt, wie du dein Arbeitswerkzeug aufbewahrst und pflegst.

37

KLÄRANLAGE FÜR PINSEL

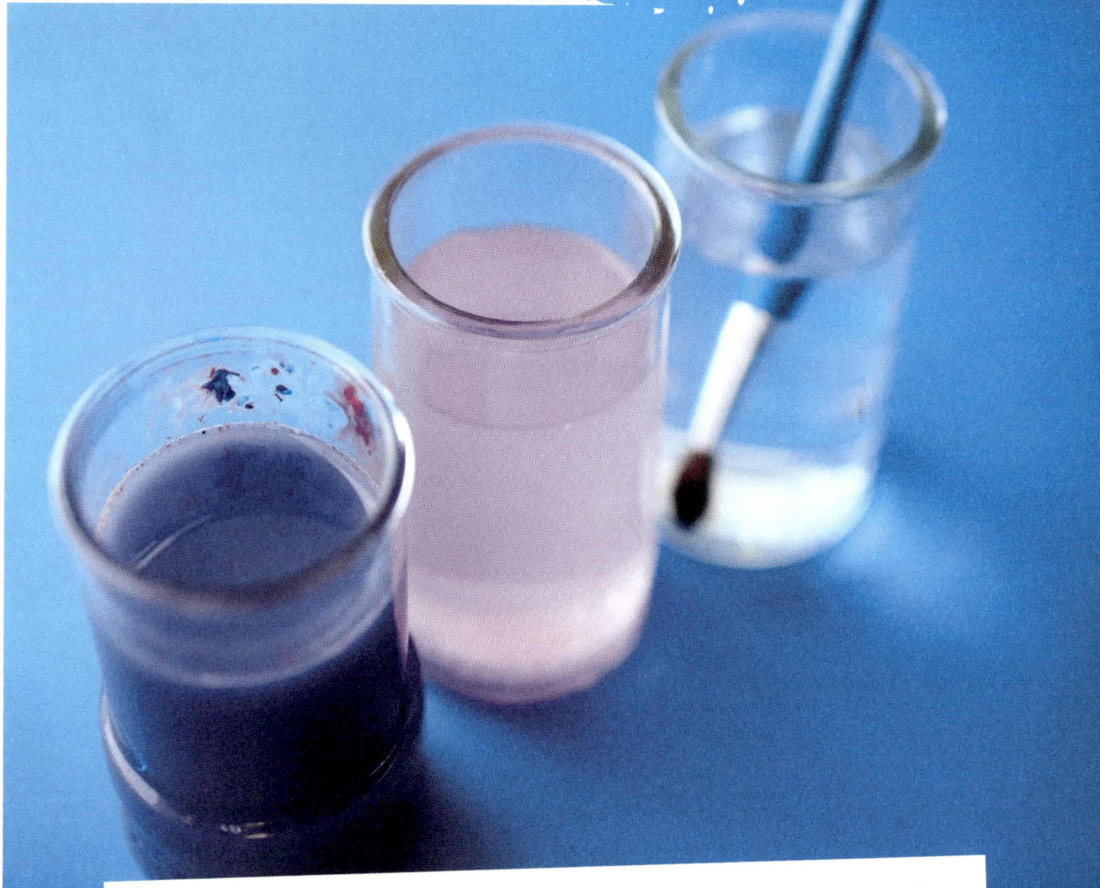

Wer kennt das nicht: Durch das Pinselauswaschen wird das Wasser im Glas schnell trüb und verschmutzt dann auch die Farben und das Bild. Reinige deine Pinsel in drei Stufen – grob, mittel und fein – mit drei Gläsern. Das erspart dir auch häufiges Wasserholen.

Reinige den Pinsel besonders in der ersten Stufe gut, dann hält das saubere Wasser lang.

38

ABSTREIFGITTER

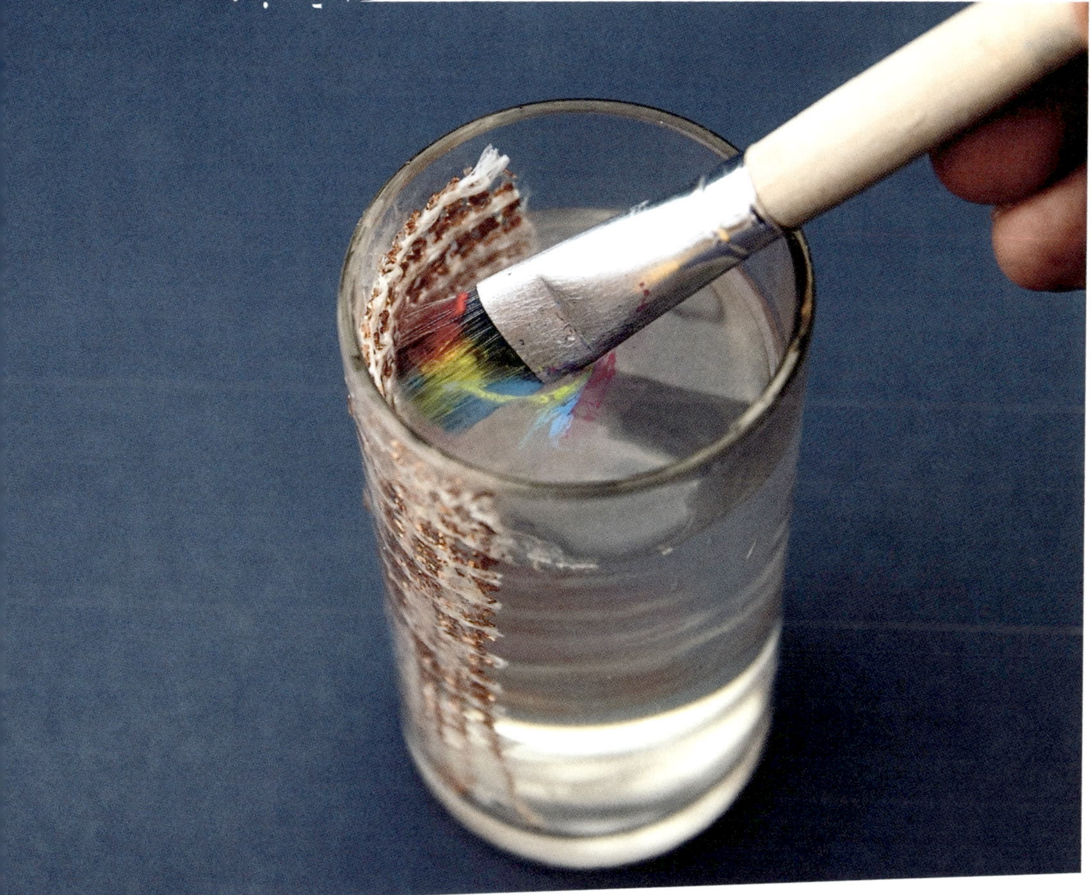

Manchmal bleibt beim Reinigen von Pinseln in einem Wasserglas doch noch alte Farbe an den Borsten hängen. Klebe ein kleines Metallgitter in das Wasserglas, an dem du deinen Pinsel zusätzlich abstreifen kannst.

Ein kleines, altes Sieb aus der Küche erfüllt denselben Zweck.

Kernseife ist King! Streife deine Pinsel nach dem Malen gut an alten Lappen oder Papier ab. Schäume dann in der Hand Kernseife und Wasser auf und säubere deine Pinsel darin. Speziell bei Ölfarbe mehrmals wiederholen.

Mit Einmalhandschuhen ist die Reinigungsaktion eine saubere Sache.

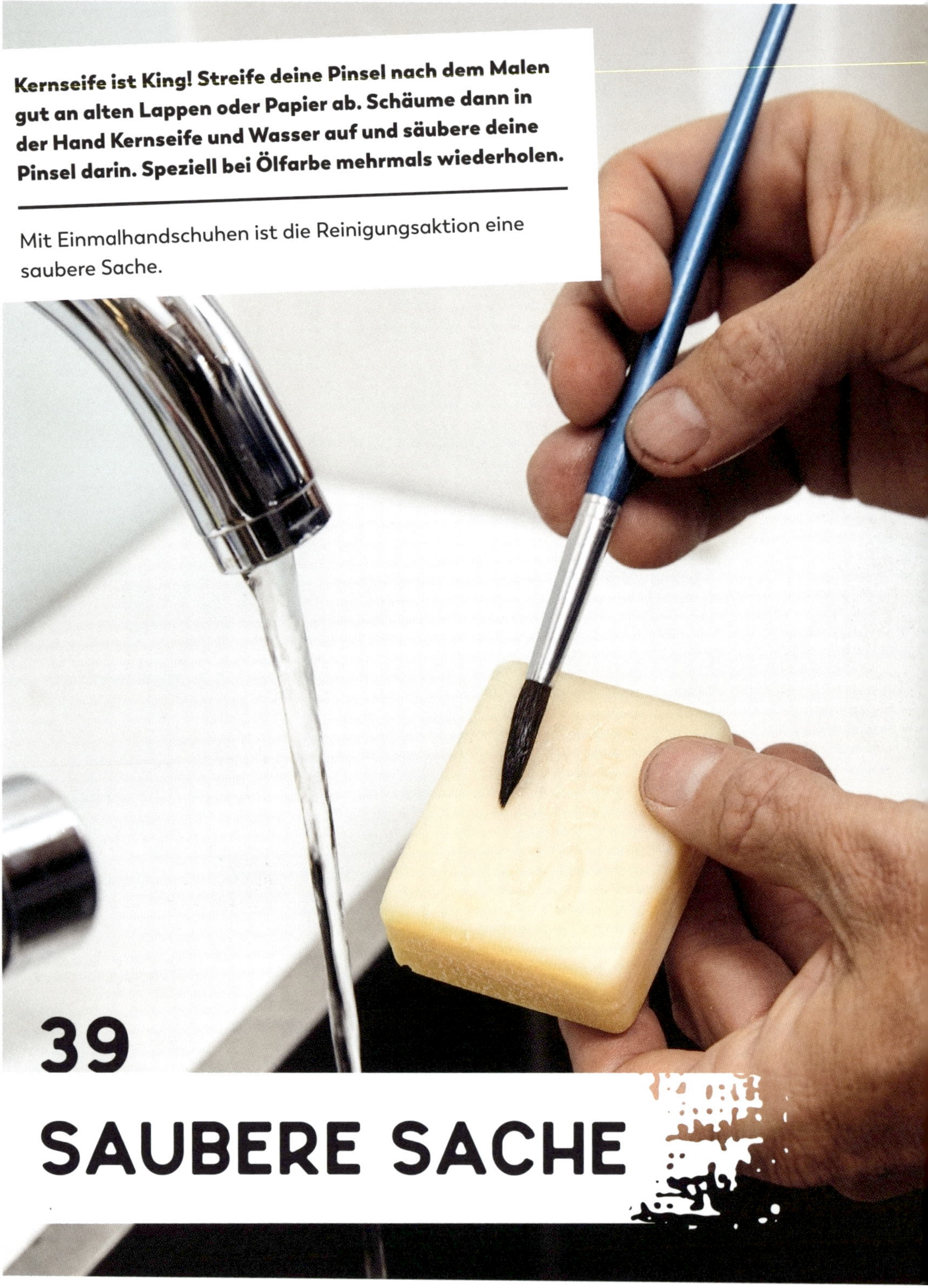

39
SAUBERE SACHE

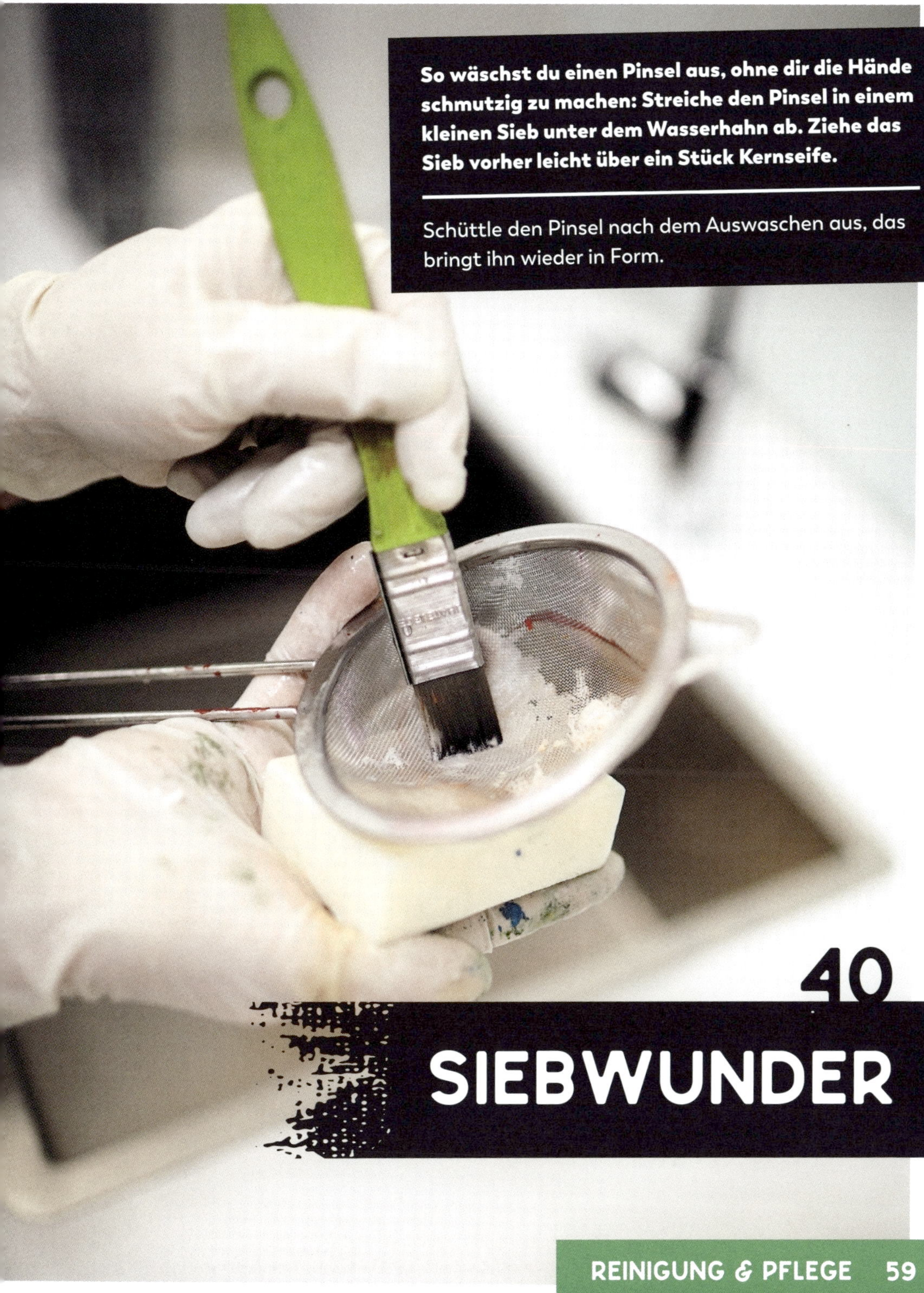

40 SIEBWUNDER

So wäschst du einen Pinsel aus, ohne dir die Hände schmutzig zu machen: Streiche den Pinsel in einem kleinen Sieb unter dem Wasserhahn ab. Ziehe das Sieb vorher leicht über ein Stück Kernseife.

Schüttle den Pinsel nach dem Auswaschen aus, das bringt ihn wieder in Form.

41

HIER TROCKNET WAS

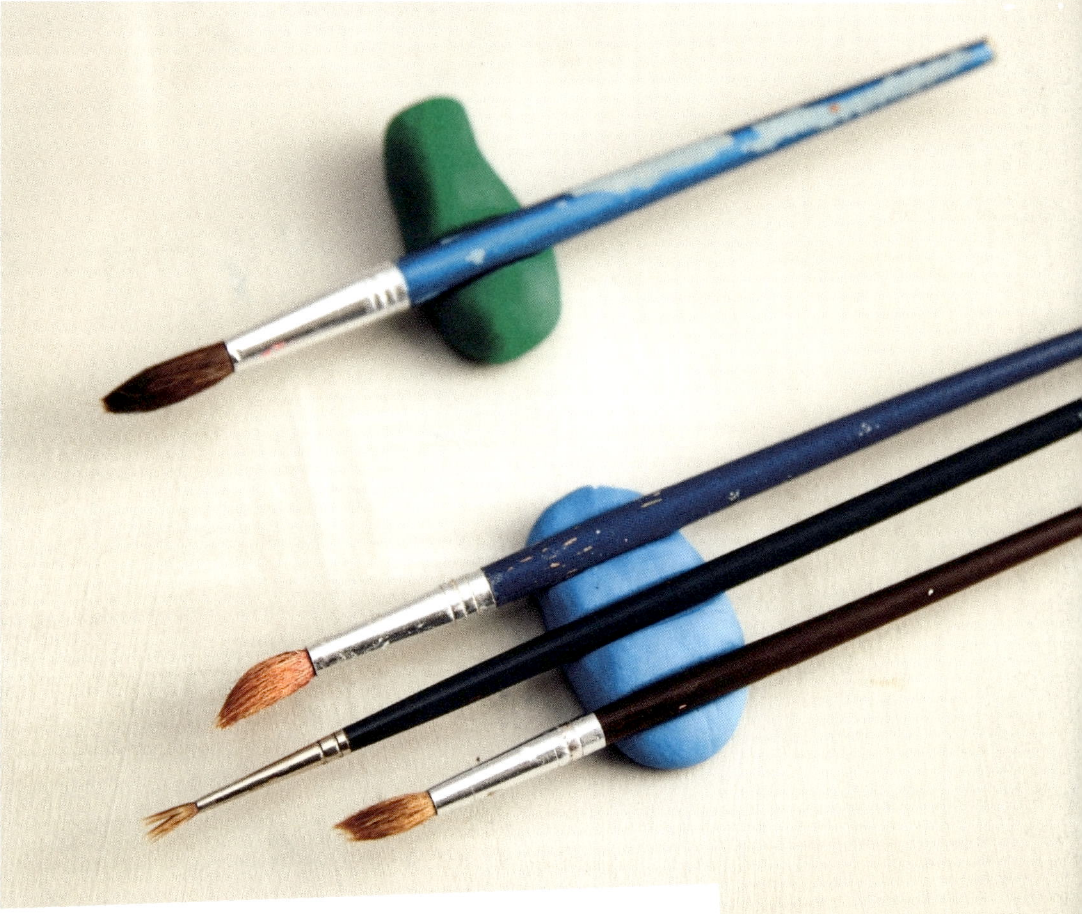

Für eine geordnete Trocknung deiner Pinsel drückst du sie einfach in einer Reihe in einen Streifen Knetmasse ein – perfekte Trocknungsbedingungen!

Unterlege den Bereich an den Spitzen der Pinsel mit etwas Küchenpapier, falls ein Pinsel noch tropfen sollte.

Umwickle einen Keilrahmen im oberen Bereich mit einem Wollfaden und drehe ihn um. Jetzt kannst du deine Pinsel mit den Borsten nach unten in das Geflecht stecken. So trocknen sie vorschriftsmäßig.

Die Aufhängung schont die Zwinge und hält die Pinsel in Form. Einzelne Tropfen werden vom Holzrahmen aufgefangen.

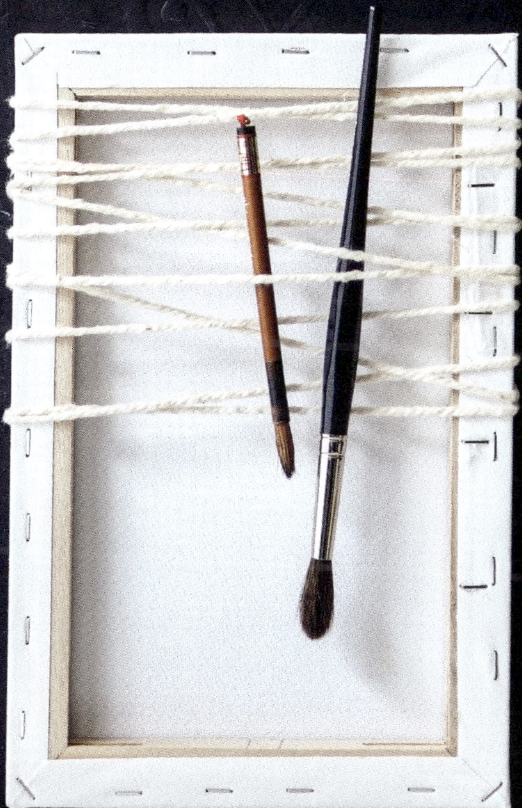

42 GUT VERNETZT

43 FACELIFT FÜR PINSEL

Im Laufe der Zeit und bei häufigem Gebrauch verschleißen Pinsel, sie werden spröder und bilden keine richtige Spitze mehr. Gönne ihnen ein heißes Wasserbad! Das spült kleine, eingetrocknete Farbteilchen aus. Die Borsten werden wieder geschmeidiger und lassen sich zu einer Spitze formen.

Mit etwas Seife lässt sich der Facelift-Effekt noch verbessern.

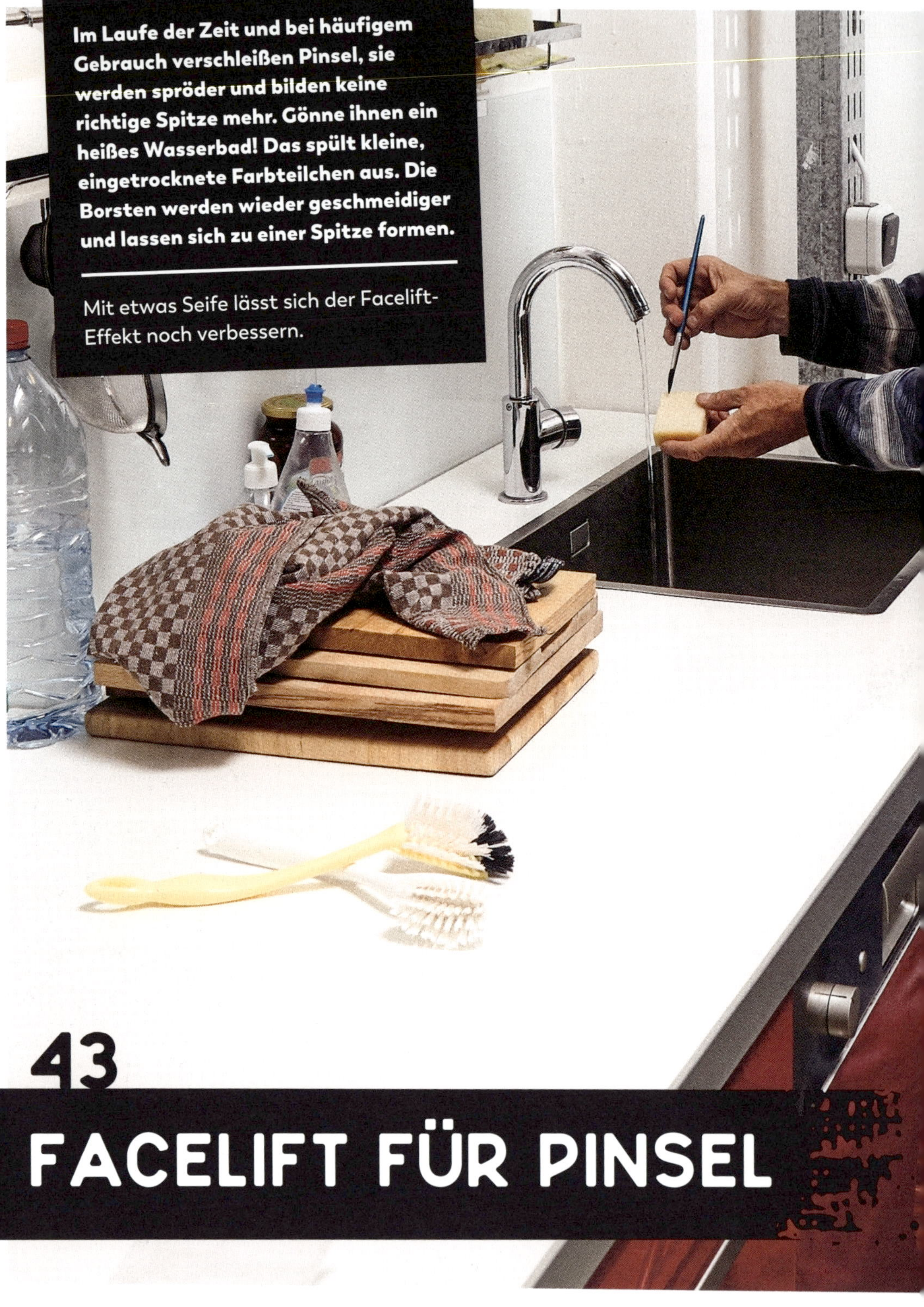

44

KEIN BISSCHEN SCHWAMMIG

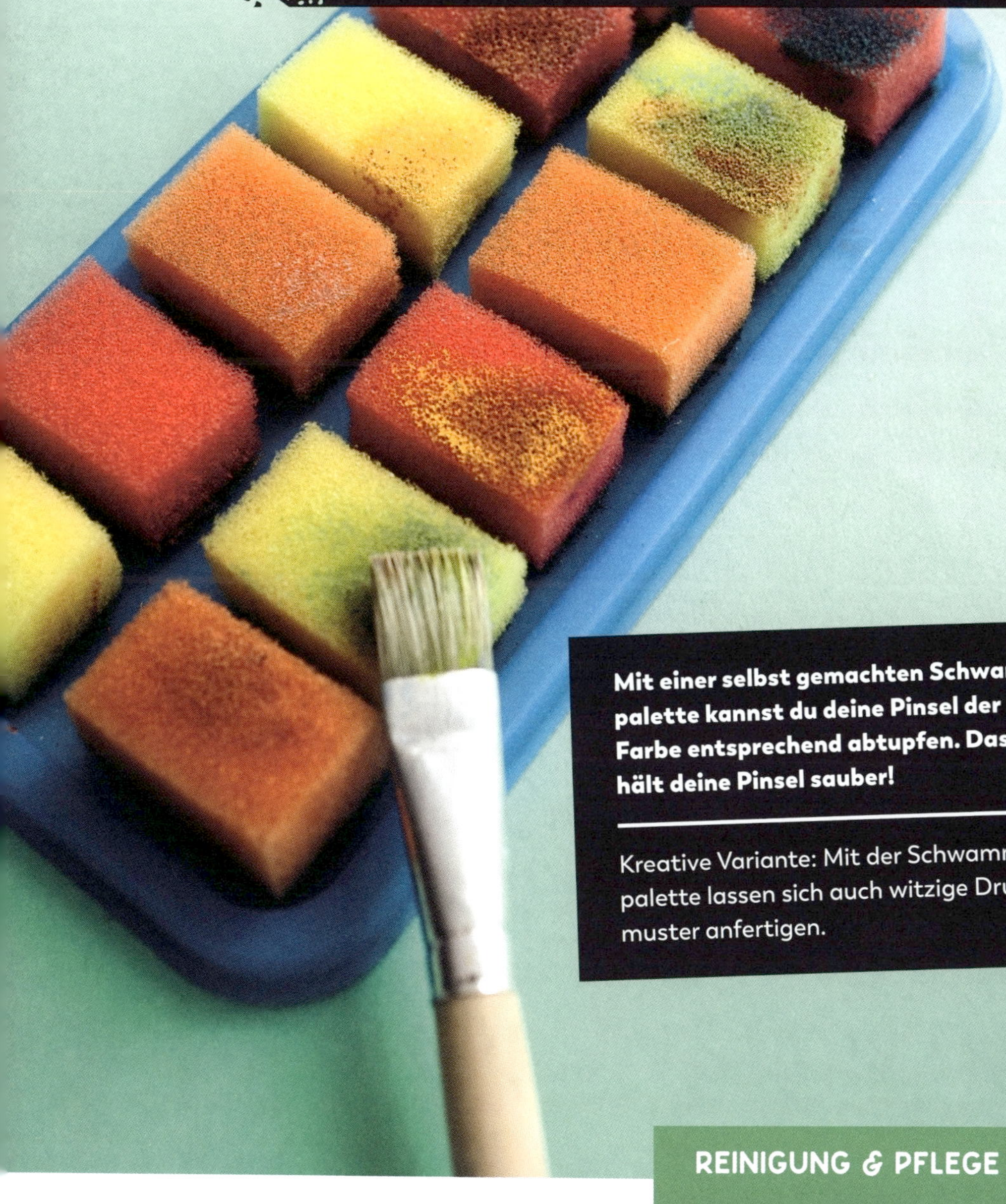

Mit einer selbst gemachten Schwammpalette kannst du deine Pinsel der Farbe entsprechend abtupfen. Das hält deine Pinsel sauber!

Kreative Variante: Mit der Schwammpalette lassen sich auch witzige Druckmuster anfertigen.

45

WELLNESS FÜR RADIERGUMMIS

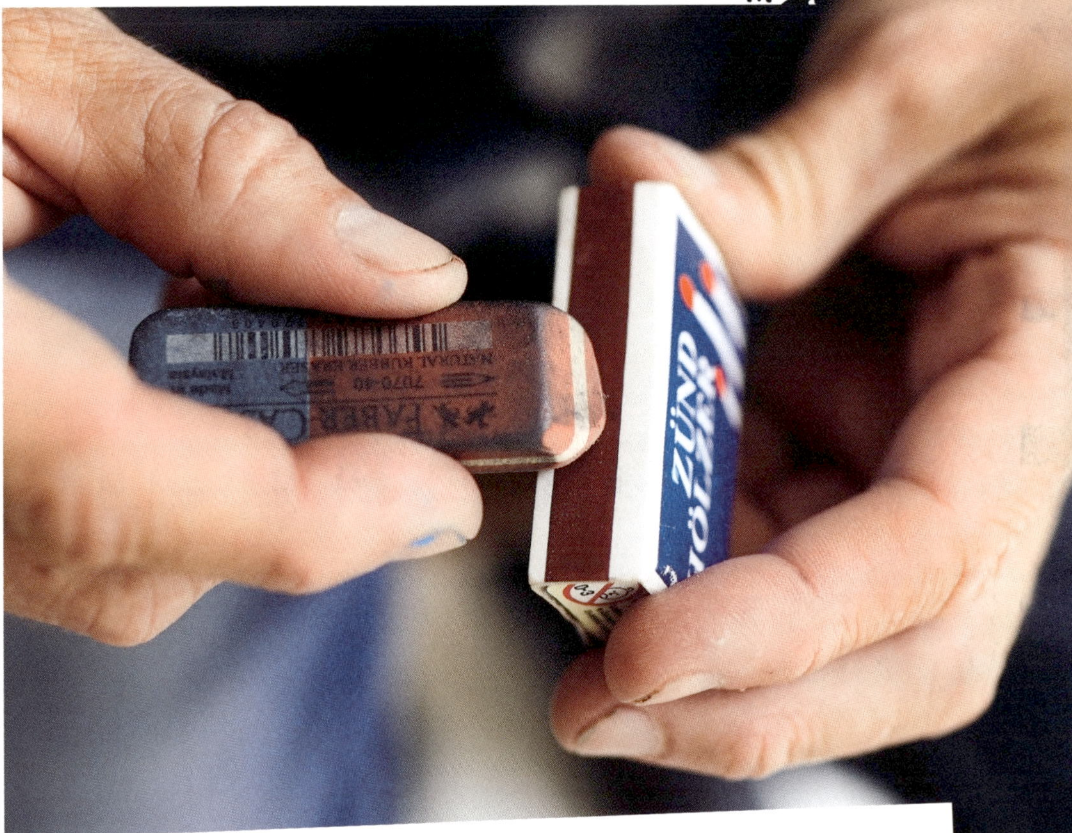

Je nach Härte und Material können Radiergummis gelegentlich, anstatt zu radieren, graue Schmierspuren hinterlassen. Reinige deinen Radierer einfach an der Reibefläche einer Streichholzschachtel.

Der Trick funktioniert auch mit einem kleinen Stück Schleifpapier.

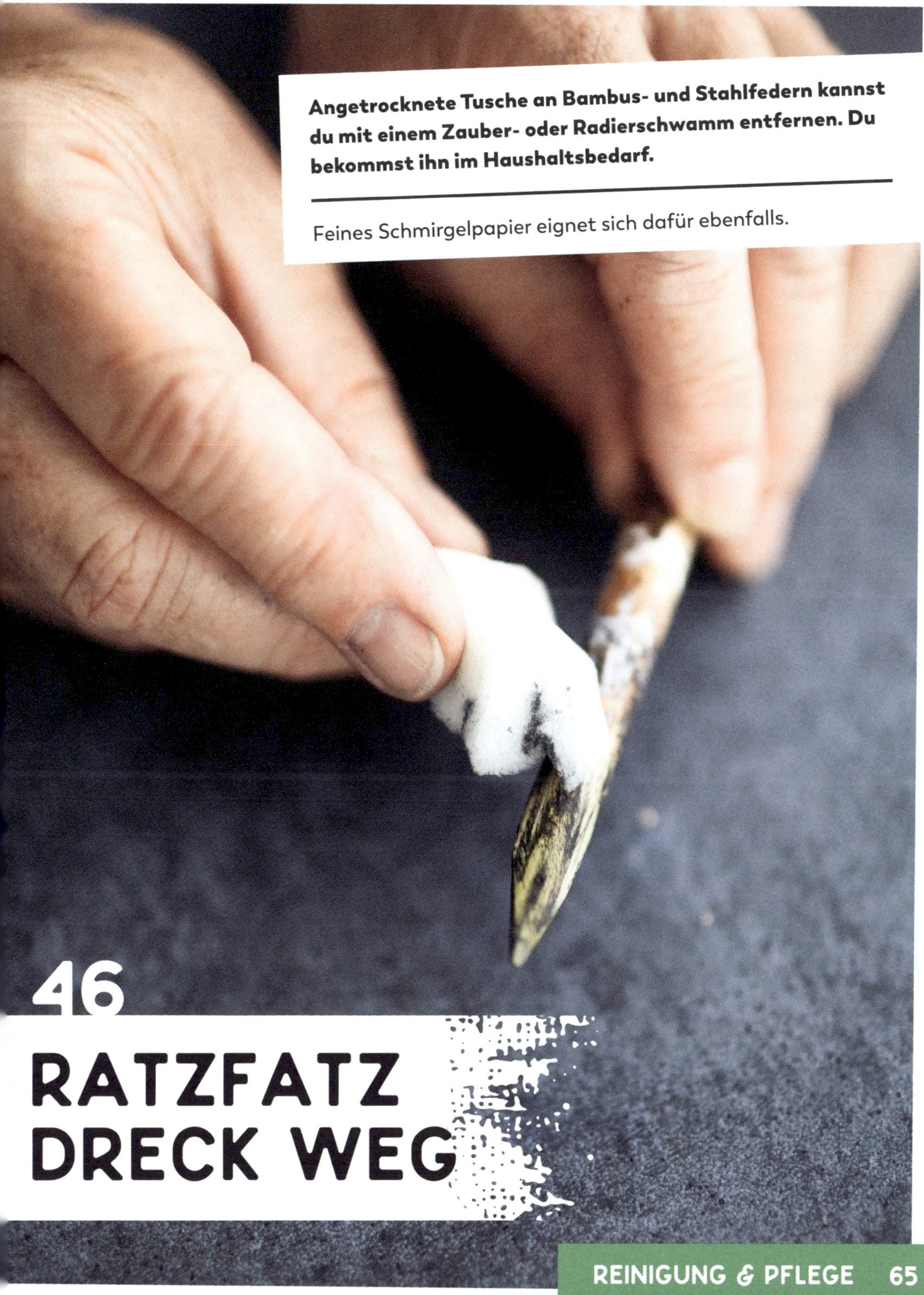

Angetrocknete Tusche an Bambus- und Stahlfedern kannst du mit einem Zauber- oder Radierschwamm entfernen. Du bekommst ihn im Haushaltsbedarf.

Feines Schmirgelpapier eignet sich dafür ebenfalls.

46 RATZFATZ DRECK WEG

47

REIS-REINIGER

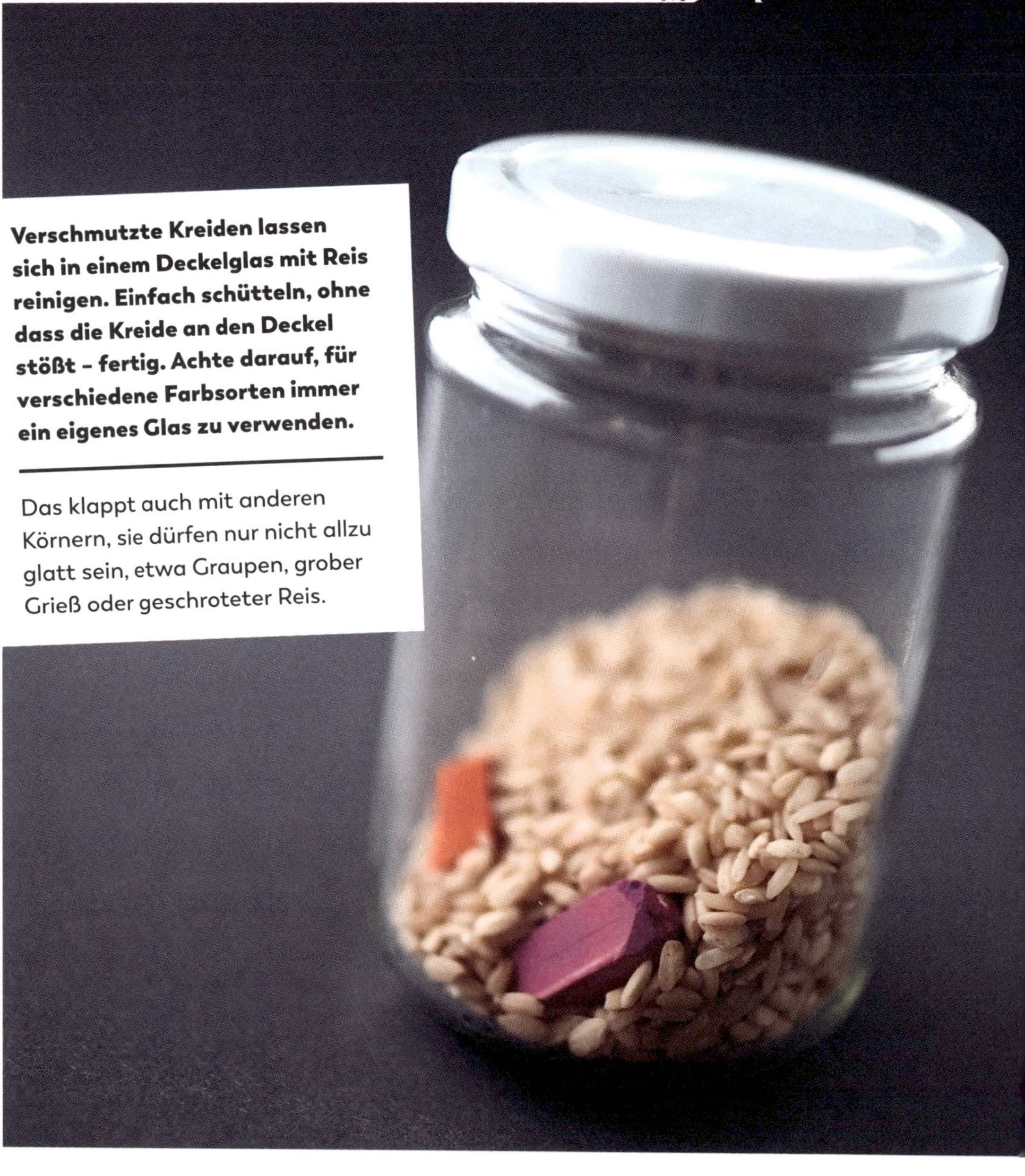

Verschmutzte Kreiden lassen sich in einem Deckelglas mit Reis reinigen. Einfach schütteln, ohne dass die Kreide an den Deckel stößt – fertig. Achte darauf, für verschiedene Farbsorten immer ein eigenes Glas zu verwenden.

Das klappt auch mit anderen Körnern, sie dürfen nur nicht allzu glatt sein, etwa Graupen, grober Grieß oder geschroteter Reis.

48

LÄUFT WIE GESCHMIERT

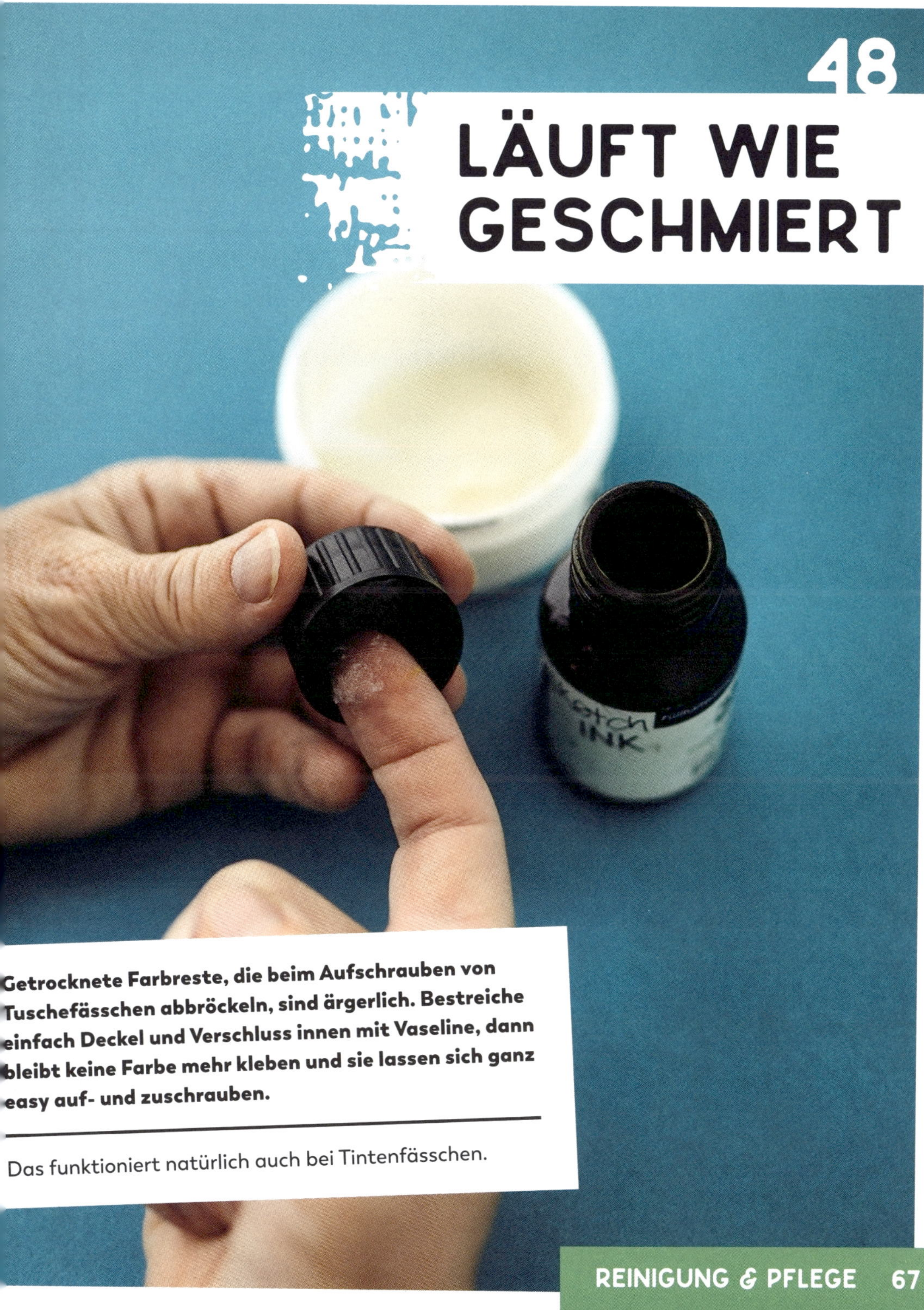

Getrocknete Farbreste, die beim Aufschrauben von Tuschefässchen abbröckeln, sind ärgerlich. Bestreiche einfach Deckel und Verschluss innen mit Vaseline, dann bleibt keine Farbe mehr kleben und sie lassen sich ganz easy auf- und zuschrauben.

Das funktioniert natürlich auch bei Tintenfässchen.

NOTIZEN

AHA!

Bislang habe ich meine Pinsel zum Trocknen und Aufbewahren immer in ein Glas gestellt. Wie es richtig geht, kannst du in Hack 42 nachlesen. Ich hänge sie jetzt zum Trocknen an den Vorhang im Gästezimmer, das schont die Pinselspitze. Seitdem bleibt die Pinselzwinge, wo sie sein soll, meine Pinsel wackeln nicht mehr und mein Besuch hat zudem noch etwas zum Schmunzeln.

Aufbewahrung & Transport

Das sieht nicht nur witzig aus, sondern ist auch wirklich praktisch! Schraube den Stiel von einem alten Besen ab und stelle ihn mit den Borsten nach oben auf den Schreibtisch. Schon hast du ein originelles Accessoire, um Stifte, Pinsel und andere nützliche Dinge gut sichtbar und griffbereit aufzubewahren.

Nicht jeder Besen eignet sich. Die Borsten müssen dicht stehen, damit die Sachen darin Halt finden.

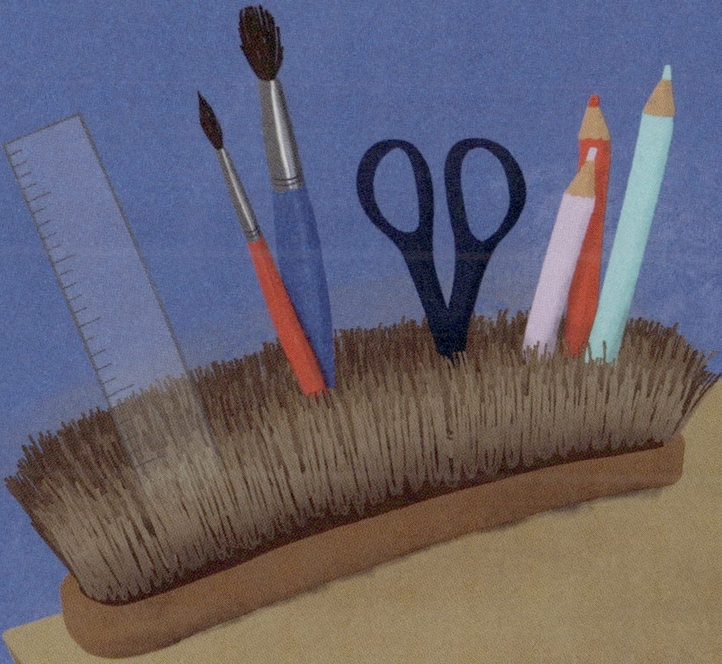

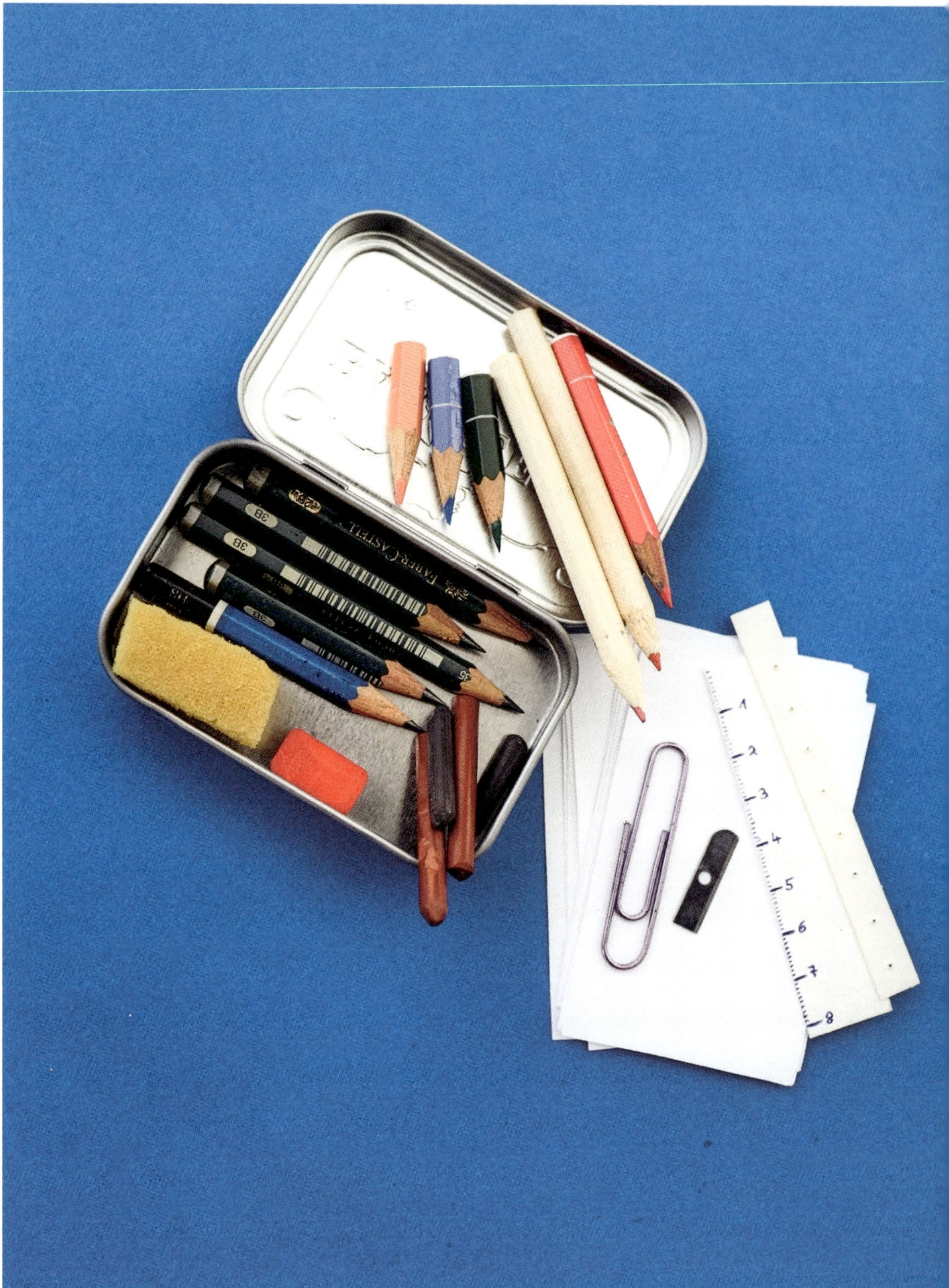
FABER-CASTELL
3B
3B
1
2
3
4
5
6
7
8

Zeit und Platz sparen – das ist das Motto dieses Kapitels. Nichts ist lästiger als stundenlanges Zusammensuchen von Pinseln oder Stiften, unsortiertes Aufbewahren von Bildern oder unnötige Schäden beim Transport. Deshalb findest du hier jede Menge Tipps und Tricks, wie du Ordnung und System in dein kreatives Arbeitsumfeld bringst. Und ganz nebenbei erfährst du auch noch, wie du Platz sparst, sodass Raum für neue Arbeitsflächen entsteht – Raum für neue Kreativität.

MINI-MÜLLTRENNUNG

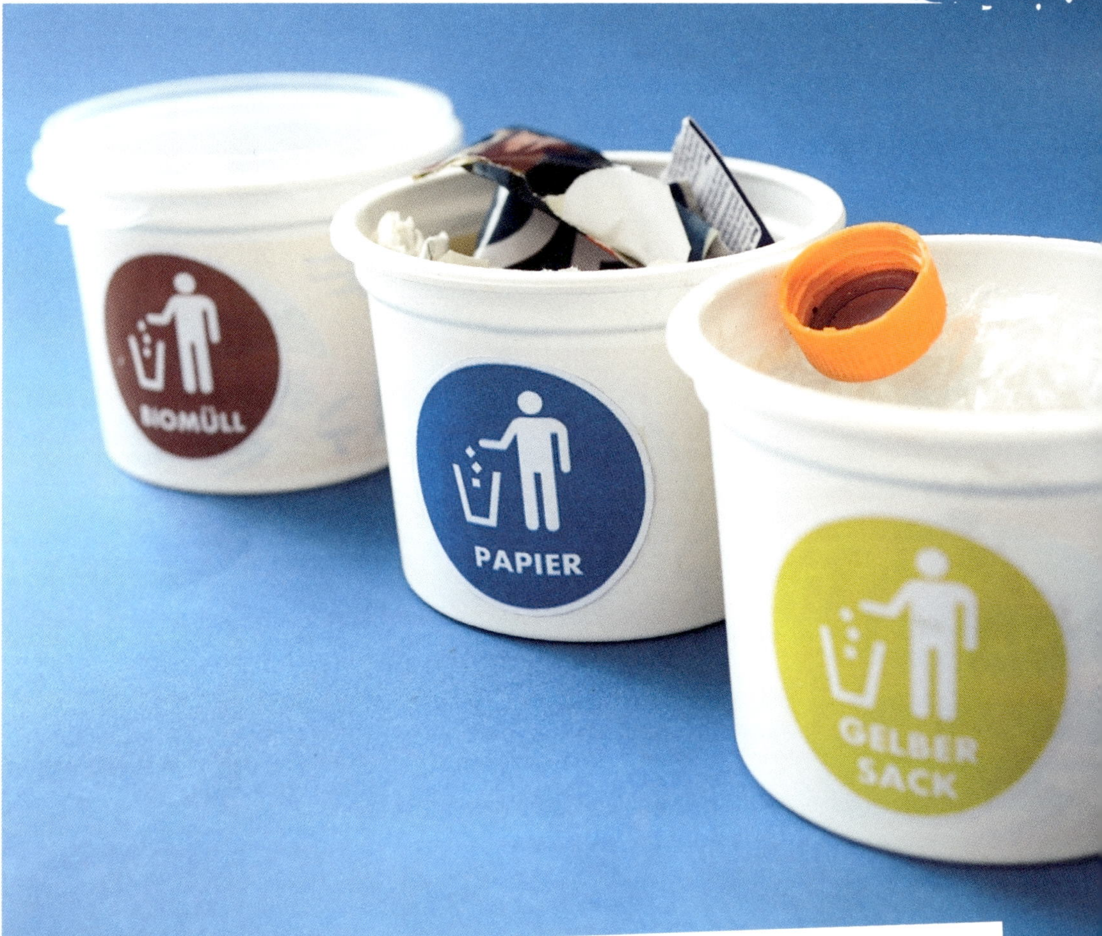

Sammle den kleinen Müll, der beim Arbeiten im Atelier oder am Schreibtisch immer wieder anfällt, gleich getrennt in verschiedenen Boxen. Dafür eignen sich zum Beispiel kleine Kunststoffverpackungen von Süßigkeiten oder Joghurtbecher, die du entsprechend kennzeichnen kannst.

Sehr gut eignen sich auch Keksdosen aus Aluminium.

Malst du gern und viel mit breiteren Pinseln? Dann ist die Aufbewahrungsmethode mit einem Klettband etwas für dich. Befestige ein langes Klettband als Halterung an der Wand und nutze kleine Klettbänder als Halteschlaufen. So sind deine Pinsel und andere Werkzeuge übersichtlich angeordnet und immer griffbereit.

Je kleiner die Pinsel werden, umso weniger ist diese Methode geeignet. Es sei denn, du befestigst immer mehrere Pinsel in einer Schlaufe.

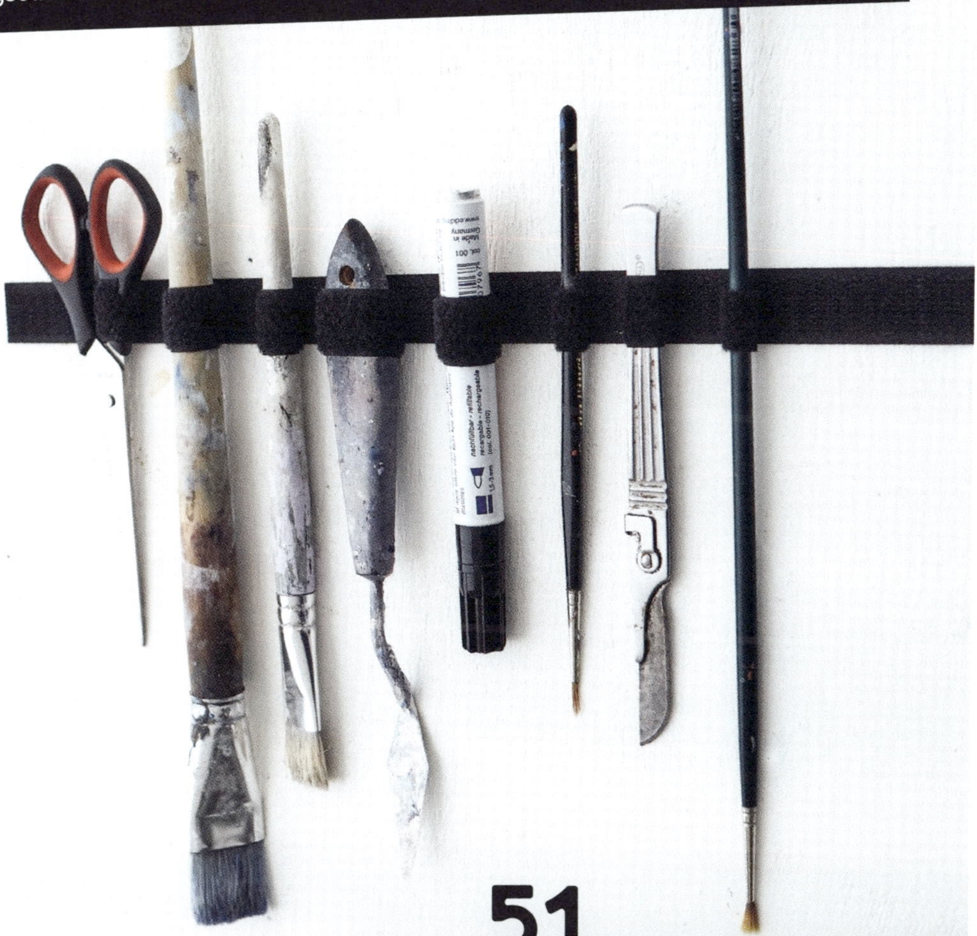

51 ALL-IN-ONE

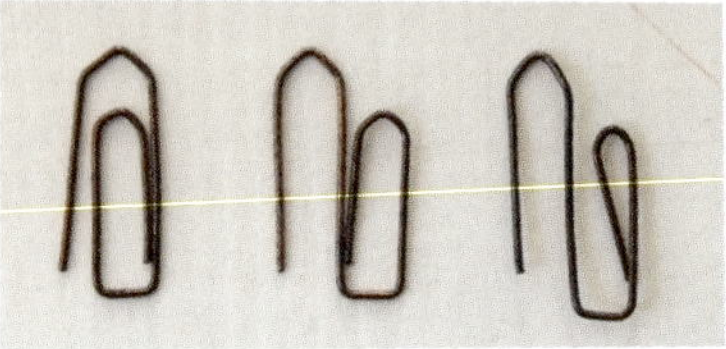

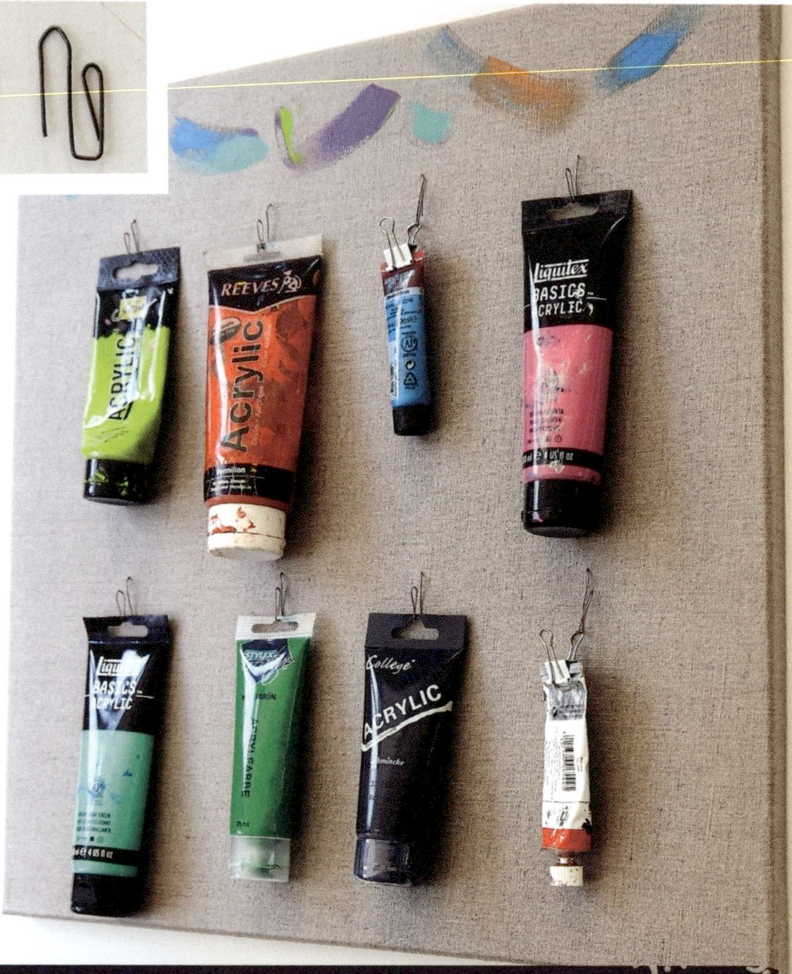

52 STETS GRIFFBEREIT

Bestücke eine Leinwand mit Büroklammern – ein idealer Platz, um Farbtuben aufzubewahren. Klappe die Klammer seitlich auf. Forme aus der kleineren Seite eine Öse – das ist die Aufhängung. Stich mit dem unten offenen Teil der Büroklammer in deine Leinwand hinein. Drücke diesen Teil hinten eng an, damit er nicht absteht. Jetzt kannst du vorne an die Öse deine Farbtuben hängen.

Bringe an Tuben, die kein Loch zum Aufhängen haben, kleine Foldback-Klemmen an.

Hänge Farben, die du öfter kombinierst, gemeinsam an einen Schlüsselring. Dann musst du sie nicht immer zusammensuchen. Der Ring kann dranbleiben, auch wenn du die Farben benutzt.

Sammle Farben des gleichen Herstellers in einem Ring. Dann sind deine Malergebnisse im Bild gleichmäßiger.

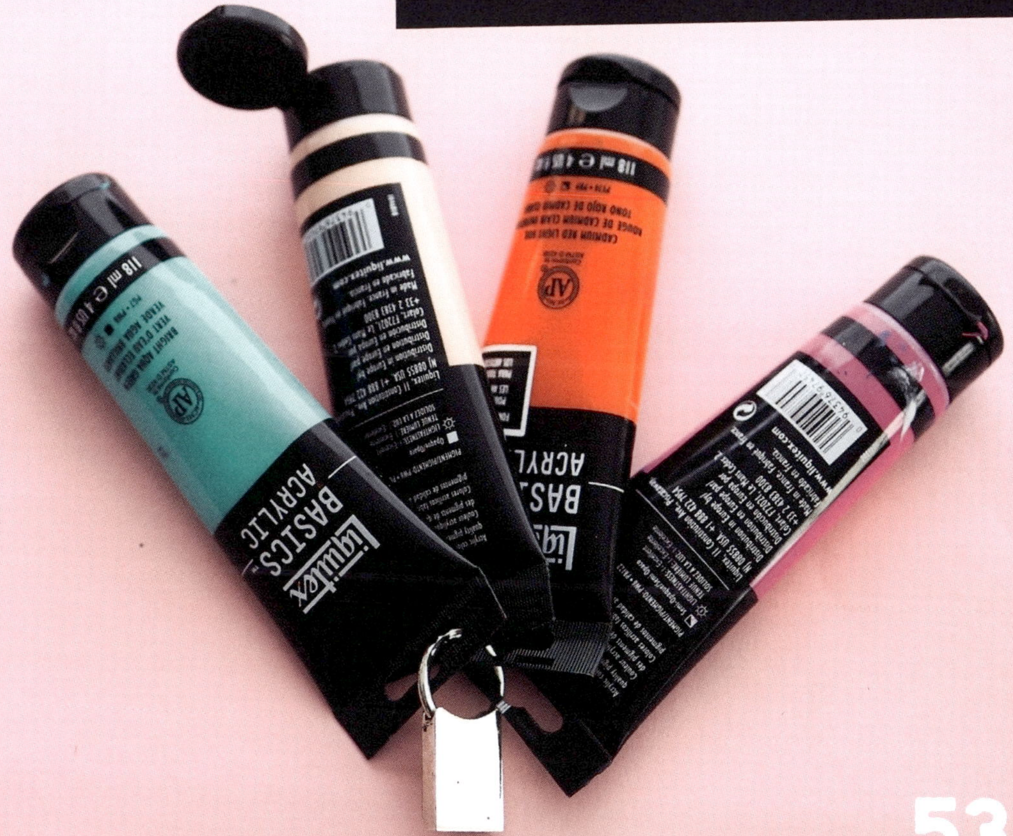

53

SAMMLERSTÜCKE

54 ROLLENTAUSCH

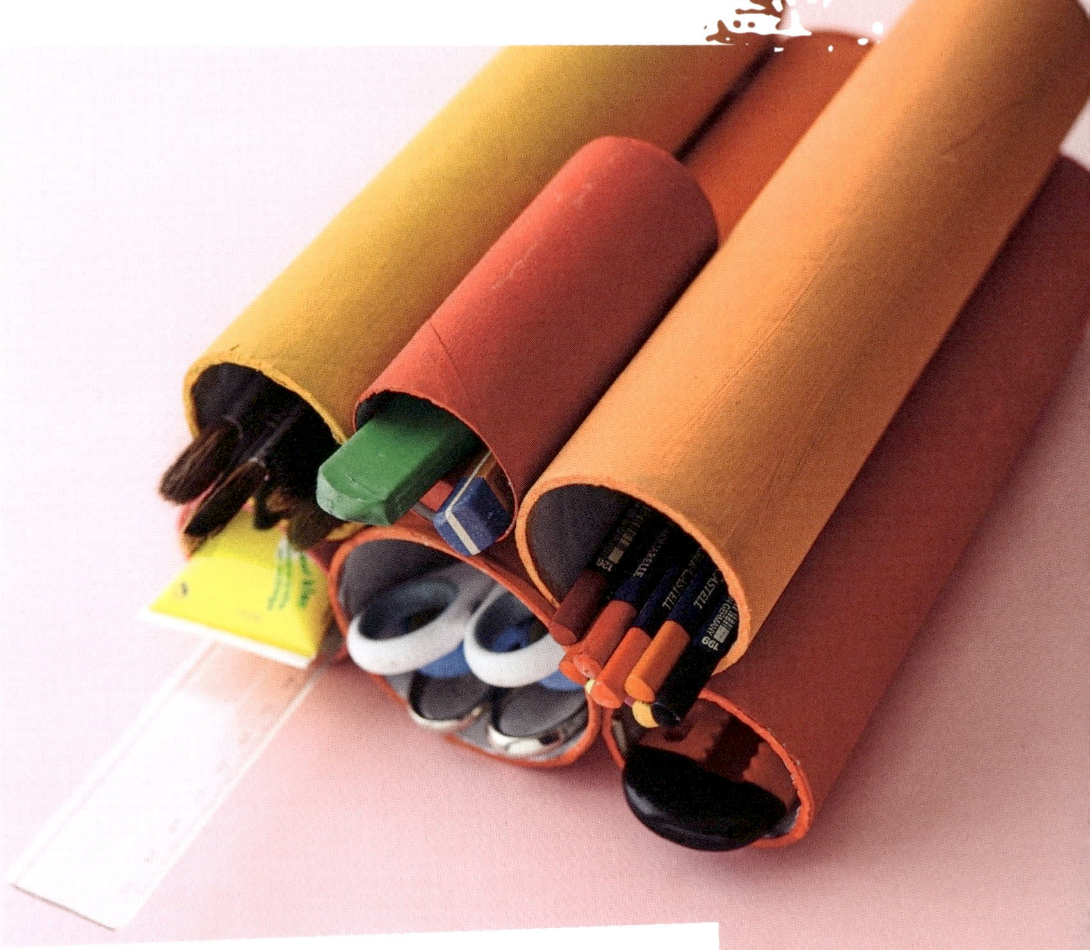

Aufbewahrung mal in der Horizontalen: Klebe mehrere Papprollen waagrecht versetzt aufeinander. Dafür eignen sich zum Beispiel stabile Boxen von Kartoffel-Chips.

Zu einem echten Hingucker wird das Ganze, wenn du die Boxen individuell beklebst oder bemalst.

Schluss mit dem Stifte-Chaos! Falte ein Blatt in etwa ein Zentimeter breite Zickzack-Streifen und passe es in eine Schachtel ein. So kannst du deine Stifte ordentlich und übersichtlich aufbewahren.

Auch beim Transport fixiert die Zickzack-Einlage umherrollende Stifte.

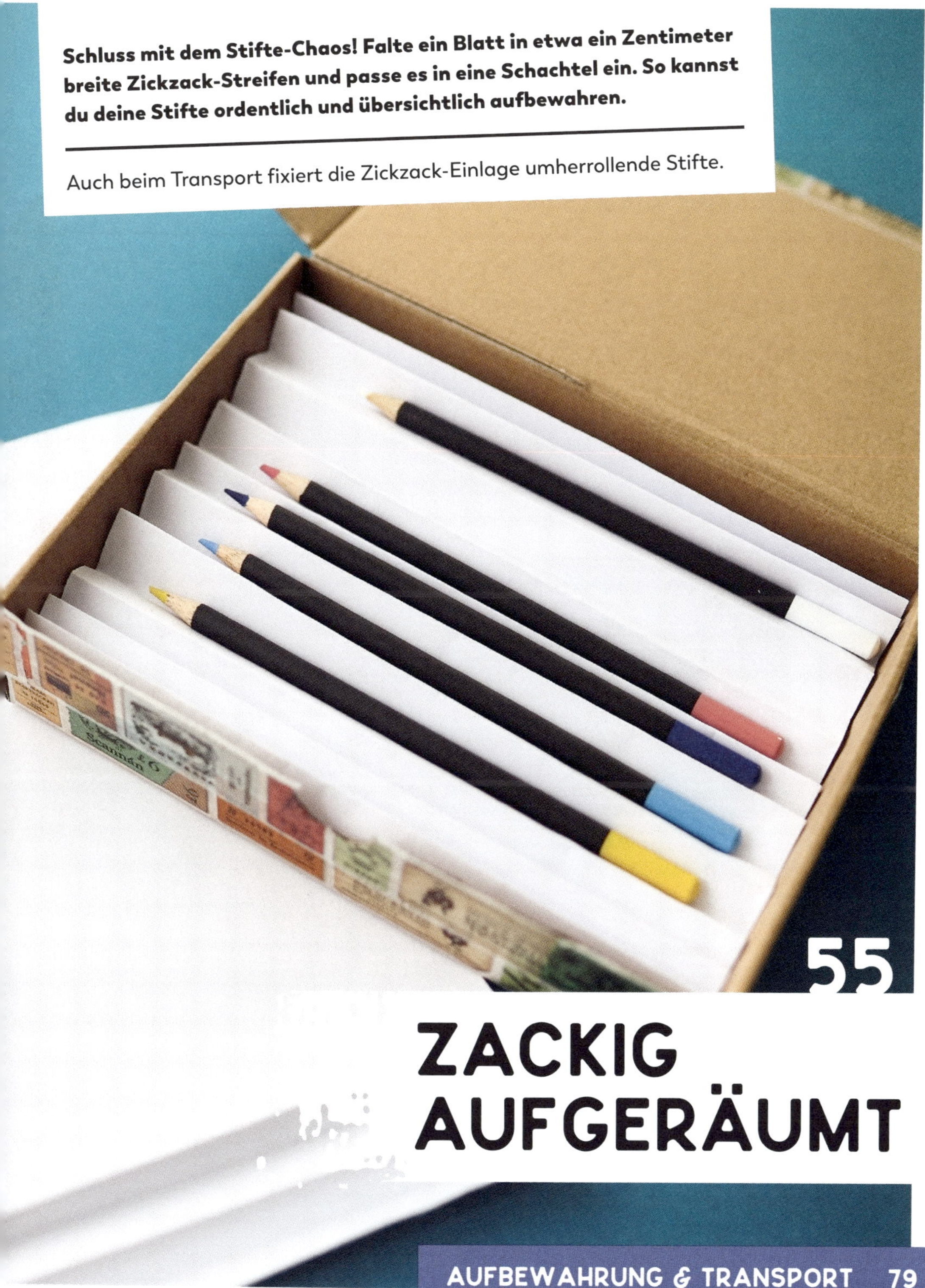

55

ZACKIG AUFGERÄUMT

Leere Cremedöschen haben eine ideale Größe, um Acrylfarbreste aufzubewahren. Ein Farbtupfer oben auf dem Deckel erleichtert das Wiederfinden.

Du kannst die Cremedosen auch super zum Farbenmischen verwenden oder um darin Malmedien und Spachtelmassen aufzubewahren.
Wie du Spachtelmasse selbst herstellen kannst, erfährst du in Hack 27 und 120.

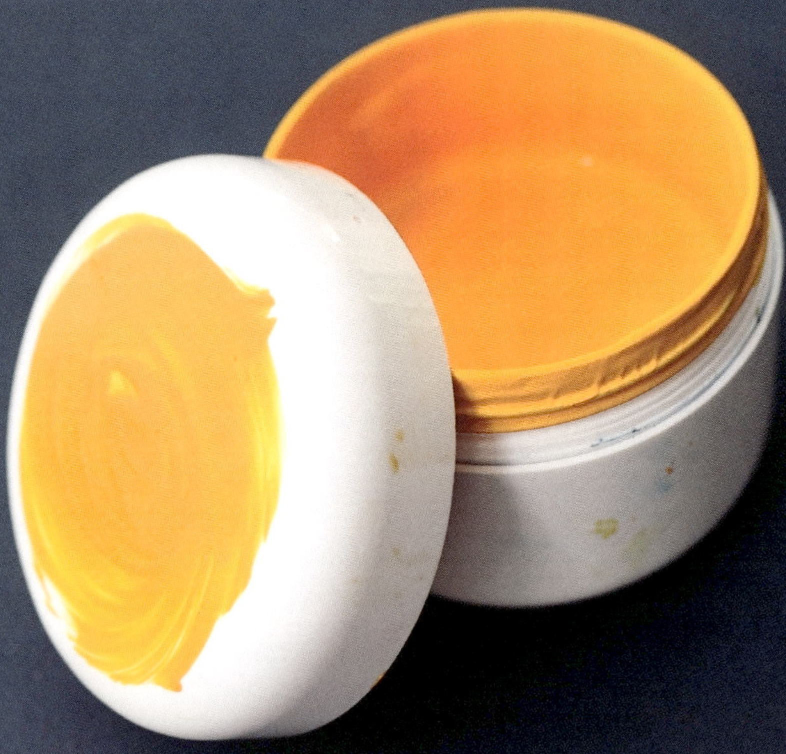

56 AUSGECREMT

57
FOLIEN-TRICK

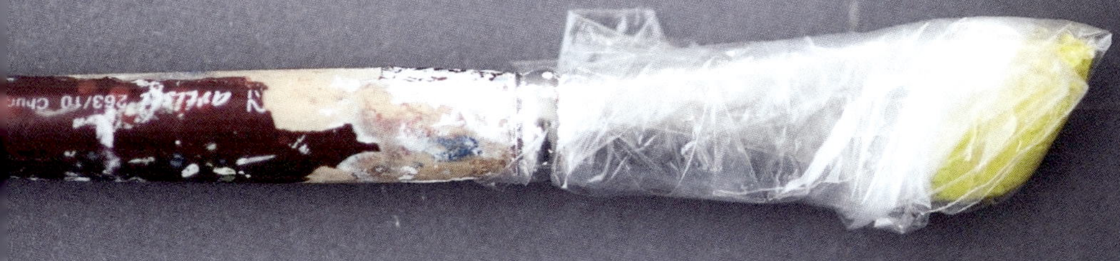

Nicht jedes Bild ist schnell fertig, an manchen arbeitet man über viele Tage hinweg. Pinselreinigen und Aufräumen kostet dann jedes Mal Zeit. Wickle die Pinselspitze in Frischhaltefolie ein, dann trocknet sie selbst über Tage hinweg nicht ein.

Hast du mit gemischten Farben gearbeitet, hast du auf diese Weise auch eine genaue Vorgabe für das erneute Mischen deiner Farbe.

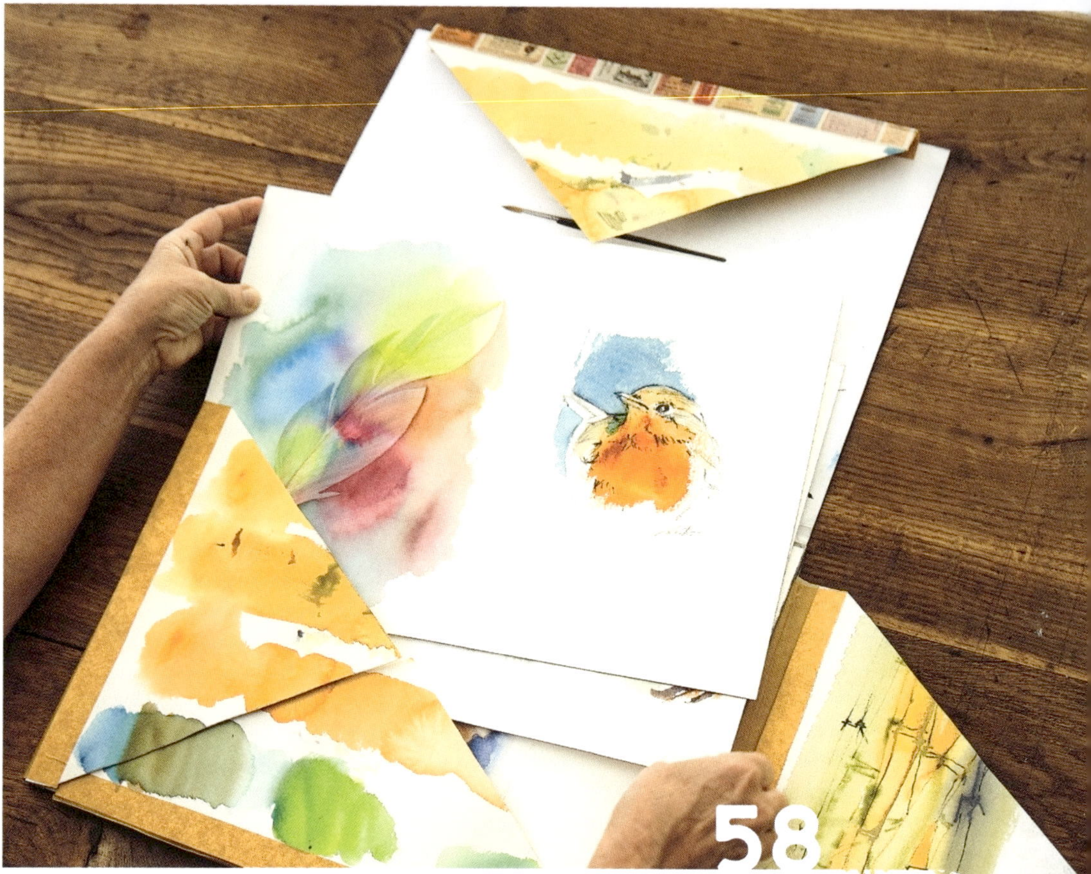

58

SCHMUCKE MAPPE

Aus einem ausrangierten, leeren Malblock kannst du ganz wunderbar eine Transportmappe für deine Kunstwerke herstellen.

1 **Du benötigst: leeren Malblock, dickeres Papier gleicher Größe, Kreppband, Schere, Lineal, Schmuckband**

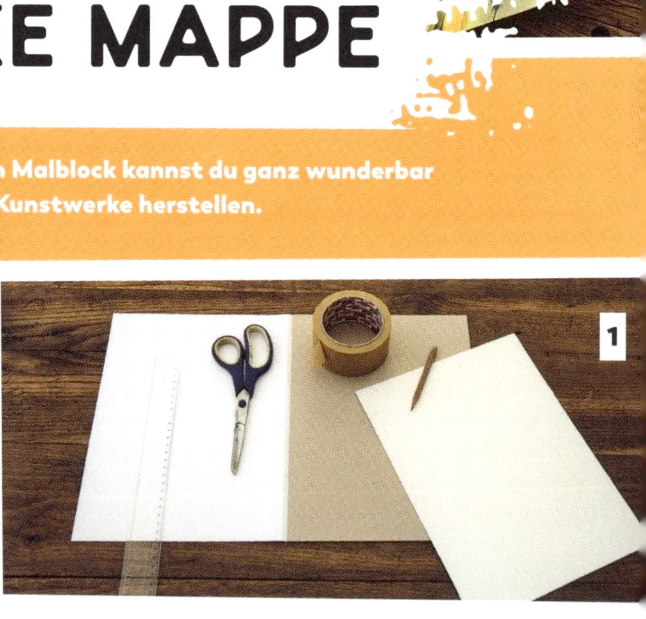

1

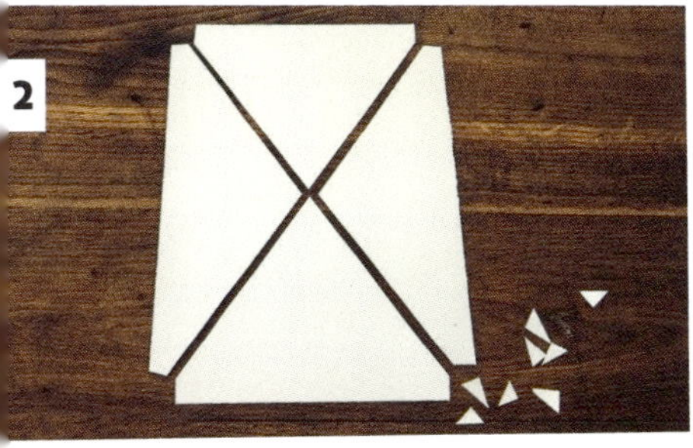

2 Zeichne auf ein dickeres Papier – das kann auch ein altes Bild sein – zwei diagonale Linien auf. Zerschneide dein Papier entlang dieser Linien. Schneide dann die Ecken im Abstand von etwa einem Zentimeter vom Rand im rechten Winkel ab .

3 Befestige an drei Papier-Teilstücken Klebeband und klebe sie von hinten an die Pappe. Plane einen Abstand von etwa zwei Zentimetern ein.

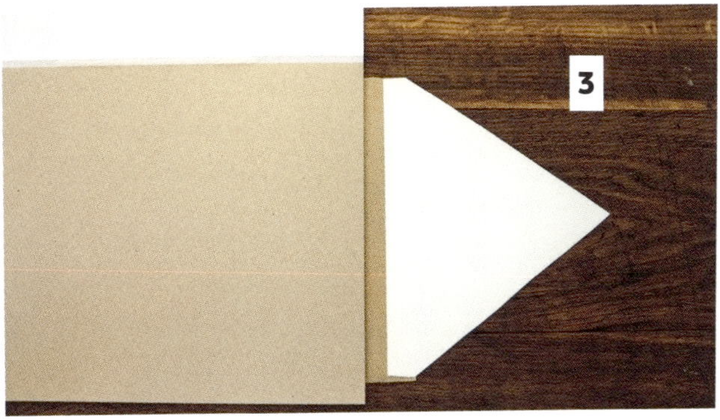

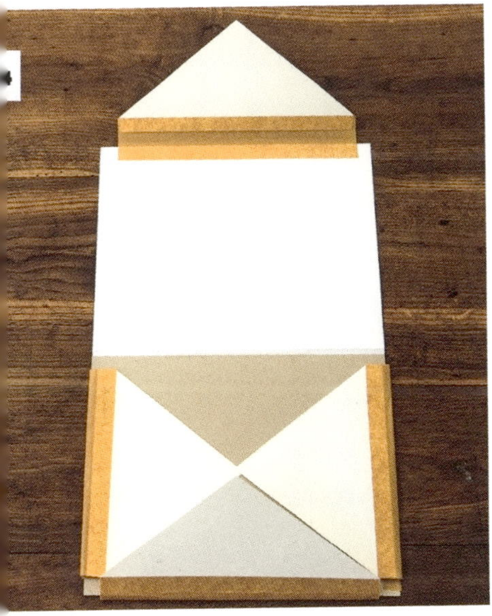

4 Klebe nun auch von vorne an den drei Seiten einen Klebestreifen auf. Klebe das vierte Teilstück ebenso an das Deckblatt des Malblocks.

Noch einfacher geht es mit zwei Pappen, die du mit Klebeband verbindest. Plane auch hier einen Abstand ein, damit mehrere Blätter dazwischenpassen.

5 Fertige aus einem zusammengefalteten Streifen Klebeband und zwei kleineren Klebebandstreifen an der Rückseite der Mappe eine Lasche an, in die du die spitze Ecke des vierte Teilstücks hineinschieben kannst. Jetzt kannst du deine Werke sicher transportieren.

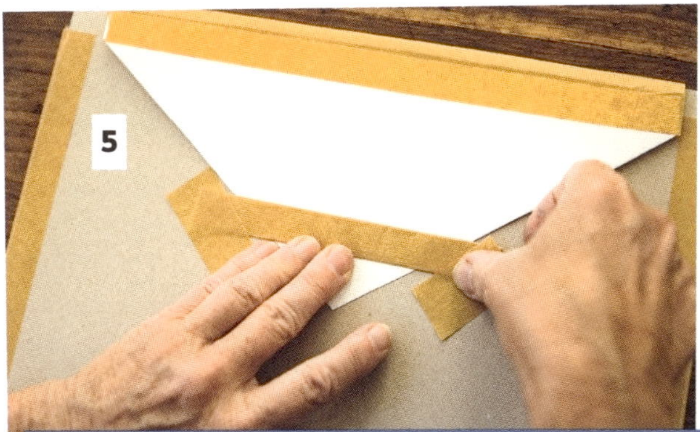

59

TOLLE ROLLE

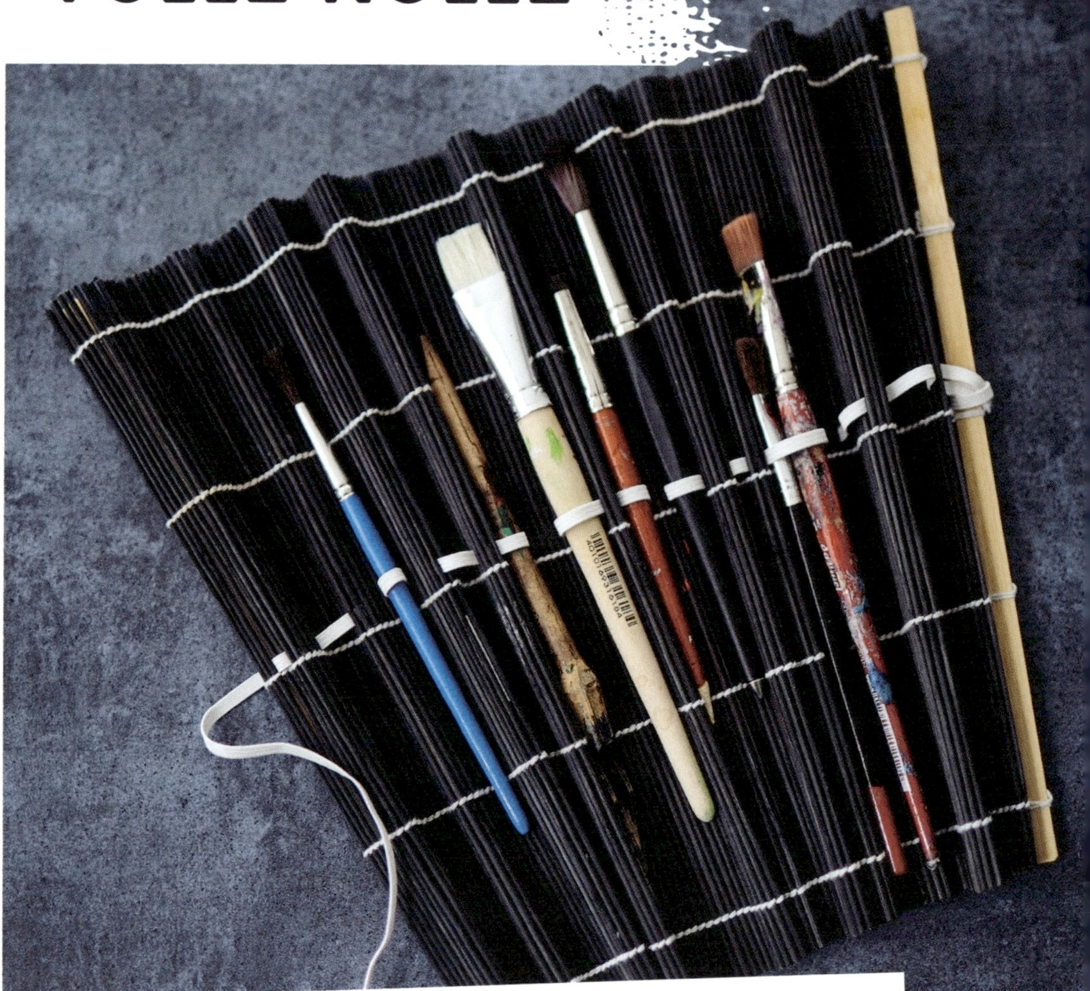

Fädle in ein Tischset aus Bambus einen Hosengummi und lasse ihn an einer Seite etwa 15 Zentimeter lang überstehen. Aufgerollt lässt sich die Rolle damit schließen. Deine Pinsel können in dieser luftigen Rolle gut trocknen und ihre Spitzen werden geschont.

In der Rolle kannst du deine Pinsel auch gut überall hin mitnehmen.

60 ACRYL-FARBE TO GO

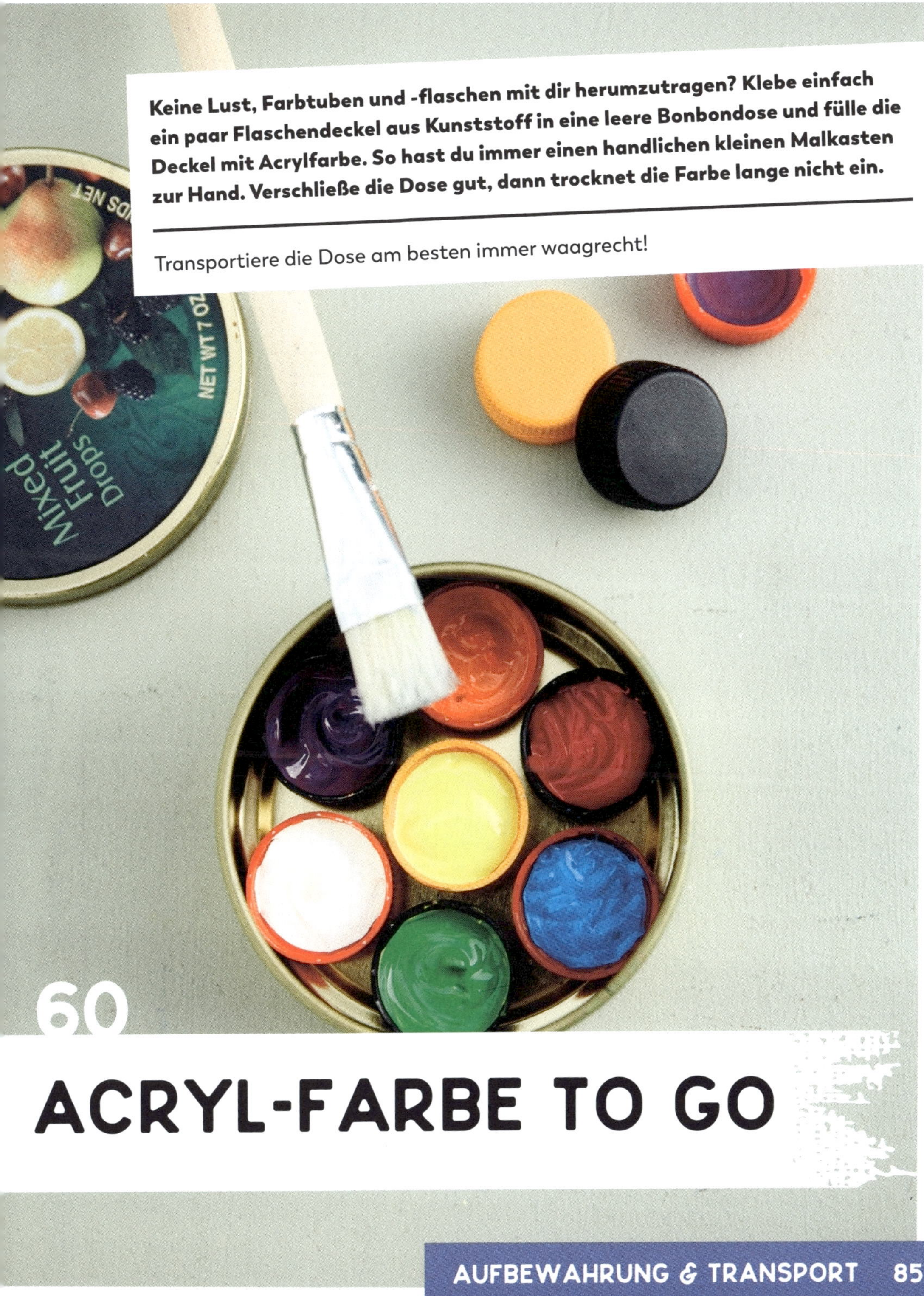

Keine Lust, Farbtuben und -flaschen mit dir herumzutragen? Klebe einfach ein paar Flaschendeckel aus Kunststoff in eine leere Bonbondose und fülle die Deckel mit Acrylfarbe. So hast du immer einen handlichen kleinen Malkasten zur Hand. Verschließe die Dose gut, dann trocknet die Farbe lange nicht ein.

Transportiere die Dose am besten immer waagrecht!

61

WESTENTASCHEN-MALKASTEN

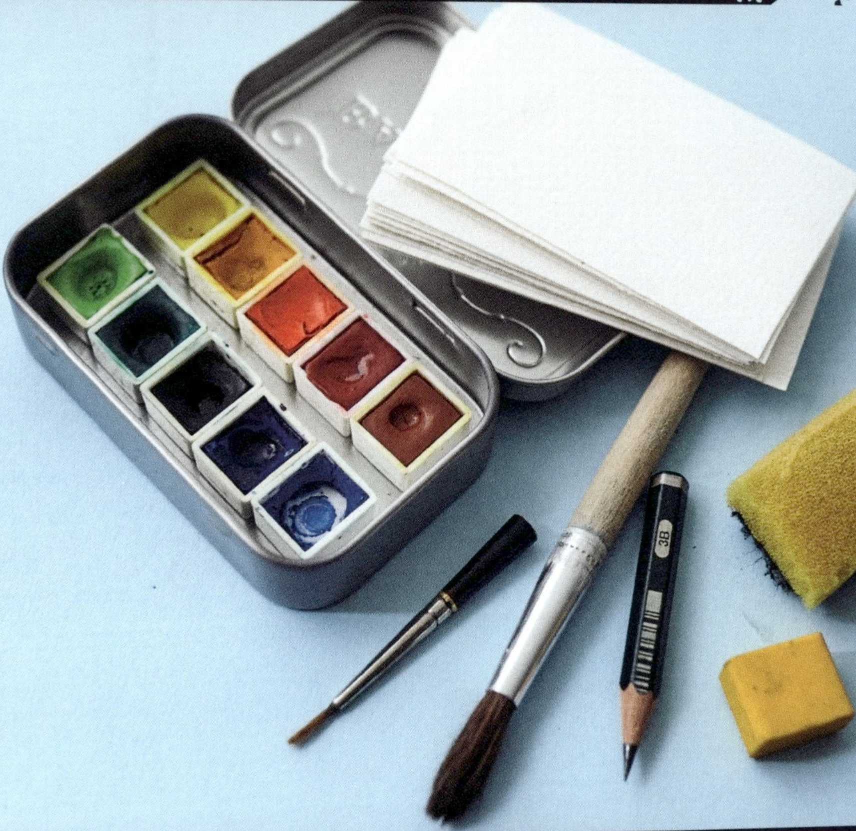

Wie bekommt man fast einen kompletten kleinen Malkasten in eine Hand- oder Jackentasche? Ganz einfach: In kleine Döschen aus Aluminium passen nicht nur kleine Aquarellnäpfchen, sondern auch Pinsel, Bleistift, Schwamm, Spitzer und sogar kleine Papierbögen.

Komplett wird das Ganze, wenn du auch Wasser in kleinen, verschließbaren Behältnissen mitnimmst.

62

WESTENTASCHEN-ZEICHENSET

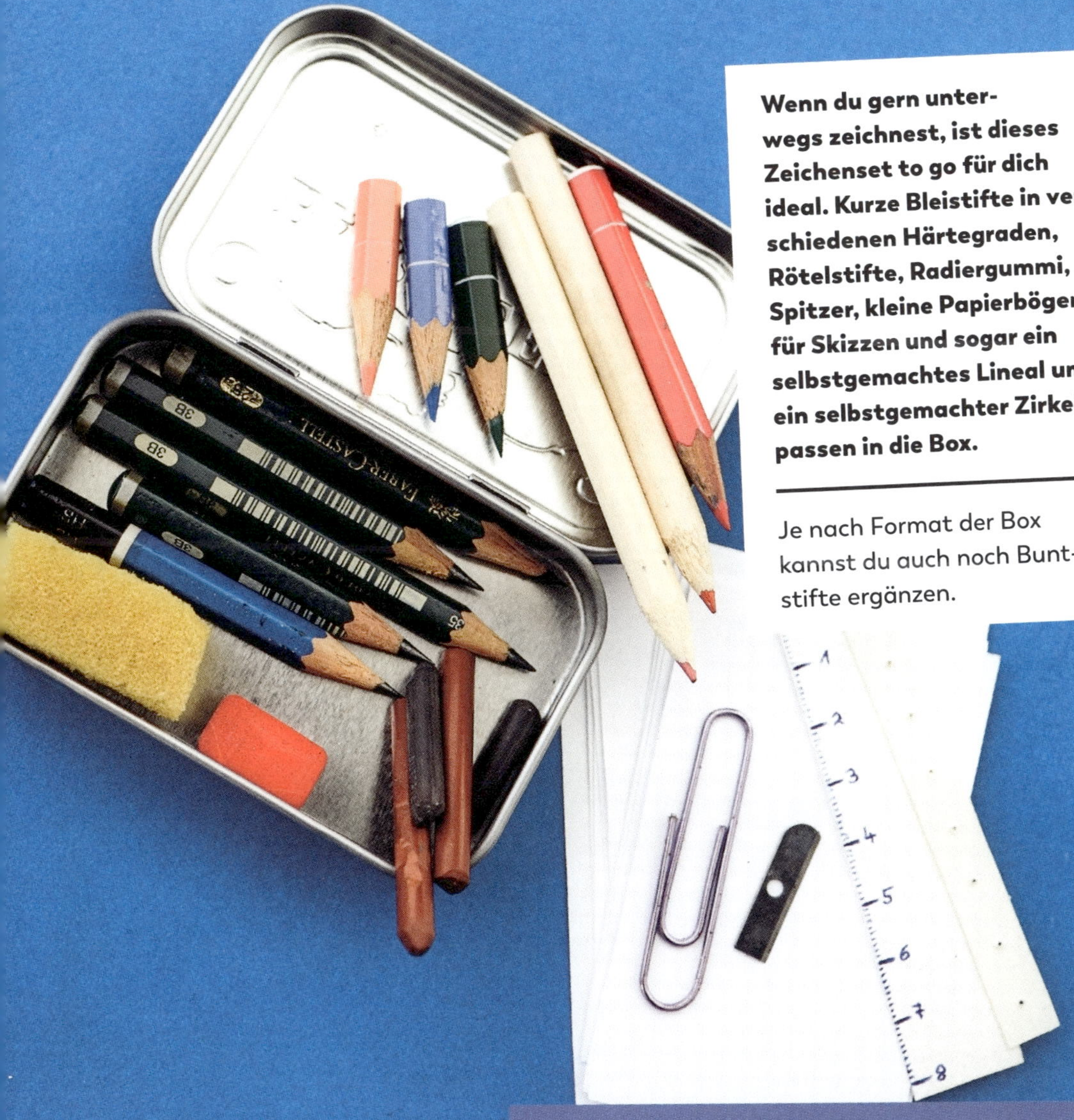

Wenn du gern unterwegs zeichnest, ist dieses Zeichenset to go für dich ideal. Kurze Bleistifte in verschiedenen Härtegraden, Rötelstifte, Radiergummi, Spitzer, kleine Papierbögen für Skizzen und sogar ein selbstgemachtes Lineal und ein selbstgemachter Zirkel passen in die Box.

Je nach Format der Box kannst du auch noch Buntstifte ergänzen.

63

WESTENTASCHEN-PASTELLMALKASTEN

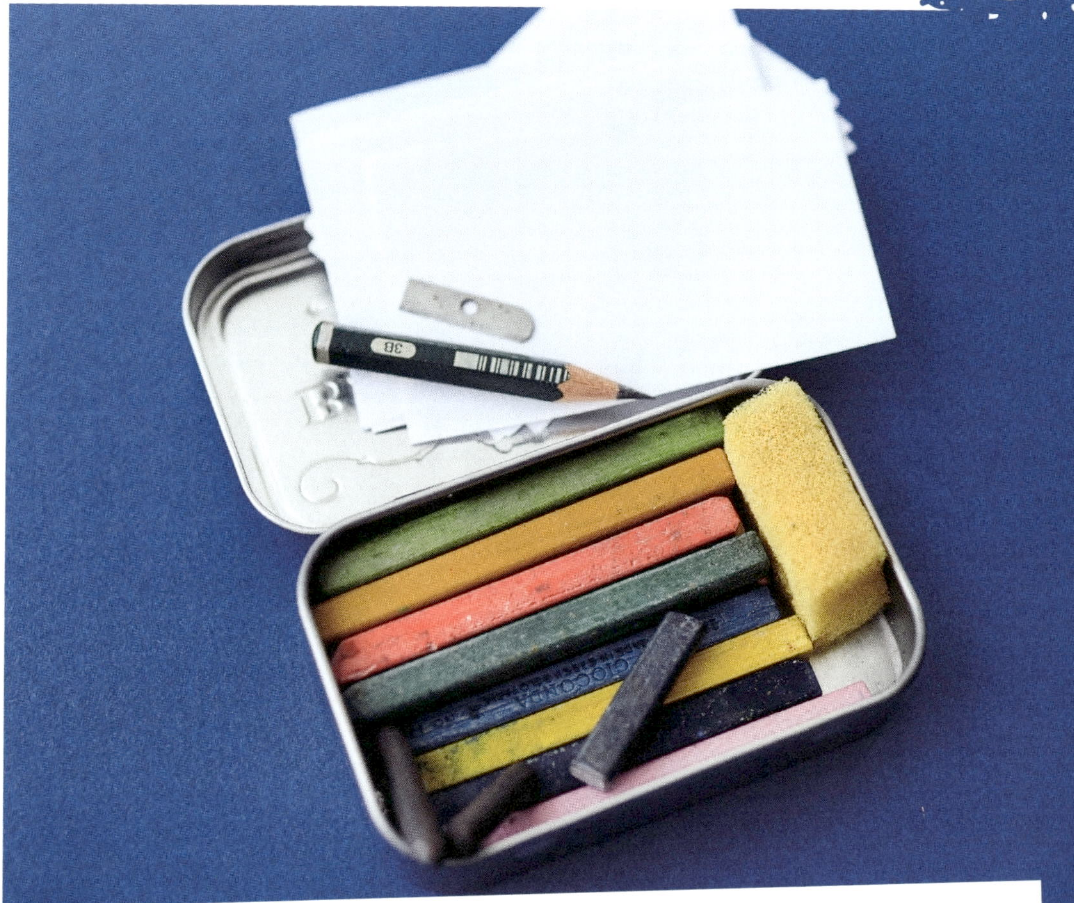

Pastellkreiden eignen sich schon aufgrund ihres Formats sehr gut für ein kompaktes und ziemlich komplettes Malset. Bestücke deine Box neben den farbigen Kreiden noch mit Radiergummi, Bleistift, Schwamm, Spitzer und kleinen Papierbögen.

Dieses Set funktioniert natürlich auch mit Wachsmalkreiden.

64 SCHNELLTRANSPORT

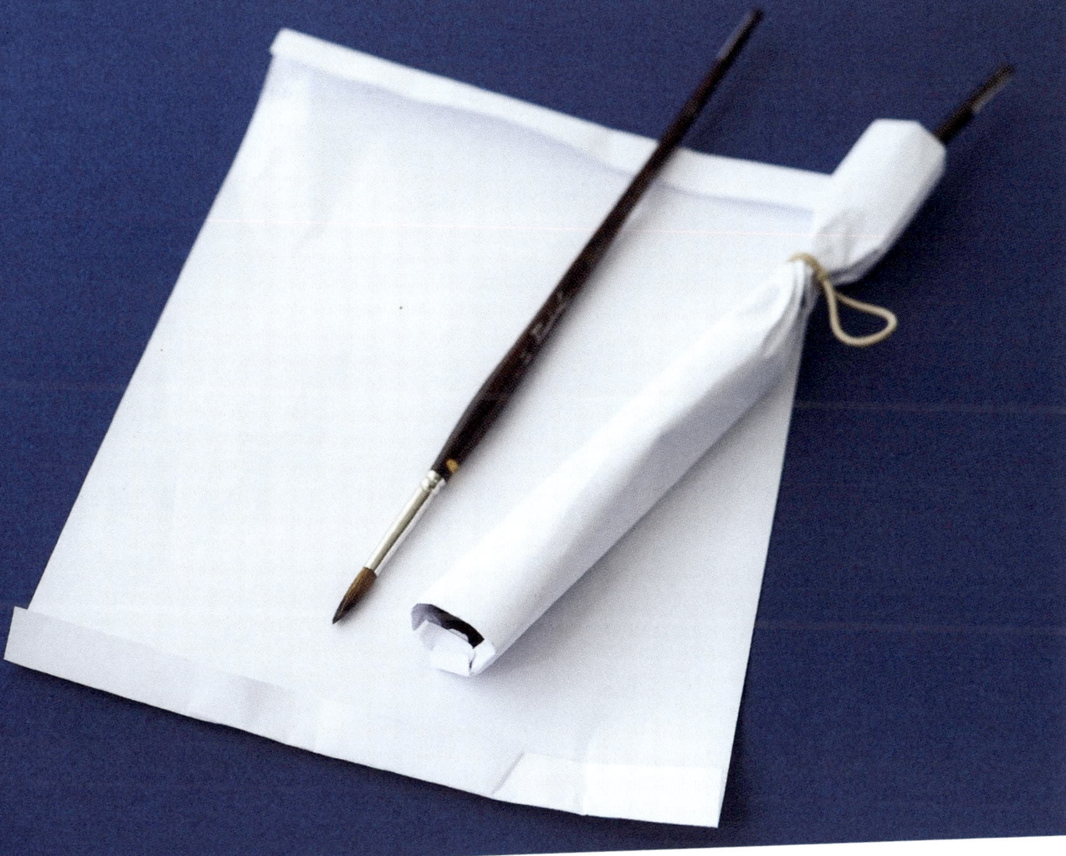

Muss es mal schnell gehen, kannst du ein DIN-A4-Papier um deinen Pinsel wickeln, das oben etwas übersteht. Verdrehe nun das Papier, dadurch fixiert sich der Pinselstiel in der Rolle. Sichere alles noch mit Gummi- oder Klebeband.

Transportiere deinen Pinsel mit dem Stiel nach unten oder flach liegend.

65

WASSERWIRTSCHAFT

Halbiere eine Kunststoffflasche mit einem Cuttermesser. Die untere Hälfte wird so zum Malbecher, den du über deine Wasserflasche stülpen kannst. Auf diese Weise ist das Aquarellmalen im Freien überall möglich.

Für kleine Arbeiten reichen auch mehrere gefüllte Wasserpinsel aus.

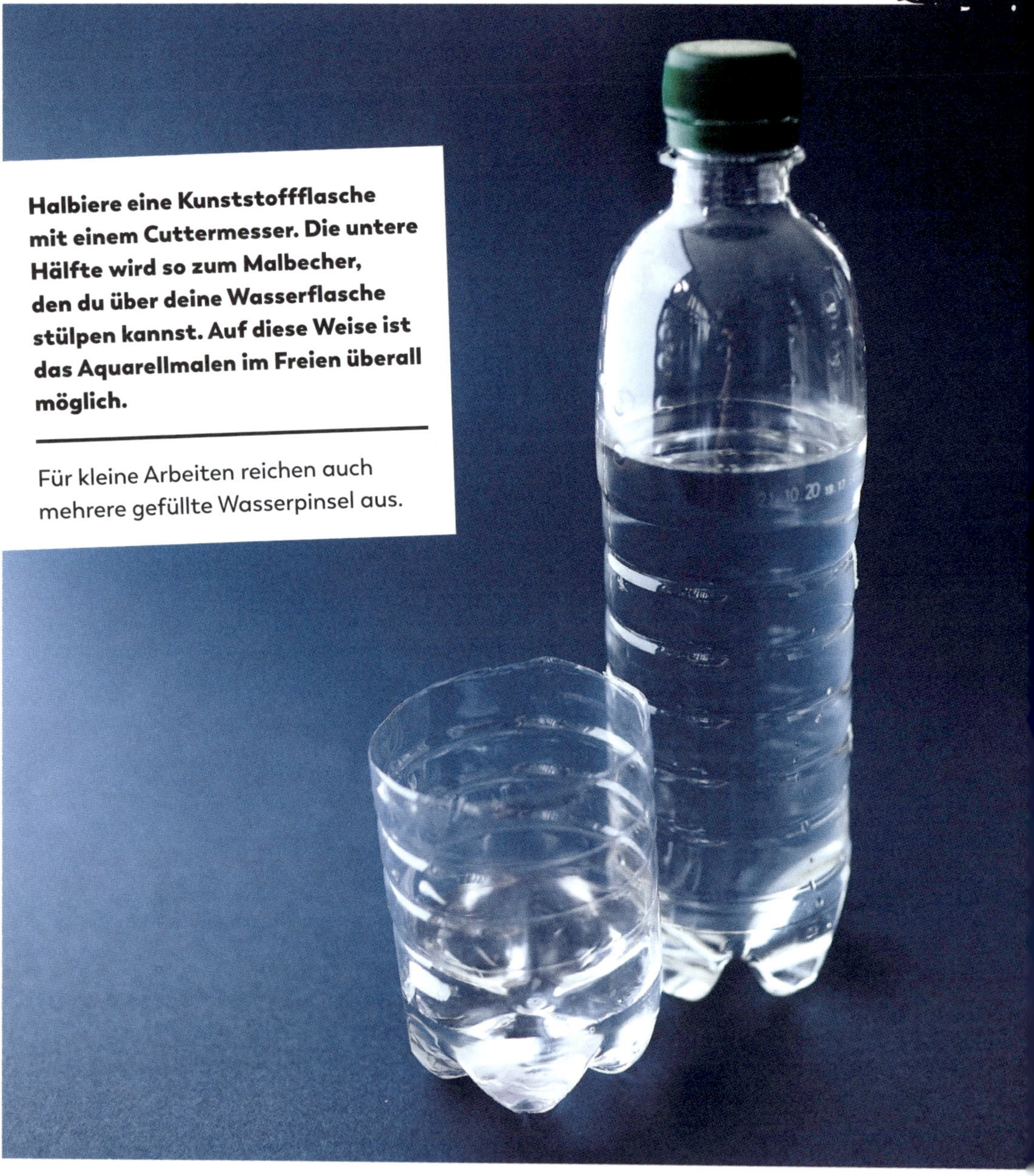

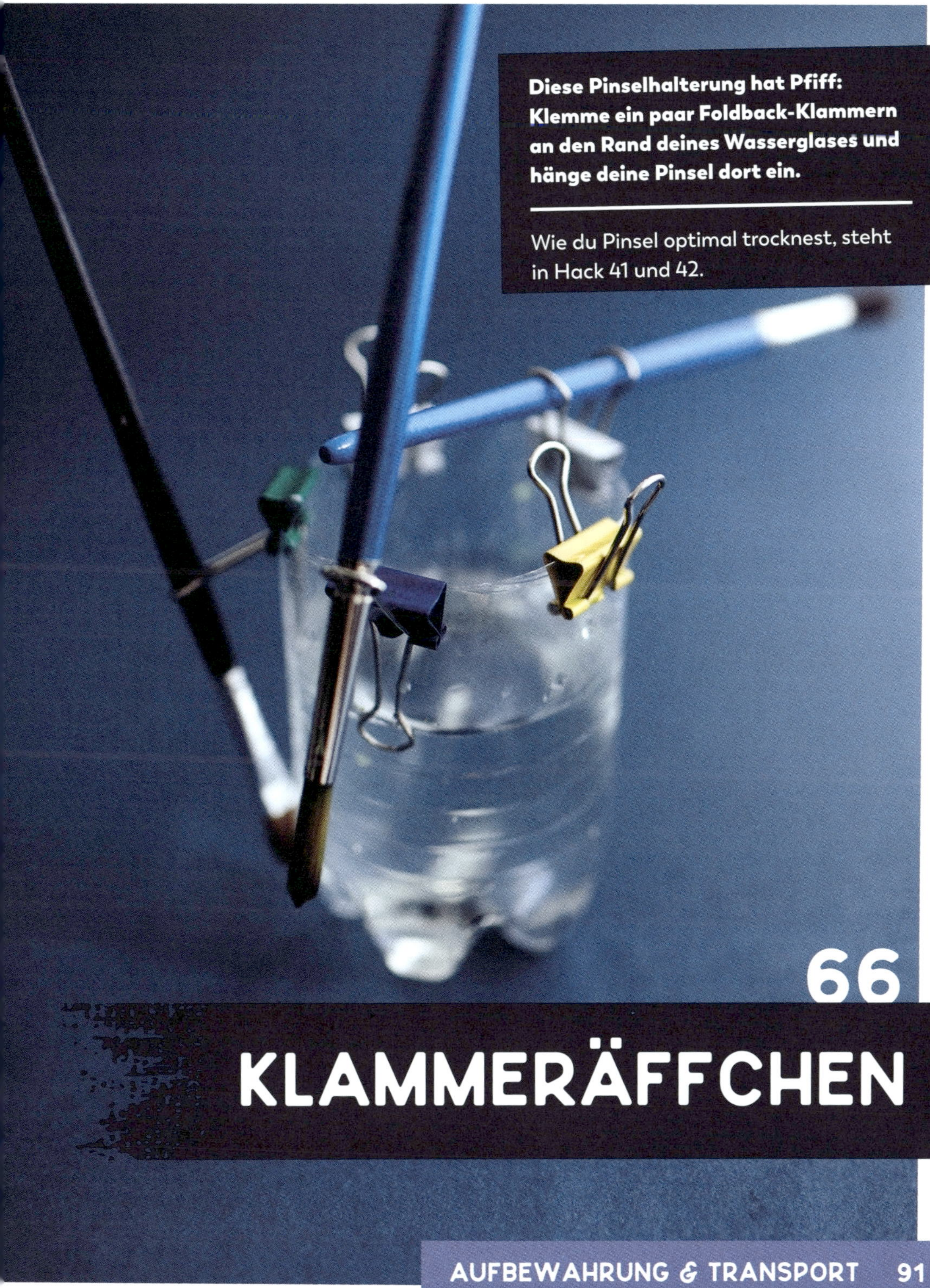

66 KLAMMERÄFFCHEN

Diese Pinselhalterung hat Pfiff: Klemme ein paar Foldback-Klammern an den Rand deines Wasserglases und hänge deine Pinsel dort ein.

Wie du Pinsel optimal trocknest, steht in Hack 41 und 42.

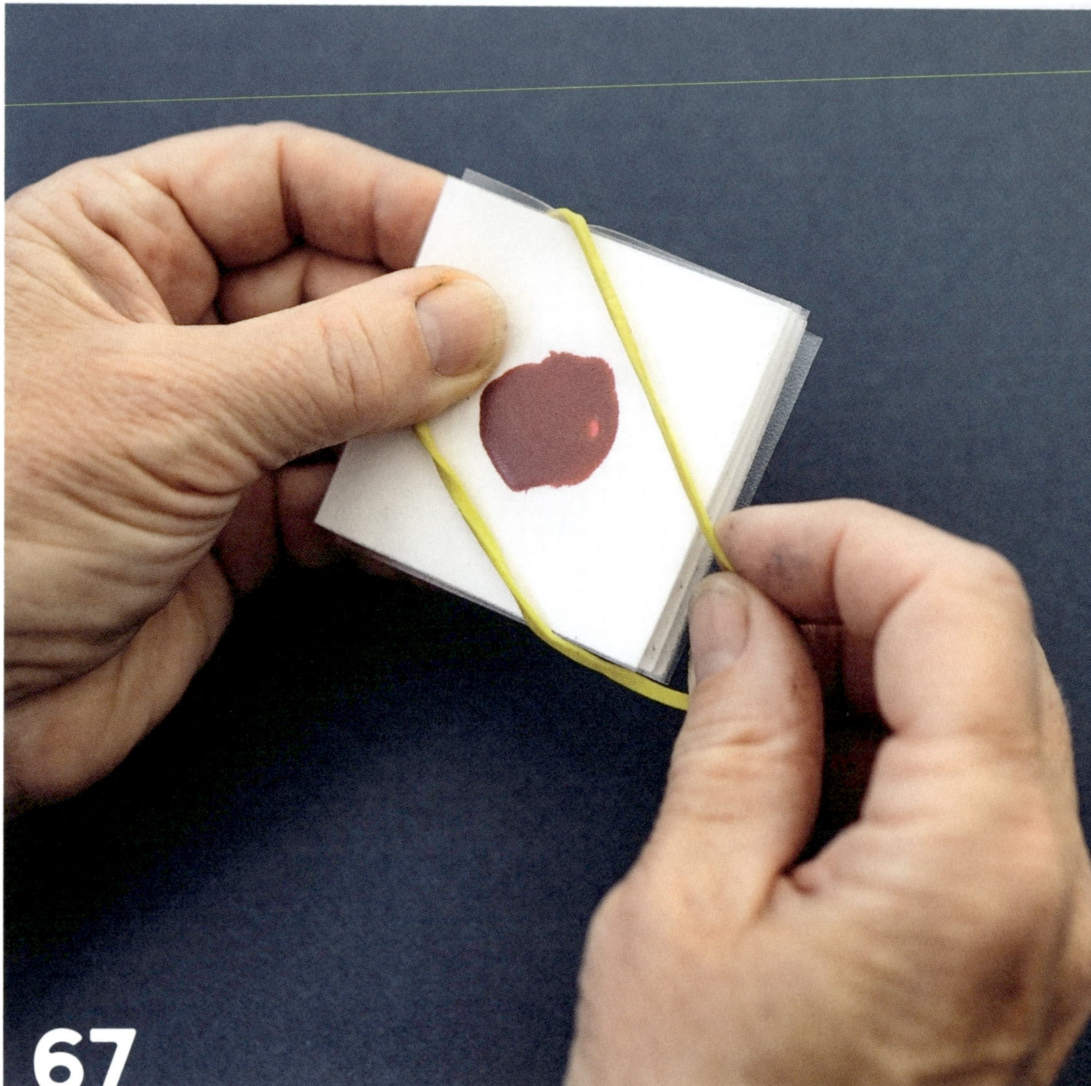

67

PALETTEN-LEPORELLO

Mit dieser Mini-Palette bist du für das Aquarellieren im Freien mit dem Nötigsten ausgestattet, ohne dass du Farbtuben transportieren musst.

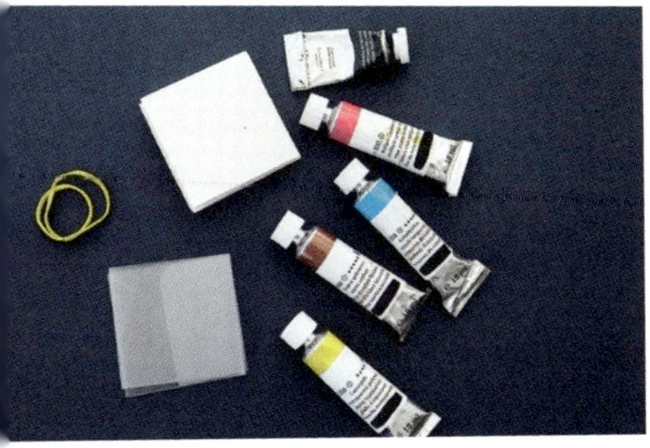

1 **Du benötigst: Aquarellkarton 300g/m², Kunststoffhülle, Cutter, Lineal, Aquarellfarbe in Tuben, Haargummi**

2 **Falte einen Streifen aus zurechtgeschnittenem Aquarellkarton zickzackförmig zu einem Leporello. Gib einen guten Fleck Aquarellfarbe aus der Tube auf jeden Abschnitt.**

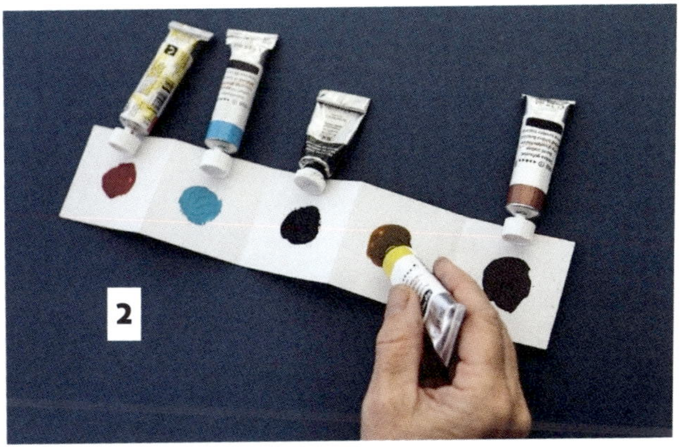

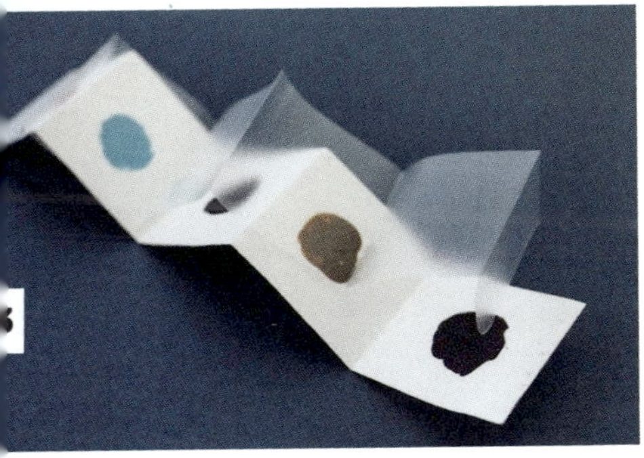

3 **Schneide im selben Format wie das Kartonleporello aus einer Sichthüllen eine Abdeckung und falte sie ebenfalls.**

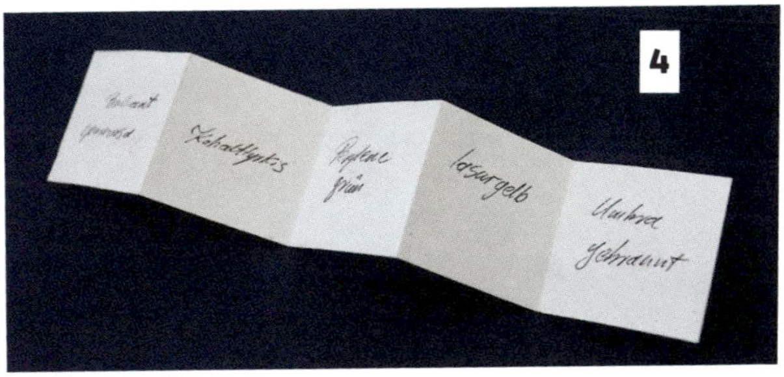

Wenn die Aquarellfarbe getrocknet ist, kannst du auf der Rückseite des Leporellos noch die Farbbezeichnungen notieren.

Lege nun den Kunststoffstreifen als Schutz über die Farbflecken, falte das Leporello zusammen und schließe es mit einem Haargummi.

Vliestapete ist für Leporellos ein perfektes Material. Dieser Malgrund ist robust und wellt sich nicht.

NOTIZEN

AHA!

Du weißt jetzt, wie man Stifte und Pinsel übersichtlich aufbewahrt oder wir du eine zeitsparende Mini-Mülltrennung auf deinem Arbeitstisch installierst. Hast du erst einmal Ordnung in deinen künstlerischen Haushalt gebracht, entstehen plötzlich ganz neue Räume und Zeitfenster für deine Kreativität. Es zahlt sich also aus, ein bisschen Zeit in die Organisation zu investieren. Und ganz nebenbei macht dieses Umorganisieren auch noch Spaß!

Problemlöser + ARBEITS-ERLEICHTERER

Du erkennst Fehler in einem Bild besser, wenn du es auf den Kopf stellst.

Auch eine umgedrehte Betrachtung deines Werks in einem Spiegel eröffnet neue Sichtweisen.

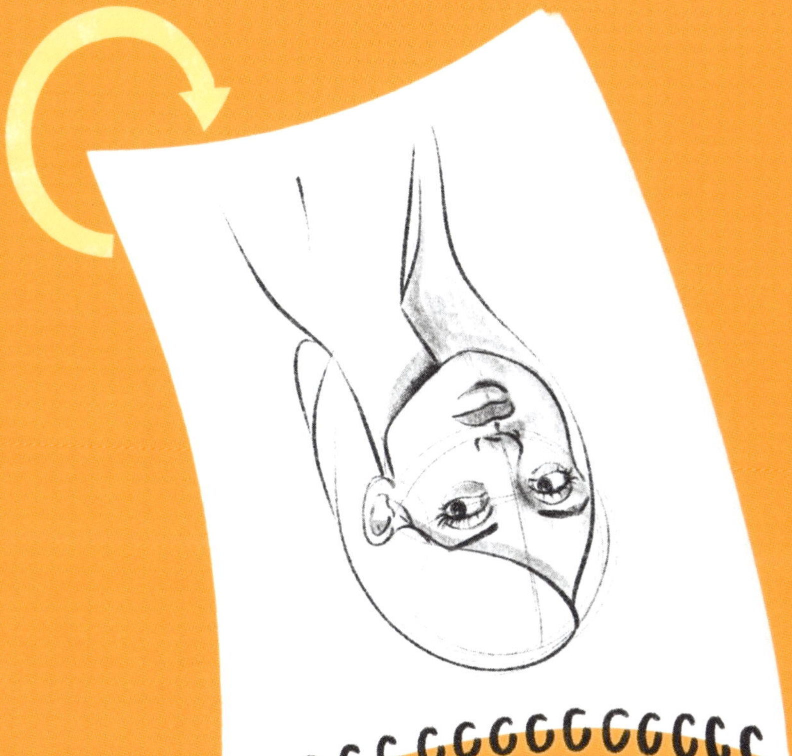

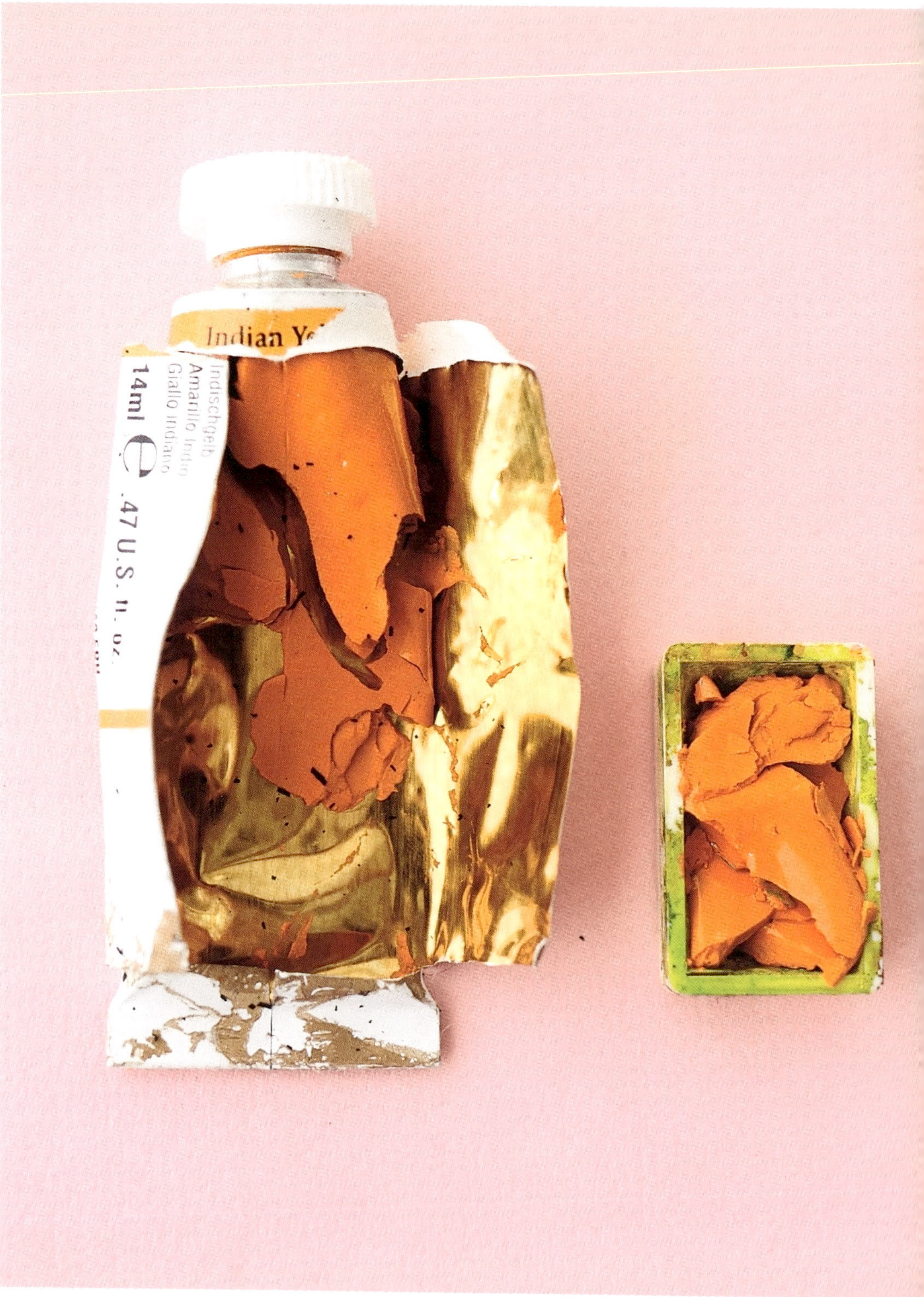
Indian Ye
Indischgelb
Amarillo Indio
Giallo indiano
14ml
.47 U.S.

Hilfreiche Ideen sind dann besonders charmant, wenn sie nicht schwierig auszuführen sind. Oft ist es aber auch „nur“ Wasser, das Papier glättet, Pinsel spitzt und Farben zum Fließen bringt. Ein ähnlicher Tausendsassa ist der Zauberschwamm aus dem Haushaltsbedarf, der nicht nur putzen, sondern auch radieren und Effekte herausarbeiten kann.

69

LÄSSIG IN ESSIG

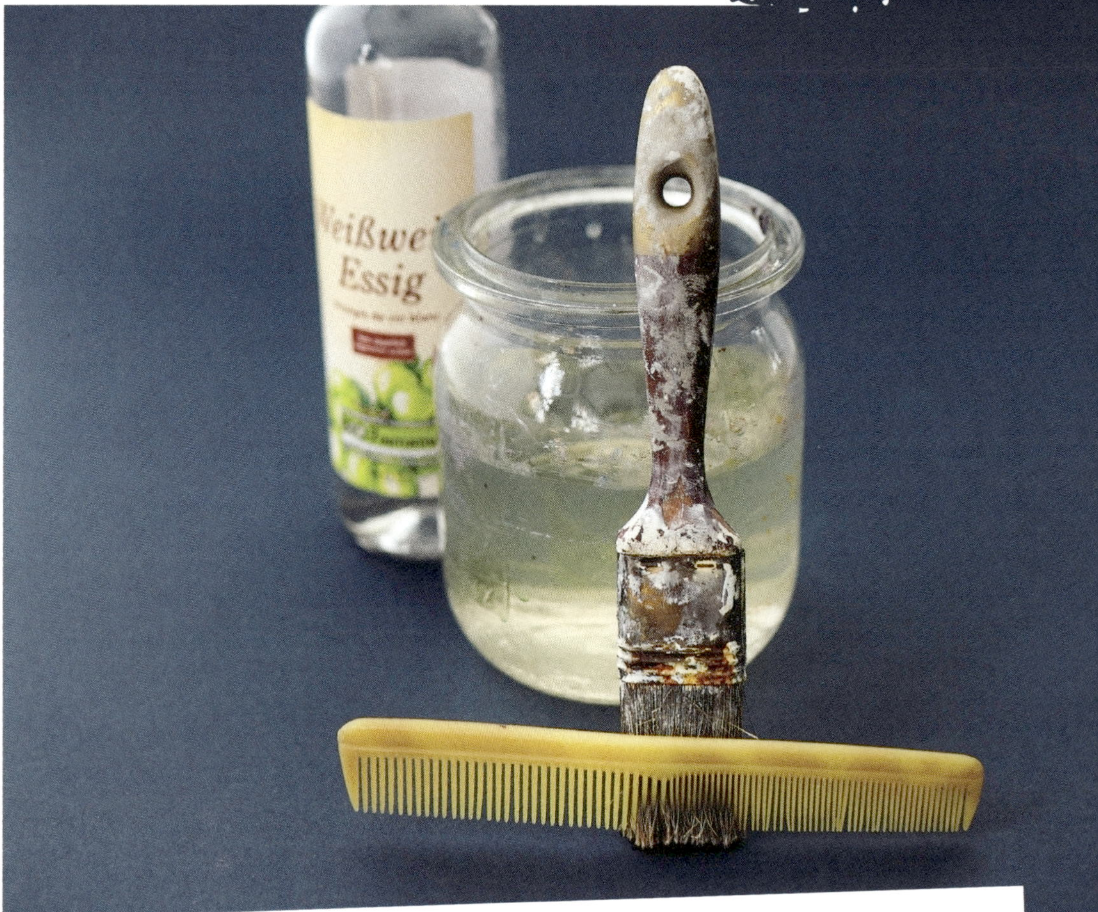

Pinsel vergessen auszuwaschen? Stelle deinen eingetrockneten Acrylfarbpinsel über Nacht in Essig. Mit einem Kamm und Seife lassen sich die Farbreste am nächsten Tag meist herauskämmen. Bei eingetrockneter Ölfarbe hilft allerdings nur Terpentin.

Wenn nichts mehr zu machen ist, gestaltest du deinen Pinsel einfach mit der Schere um. Wie das geht, erfährst du in Hack 17.

Sprühe vor dem Malen die Näpfchen deines Aquarellfarbkastens kurz mit Wasser an. Dann kannst du mit dem Pinsel sofort die Farben heraussaugen.

Durch das Ansprühen mit Wasser vermeidest du es, mit dem wassergefüllten Pinsel im Aquarellnäpfchen herumzurühren. Das führt oft zu unschönen Löchern.

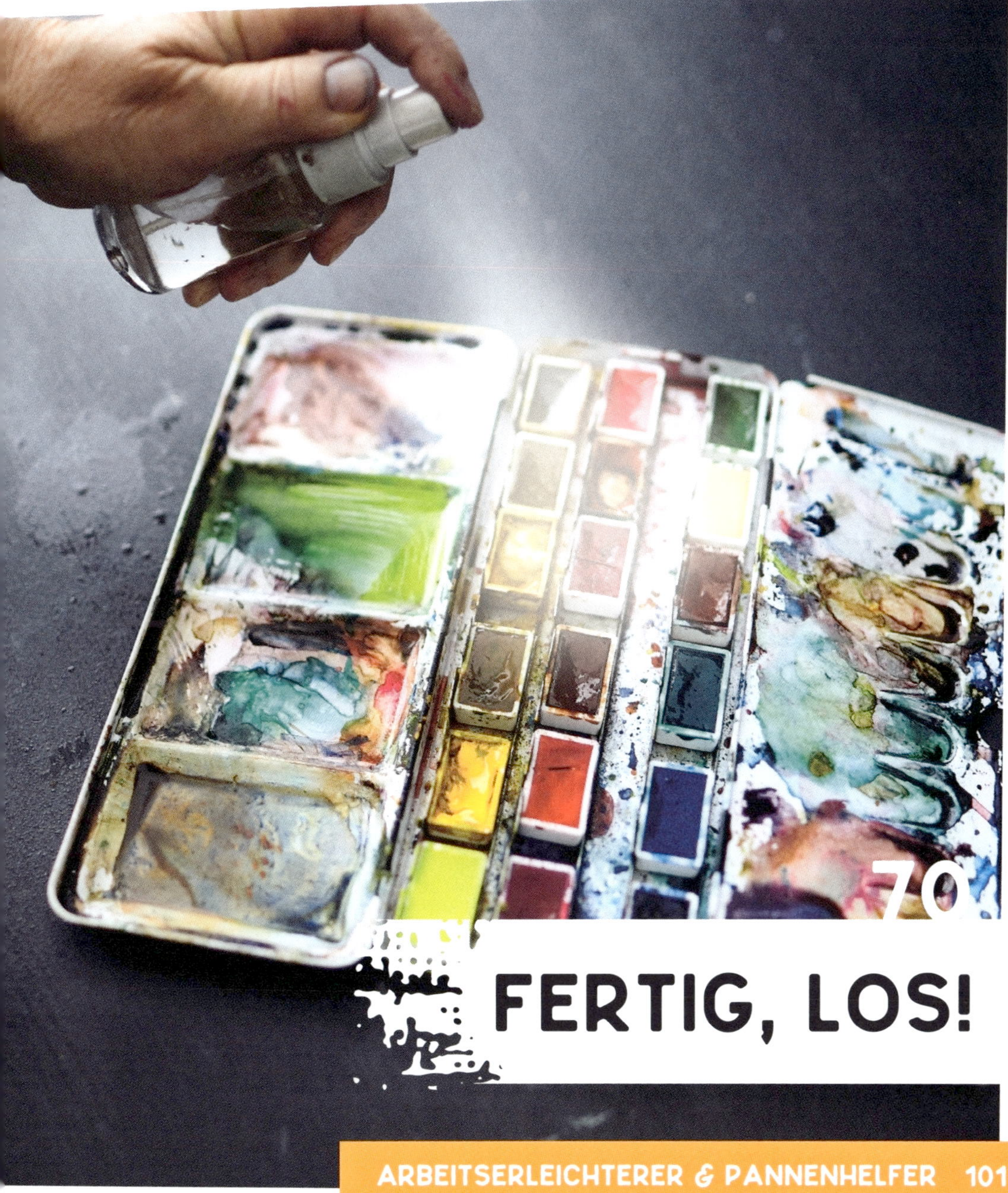

70

FERTIG, LOS!

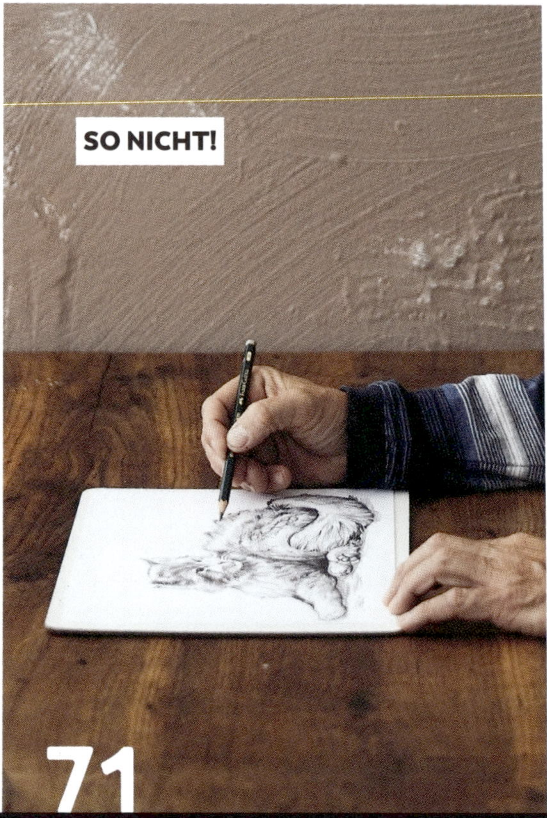

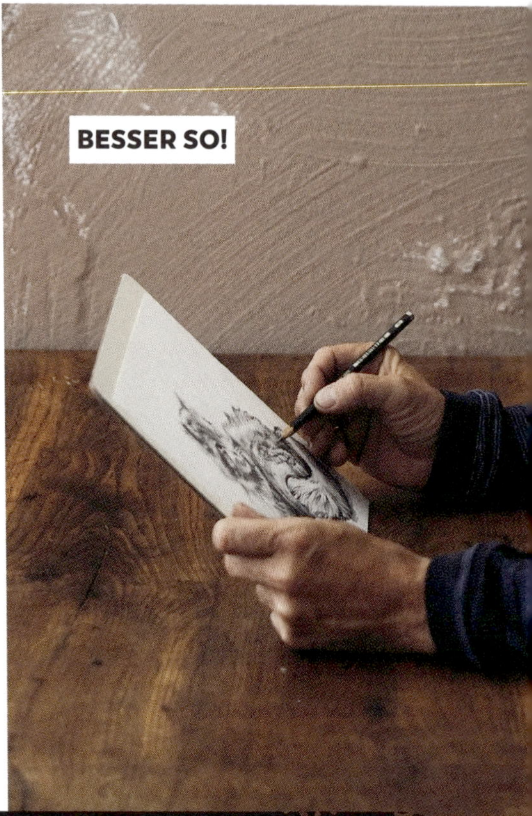

71

PROFIUNTERLAGE

Ein wichtiges Arbeitsmittel neben Bleistift, Papier, Spitzer und Radiergummi ist eine gute Zeichenunterlage. Beim Zeichnen solltest du immer ungefähr im rechten Winkel aufs Papier schauen. Liegt das Papier auf dem Tisch, schaust du meist schräg auf das Blatt und die Zeichnung wird durch die falsche Perspektive verzerrt.

Teste es mit einem einfachen Kreis. Liegt das Papier flach auf dem Tisch, wird leicht ein ungewolltes Oval daraus.

IM HANDUMDREHEN

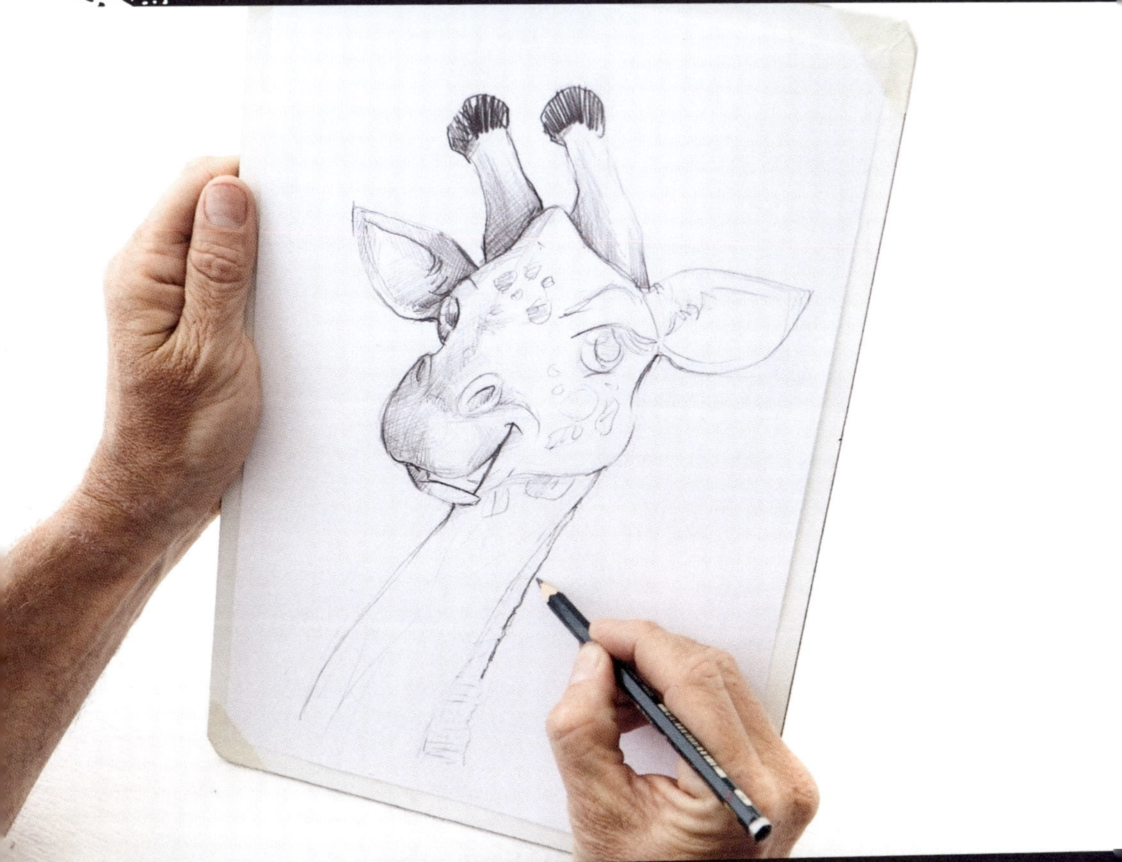

So gibt es kein Verschmieren mehr: Lege beim Zeichnen von links oben nach rechts unten den Handballen deiner Zeichenhand immer auf den Bereich des Blatts, auf dem du noch kaum gearbeitet hast. Für Linkshänder gilt das Gegenteil.

Mit einem zusätzlichen Blatt zwischen Handballen und Zeichnung verschmiert so gut wie gar nichts mehr.

73

DOPPELT GEMOPPELT

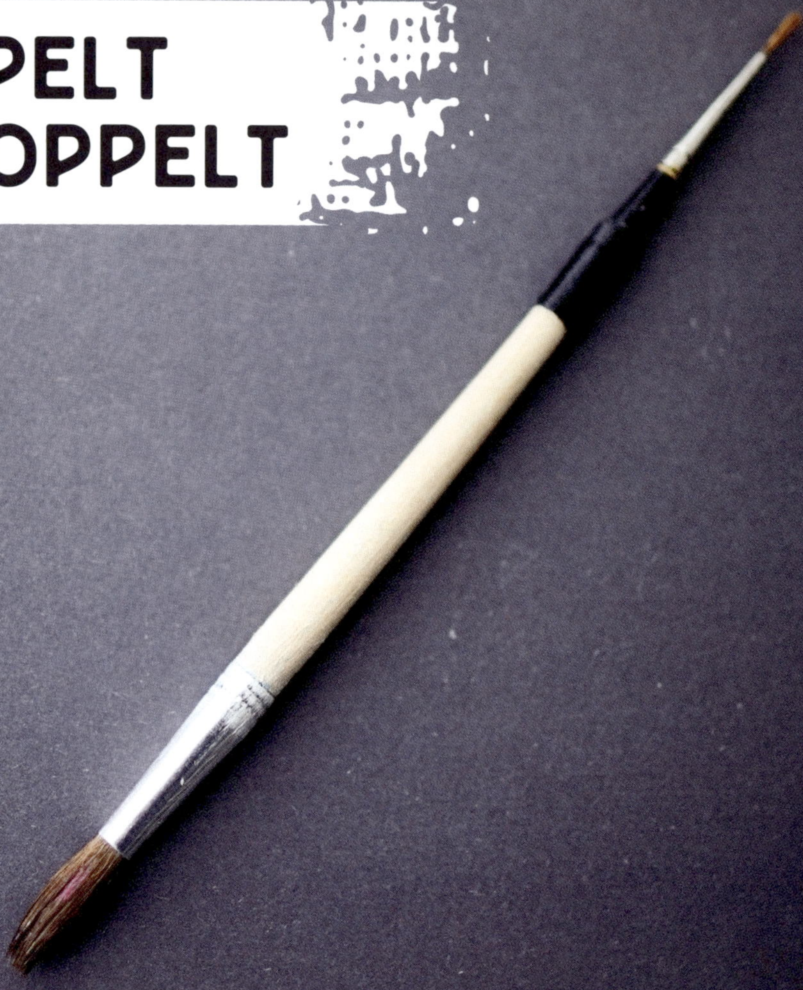

Meistens benötigt man beim Malen feine und breitere Pinsel. Schneller arbeiten kannst du mit einem Doppelpinsel: Halbiere zwei Pinsel und verbinde sie am Ende mit Panzertape. Arbeite Zahnstocher mit ein, sie verstärken die Konstruktion.

Fertige zwei bis drei solcher Doppelpinsel an, dann bist du bestens ausgestattet.

74

FARBAUSGLEICH

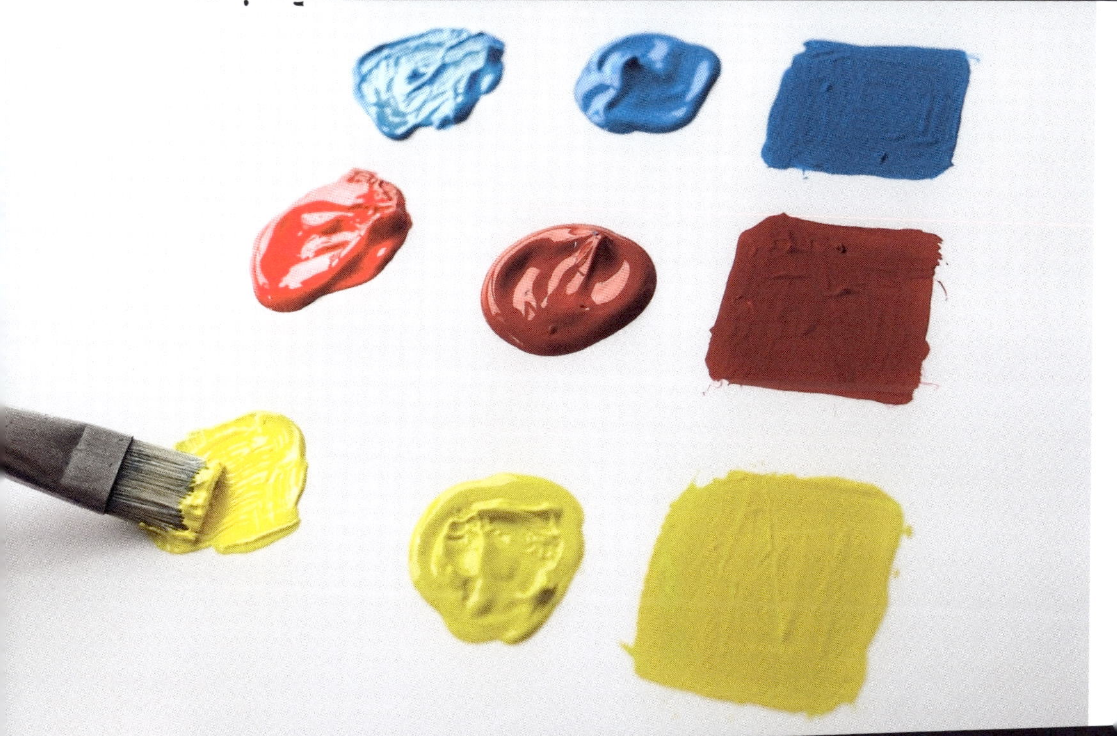

Ist dir schon aufgefallen, dass Acrylfarben, aber auch andere Farben, nach dem Trocknen dunkler werden? Deine Motive wirken dann manchmal etwas stumpfer. Mische deshalb in die Farben immer ein ganz klein wenig Weiß, um diesen Nachdunklungseffekt von vorneherein auszugleichen.

Geht es um feine Farbabstufungen, die genau stimmen müssen, legst du dir am besten ein Probeblatt als Arbeitshilfe dazu.

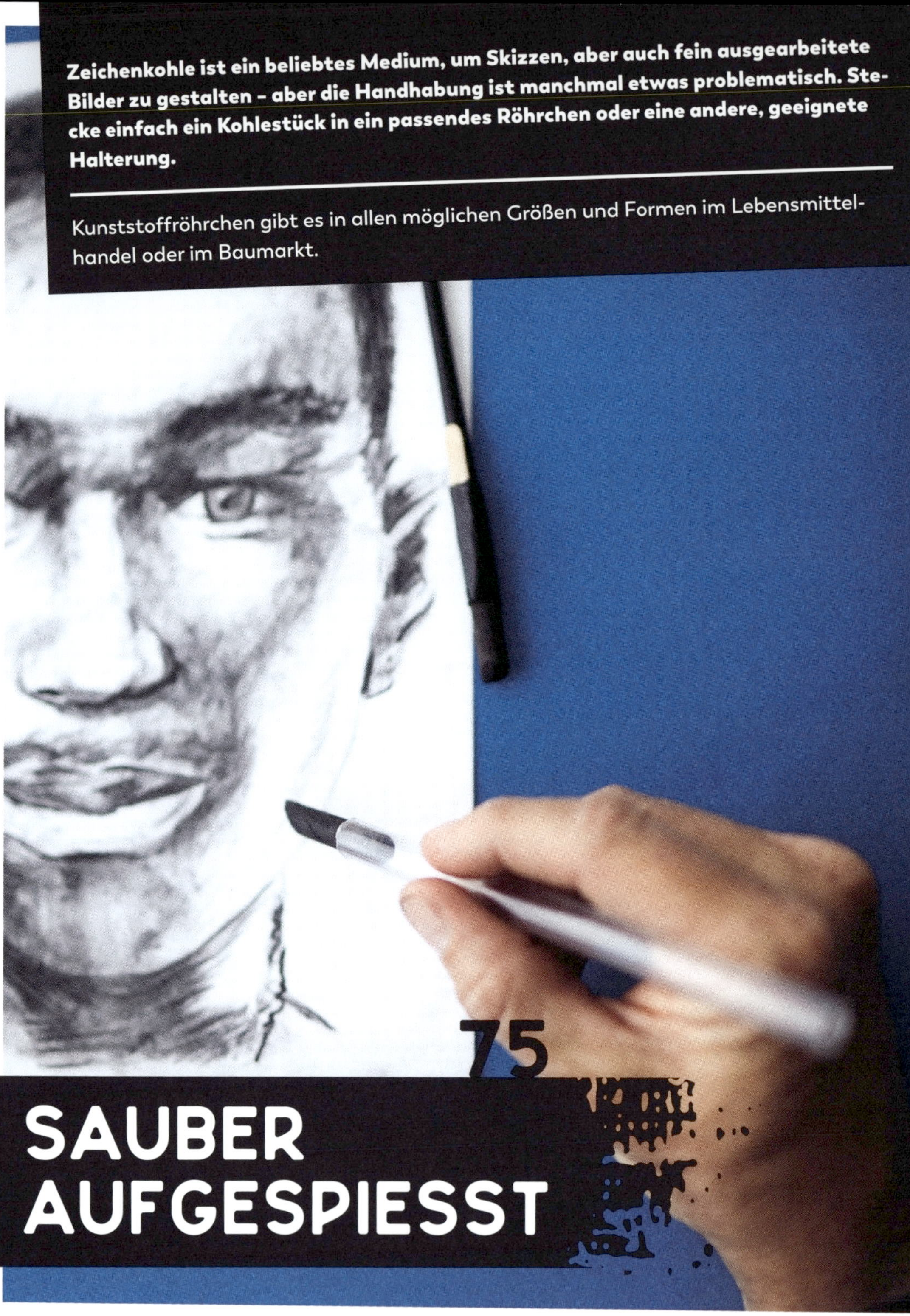

Zeichenkohle ist ein beliebtes Medium, um Skizzen, aber auch fein ausgearbeitete Bilder zu gestalten – aber die Handhabung ist manchmal etwas problematisch. Stecke einfach ein Kohlestück in ein passendes Röhrchen oder eine andere, geeignete Halterung.

Kunststoffröhrchen gibt es in allen möglichen Größen und Formen im Lebensmittelhandel oder im Baumarkt.

75

SAUBER AUFGESPIESST

76

KURZ ÜBER LANG

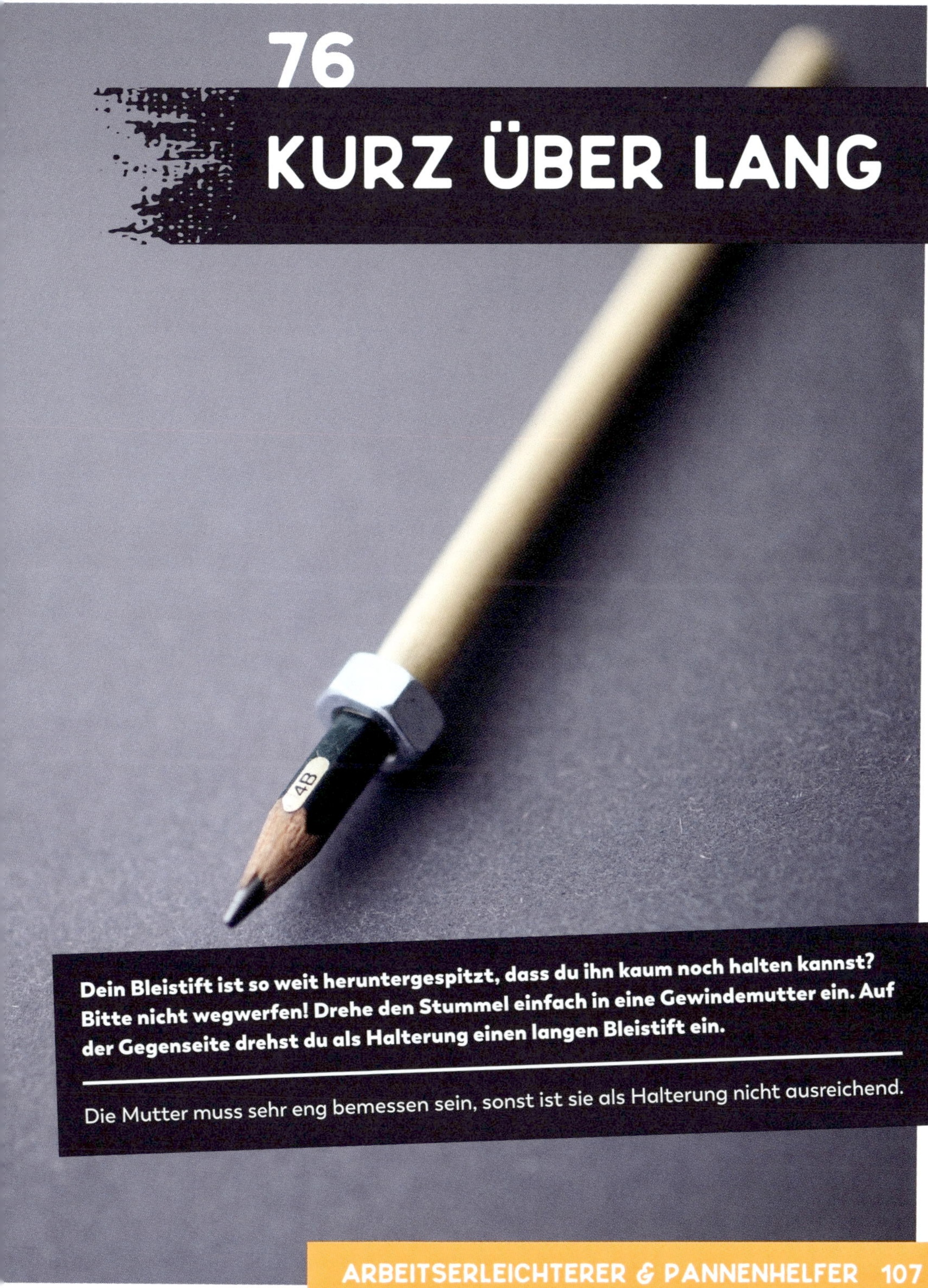

Dein Bleistift ist so weit heruntergespitzt, dass du ihn kaum noch halten kannst? Bitte nicht wegwerfen! Drehe den Stummel einfach in eine Gewindemutter ein. Auf der Gegenseite drehst du als Halterung einen langen Bleistift ein.

Die Mutter muss sehr eng bemessen sein, sonst ist sie als Halterung nicht ausreichend.

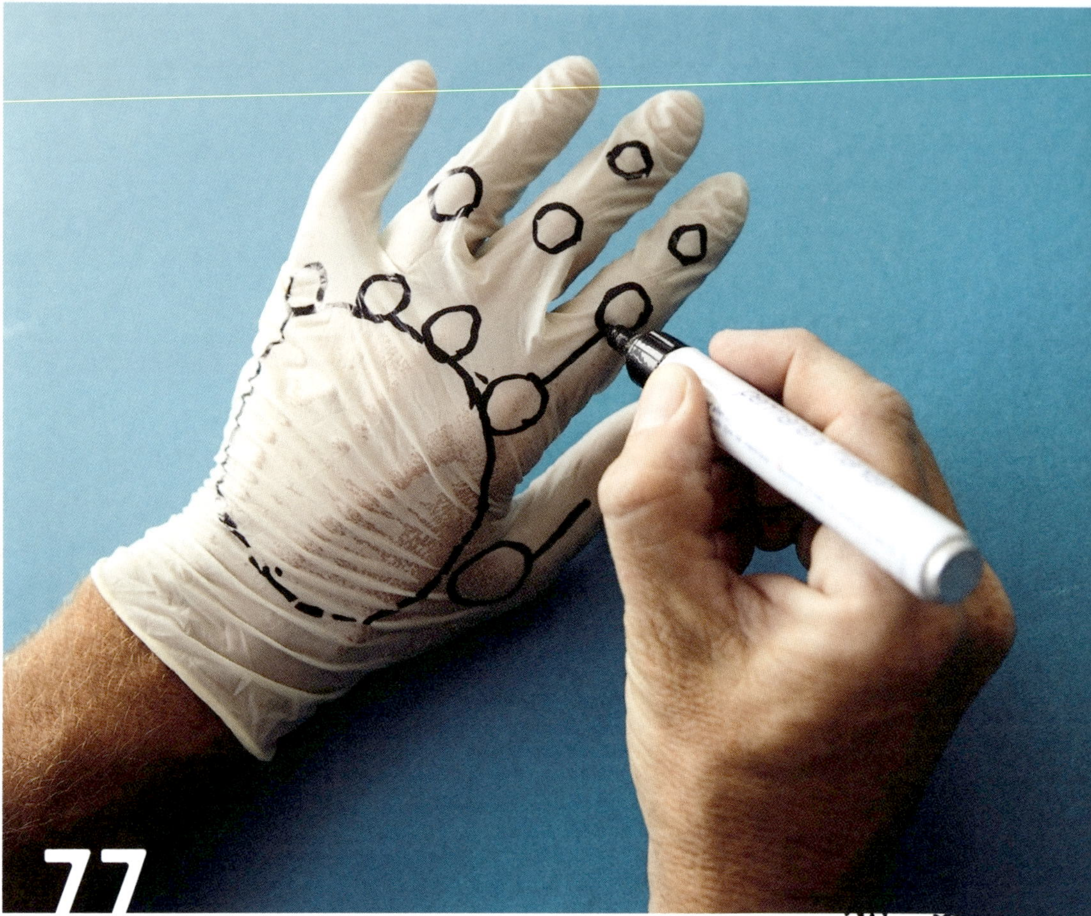

77 HÄNDE ZEICHNEN LEICHT GEMACHT

Skizziere auf einen einfachen Gummihandschuh, wie bei einer Gliederpuppe, mit Strichen und Kreisen das Grundgerüst deiner Hand. Jetzt kannst du dieses Grundgerüst einfach auf ein Papier nachzeichnen und dann Finger und die Handfläche ergänzen.

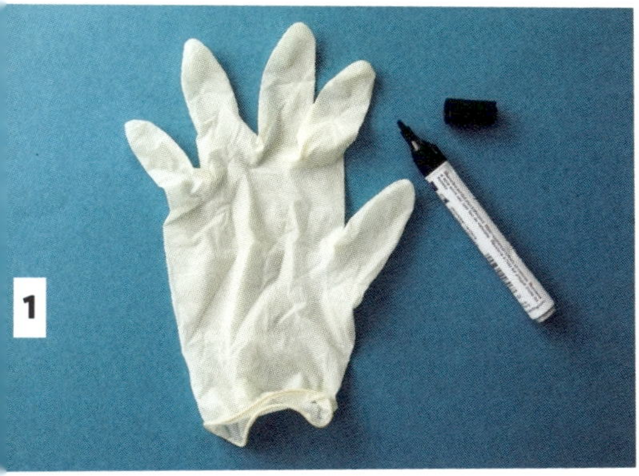

1 **Du benötigst: Latexhandschuh, Permanentmarkerstift**

2 **Ziehe den Einweghandschuh über die Hand, mit der du nicht schreibst. Zeichne zunächst mit dem Permanentmarker dort, wo sich die Handfläche befindet, ein entsprechendes Oval auf den Handschuh.**

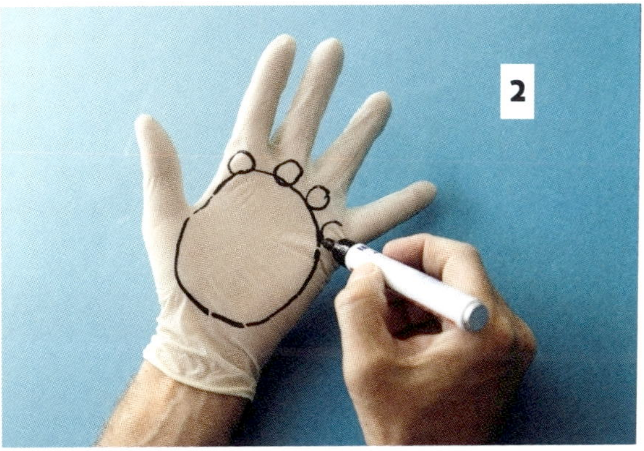

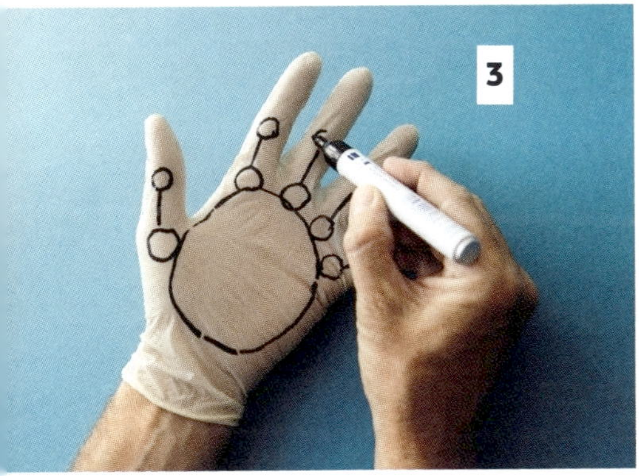

3 **Zeichne dann die einzelnen Fingerglieder als Strich.**

4 **Zeichne nun die Gelenke als kleine Kreise ein. Fertig ist die Zeichenhilfe für Hände!**

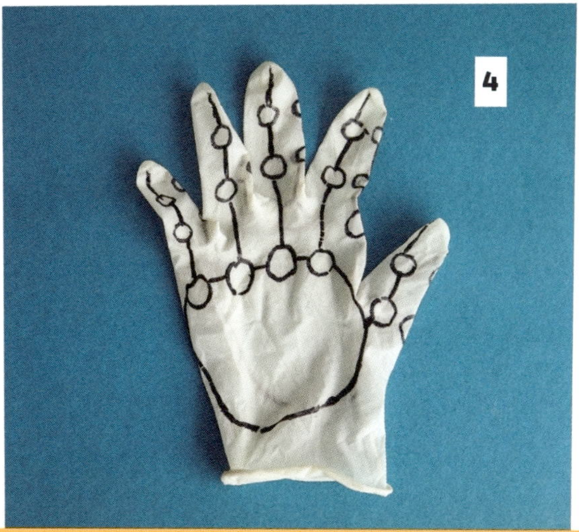

Du kannst dieses Grundskelett doppelt, also auf Vorder- und Rückseite deiner Hand zeichnen.

78

SPURLOS

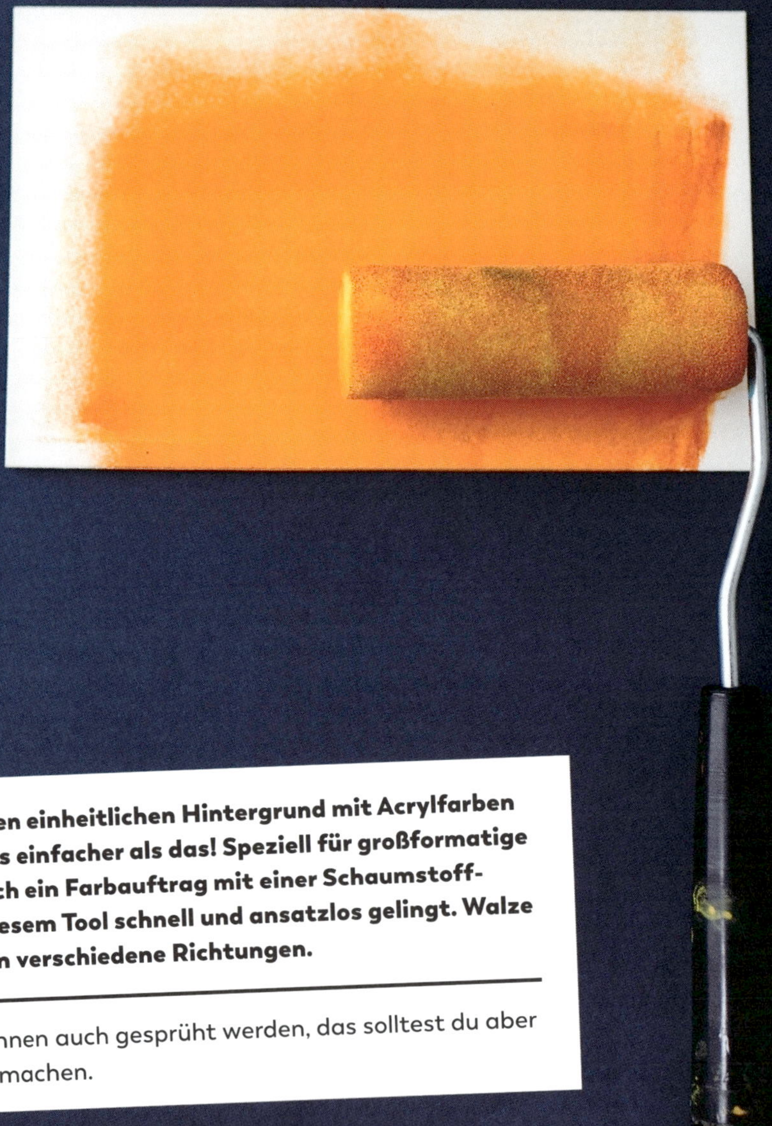

Du möchtest einen einheitlichen Hintergrund mit Acrylfarben gestalten? Nichts einfacher als das! Speziell für großformatige Bildern eignet sich ein Farbauftrag mit einer Schaumstoff-walze, der mit diesem Tool schnell und ansatzlos gelingt. Walze die Farbe rasch in verschiedene Richtungen.

Hintergründe können auch gesprüht werden, das solltest du aber immer im Freien machen.

Wenn Papier oder Leinwand Farbe abstoßen, dann ist an diesen Stellen meist etwas Fett im Spiel. Es hilft, diese Stellen mit Gallseife zu benetzen oder abzureiben.

Gallseife entfettet und lässt Farben besser fließen. Es gibt sie in flüssiger und fester Form. Als Onez oder Ochsengalle ist das Mittel im Künstlerbedarf zu bekommen.

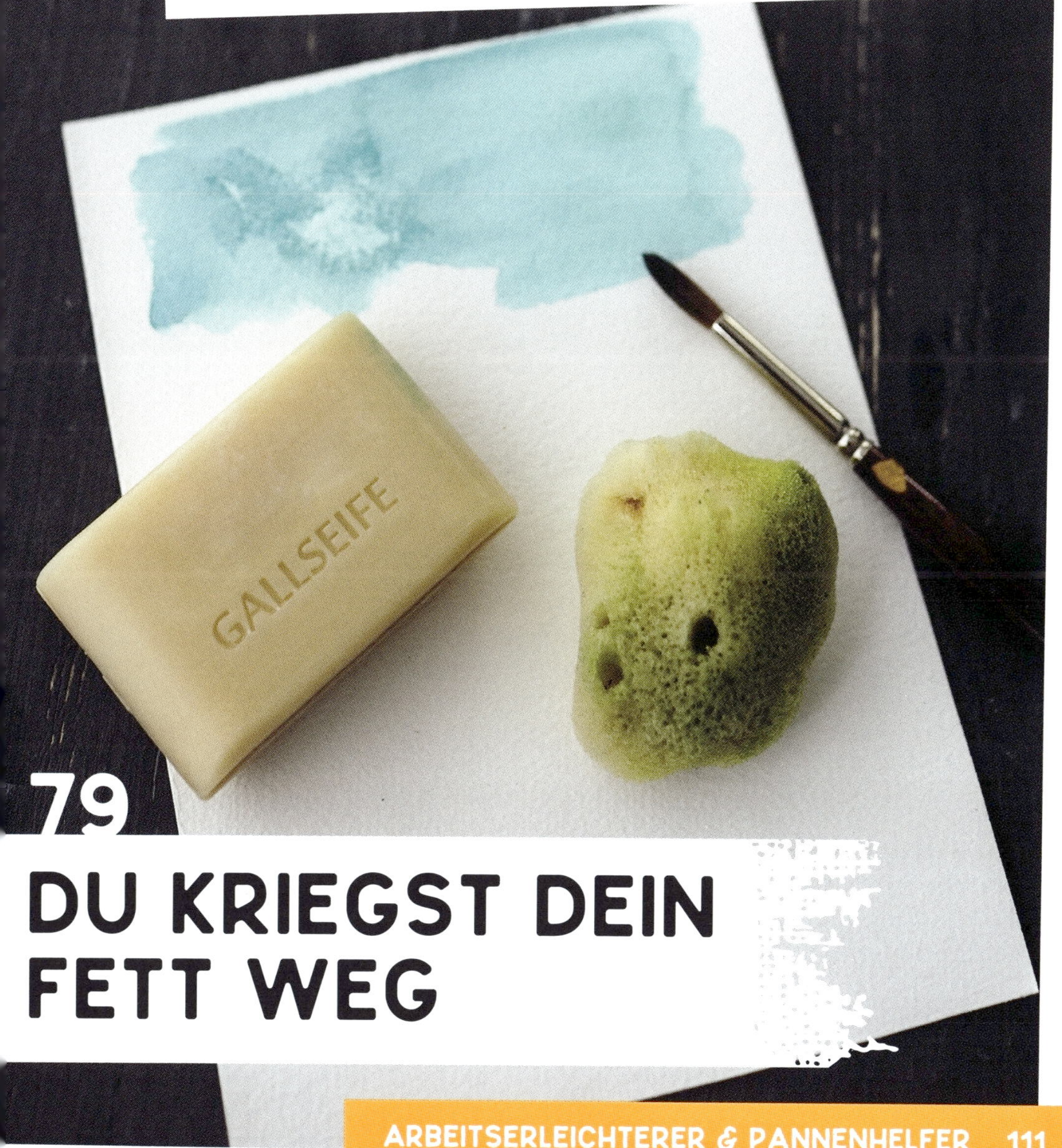

79 DU KRIEGST DEIN FETT WEG

80

TUBENKNACKER

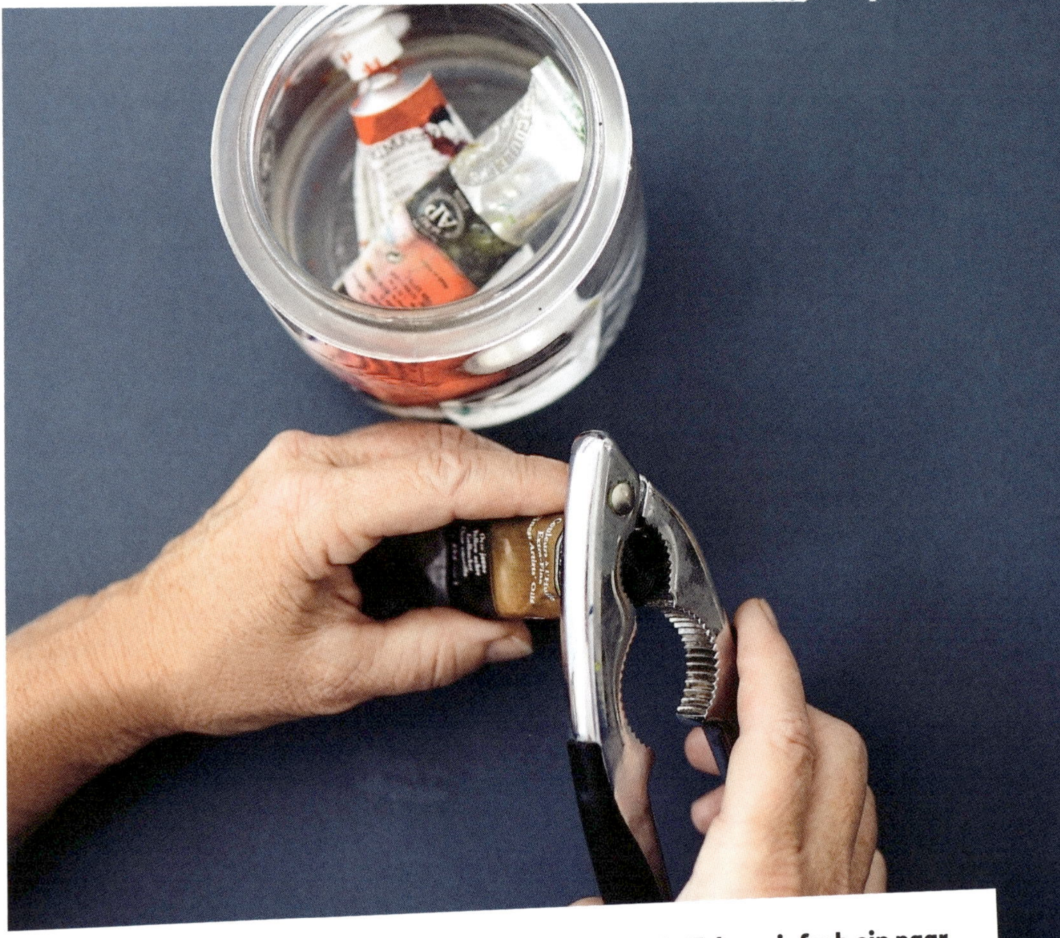

Immer wieder ein Ärgernis: Verklebte Farbtuben. Lege die Tuben einfach ein paar Minuten ins Wasser. Das hilft sogar bei Acryl- und Ölfarbtuben. Auch mit einer Zange oder einem Nussknacker lässt sich mancher Verschluss wieder öffnen.

Halte die Verschlüsse von Ölfarbtuben unter heißes Wasser. Dadurch werden die Farben etwas weicher und der verklebte Verschluss löst sich.

81

TURBORETTUNG

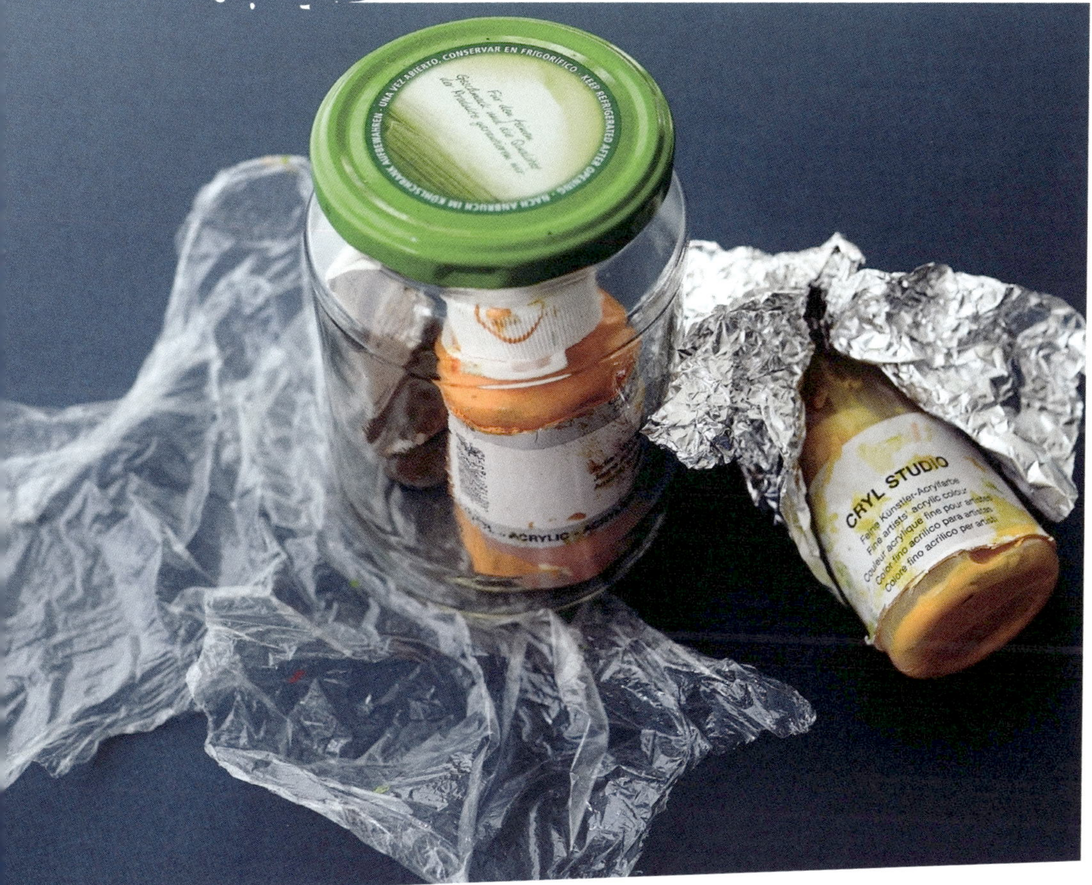

Schnelle Rettungsmaßnahme für kaputte Farbtuben oder Dosen: Lege sie sofort in ein Schraubglas mit dicht schließendem Deckel.

Wenn du die Hände wieder frei hast, kannst du die beschädigten Tuben herausnehmen und die lecken Stellen mit Alu- oder Klarsichtfolie umwickeln.

82

ANTI-WACKEL-HILFE

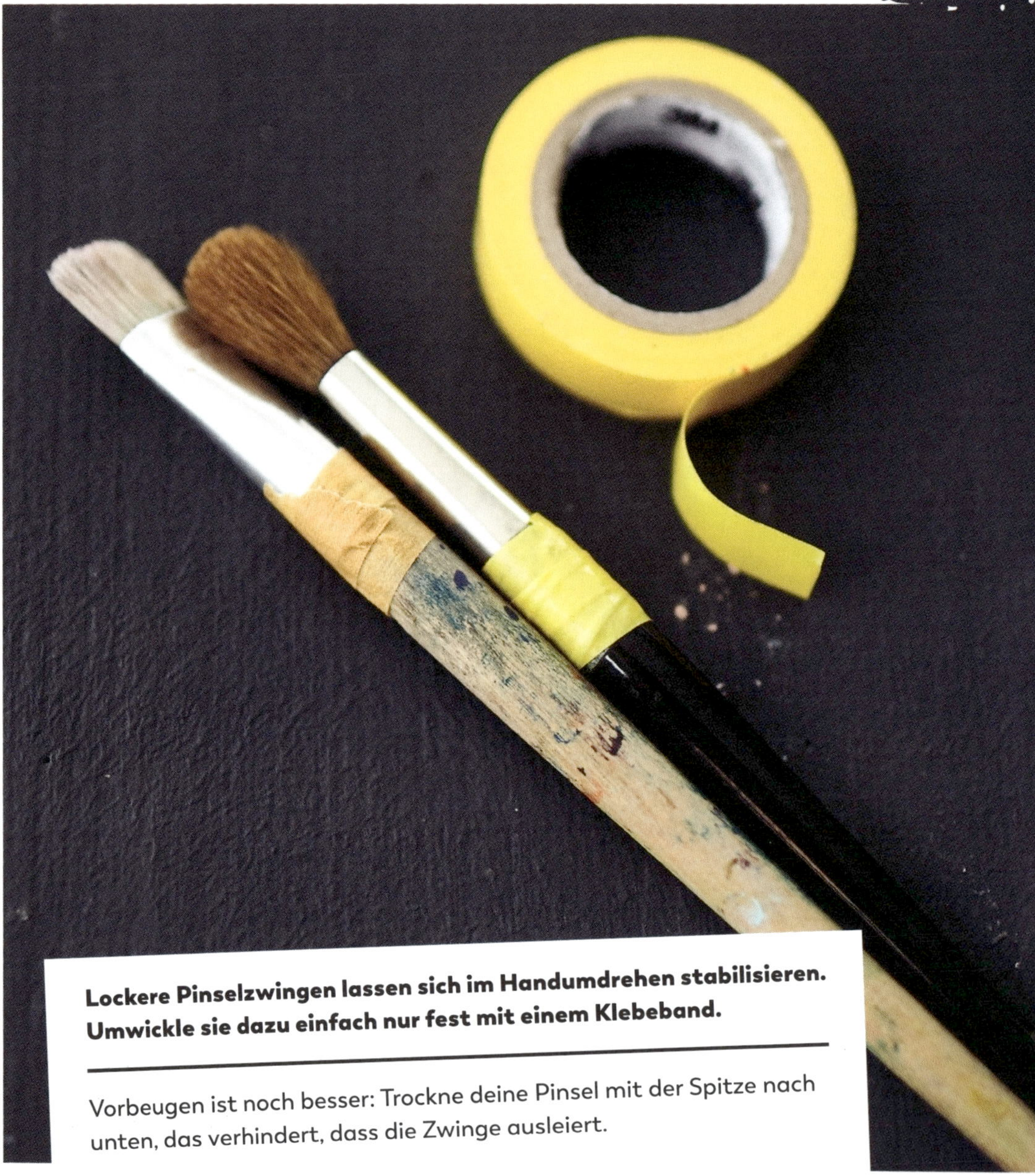

Lockere Pinselzwingen lassen sich im Handumdrehen stabilisieren. Umwickle sie dazu einfach nur fest mit einem Klebeband.

Vorbeugen ist noch besser: Trockne deine Pinsel mit der Spitze nach unten, das verhindert, dass die Zwinge ausleiert.

83 VERSCHLUSSSACHE

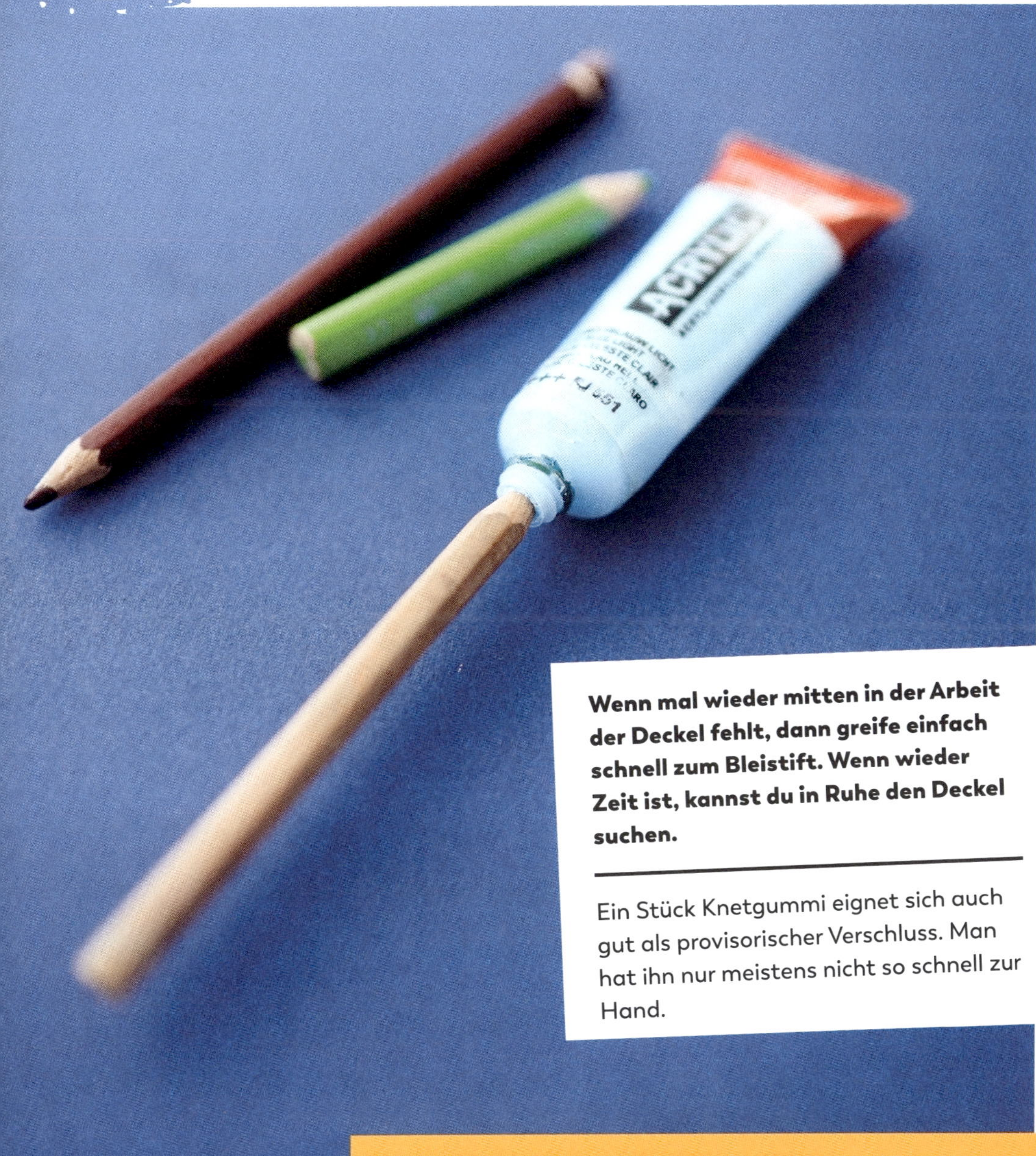

Wenn mal wieder mitten in der Arbeit der Deckel fehlt, dann greife einfach schnell zum Bleistift. Wenn wieder Zeit ist, kannst du in Ruhe den Deckel suchen.

Ein Stück Knetgummi eignet sich auch gut als provisorischer Verschluss. Man hat ihn nur meistens nicht so schnell zur Hand.

ENDE GUT, ALLES GUT

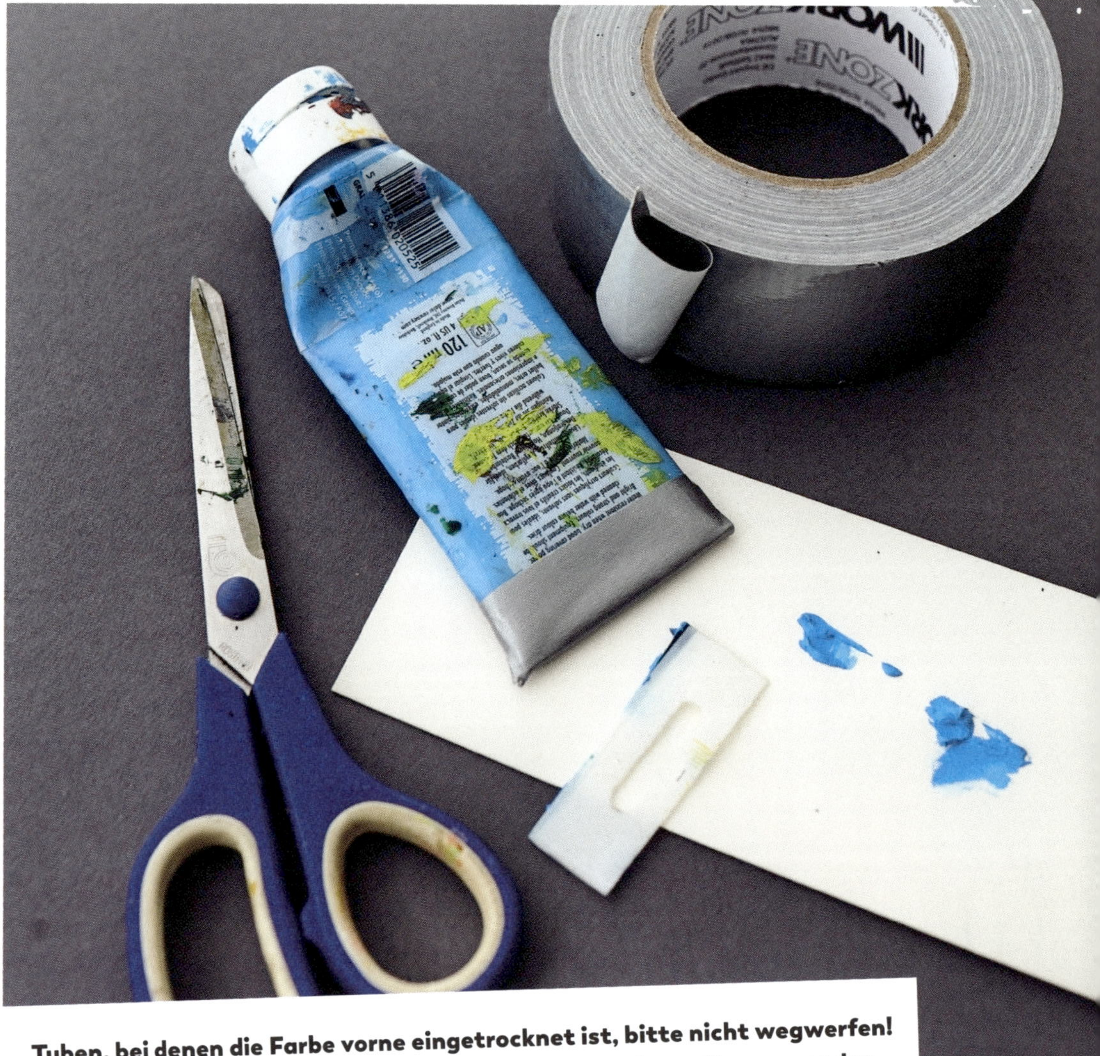

Tuben, bei denen die Farbe vorne eingetrocknet ist, bitte nicht wegwerfen! Schneide die Tube hinten auf, dann kannst du die Farbe weiterverwenden. Verschließe die Tube nach Gebrauch luftdicht mit Panzertape.

Fast leere Aquarellnäpfchen kannst du mit der gleichen Farbe aus der Tube wieder auffüllen. So kommen alle Farben in deinem Aquarellmalkasten wieder auf den gleichen Stand.

Fülle die Farbe aus der Tube in dünnen Schichten ein und lasse sie zwischendurch mal trocknen. Das verhindert, dass die Farben bei der anschließenden Benutzung zu schnell aufweichen.

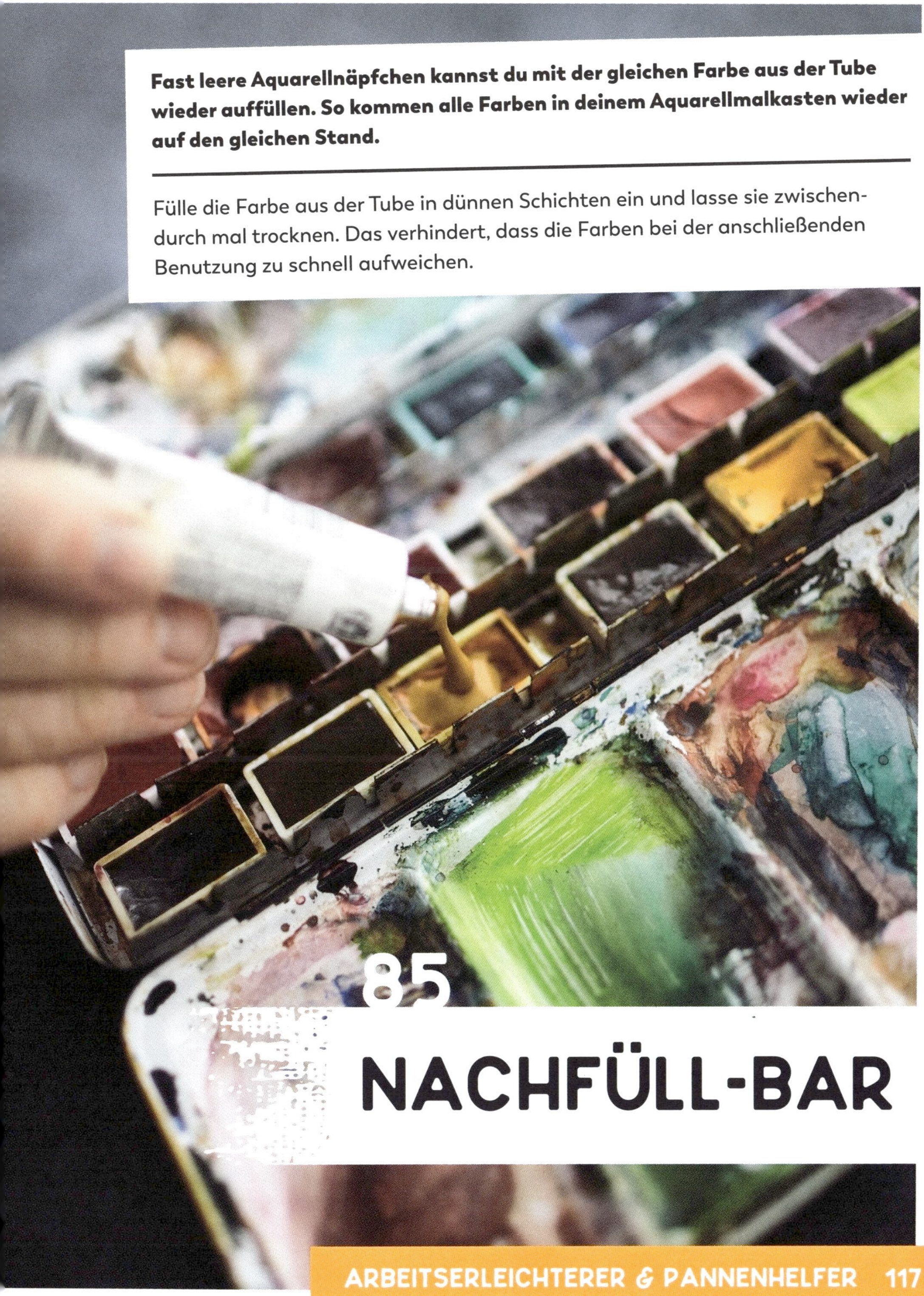

85 NACHFÜLL-BAR

86

MESSERSCHARF KOMBINIERT

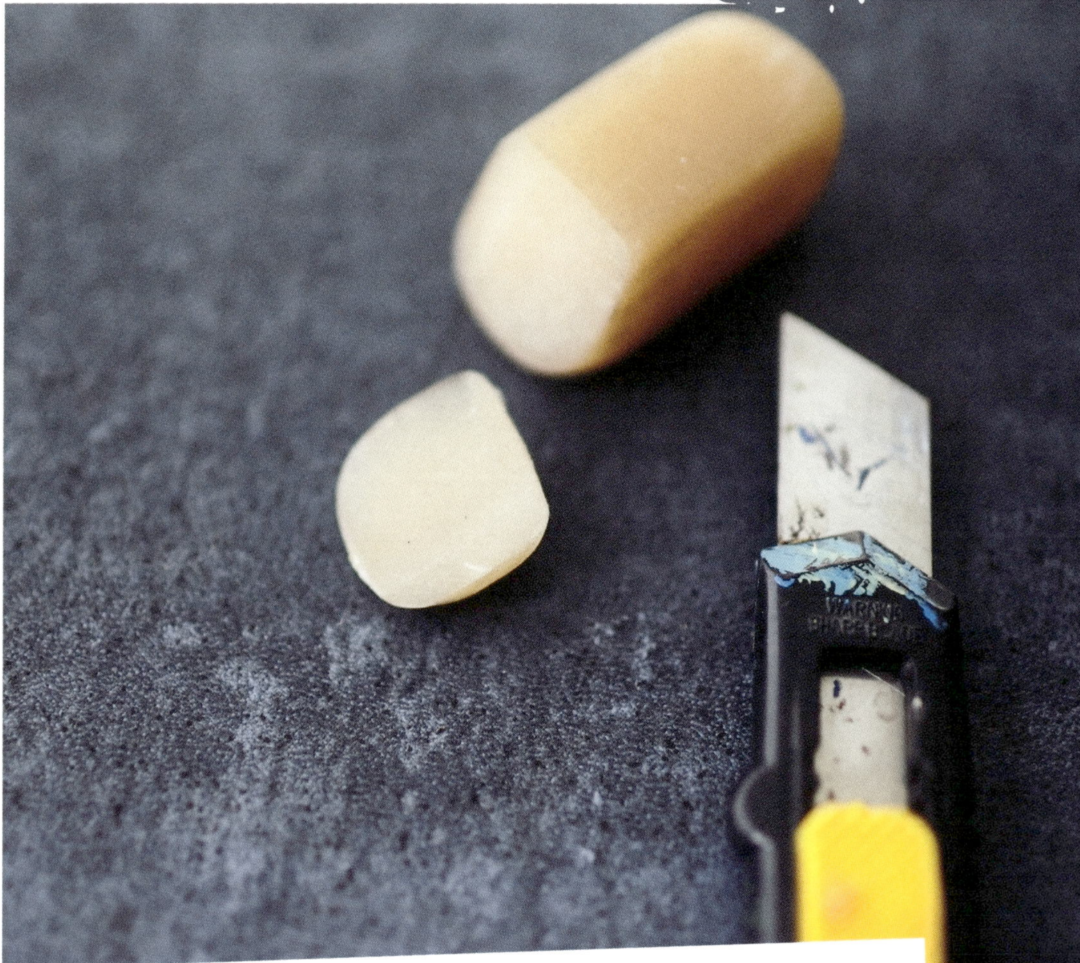

Mit einem Cuttermesser kannst du deinen Radiergummi so beschneiden, dass er feine Linien radieren kann.

Eine Alternativ sind Radierstifte, die immer neu gespitzt werden können.

Falte ein DIN-A4-Blatt in der Mitte. Falte die obere und untere Kante etwa einen Zentimeter nach innen. Jetzt kannst du auf dem Ständer zum Beispiel eine Fotovorlage in direkter Blickrichtung aufstellen.

Fotokarton eignet sich für den Vorlagenständer besonders gut.

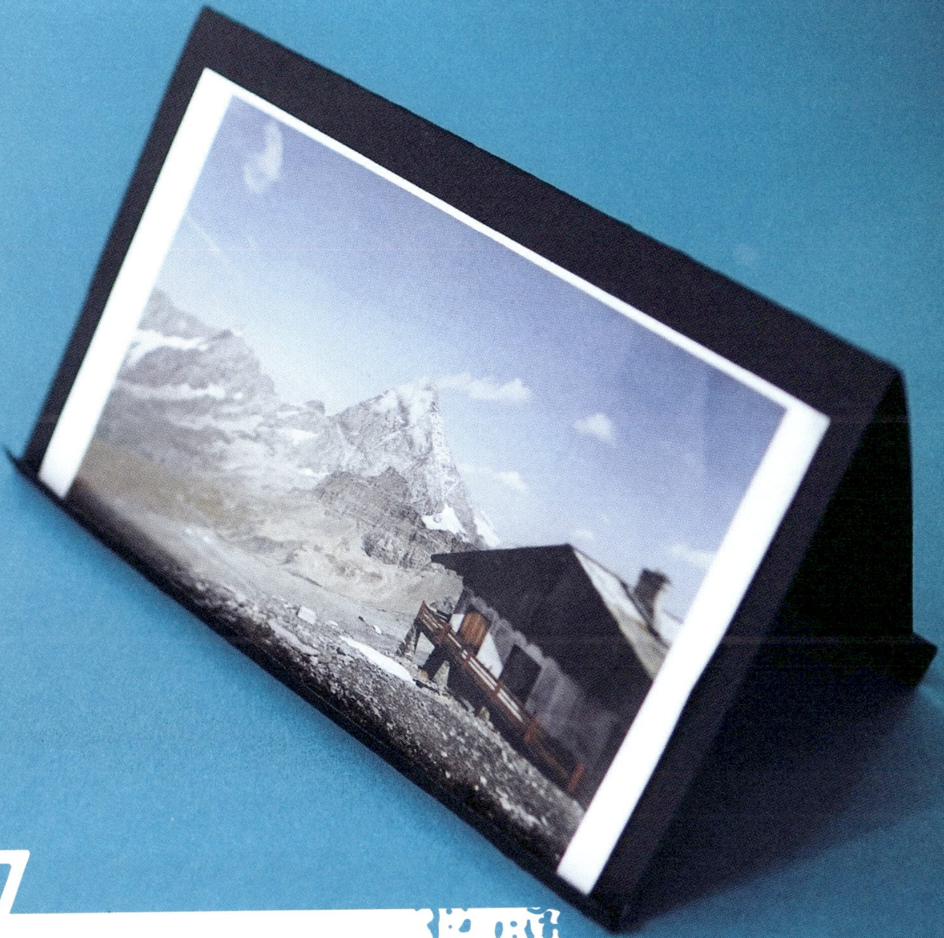

87 STANDFEST

88

ANTI-AGING FÜR PAPIER

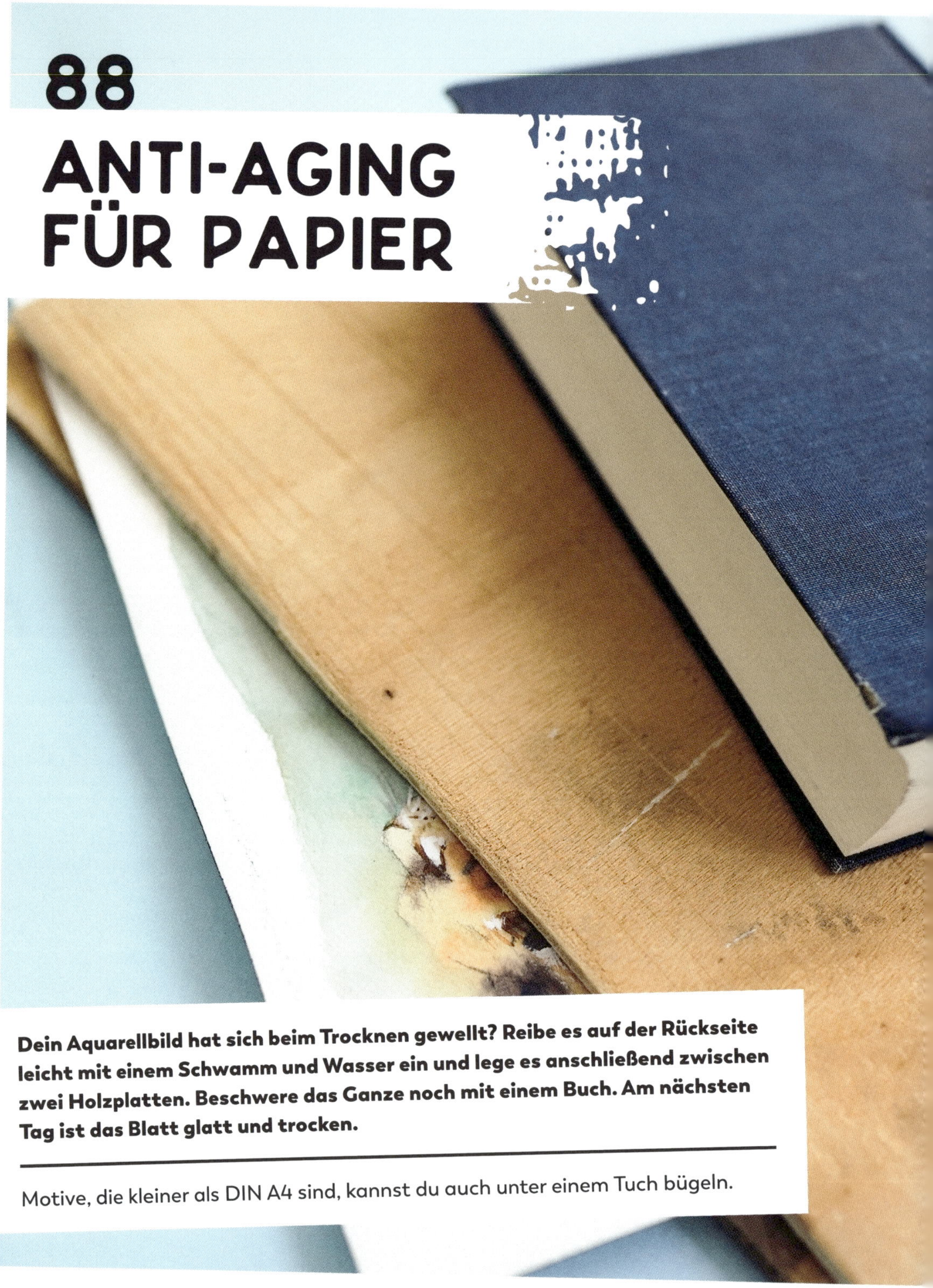

Dein Aquarellbild hat sich beim Trocknen gewellt? Reibe es auf der Rückseite leicht mit einem Schwamm und Wasser ein und lege es anschließend zwischen zwei Holzplatten. Beschwere das Ganze noch mit einem Buch. Am nächsten Tag ist das Blatt glatt und trocken.

Motive, die kleiner als DIN A4 sind, kannst du auch unter einem Tuch bügeln.

Aquarell misslungen? Wasche es unter dem Wasserhahn ab und streiche es zum Trocknen auf einer glatten Oberfläche aus. Oft kannst du auf den Restfarben weitermalen. Hochwertiges Büttenpapier lässt sich auch auf der Rückseite bemalen. Wie du welliges Aquarellpapier wieder glatt bekommst, erfährst du gleich nebenan in Hack 88.

Auch mancher Aquarellkarton lässt sich auf diese Weise nochmals verwenden, jedoch nur auf der Vorderseite.

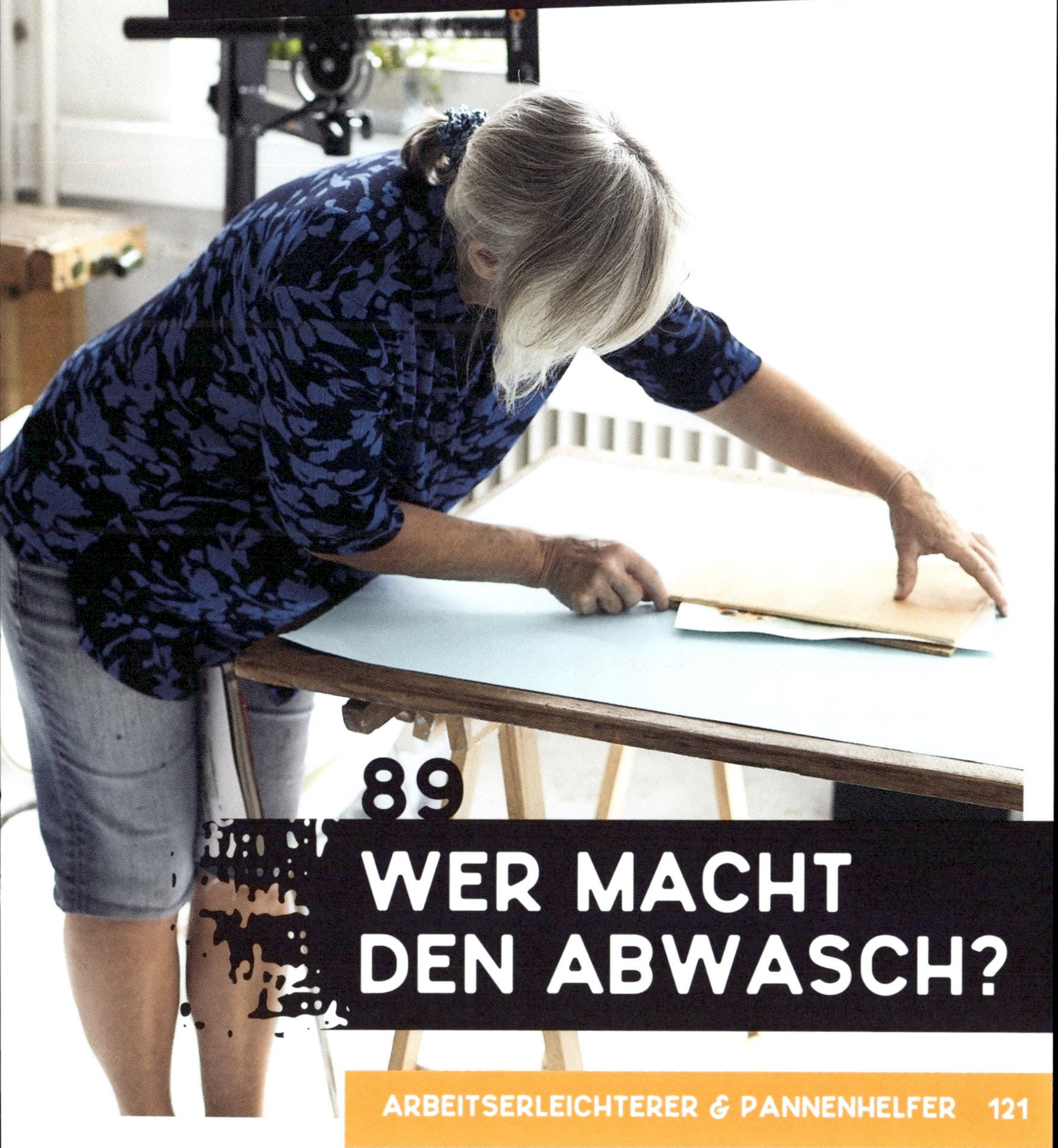

89 WER MACHT DEN ABWASCH?

90

DIE GUTEN INS NÄPFCHEN

Schneide eingetrocknete Aquarellfarben in Tuben mit einem Cutter längs auf und drücke den Inhalt in ein leeres Aquarellnäpfchen. Harte Farbstücke kannst du mit dem Hammer zerteilen, bevor sie ins Farbnäpfchen kommen.

Mit einem Tröpfchen flüssigem Honig wird sehr harte Farbe etwas geschmeidiger.

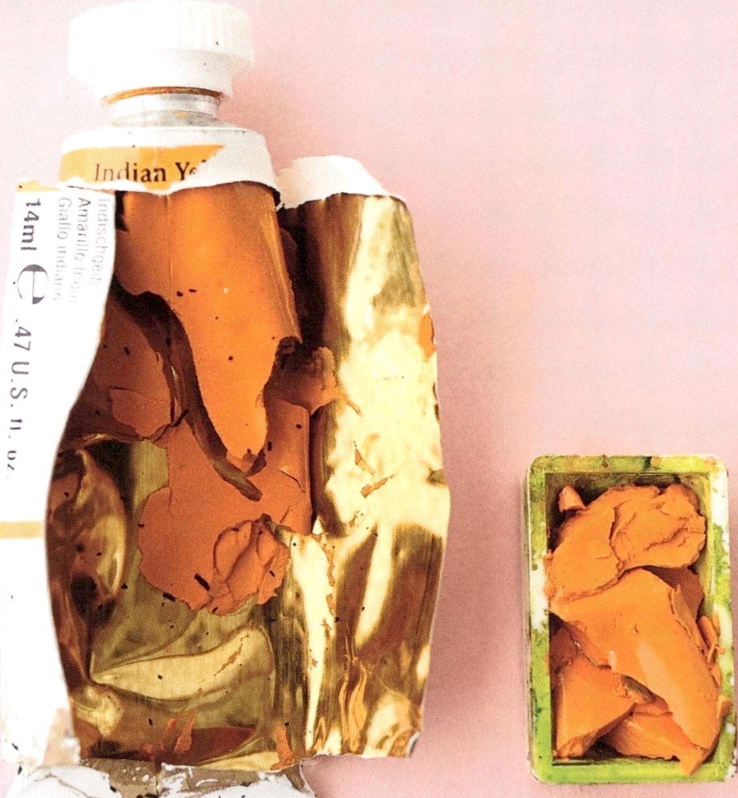

91 BLOSS KEINE VERSCHWENDUNG!

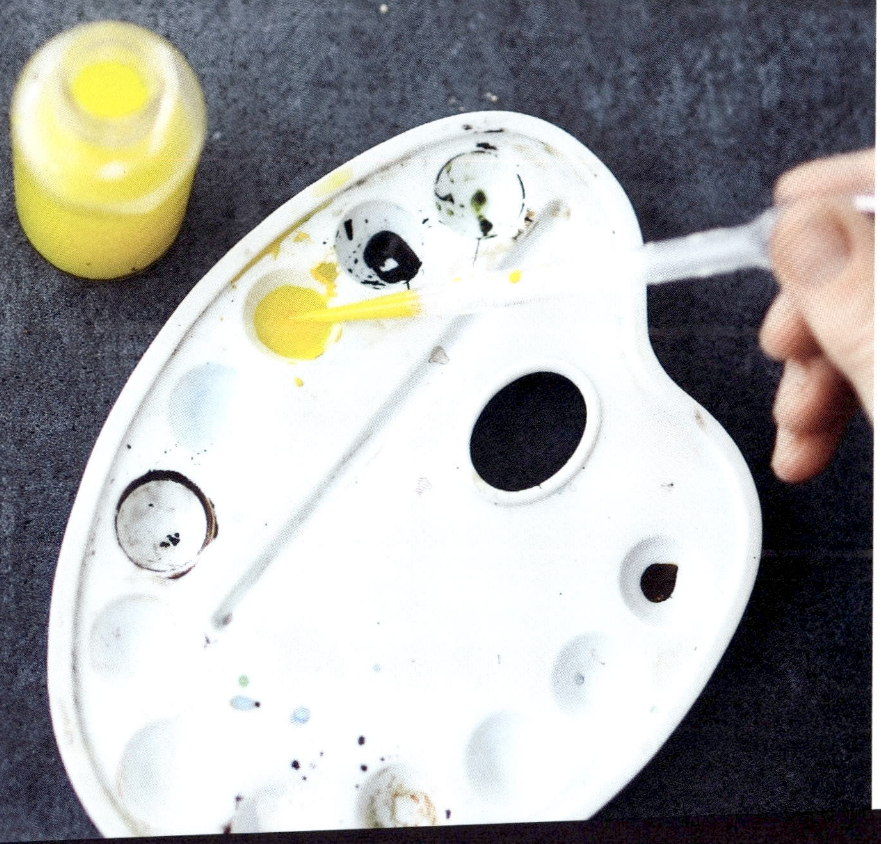

Du bist fertig mit dem Malen, aber es ist noch viel Farbe auf der Palette? Übrig gebliebene Malmittel, Tusche oder Tinten lassen sich mit einer Pipette oder Spritze leicht wieder aufsaugen und zurückfüllen.

Funktioniert auch bei Farbtuben! Drücke die Tuben an den Kanten zusammen. Durch den Unterdruck fließt die Farbe zurück in die Tube.

92

FLINKE ZAUBEREI

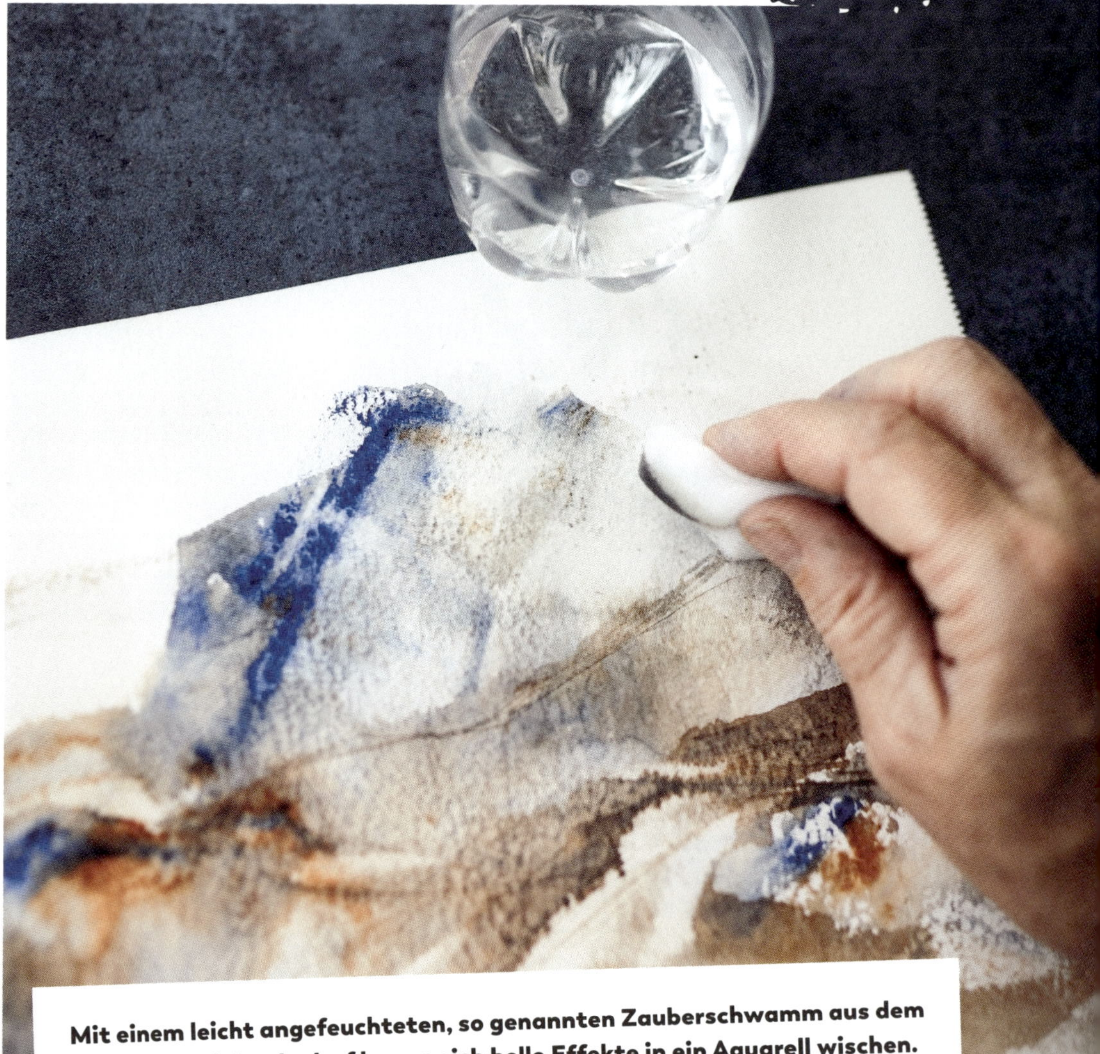

Mit einem leicht angefeuchteten, so genannten Zauberschwamm aus dem Haushaltsreinigerbedarf lassen sich helle Effekte in ein Aquarell wischen.

Wiederholtes Wischen entfernt die Farbe sogar vollständig, ohne das Papier zu ruinieren.

Mische deine Farbe auf einer transparenten Kunststofffolie. Übers Motiv gehalten, erleichtert es das Finden des richtigen Farbtons.

Super für Acryl-, Öl- und Gouache-Malerei.

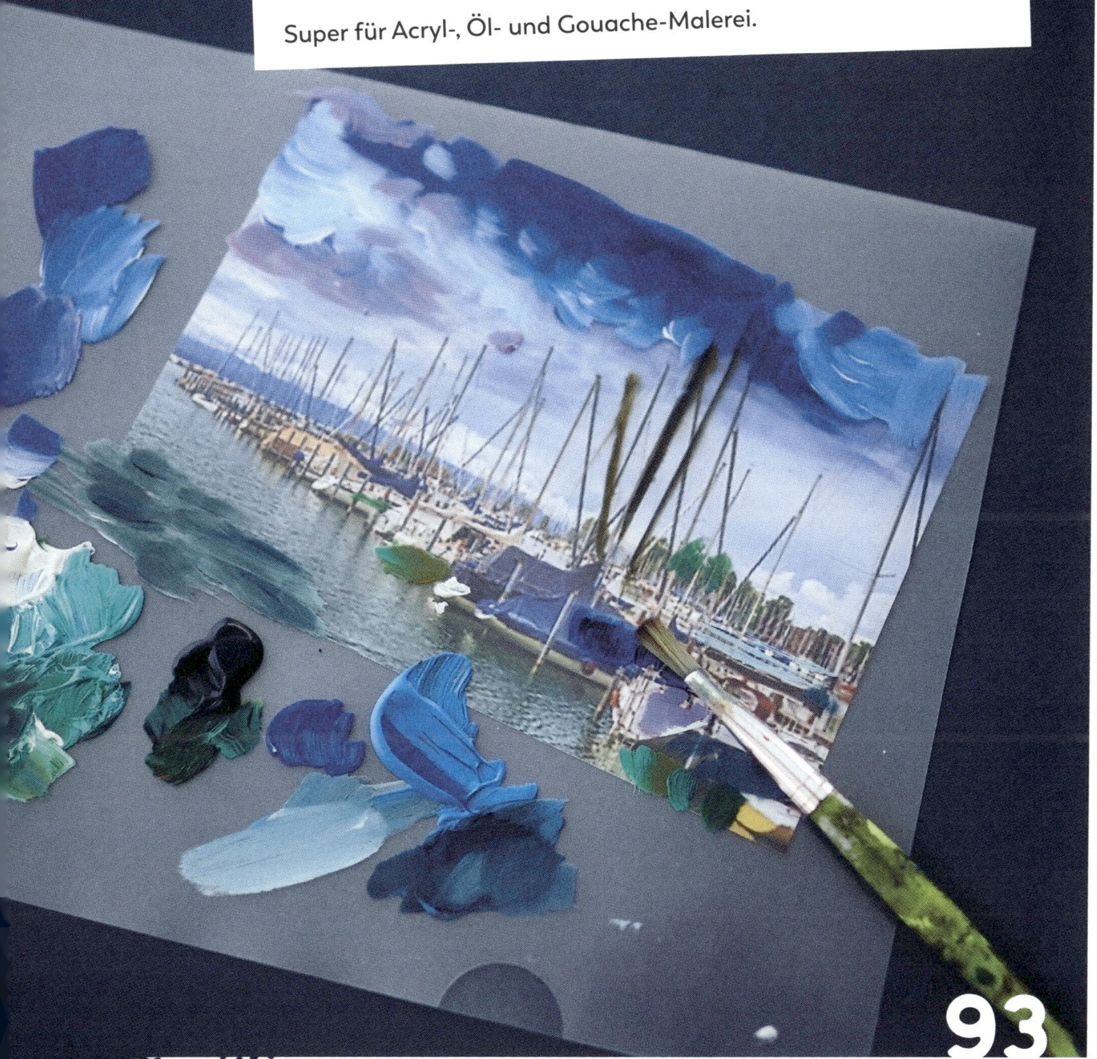

93

DEN TON TREFFEN

94

ANTI-SCHLAFFHEITS-PROGRAMM

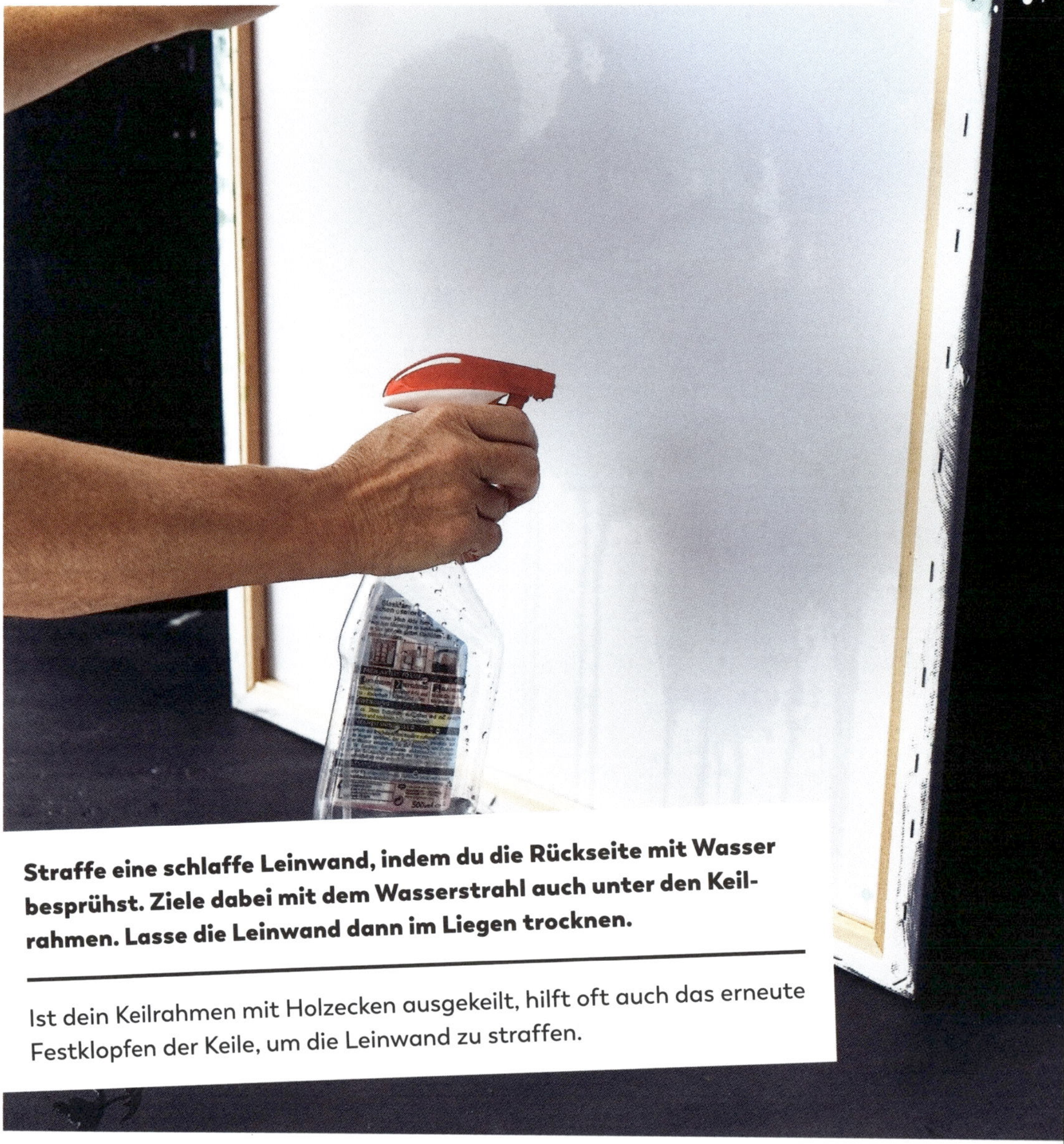

Straffe eine schlaffe Leinwand, indem du die Rückseite mit Wasser besprühst. Ziele dabei mit dem Wasserstrahl auch unter den Keilrahmen. Lasse die Leinwand dann im Liegen trocknen.

Ist dein Keilrahmen mit Holzecken ausgekeilt, hilft oft auch das erneute Festklopfen der Keile, um die Leinwand zu straffen.

95

IN FORM GEBRACHT

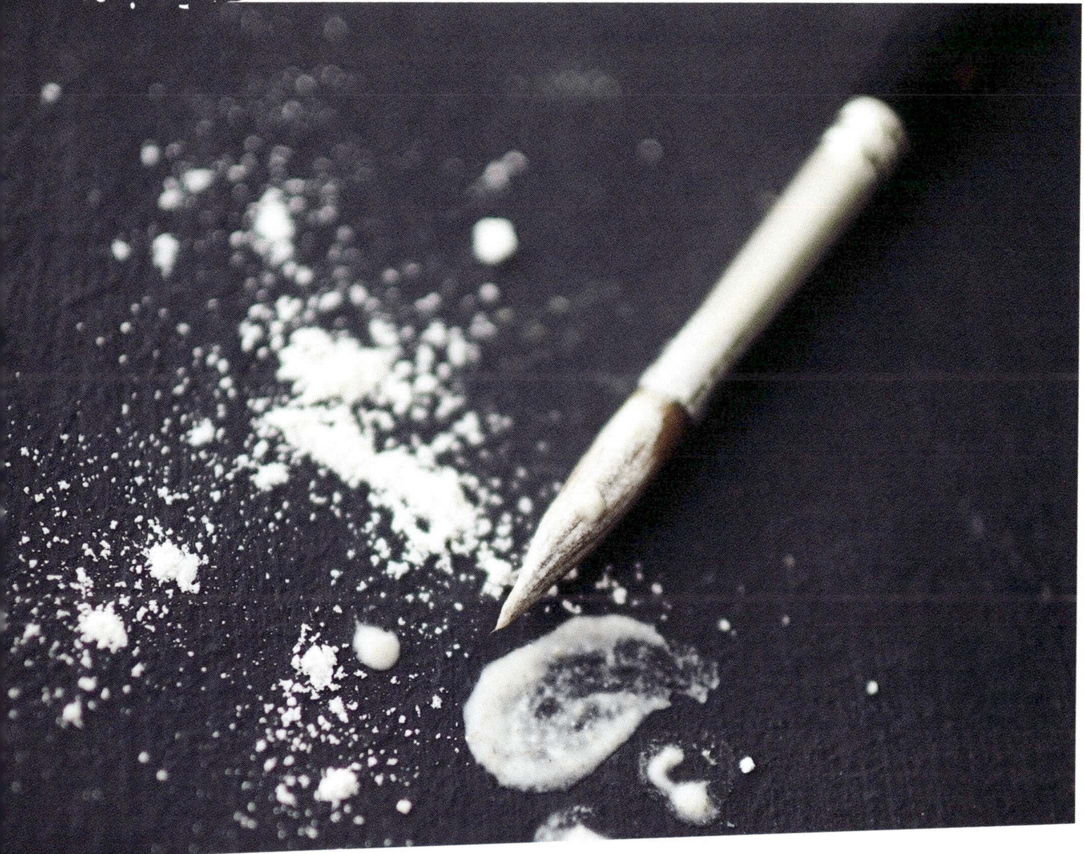

Für verformte Pinsel: Rühre aus einem Löffelchen Mehl und wenig Wasser einen klebrigen Brei an. Trage diesen auf die Pinselhaare auf und forme sie zurecht. Nach ein paar Stunden Einwirkzeit kannst du die Masse wieder mit Wasser entfernen. Voilà, Pinsel wie neu!

Das klappt auch mit Tapetenkleister!

Merke dir die Farbbezeichnungen deiner Näpfchenfarben, indem du eine passend geschnittene Kunststoffhülle darüberlegst, auf der du die Namen mit Folienstift notierst.

Alternativ kannst du auch die Zettel von der Verpackung zuschneiden und aufkleben. Die Folie schützt gleichzeitig auch deine Farben.

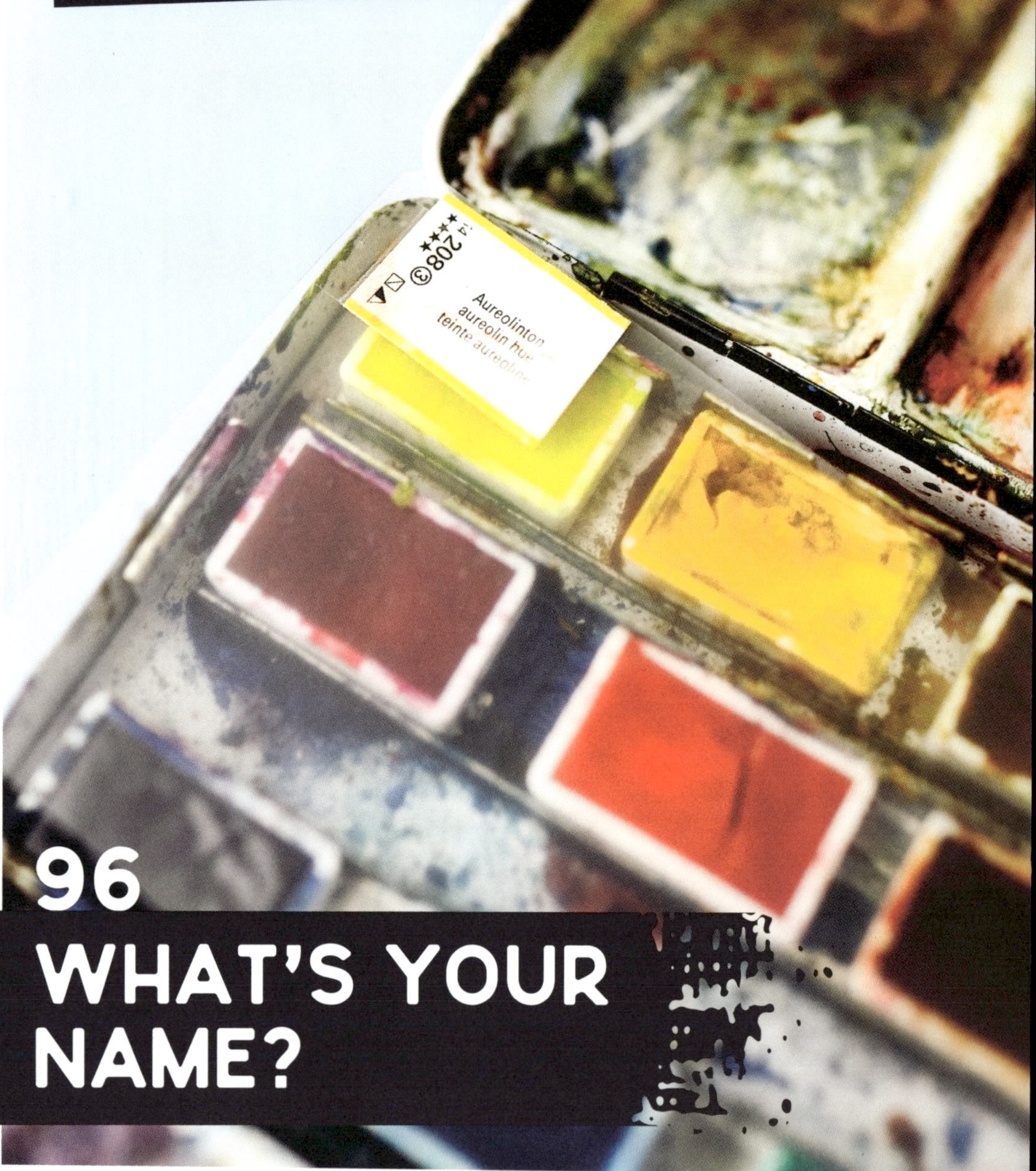

96 WHAT'S YOUR NAME?

Suche mit verschiebbaren Pappecken einen interessanten Bildausschnitt. Schneide dann die Maße des gefundenen Ausschnitts aus einem Passepartoutkarton.

Du kannst mit dieser Methode fast aus jedem Bild noch ein kleines Kunstwerk herausholen. Fertige mit Pappe und Cuttermesser unterschiedliche Eckelemente an, mit denen du arbeiten kannst.

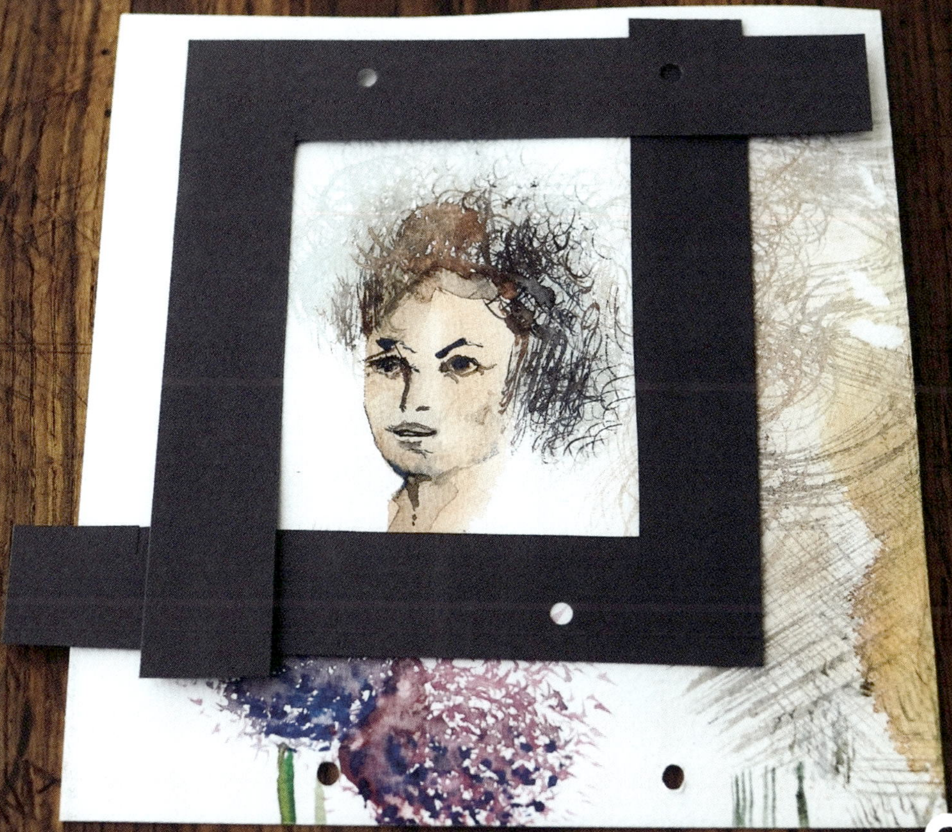

97 GANZ NEUE SICHTWEISE

98

TROPFEN AUF REISE

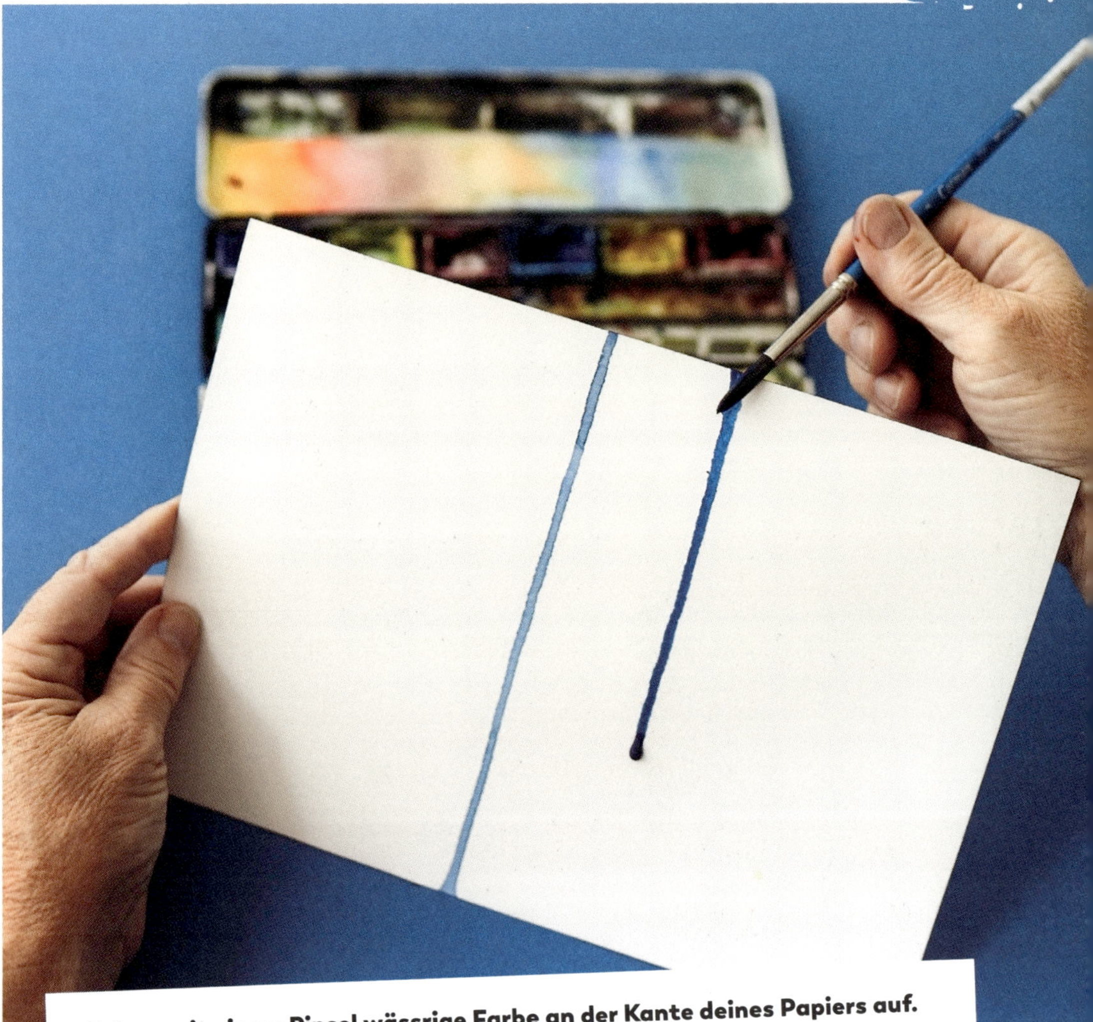

Bringe mit einem Pinsel wässrige Farbe an der Kante deines Papiers auf. Stelle das Papier dann senkrecht, sodass der Farbtropfen in gerader Linie nach unten läuft. So kannst du zum Beispiel eine Horizontlinie anlegen.

Mit dieser Methode lassen sich auch Formate vertikal einteilen.

99 KLAPPT EXAKT

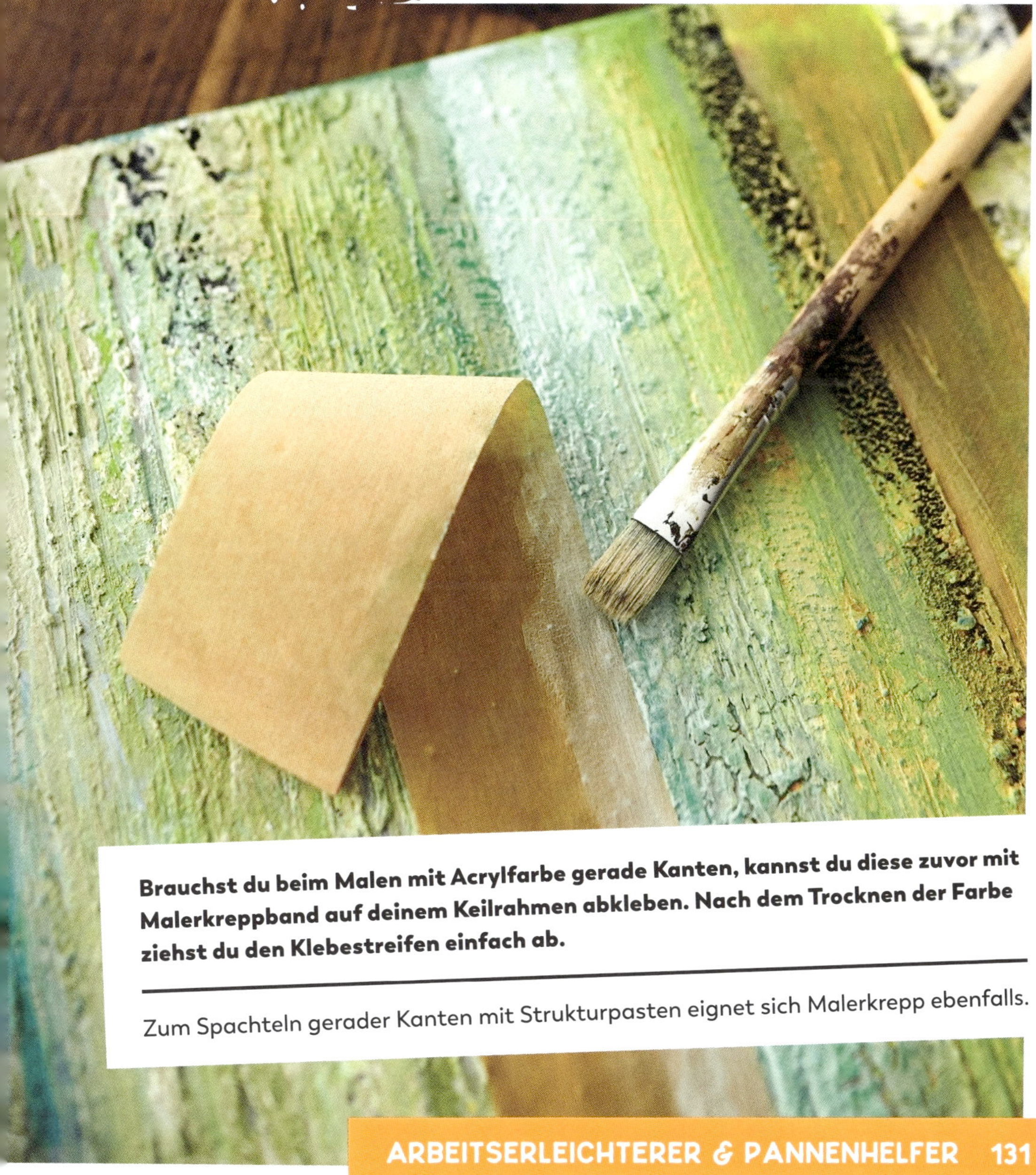

Brauchst du beim Malen mit Acrylfarbe gerade Kanten, kannst du diese zuvor mit Malerkreppband auf deinem Keilrahmen abkleben. Nach dem Trocknen der Farbe ziehst du den Klebestreifen einfach ab.

Zum Spachteln gerader Kanten mit Strukturpasten eignet sich Malerkrepp ebenfalls.

100

KÄFIG FÜR WILDE FARBEN

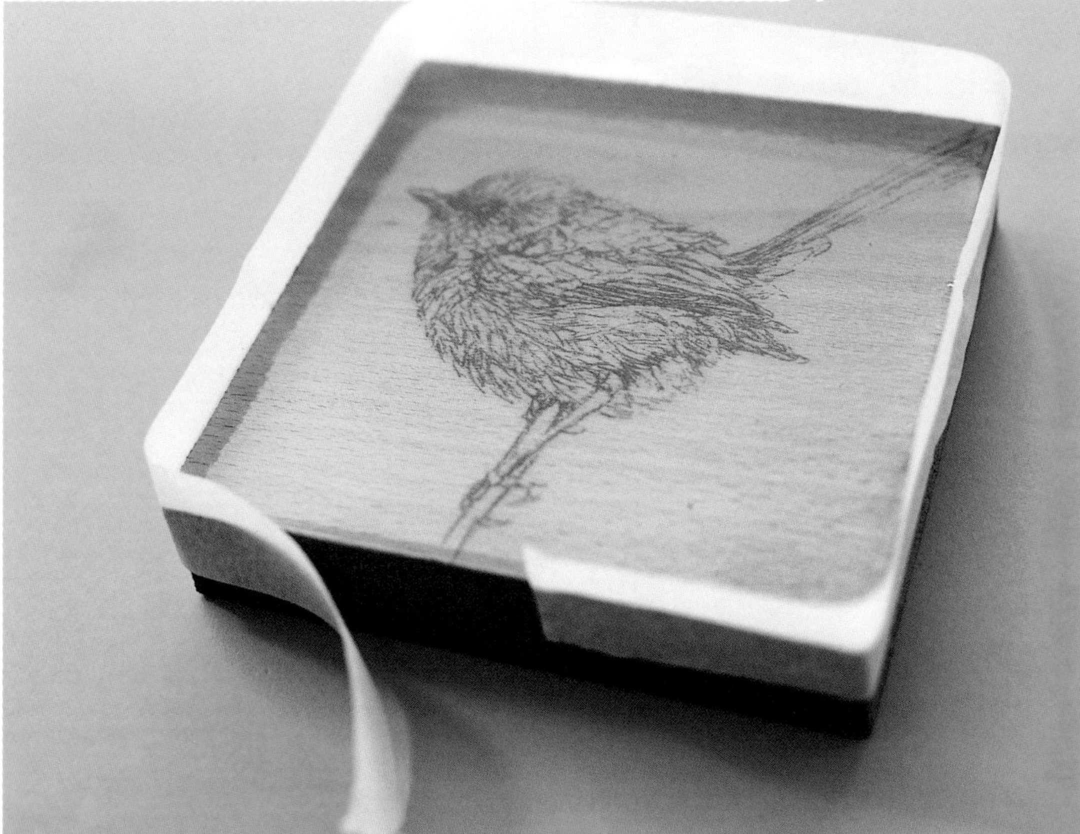

Bei der Pouring-Technik hast du es mit fließenden Farben zu tun, die sich nicht so leicht stoppen lassen. Umklebe deinen Malgrund mit Malerkreppband und lasse es oben leicht überstehen. So hältst du fließende Farbe im Zaum. Wenn sie anfängt zu trocknen, solltest du den Klebestreifen wieder abziehen.

Der Kreppband-Hack eignet sich auch für Glanzlack-Überzüge.

Drucke deine Fotovorlage in Schwarzweiß aus. Dann kannst du die einzelnen Tonwerte im Bild viel genauer erkennen. Je heller die Stellen, desto weniger Pigmente brauchst du beim Malen.

Probiere auch einmal Tonwert-Malereien in Schwarz oder Braun aus! Damit ergeben sich auch ohne weitere Farben interessante Motive.

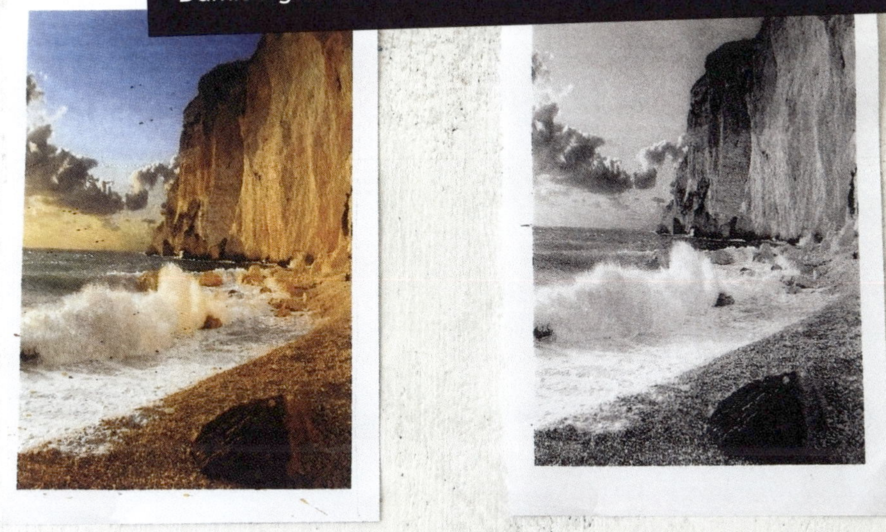

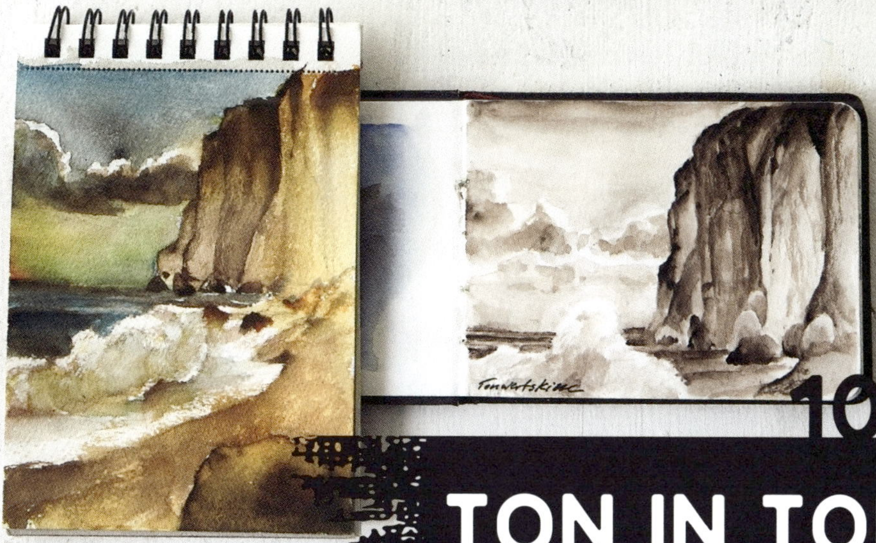

101 TON IN TON

102
SCHATTENSPIELE

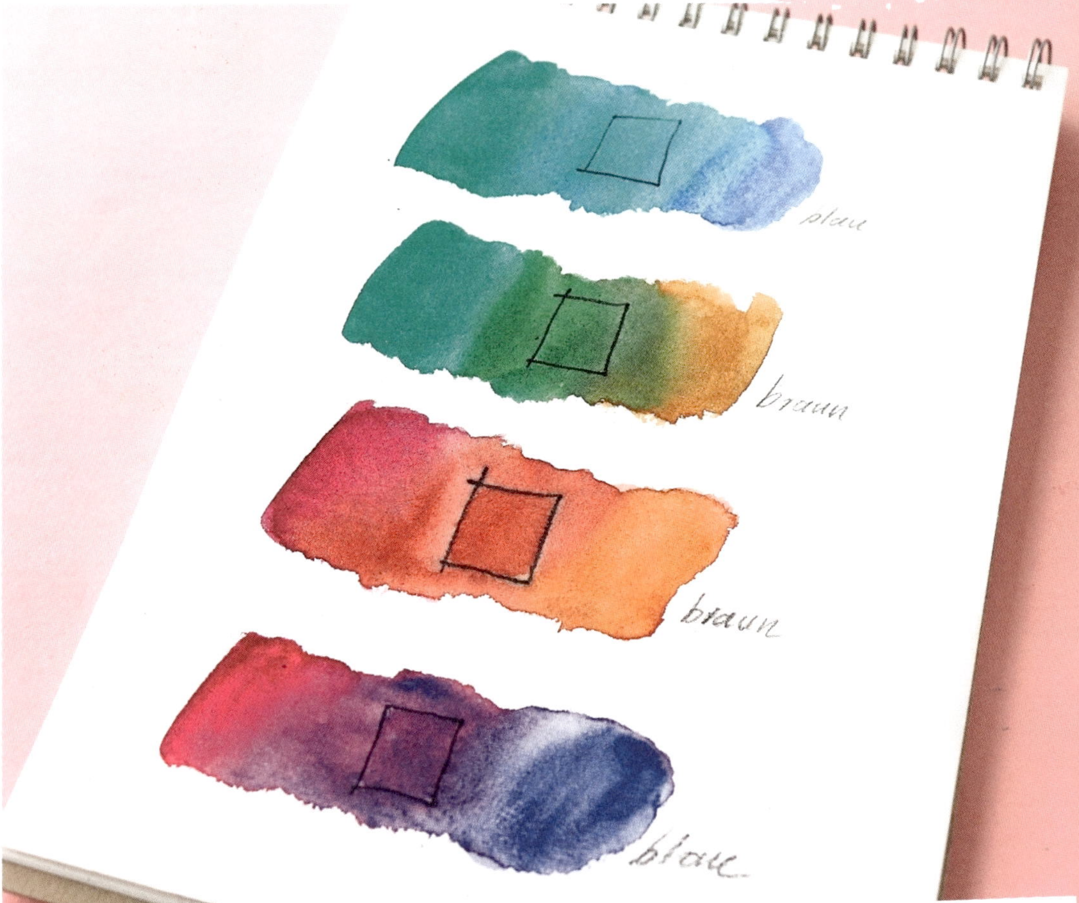

Viele Farben wirken natürlicher, wenn ihnen etwas Braun oder Blau beigemischt wird.

Zum schrittweisen Abdunkeln speziell von Aquarellfarben kannst du deren jeweilige Komplementärfarbe verwenden. Schau auf einem Farbkreis nach Itten nach, dort liegen sich Farbe und Komplementärfarbe gegenüber. Einen Farbkreis findest du auch in Hack 200.

Mit diesem Trick kannst du ganz einfach einen tollen malerischen Effekt erzielen. Tauche deinen Pinsel in zwei Farben. Nimm zum Beispiel Dunkelbraun auf die linke und ein helleres Braun auf die rechte Pinselseite auf. Dein Pinselstrich wird nun ebenfalls zweifarbig, wobei die Farben weich ineinander übergehen. So kannst du etwa bei einem Ast die Licht- und Schattenseite gleichzeitig malen.

Verwende Farben, die nicht so zu flüssig sind, sonst funktioniert das Ganze nicht so gut.

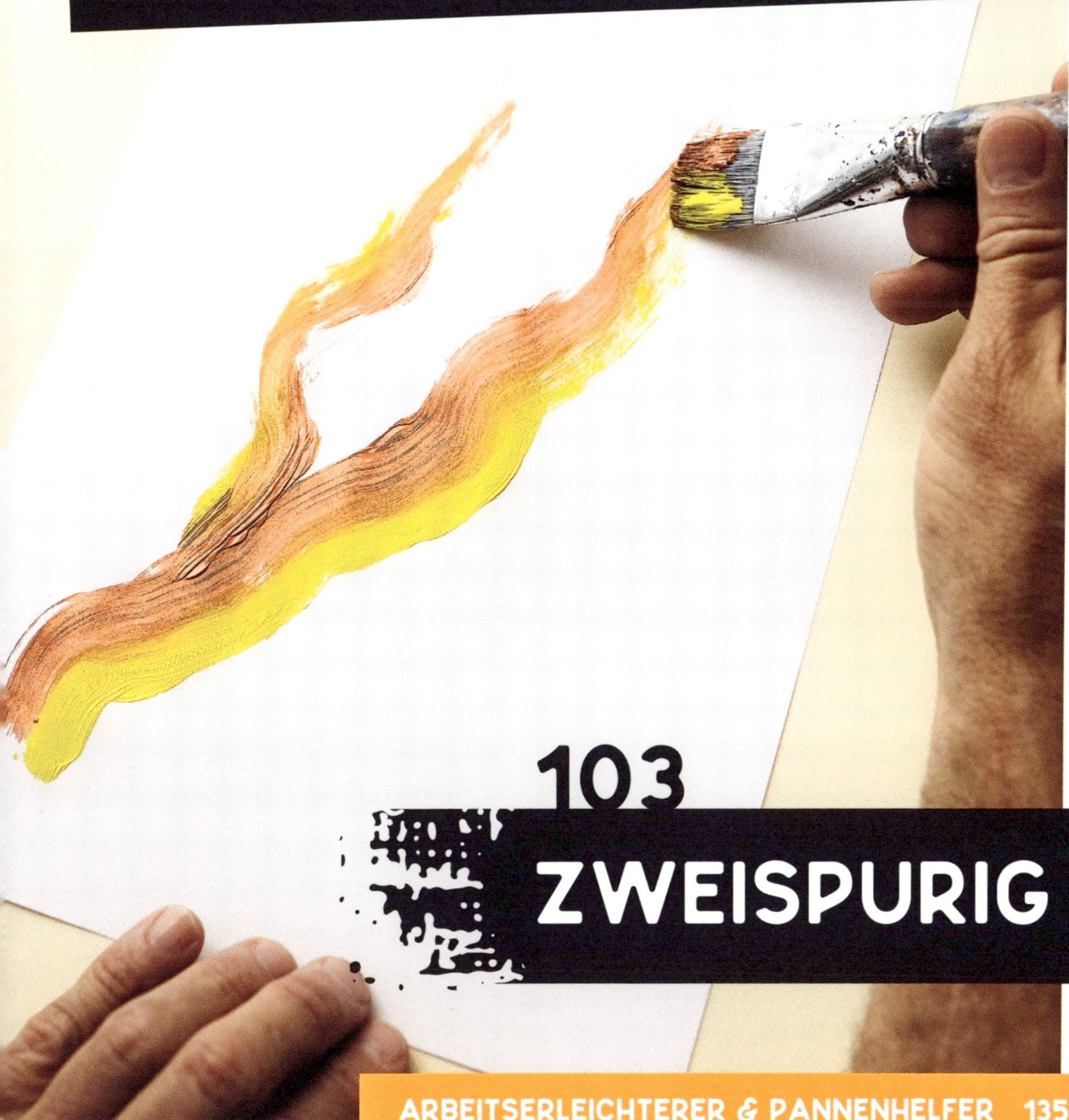

103 ZWEISPURIG

NOTIZEN

AHA!

Schwämme und Walzen erleichtern die Arbeit auf großen Bildformaten. Endlich bekomme ich gleichmäßige Flächen hin. Und wenn man schnell ist, hilft oft auch das Abwaschen unter der Dusche. Auf nassem Grund verläuft die Farbe dann sehr gleichmäßig.

Techniken + Effekte

104

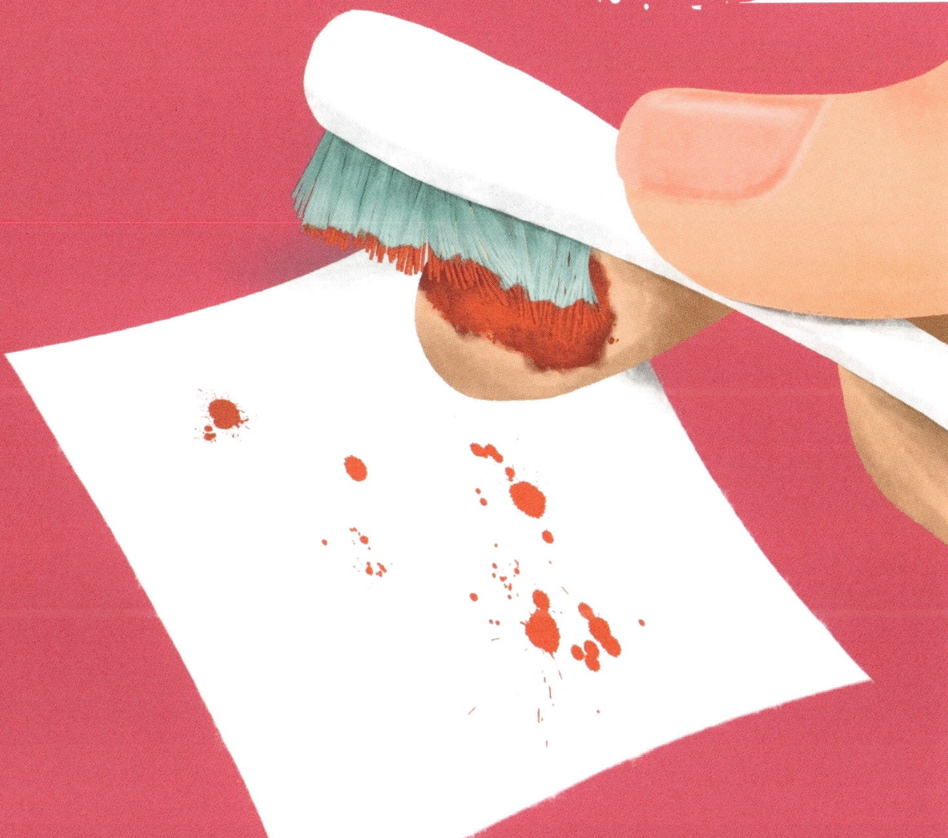

Für schöne Sprenkel kannst du einer ausgedienten Zahnbürste zu einem neuen Job verhelfen. Nimm einfach etwas Farbe auf die Borsten und streiche mit dem Finger darüber. Denke unbedingt daran, die Umgebung mit Zeitung abzudecken.

Alternativ kannst du auch zwei Borstenpinsel verwenden. Gib etwas Farbe auf den einen und schlage mit dem Stiel des anderen leicht darauf, sodass Spritzer entstehen.

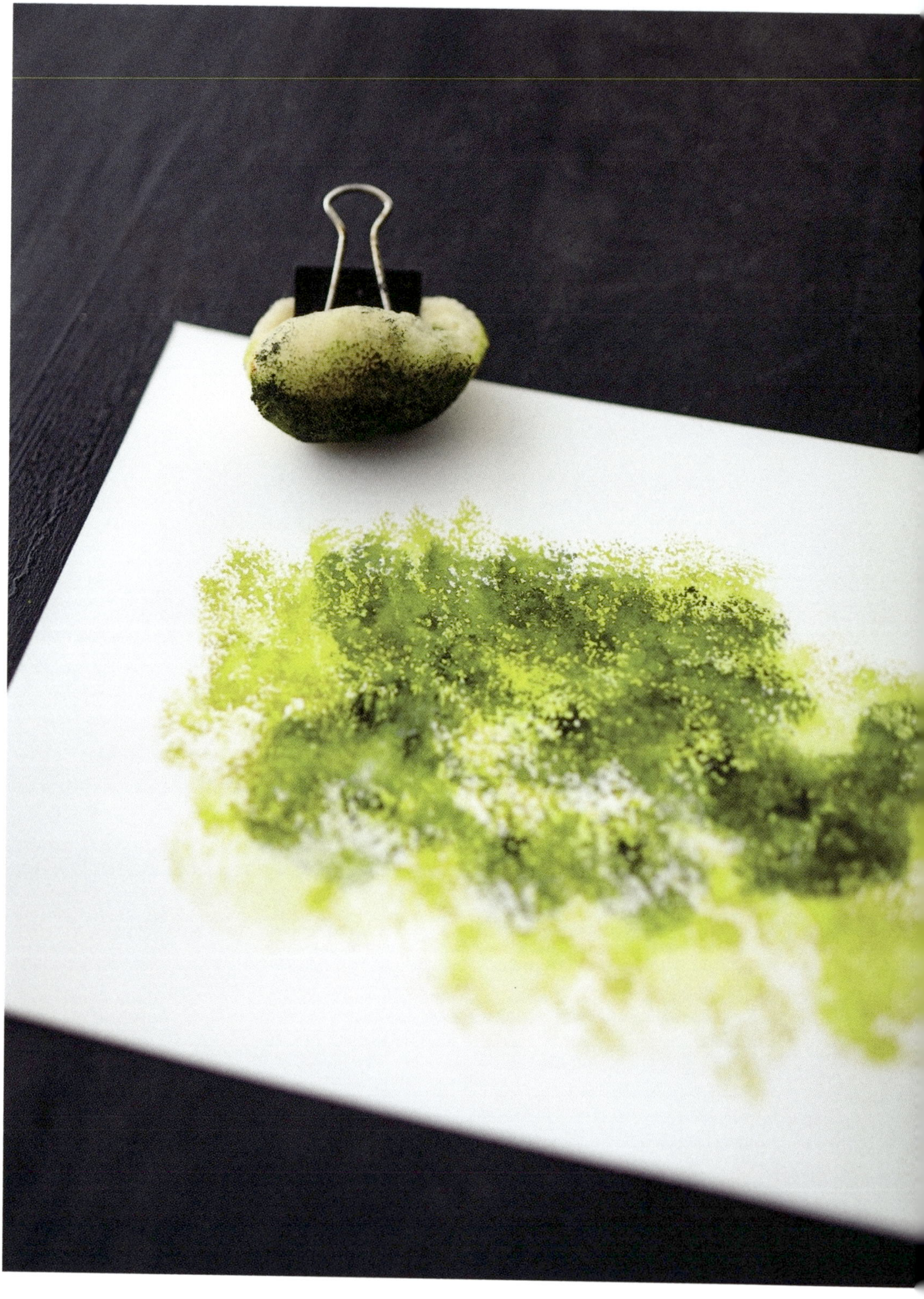

Bei manchen Techniken mühst du dich ab, weil dir der Trick dahinter nicht bekannt ist. Einige lernst du in diesem Kapitel kennen. Altbekanntes trifft auf neue, ungewöhnliche Methoden und bringt dich in deiner künstlerischen Entwicklung weiter. Oft lässt erst ein bestimmtes Werkzeug ein Bild interessant aussehen. Vieles, was in Haus und Keller vorhanden ist, kannst du einsetzen, Experimentierfreude vorausgesetzt. Schnapp dir Folie, Spiritus, Salz oder Schaumstoffrollen und los geht's!

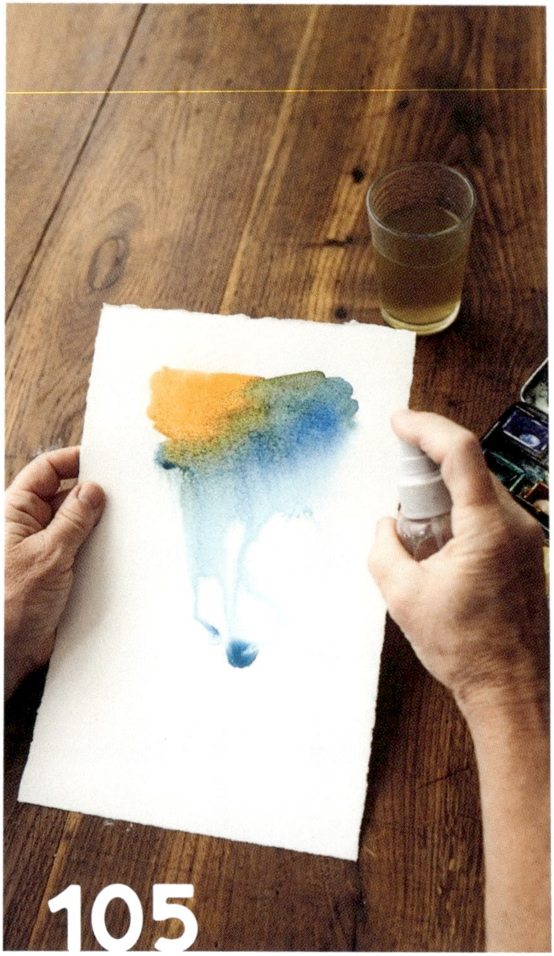

105

VERLAUF DICH MAL – AUF PAPIER

Für schöne Verlaufseffekte bei Watercolor oder Aquarellmalerei leisten leere Kosmetiksprühfläschchen gute Dienste. Fülle sie mit Wasser und sprühe sie auf das bemalte Papier.

Kleine, leere Sprühflaschen gibt es auch für die Reise zu kaufen.

106

VERLAUF DICH MAL – AUF LEINWAND

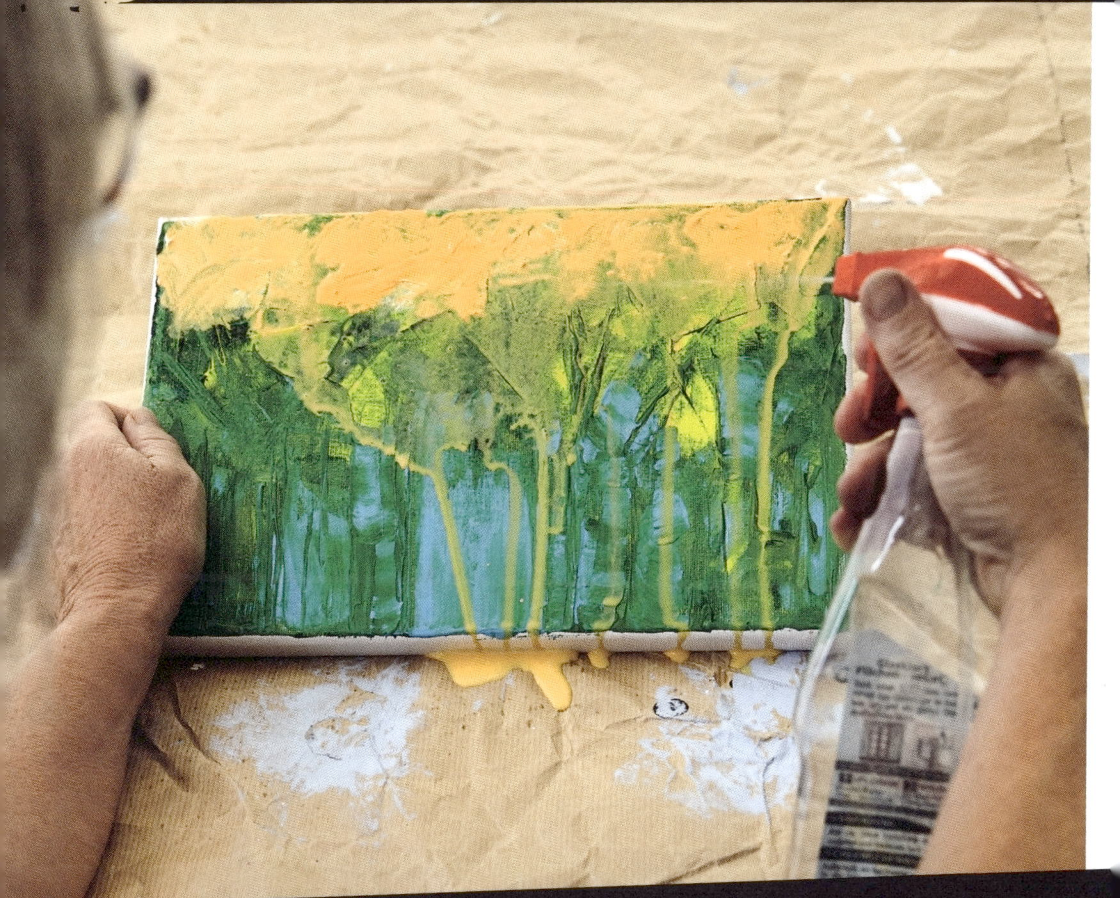

Die Sprühtechnik funktioniert auch beim großflächigen Malen mit Acrylfarbe. Du brauchst hier nur etwas kräftigere Sprühstöße.

Verwende leere Sprühflaschen von Putzmitteln oder Haushaltsreinigern.

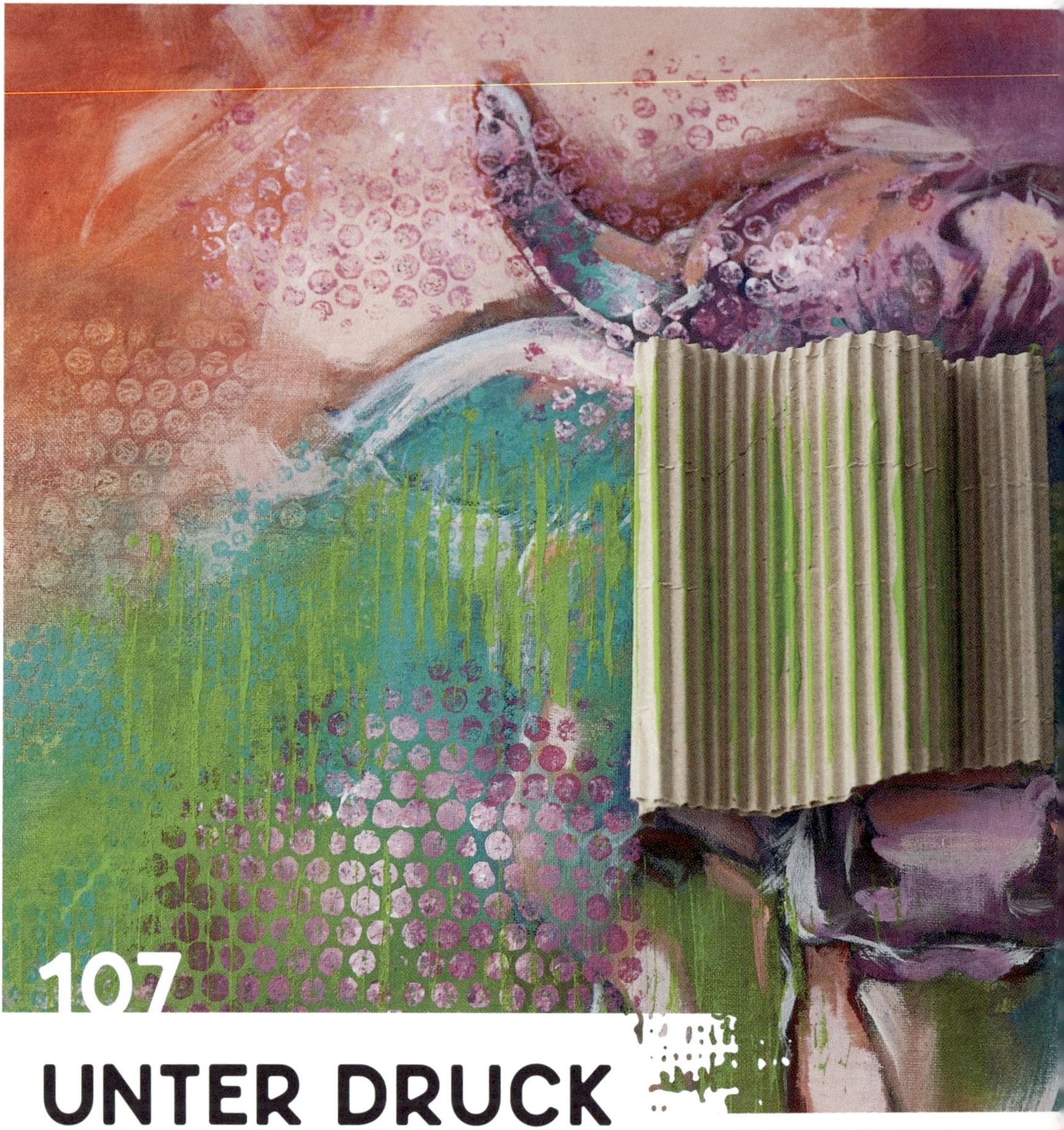

107

UNTER DRUCK

Gedruckte Elemente machen dein Bild oft erst richtig spannend. Wenn du dich in deinem Zuhause auf die Suche nach geeigneten Druckmaterialien begibst, wirst du sicher schnell fündig.

Du benötigst: Haushaltsfolie, Noppenfolie, Spitze, Wellpappe, Wolle …

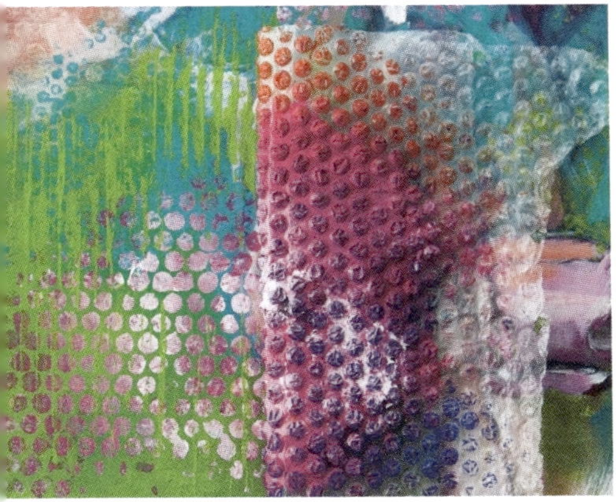

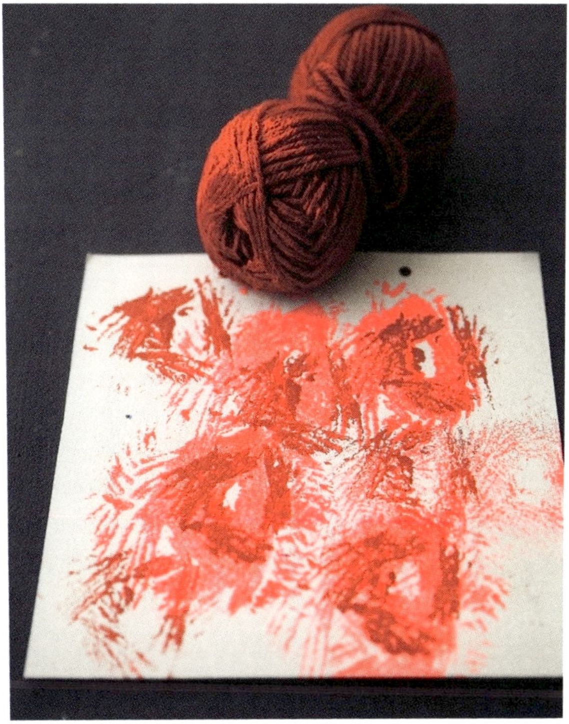

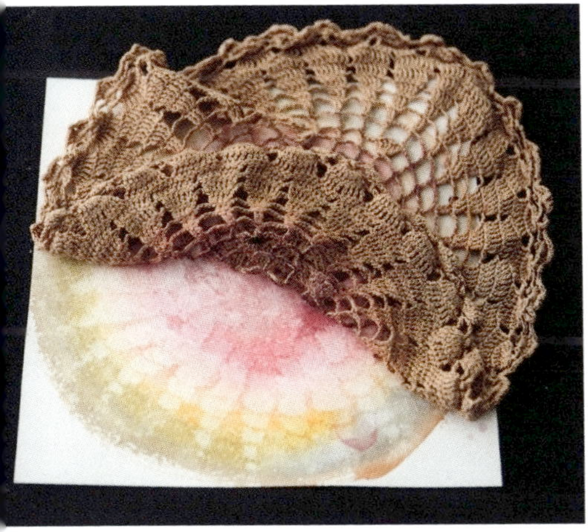

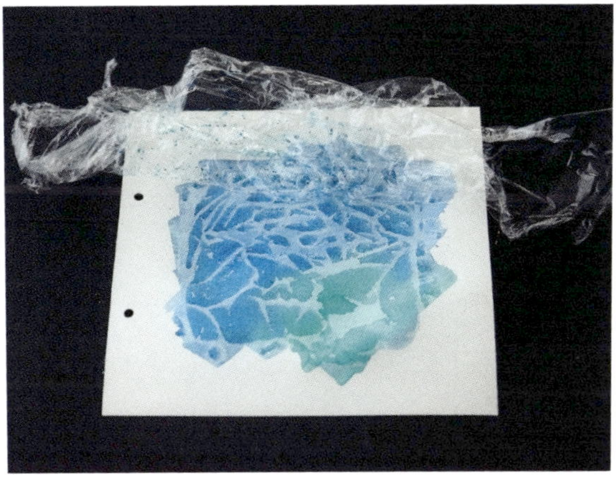

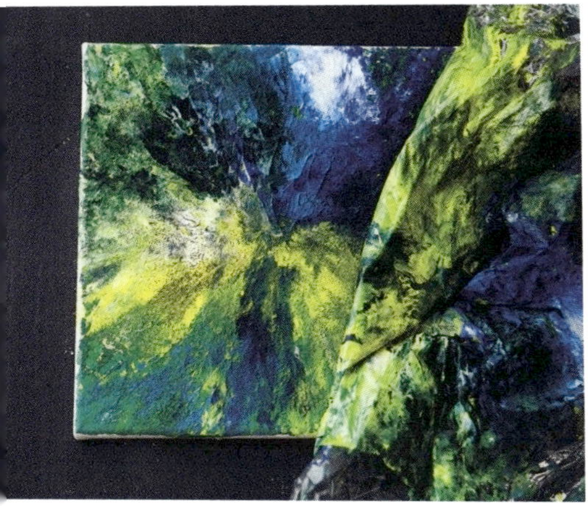

Variiere die Druckkraft. Manchmal ergibt sich erst durch das Beschweren der Druckstücke das optimale Ergebnis.

Streue grobes Salz auf dein Aquarellbild, solange es noch nass ist. Das Salz saugt die Farbe auf und nach dem Trocknen sind zarte, weiße Stellen entstanden. Schüttle das Salz zum Schluss ab.

Mit der Salztechnik kannst du prima Schneeflocken oder Sterne darstellen.

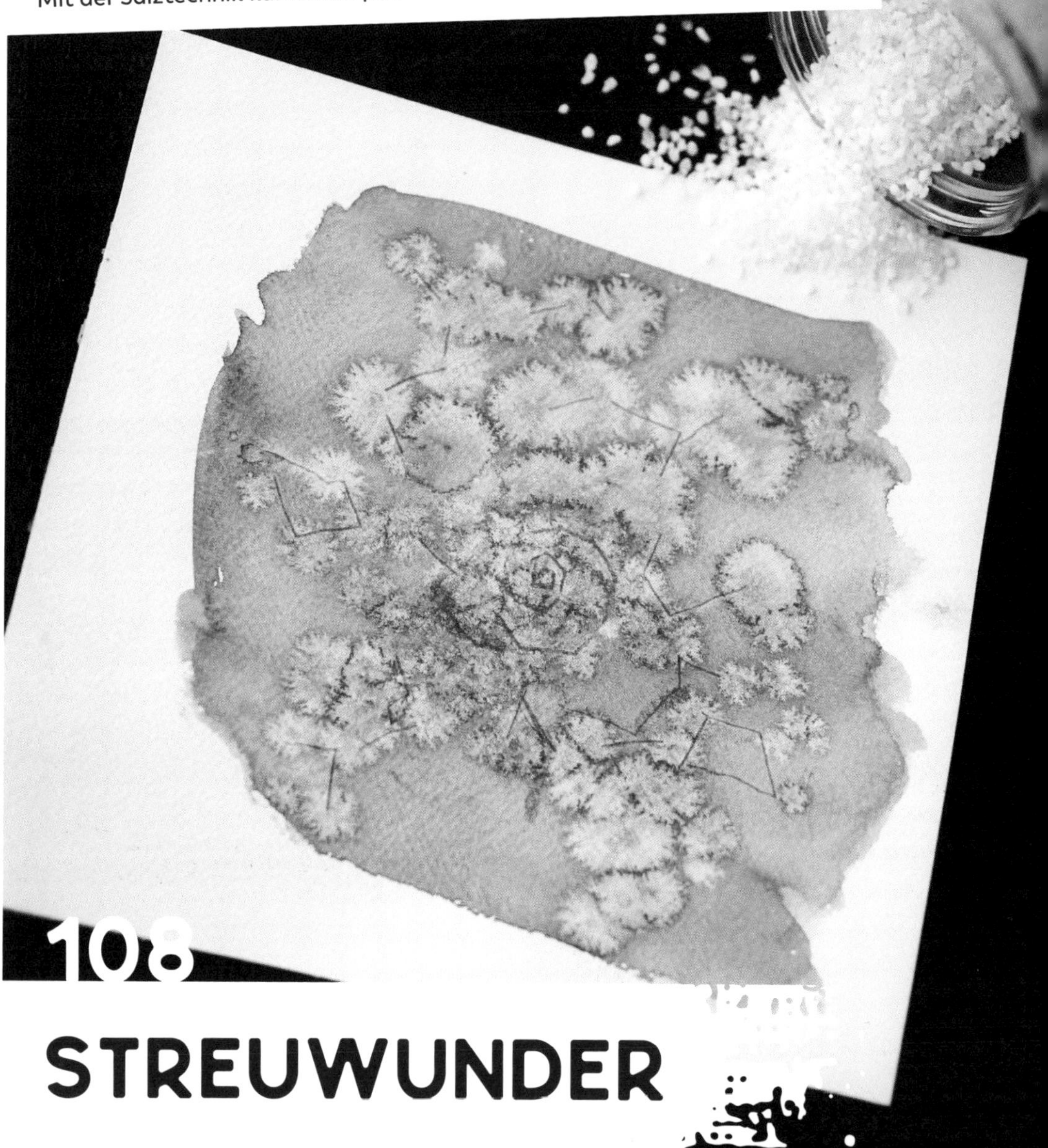

108

STREUWUNDER

109 IST DAS KUNST ODER KANN DAS WEG?

Falls du beim Malen und Zeichnen ein Schmierblatt für schnelle Notizen oder fürs Pinselabstreifen neben dich legst, dann nimm das Blatt doch mal unter die Lupe. Mit den oft zufälligen und gerade deshalb spannenden Kompositionen darauf kannst du bewusst weiterarbeiten und Kunstwerke mit deinem eigenem Stil kreieren.

Schau deine Notizzettel und Malunterlagen vor dem Wegwerfen nochmal genau an.

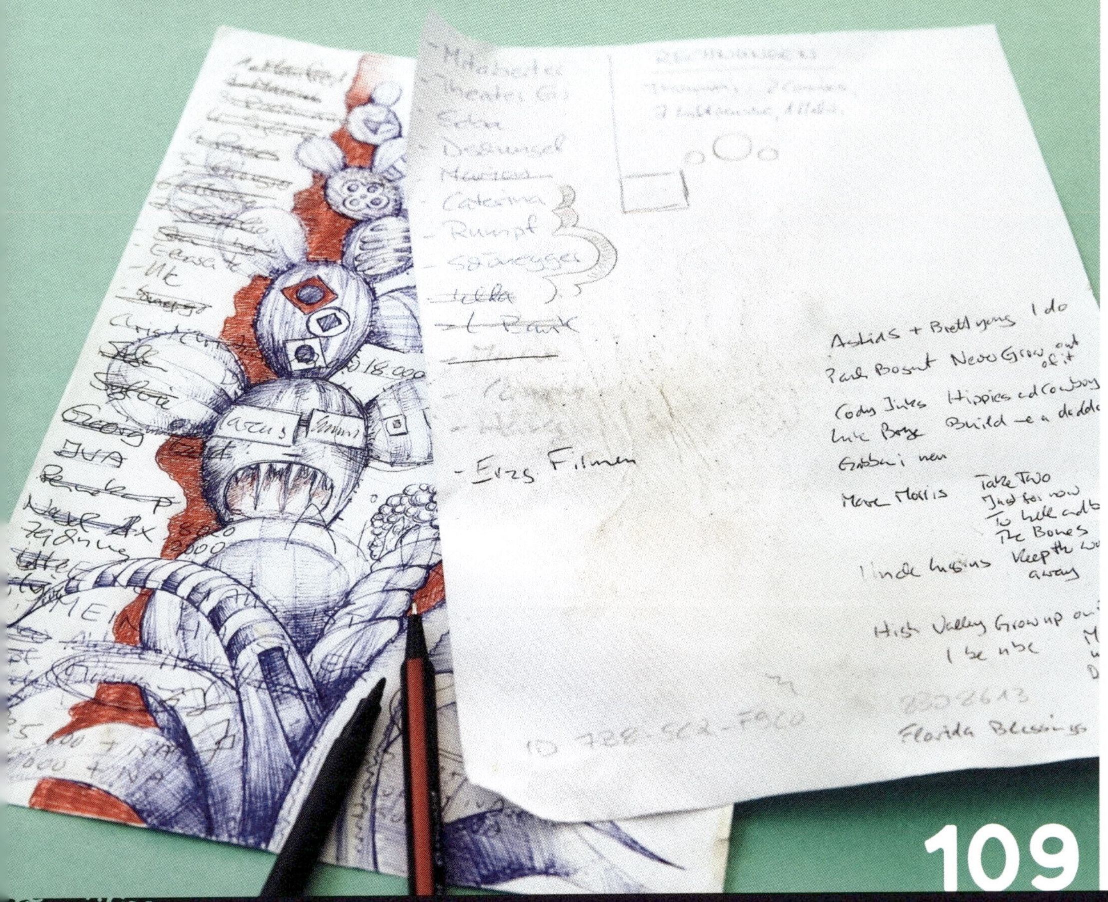

110
ÜBERRASCHUNG

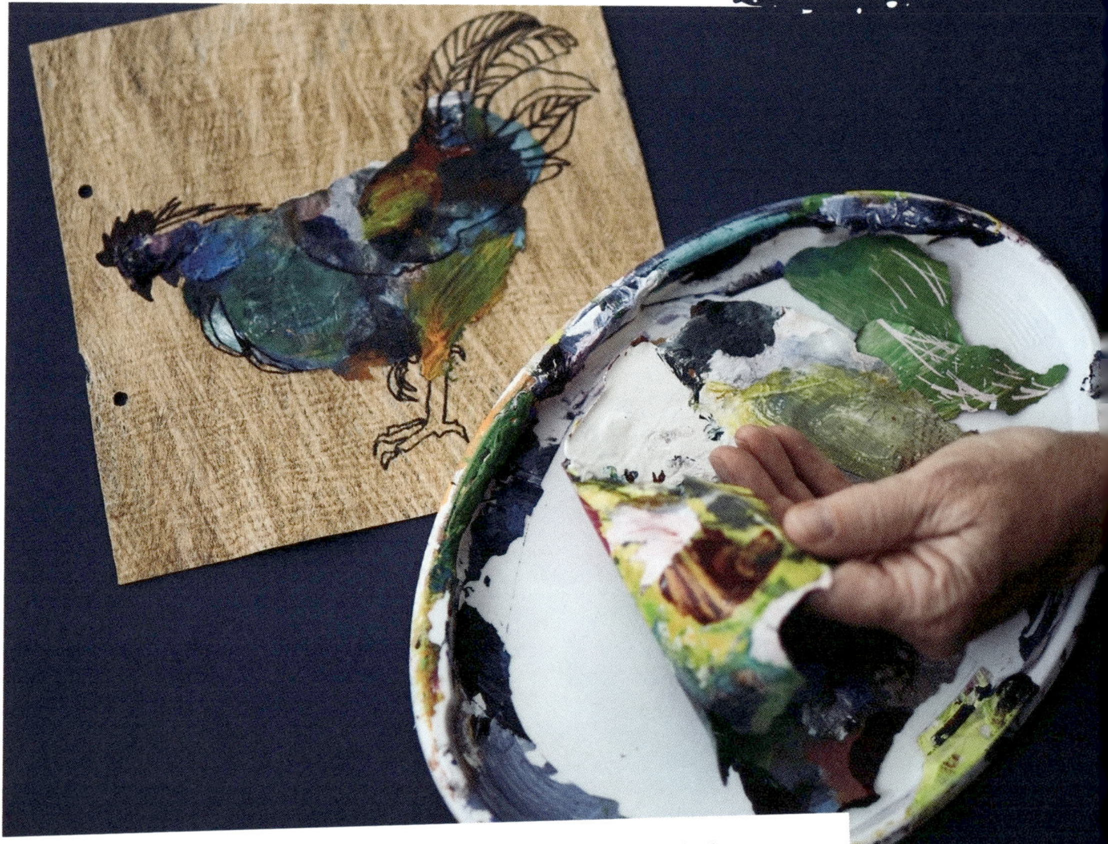

Getrocknete Acrylfarbschichten kannst du meist leicht wieder von deiner Kunststoff-Palette abziehen. Diese oft überraschenden Farbmusterreste lassen sich als Collageelemente in Bilder einarbeiten. Das funktioniert sowohl auf dickerem Papier als auch auf Leinwand.

Nach dem Ablösen der Farbreste ist deine Palette wieder einsatzbereit.

Endlich sind auch Wolken kein Problem mehr: Schneide dir eine Schablone in Form einer Wolke zurecht. Damit kannst du Teile des Himmels abdecken. Wische anschließend mit einem feuchten Schwämmchen die Farbe wieder heraus.

Für kleine Wolkenstrukturen kannst du auch ein Wattestäbchen zum Herauslösen der Farbe verwenden.

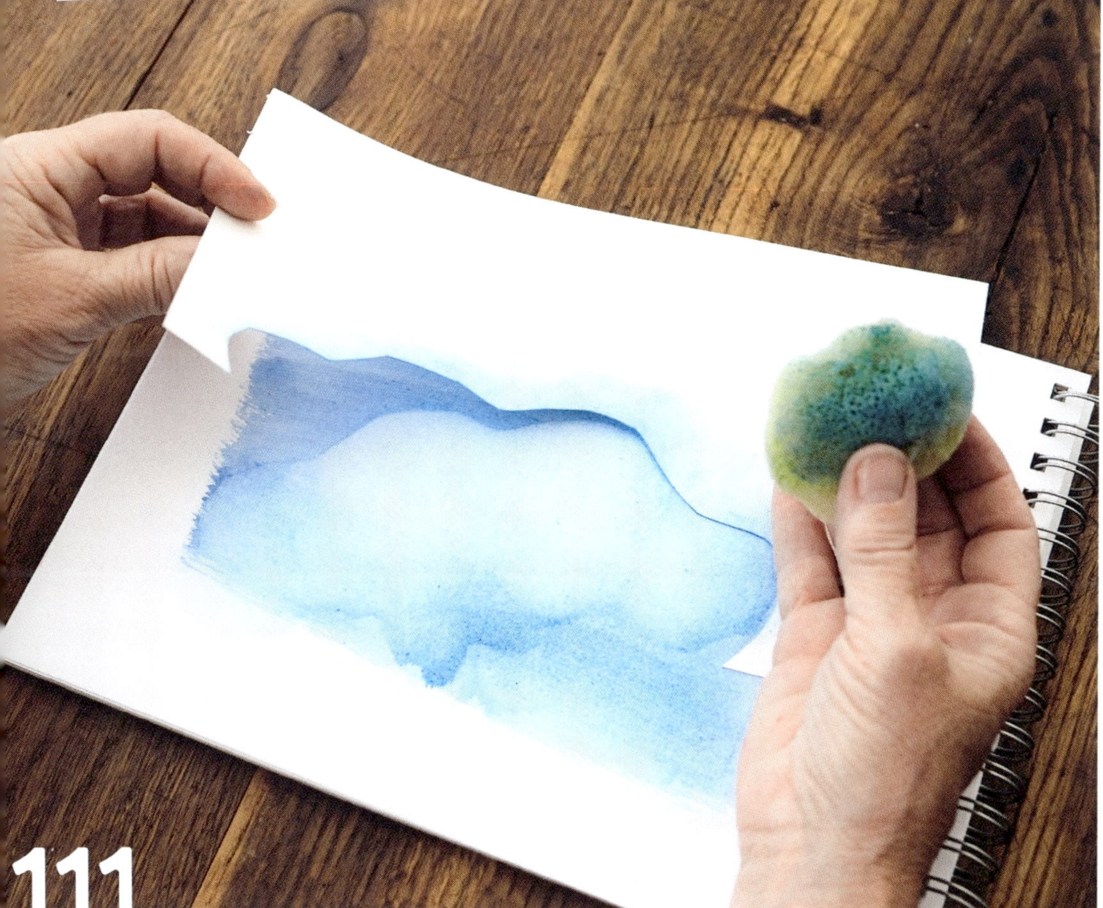

111

HEITER BIS WOLKIG

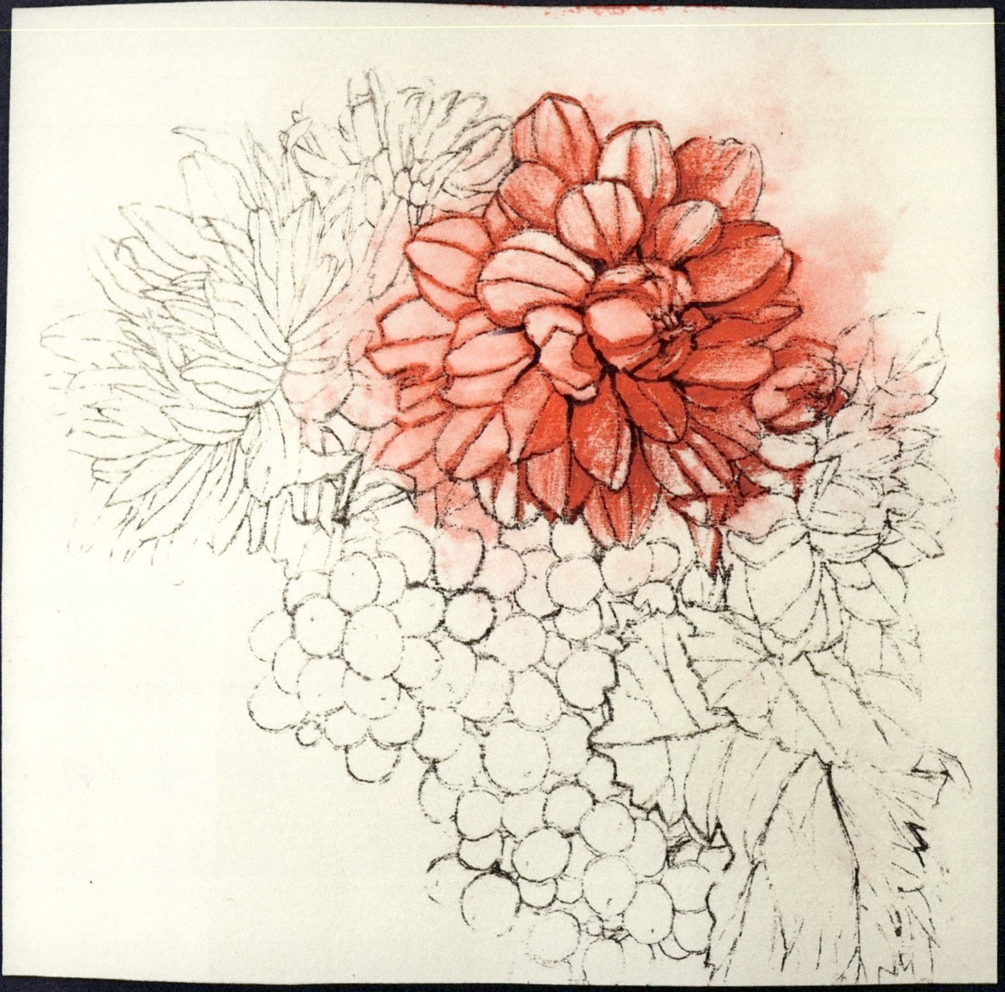

112 DUFT-DRUCK

Möchtest du Kopien schöner Motive beispielsweise auf Aquarellpapier übertragen, hilft die Lavendelöl-Technik.

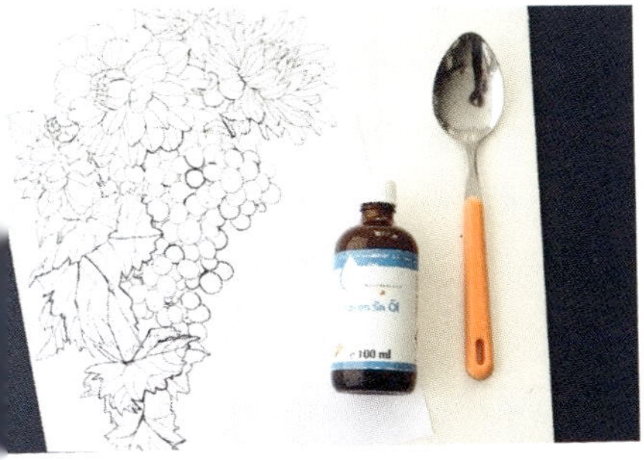

1 Du benötigst: Laserdruckkopie, Löffel, Lavendelöl, Baumwollläppchen, Aquarellpapier

Auch günstiges Lavandinöl eignet sich für diese Technik. Ein glatter, saugender Malgrund wie Holz oder Aquarellpapier ergibt die besten Ergebnisse.

Reibe die Rückseite der Kopie mit einem Baumwollläppchen und Lavendelöl ein. Lasse das Öl etwa zwei Minuten einwirken.

2

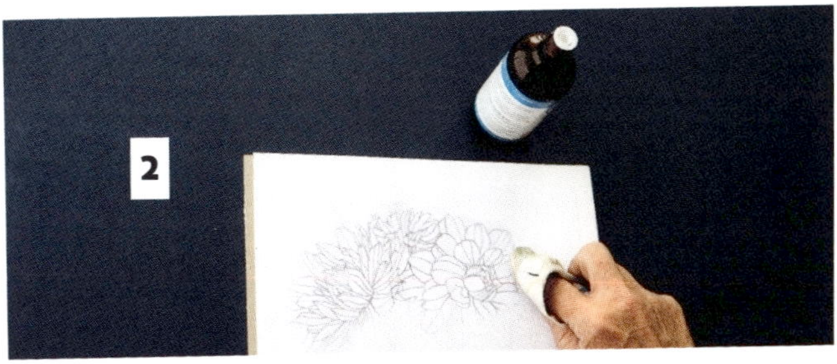

3

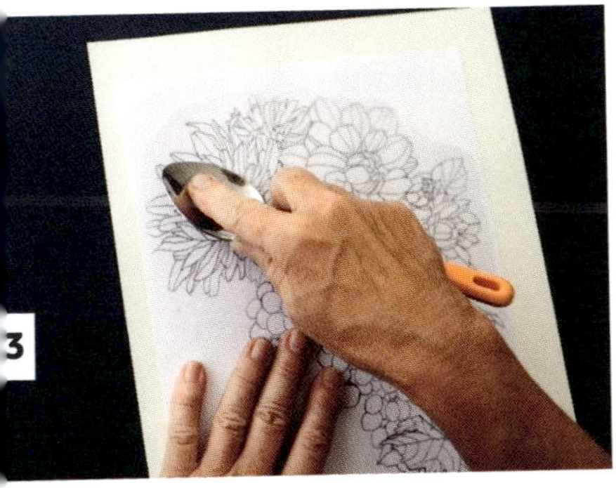

3 Übertrage die Kopie mit Hilfe eines Löffels in kreisenden Bewegungen auf dein Papier.

Verstärke mit der Löffelkante den Druck an schwachen Stellen.

4

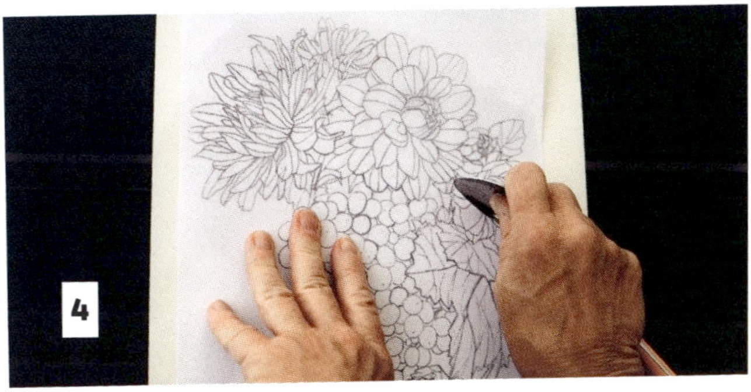

5

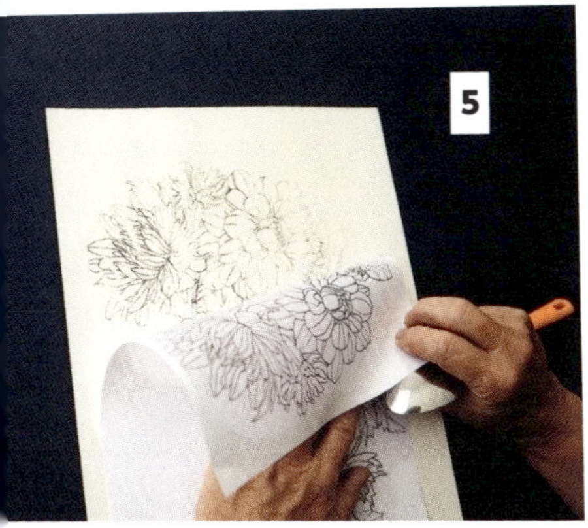

5 Begutachte zwischendurch immer wieder mal das Ergebnis.

6 Lasse alles etwa zwei Stunden trocknen. In dieser Zeit verdunstet das Öl. Anschließend kannst du dein Transfermotiv farbig gestalten.

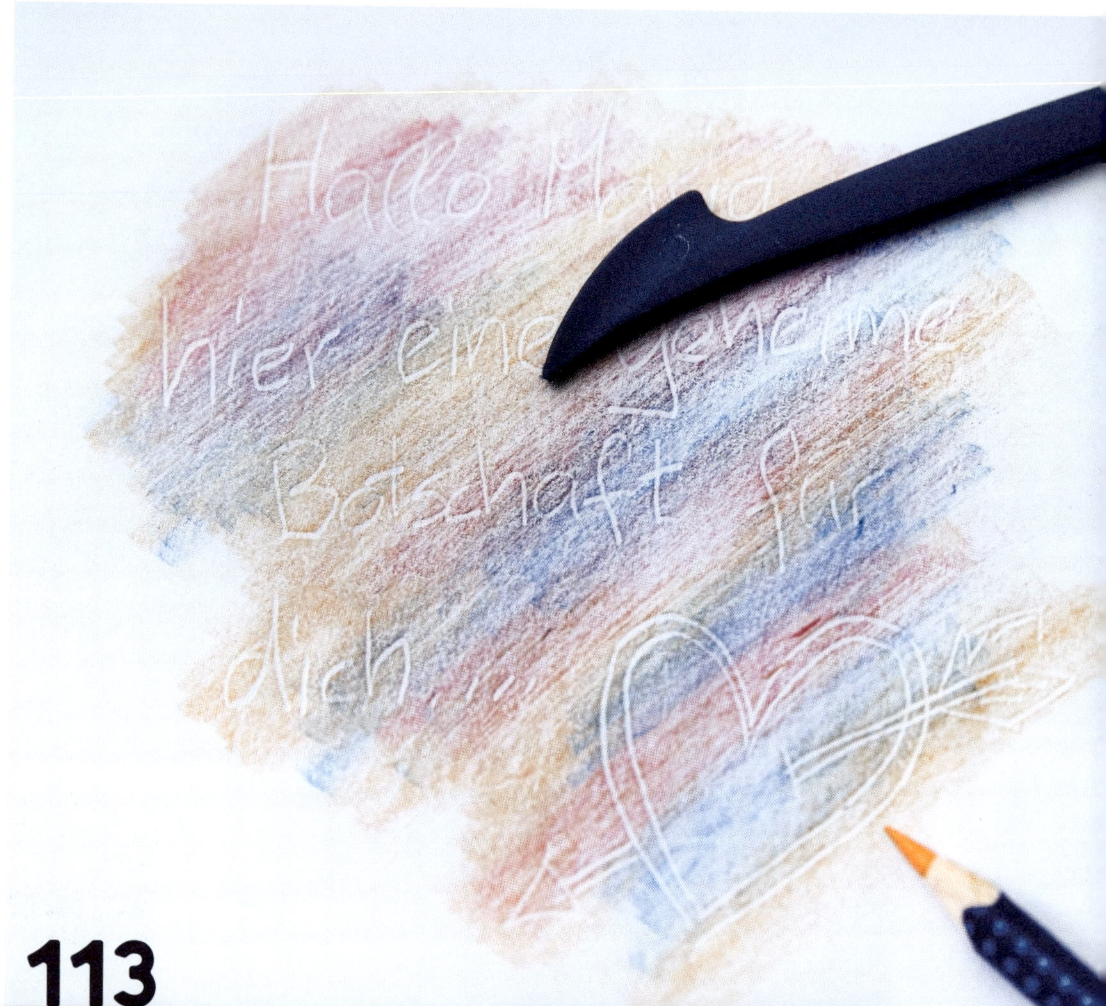

113 GEHEIMNISVOLLE GRAVUREN

Einfach, aber effektiv: Graviere mit einer Gabel, einem Schaschlikspieß oder einem Zahnstocher ein Motiv oder eine Schrift in Papier oder Karton. Schraffiere anschließend großflächig und flach mit Buntstiften darüber. Die Gravur tritt weiß aus den Farbflächen hervor.

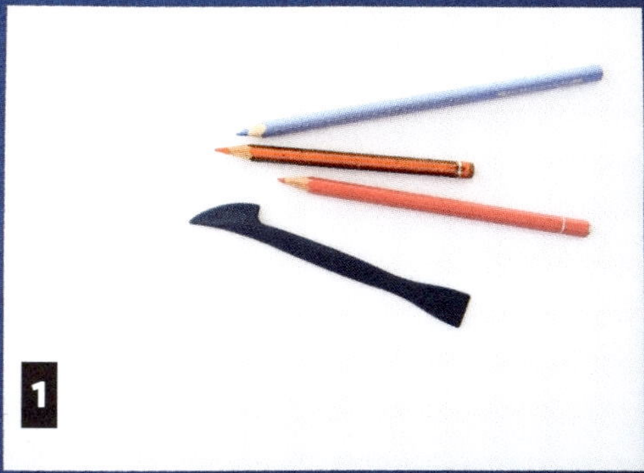

1 **Du benötigst: Schaschlikspieß oder Gegenstand mit leicht abgestumpfter Spitze, Buntstifte, Papier**

2 **Graviere dein Motiv auf ein weißes Papier.**

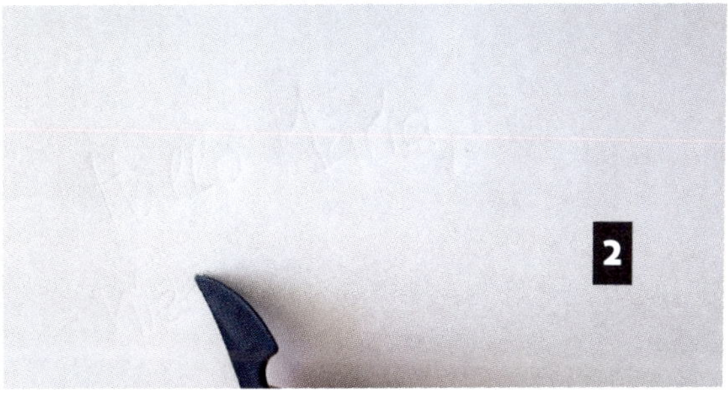

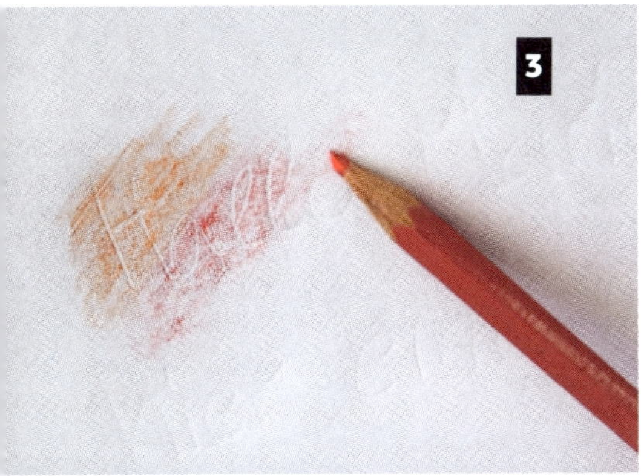

3 **Schraffiere dann mit einem Buntstift die Fläche. Halte den Stift ganz flach und übe nur wenig Druck aus.**

4 **Variiere die Farben so, wie sie farblich deinem Motiv entsprechen und schraffiere weiter, bis am Ende dein Motiv gut sichtbar wird.**

Verwende eher dickes Papier oder Karton, damit das Papier nicht gleich reißt.

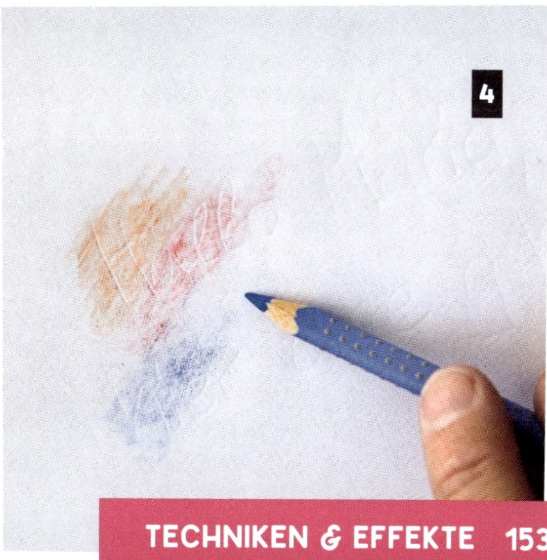

114

GROSSSPURIG

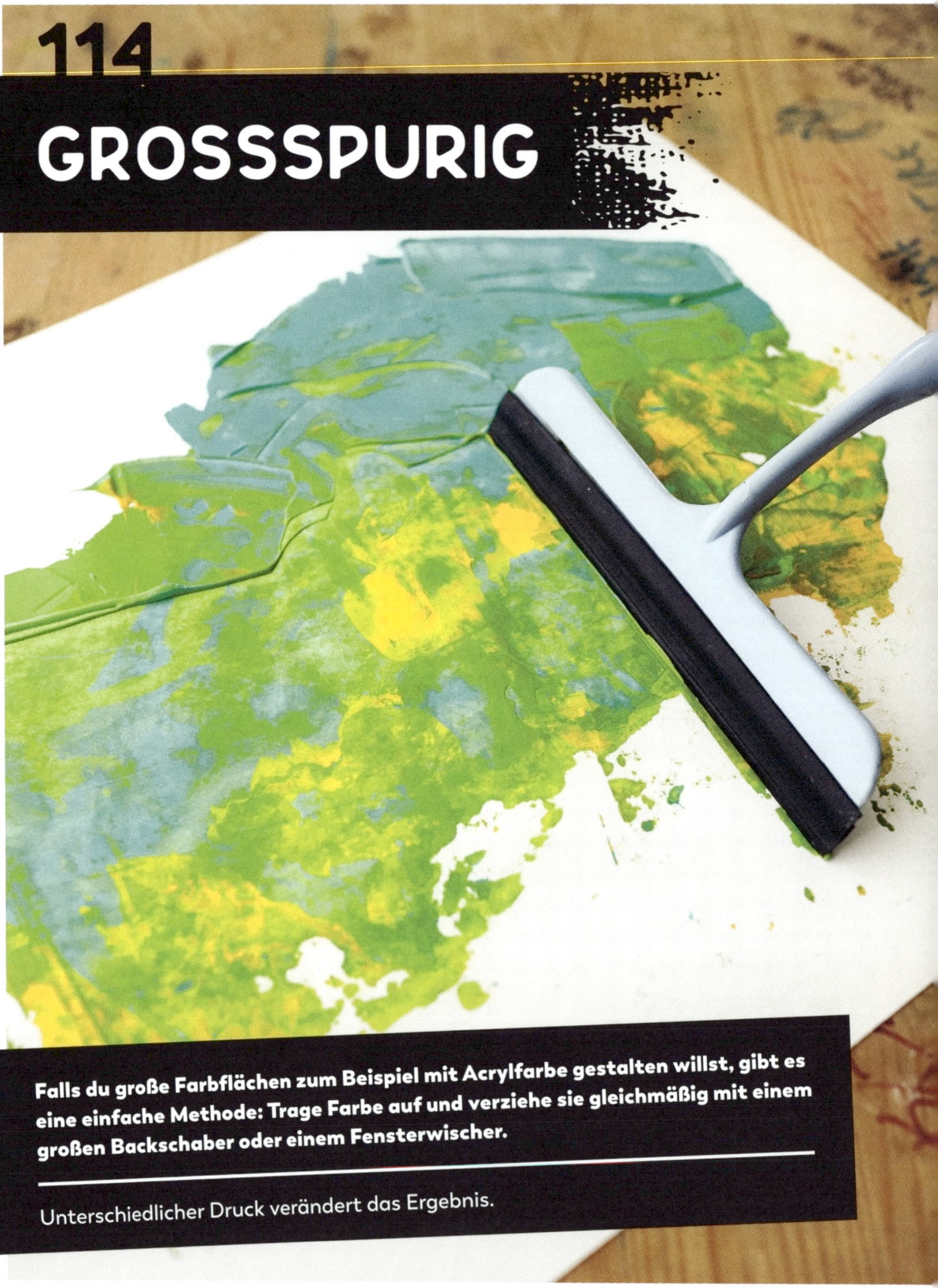

Falls du große Farbflächen zum Beispiel mit Acrylfarbe gestalten willst, gibt es eine einfache Methode: Trage Farbe auf und verziehe sie gleichmäßig mit einem großen Backschaber oder einem Fensterwischer.

Unterschiedlicher Druck verändert das Ergebnis.

So sieht ein Farbtropfen aus, der aus etwa 30 Zentimeter Entfernung auf das Papier fällt. Ein solcher Tropfen kann manchmal das i-Tüpfelchen sein. Sauge Aquarellfarbe mit der Pipette auf und lasse Tropfen auf dein Papier fallen.

Durch Pusten in den nassen Tropfen entstehen astartige Strukturen.

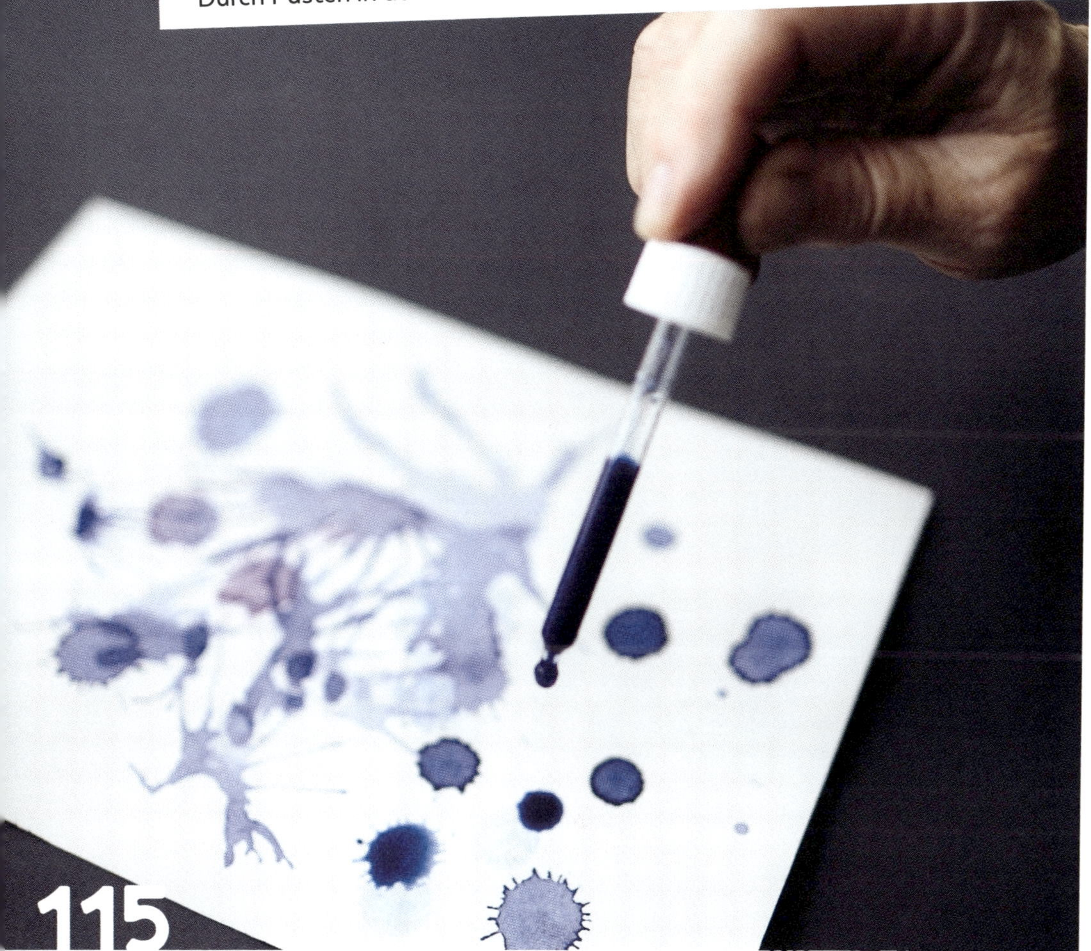

115

TOLLE TROPFEN

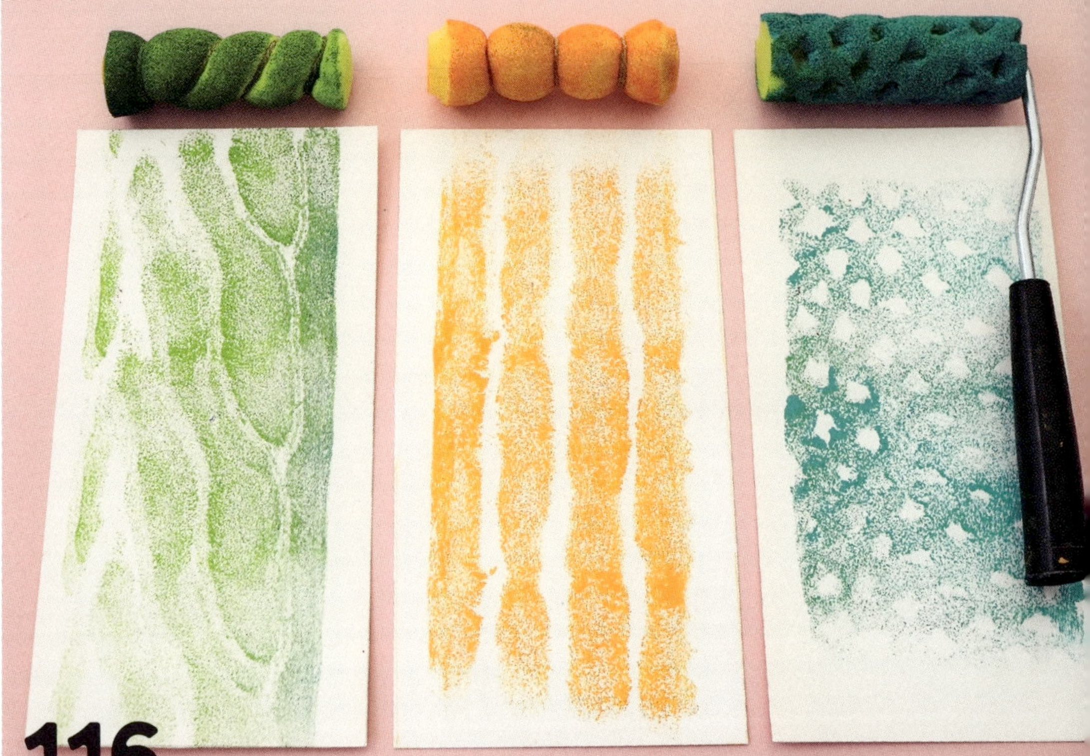

116 MUSTERGÜLTIG

Mit Schaumstoffwalzen kannst du ganz einfach endlose Muster entstehen lassen. Umwickle die Walzen in ungleichen Abständen und auf unterschiedliche Weise mit Schnüren oder schneide Vertiefungen hinein. Gib Farbe auf einen Plastikdeckel und rolle die Walze so lange hin und her, bis sie genug Farbe aufgenommen hat.

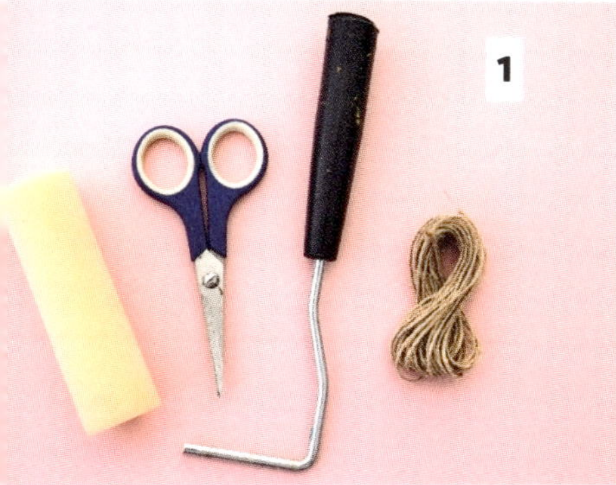

1 Du benötigst: Schnur, Walze mit Schaumstoffrolle(n), Acrylfarbe, Farbeimerdeckel, Schere

2 Erste Schaumstoffrolle mit Schnur umwickeln

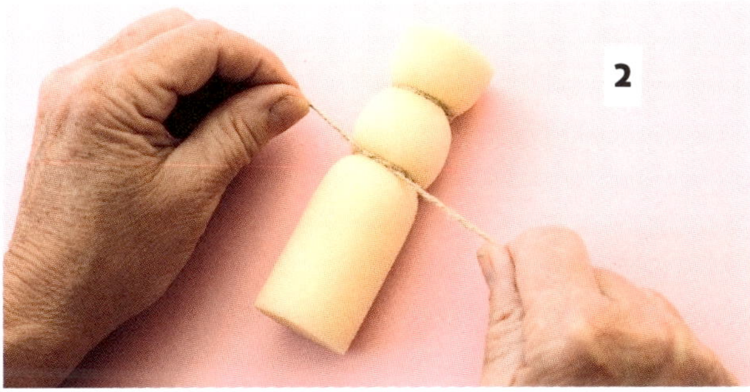

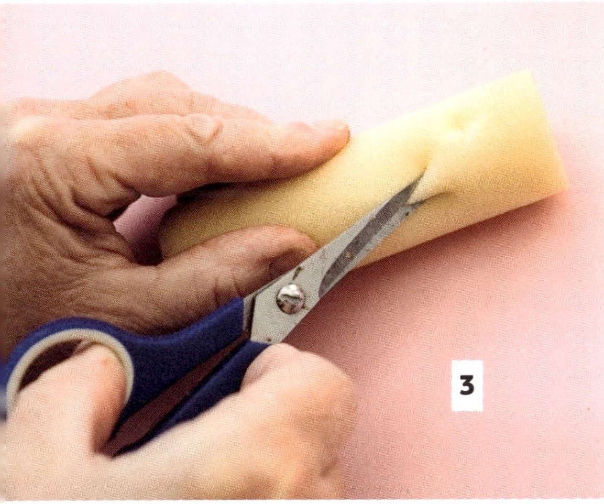

3 In die zweite Schaumstoffrolle beliebig Löcher hineinschneiden

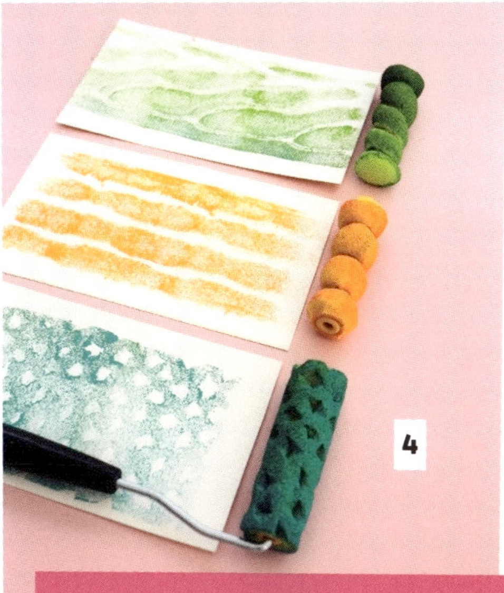

4 In Farbe tauchen, abrollen, fertig!

Probiere auch einmal große Malerwalzen aus, sie eignen sich ebenfalls, um Muster entstehen zu lassen.

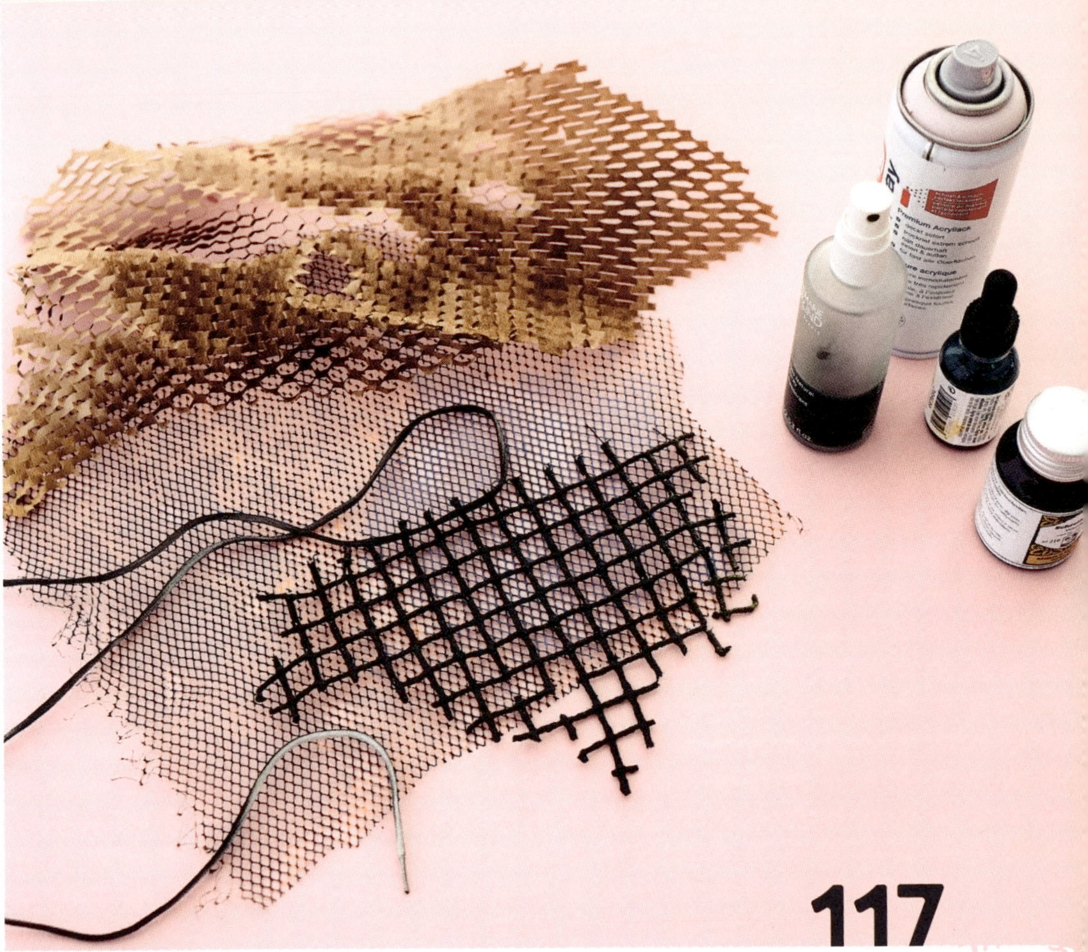

117

FLOTT AUFGESPRÜHT

Effektvolle Muster für Hintergründe oder auch als Hingucker kannst du dir mit selbstgemachten oder fertigen Musterschablonen und Sprühfarben kreieren. Auch Gitterelemente wirken super und du kannst zudem die Muster kombinieren.

Du benötigst: Gitter, Schablonen, Schnürsenkel, Acryllack, Sprühflasche mit Wasser-Tusche-Mischung

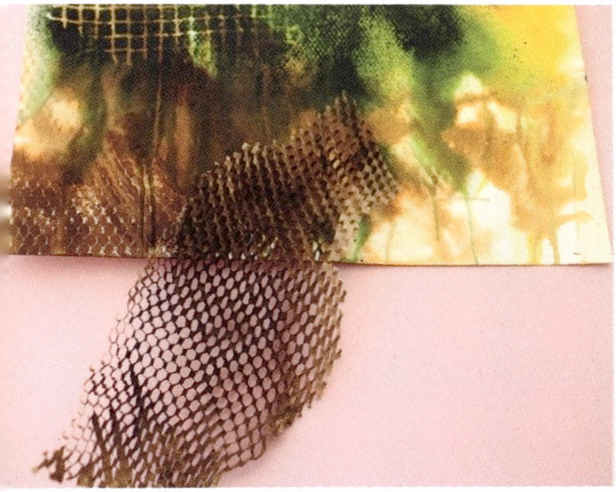

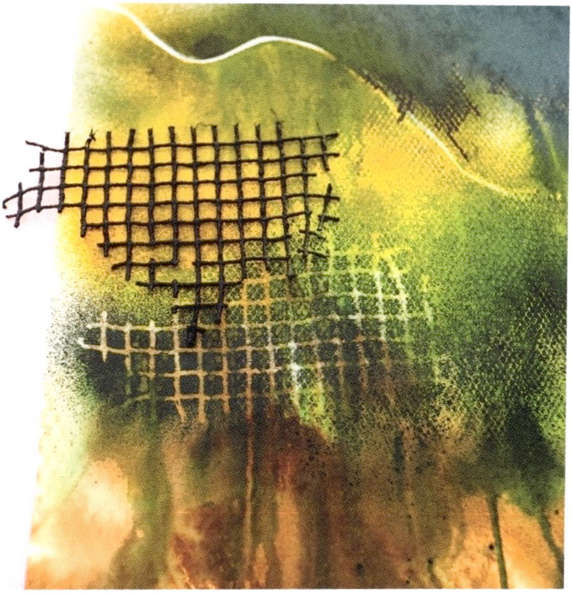

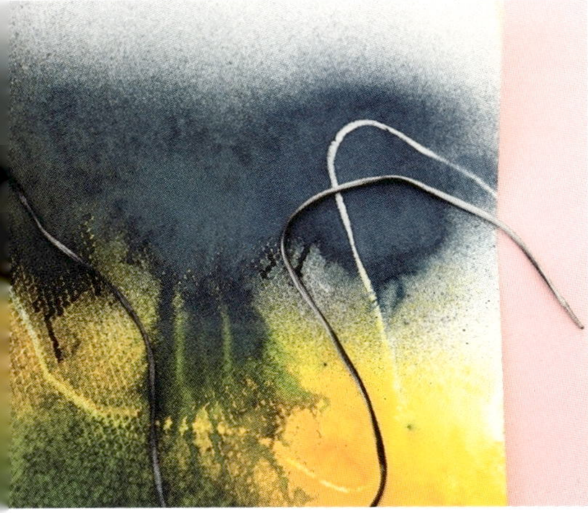

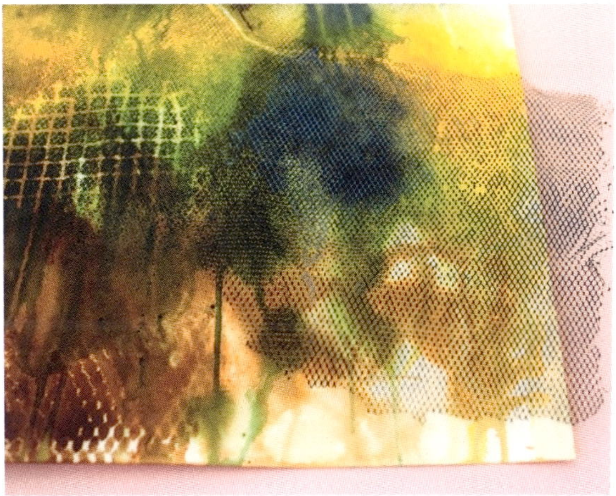

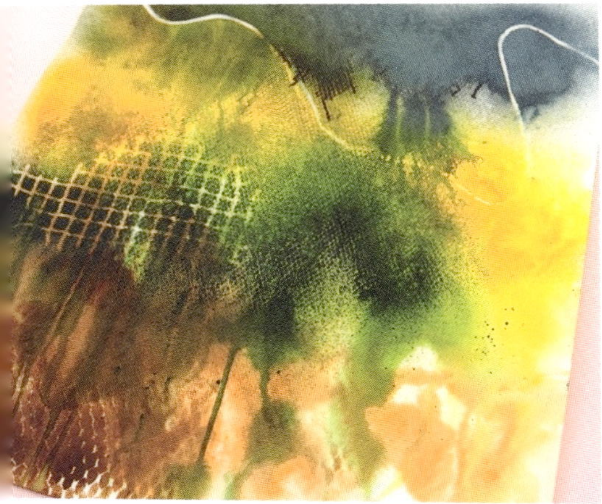

Am besten eignet sich Acryllack aus der Dose. Du kannst auch Autolack verwenden. Oder du füllst Tinte in ein kleines Sprühfläschchen und erzeugst auf diese Weise Muster.

Verwandle Reste, die bei der Pouring-Techniken übrigbleiben, in glänzende Bilder. Lege feine Linien übereinander und tropfe die Farbreste auf. Verwende am besten eine Plastiktüte, in die du an einer Ecke ein kleines Loch geschnitten hast.

Vermische die Restfarben nochmals mit Pouring Medium, damit sie gut fließen.

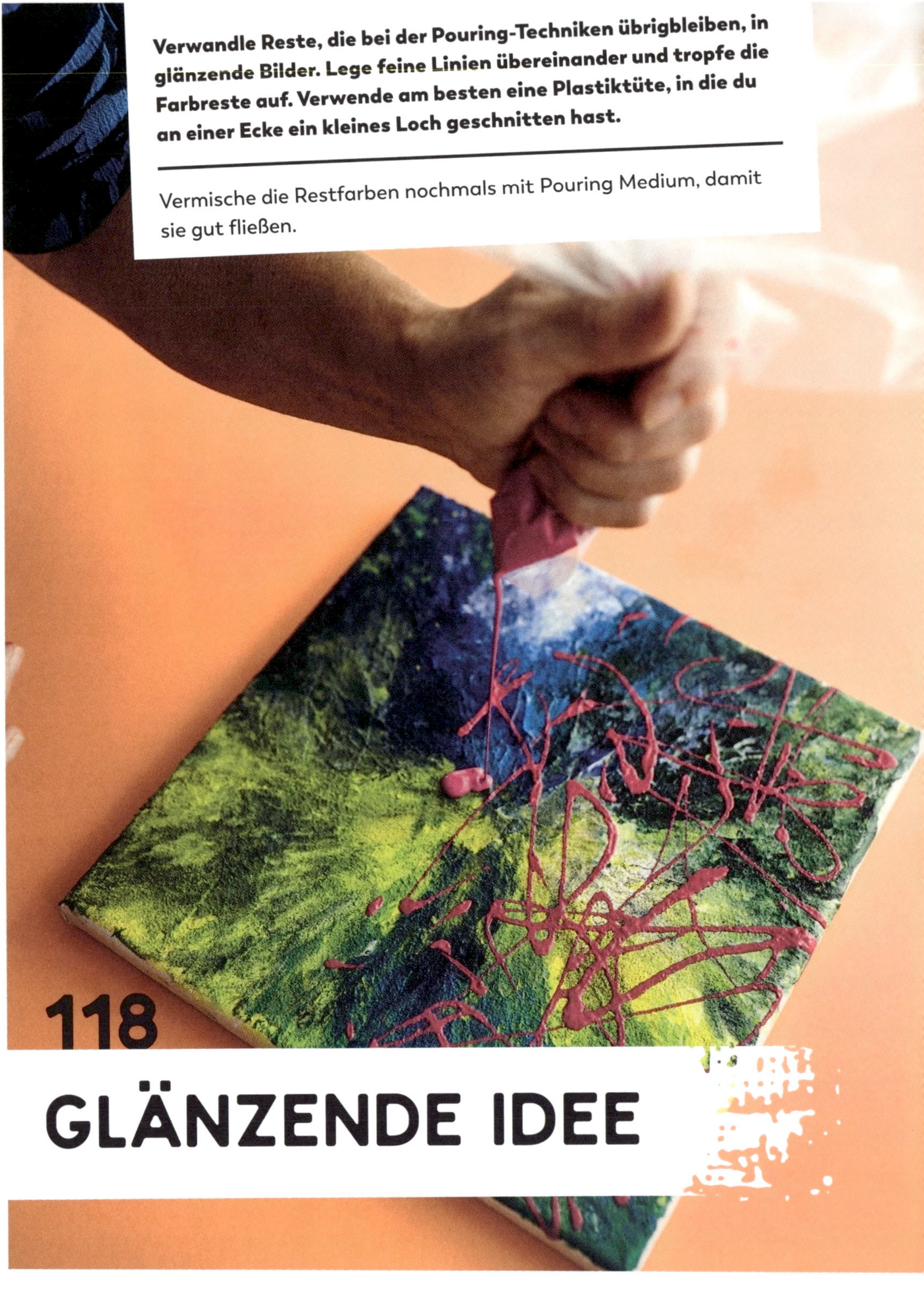

118

GLÄNZENDE IDEE

Bei wässrigen Techniken wie Aquarell, Acryl oder Gouache kannst du mit Spiritus experimentieren. Tropfe etwas Spiritus mit der Pipette in die noch nicht getrocknete Farbe – das ergibt interessante helle Stellen im Bild.

Wie du Spiritus für Zauberschriften einsetzen kannst, erfährst du in Hack 156.

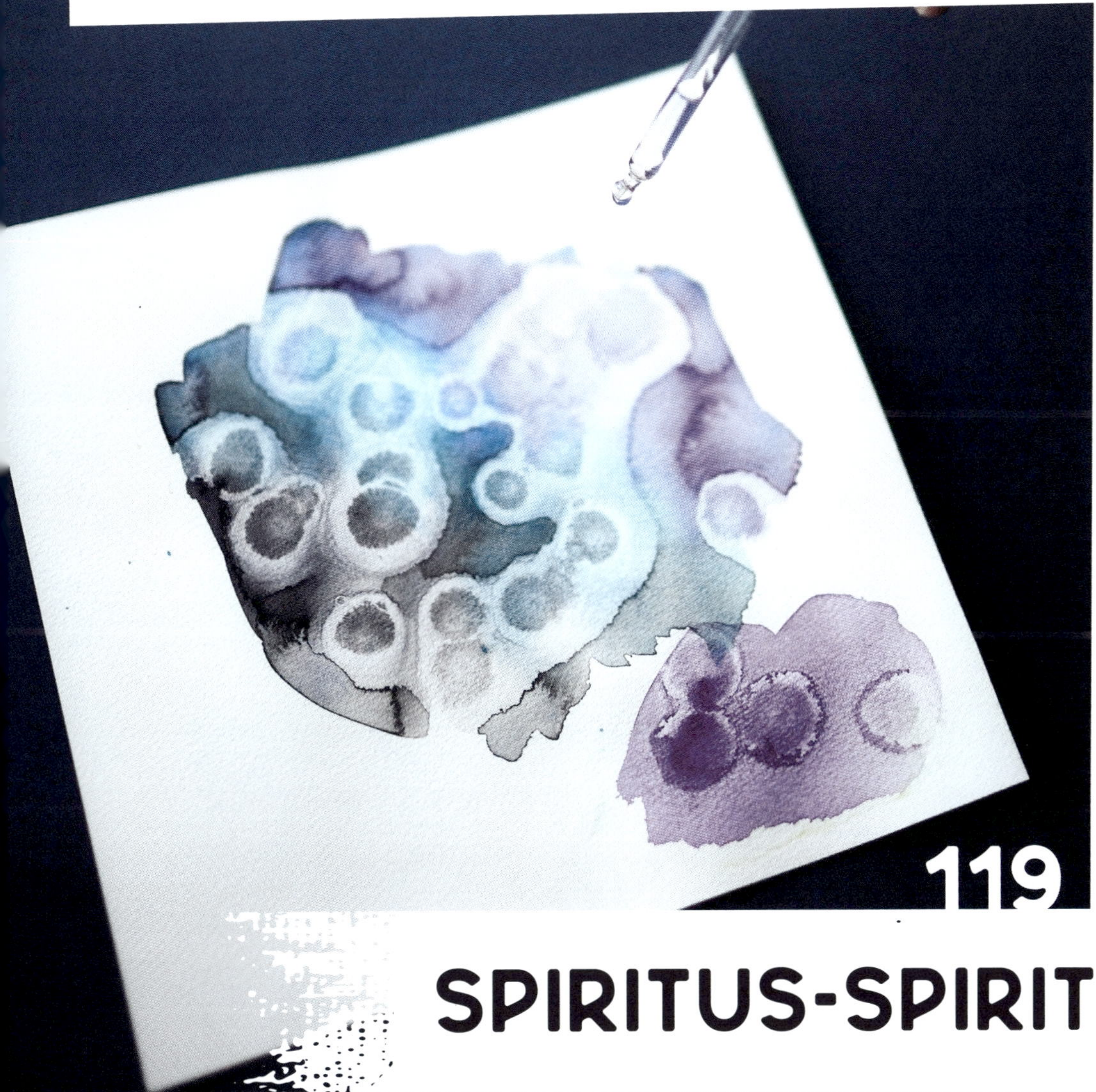

119

SPIRITUS-SPIRIT

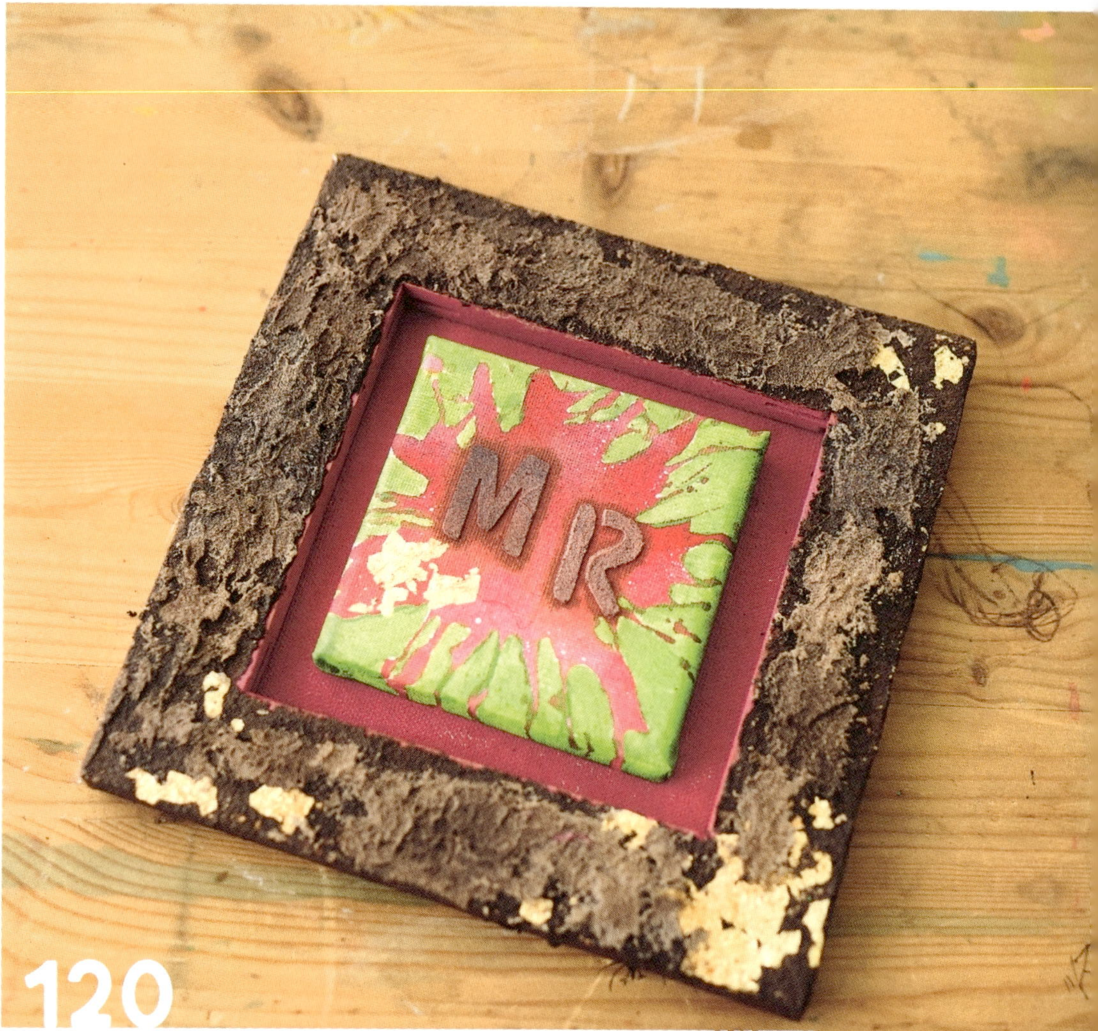

120

ALTER RAHMEN, NEUES GLÜCK

Gib einem alten, ausrangierte Keilrahmen eine zweite Chance, indem du seiner Rückseite neues Leben einhauchst. Spachtelmasse und Schlagmetall pimpen ihn mächtig auf.

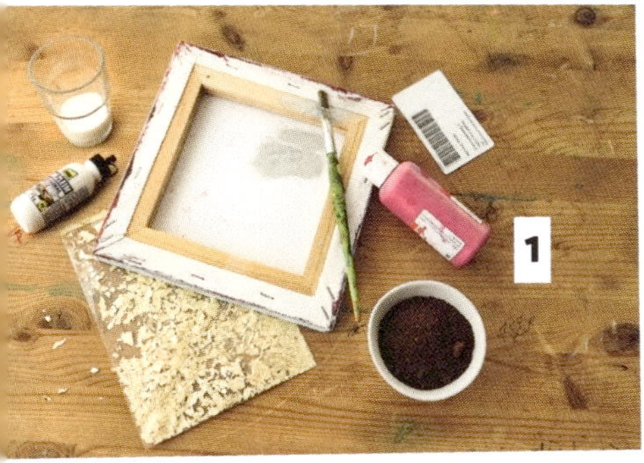

1 **Du benötigst: alten Keilrahmen, Acrylfarbe, Strukturpaste, Kaffeesatz, Spachtel, Pinsel, Blattgold, Acrylbinder**

2 **Bemale deinen Keilrahmen auf der Rückseite mit Acrylfarbe.**

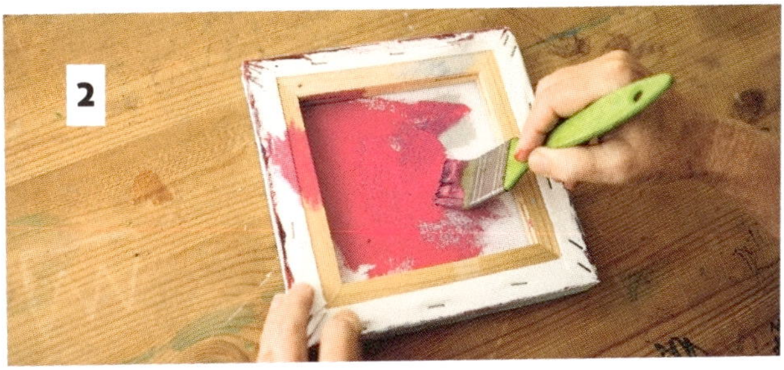

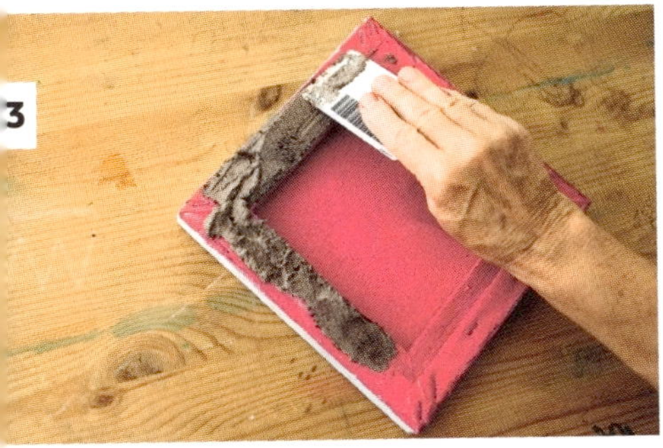

3 **Mische aus Strukturpaste und getrocknetem Kaffeesatz eine Spachtelmasse an und spachtele sie auf den Rahmen.**

4 **Nimm mit einem Pinsel vorsichtig kleine Stückchen Blattgold auf und drücke sie in die feuchte Masse.**

5 **Klebe zum Schluss mit Acrylbinder ein Bild deiner Wahl oder ein anderes Objekt in deinen neuen Rahmen.**

Umgedrehte Keil- oder Holzrahmen eignen sich auch super für Pouring-Techniken, da nichts auslaufen kann. Näheres dazu erfährst du in Hack 100.

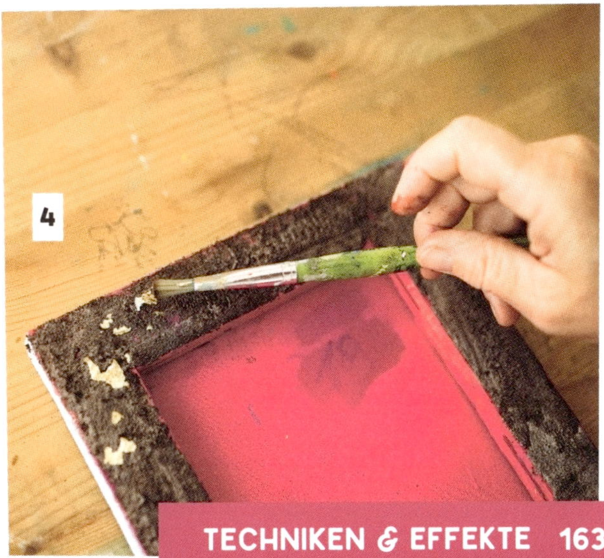

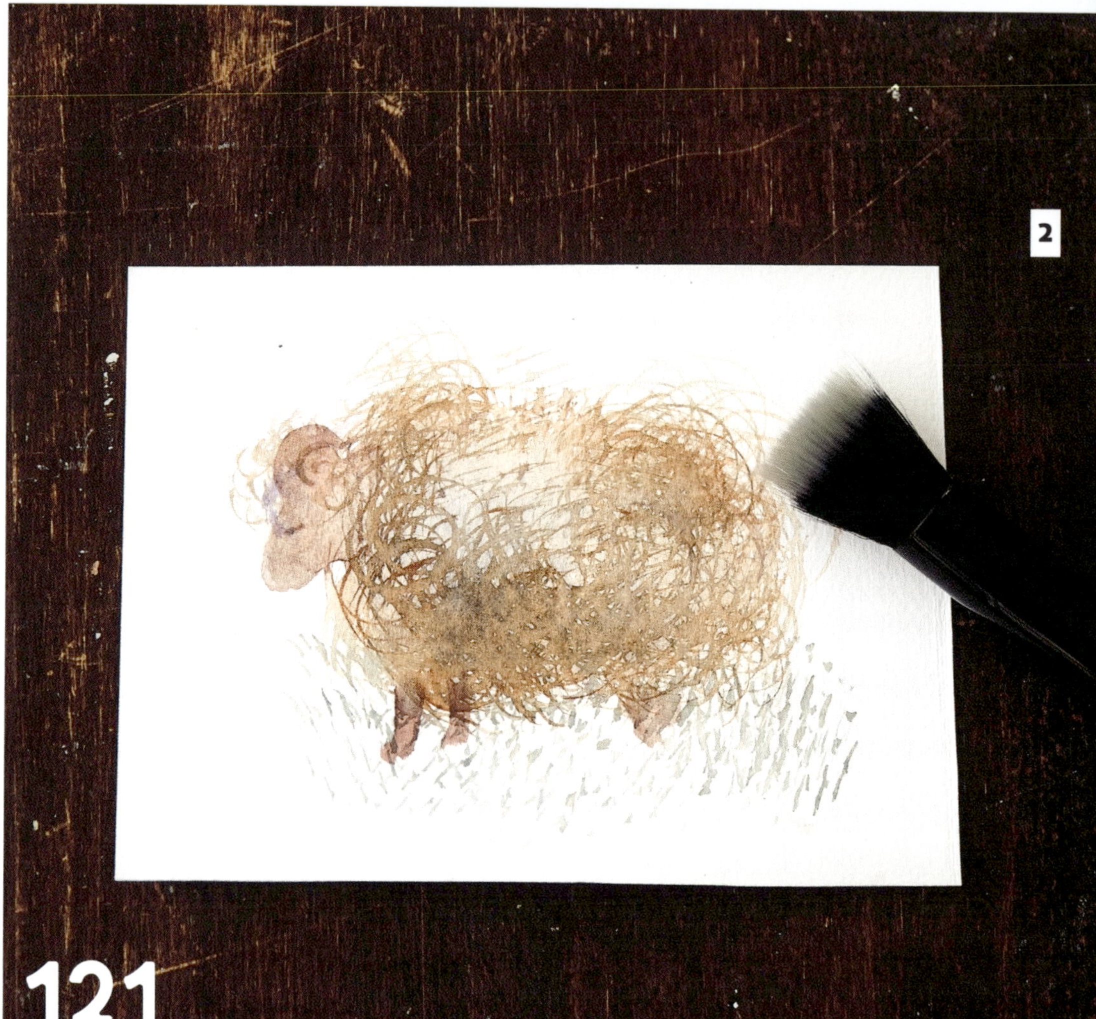

121 BILDER SCHMINKEN

Mit einem Schminkpinsel lassen sich richtig tolle Strukturen gestalten. Die feinen Härchen sind ideal, um Fell, Haare, zarte Halme oder Blüten darzustellen. Es kann getupft, gestrichelt und gemalt werden. Auch ganze Bilder kannst du auf diese Art herstellen.

1 **Du benötigst: Schminkpinsel, Aquarellpapier, Farbe, Küchenbürste**

2 **Wonnige Wolle für ein Schäfchen**

3 **Feine Fransen für Gräser und Halme**

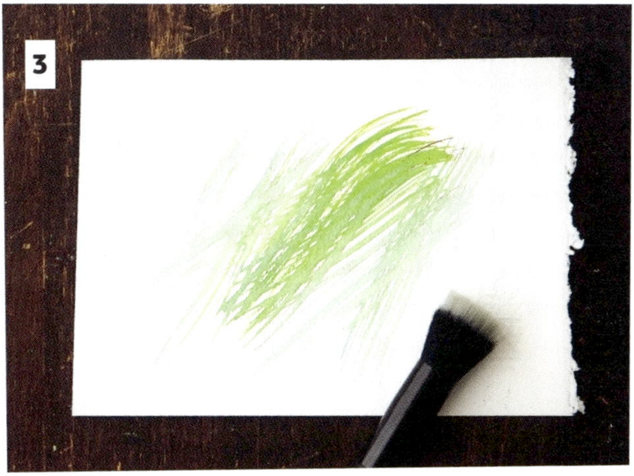

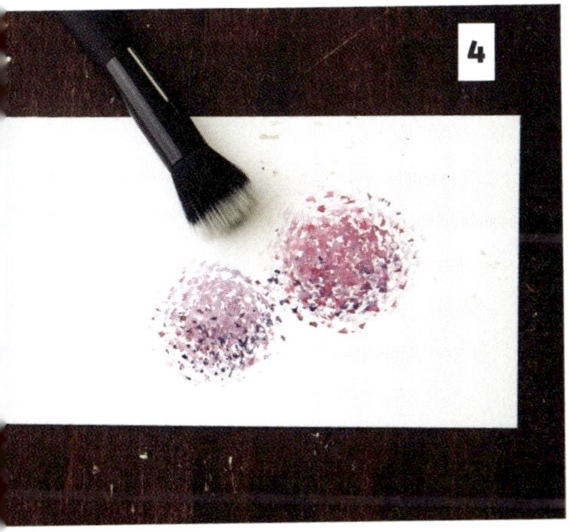

4 **Luftige Tupfen für zarte Blüten**

5 **Sanfte Striche für flotte Frisuren**

6 **Große Gesten für ein ganzes Bild**

Auch mit eine Küchenbürste lassen sich ähnliche, allerdings gröbere Strukturen erzeugen.

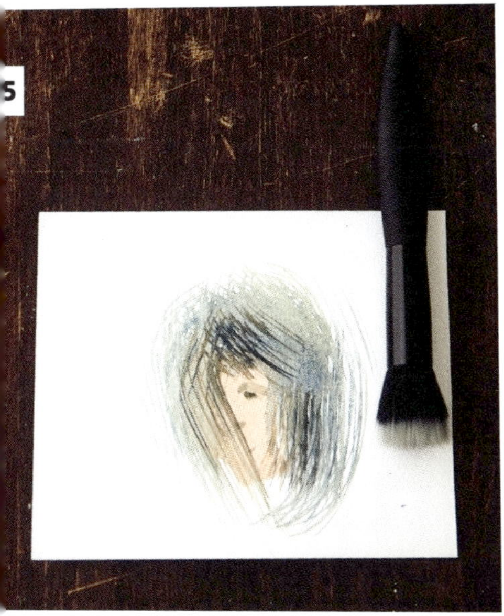

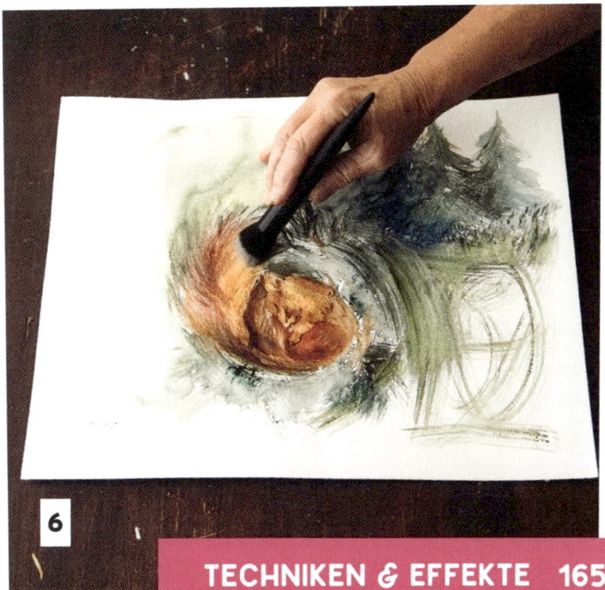

122

SCHWAMM DRÜBER

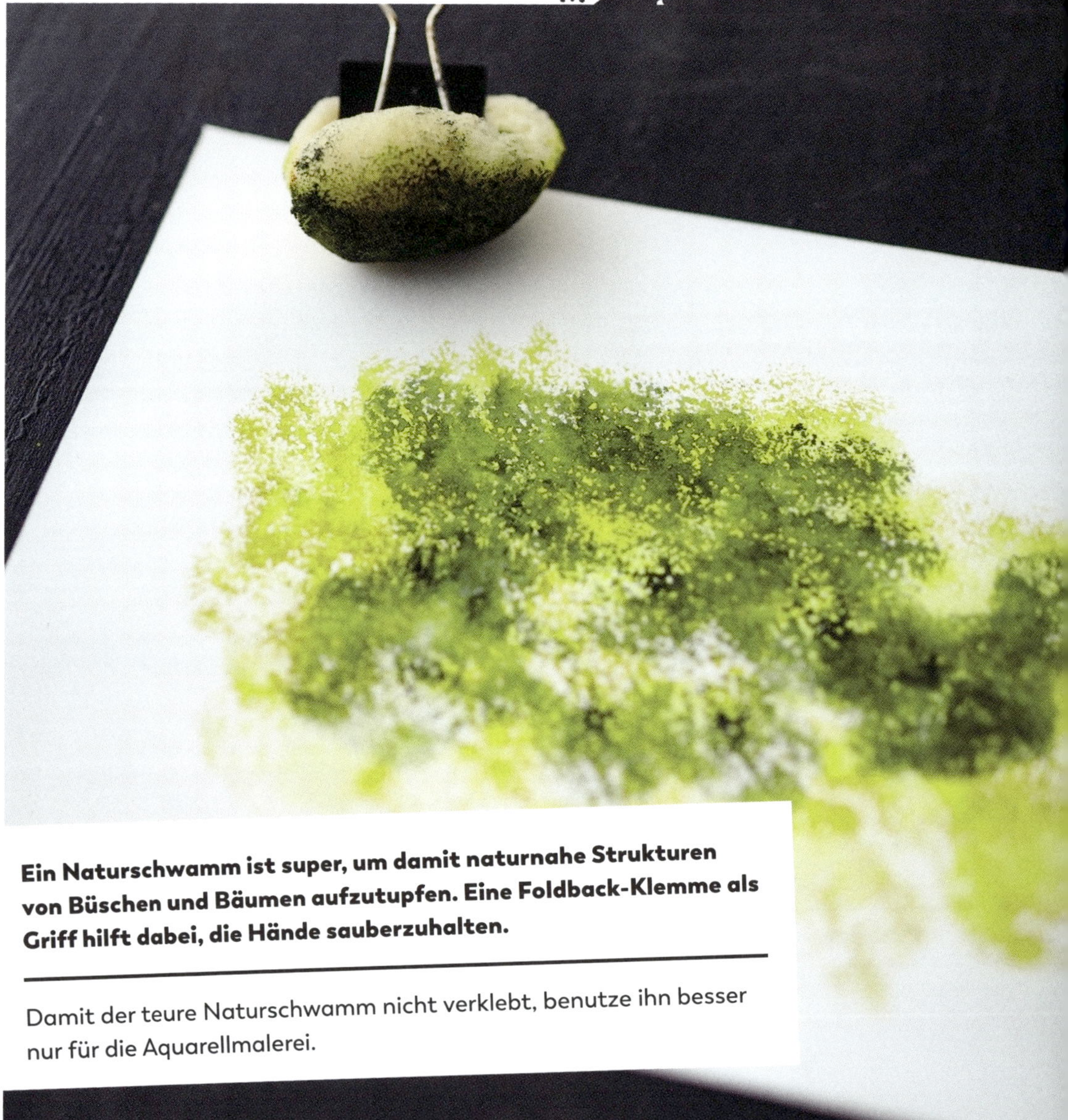

Ein Naturschwamm ist super, um damit naturnahe Strukturen von Büschen und Bäumen aufzutupfen. Eine Foldback-Klemme als Griff hilft dabei, die Hände sauberzuhalten.

Damit der teure Naturschwamm nicht verklebt, benutze ihn besser nur für die Aquarellmalerei.

123

KREATIVE KLOROLLE

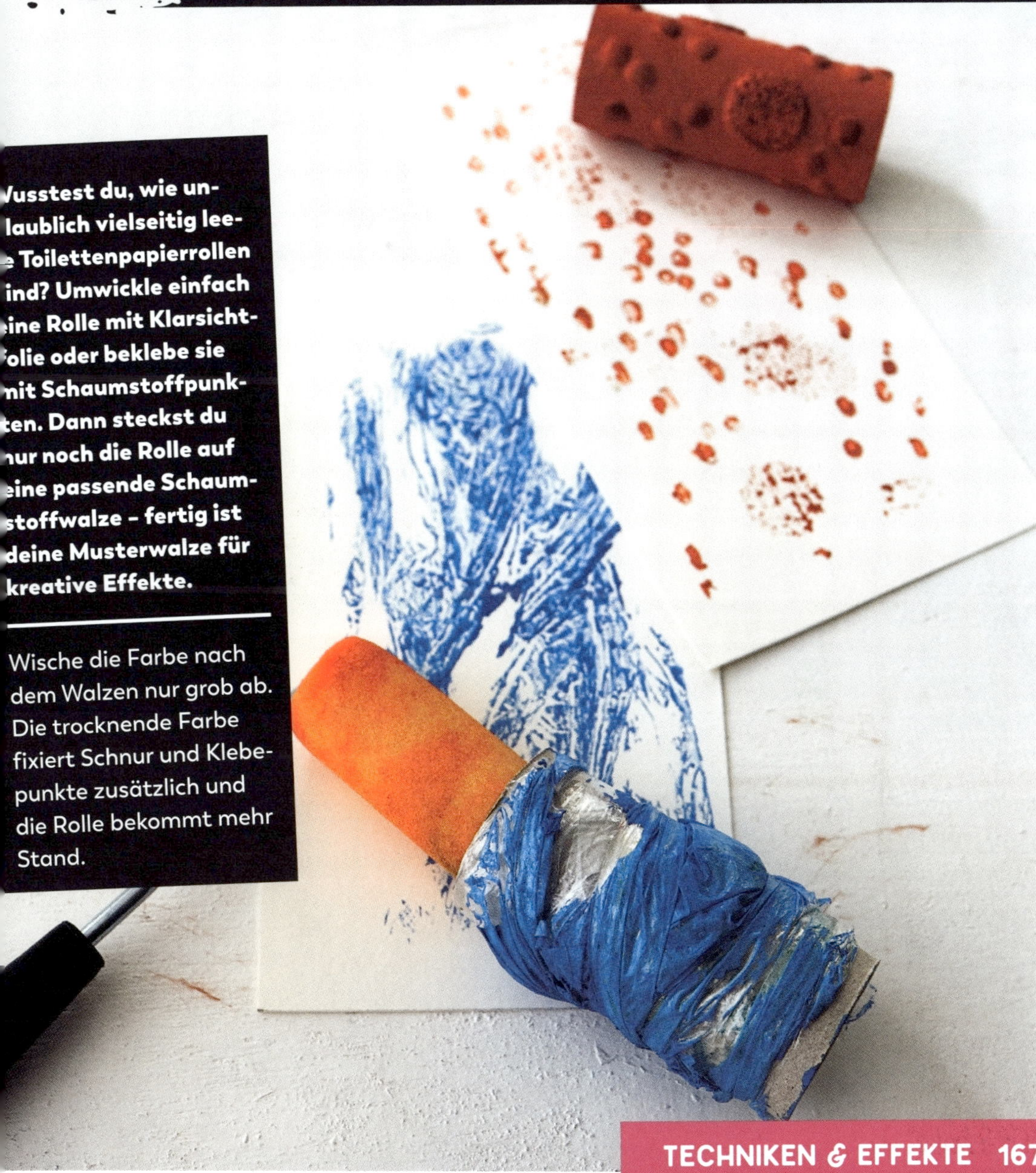

**/usstest du, wie un-
laublich vielseitig lee-
e Toilettenpapierrollen
ind? Umwickle einfach
ine Rolle mit Klarsicht-
'olie oder beklebe sie
nit Schaumstoffpunk-
ten. Dann steckst du
ur noch die Rolle auf
eine passende Schaum-
stoffwalze – fertig ist
deine Musterwalze für
kreative Effekte.**

Wische die Farbe nach dem Walzen nur grob ab. Die trocknende Farbe fixiert Schnur und Klebepunkte zusätzlich und die Rolle bekommt mehr Stand.

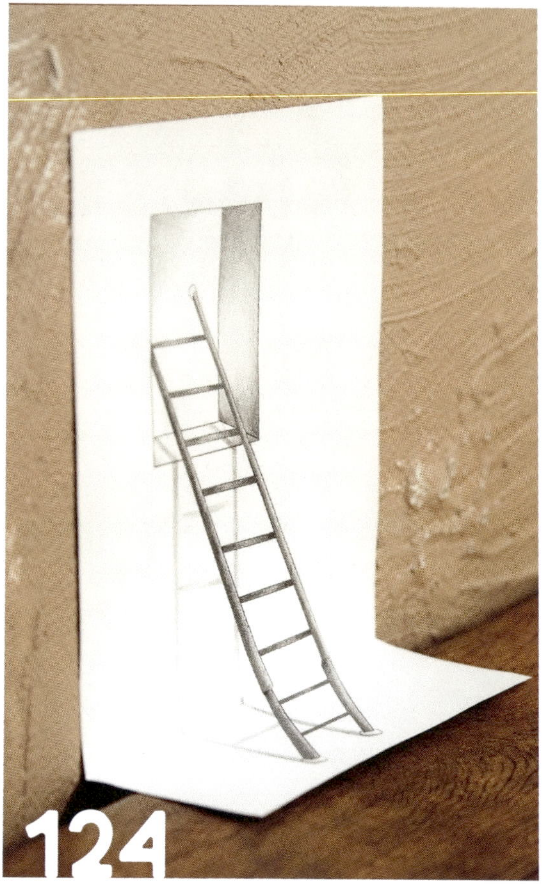

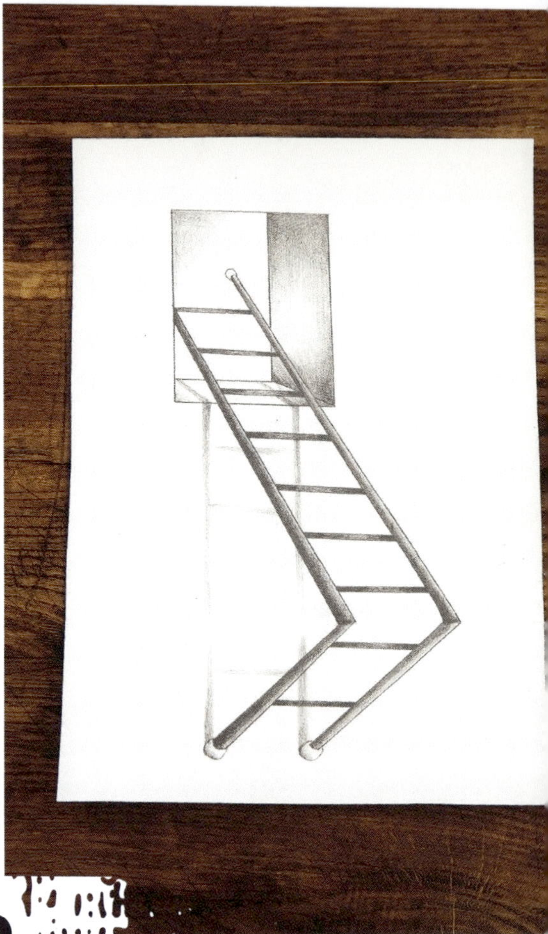

124 KNICK IN DER OPTIK

Steht diese kleine Leiter tatsächlich auf dem Papier? Was so aussieht, ist natürlich eine optische Täuschung. Zeichne die Schritte nach, dann wird dir die Illusion auch gelingen.

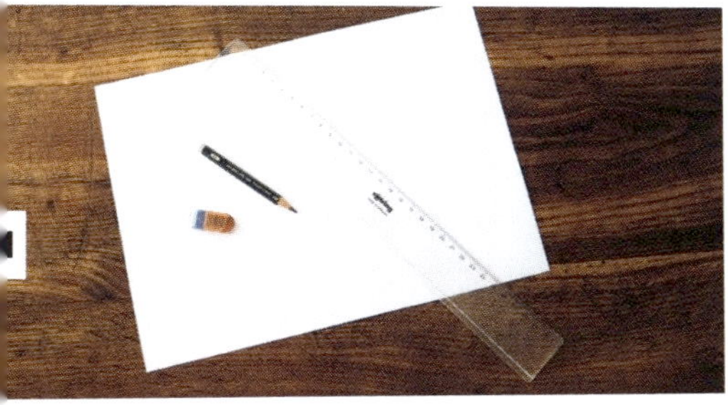

1 **Du benötigst: Lineal, Bleistift, Radierer, Papier**

Zeichne das Motiv genau der Vorlage auf Seite 168 rechts entsprechend auf ein Blatt Papier.

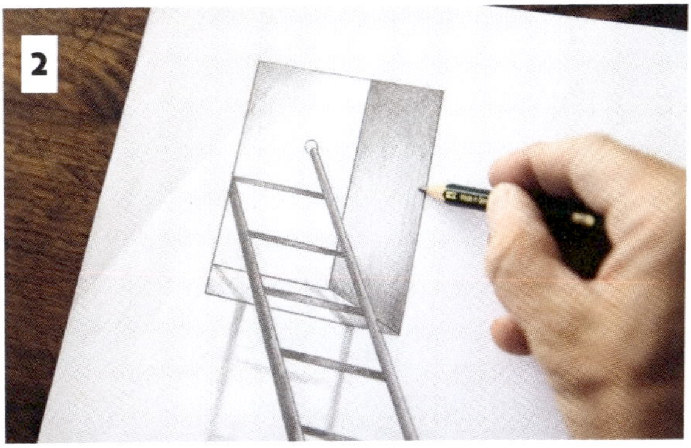

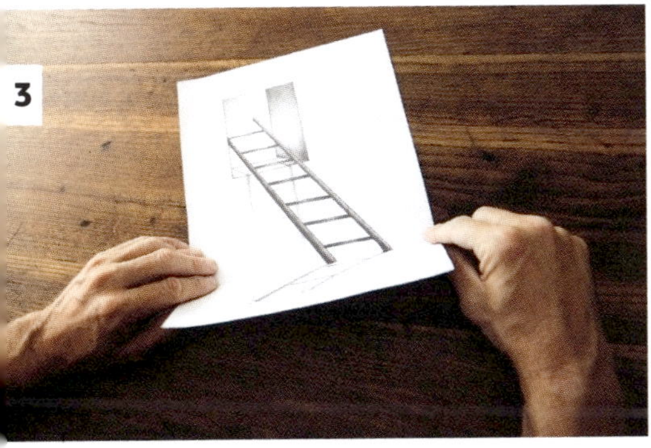

3 **Falte dann das Papier genau an der Stelle, an der die Leiter in der Zeichnung abknickt.**

4 **Stelle das Papier genauso auf und fixiere es so, dass an dem Knick ein rechter Winkel entsteht.**

5 **Fotografiere jetzt das Papier genau aus dem Winkel, bei dem die Leiter scheinbar durchgehend gerade verläuft. Verblüffend, oder?**

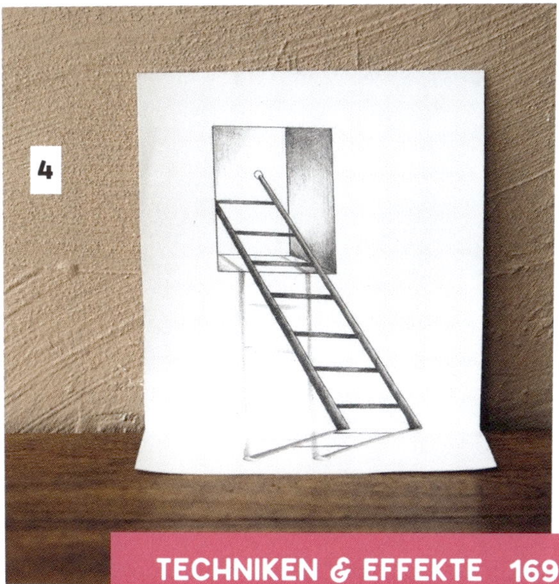

Mit etwas Übung kannst du mit dieser Methode die tollsten Tricks entwickeln.

Der Eindruck, dass sich das Papier an manchen Stellen wölbt, entsteht dadurch, dass du deine Linien beim Zeichnen den Formen anpasst. Solche Linien heißen in der Fachsprache „Formlinien“ und fanden schon vor langer Zeit Verwendung, etwa bei Radierungen oder Kupferstichen.

Übe das Zeichnen paralleler Schraffuren, dann gelingen dir auch Formlinien leichter.

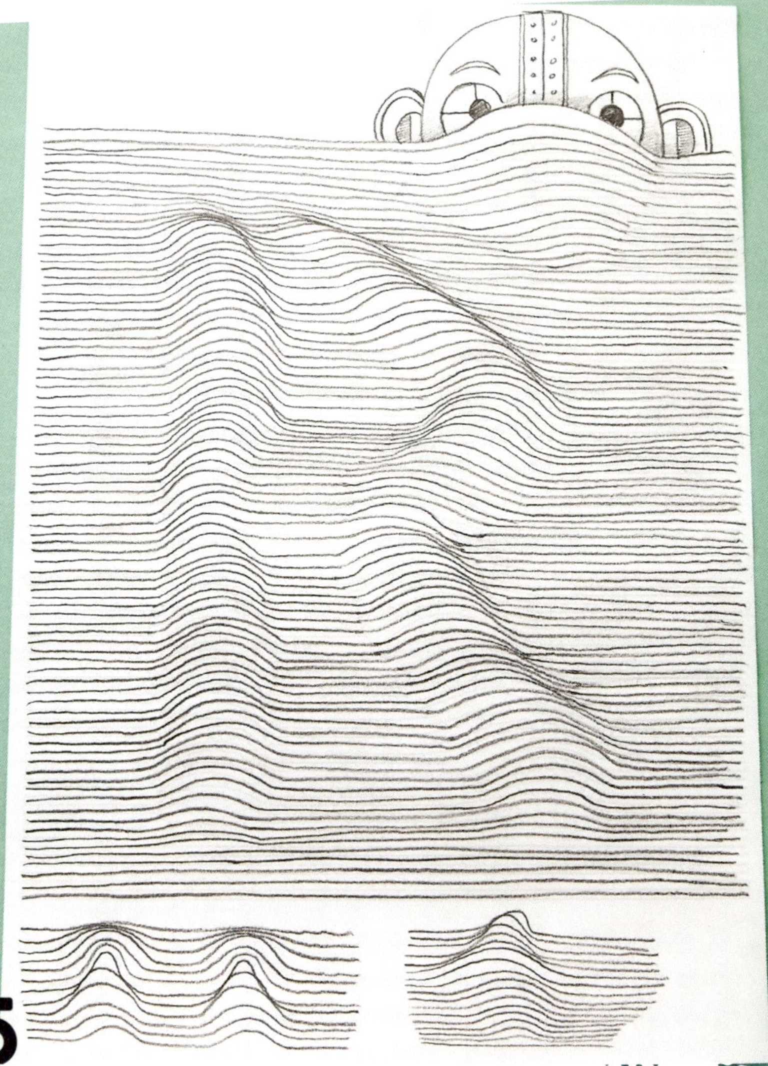

125 FORMVOLLENDET

Schon mit wenigen Linien und einer bestimmten Linienführungen kannst du verblüffende optische Täuschungen hervorrufen und zum Beispiel den Eindruck eines Sogs oder Lochs erzeugen. Ein paar dunkle Schraffuren steigern diese Täuschung zusätzlich.

In Zeichnungen oder Comics kannst du auf diese Weise überzeugend Strudel, Löcher oder Abgründe umsetzen.

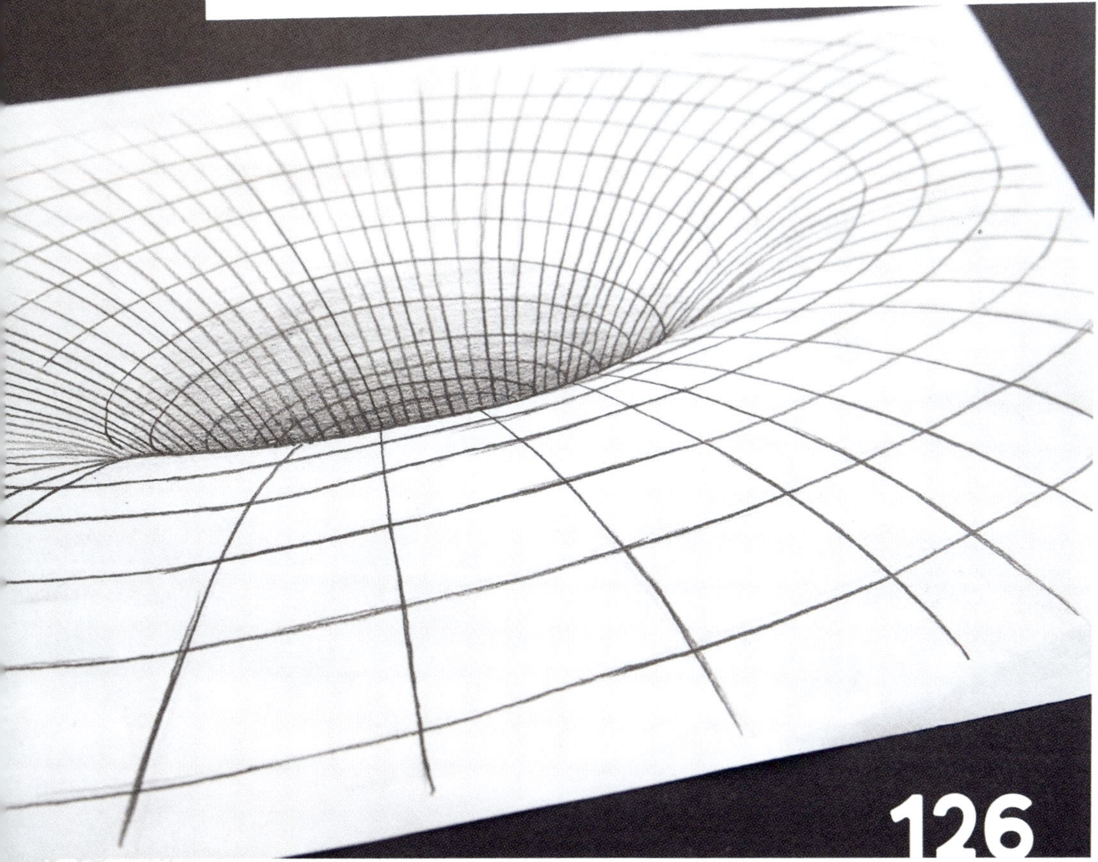

126 PERFEKTE ILLUSION

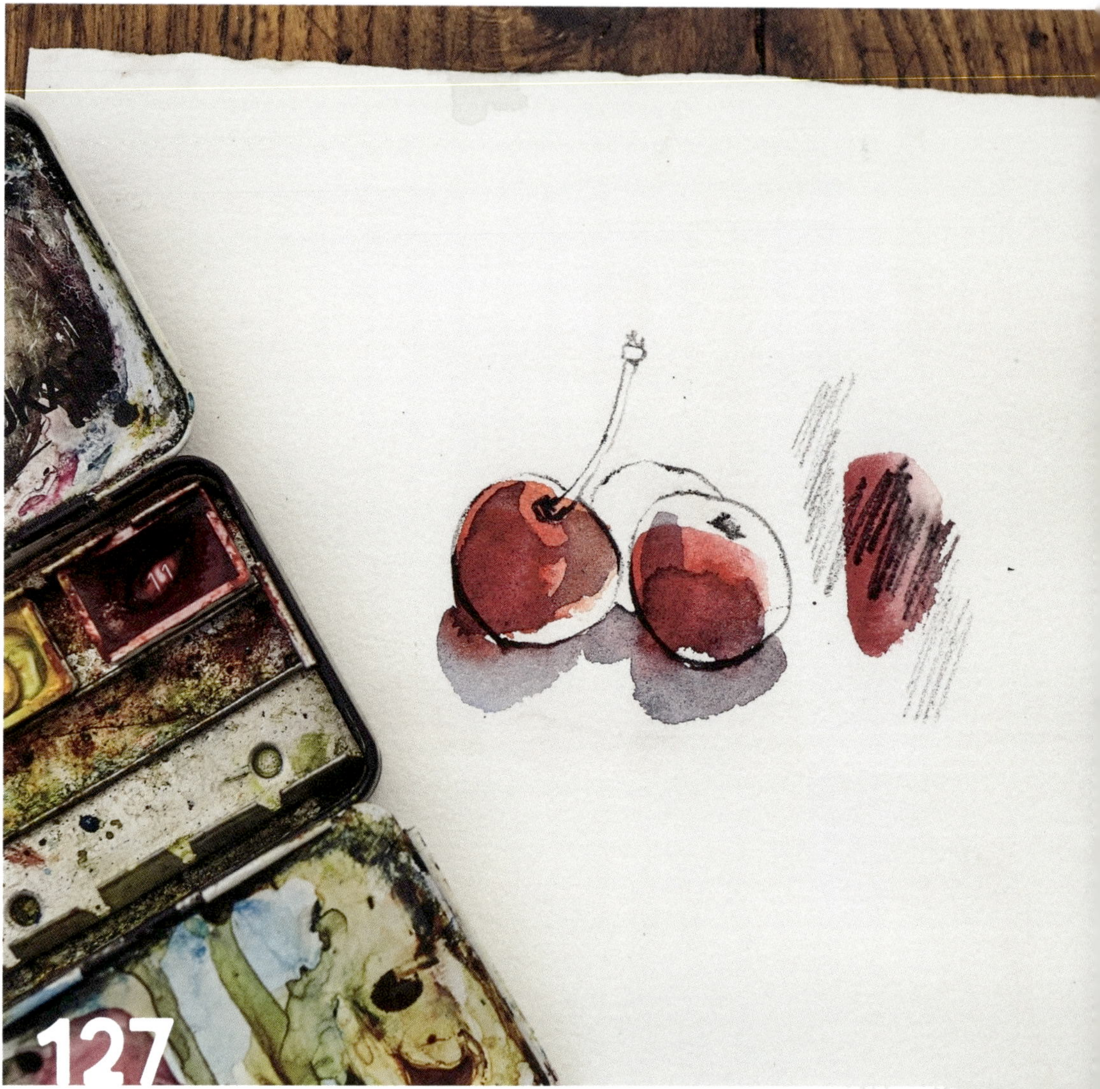

127

AQUA-SKETCHING

Verwende für das Zeichnen in Verbindung mit einem lockeren Aquarell einen weichen, wasserlöslichen Graphitstift oder einen dunklen Aquarellstift. Der Stift hinterlässt auf dem trockenen Papier eine helle Spur, in der Farbe jedoch eine dunkle Linie. Der Wechsel von Grau nach Schwarz suggeriert Nähe und Ferne und lässt deine Zeichnung sofort räumlich wirken.

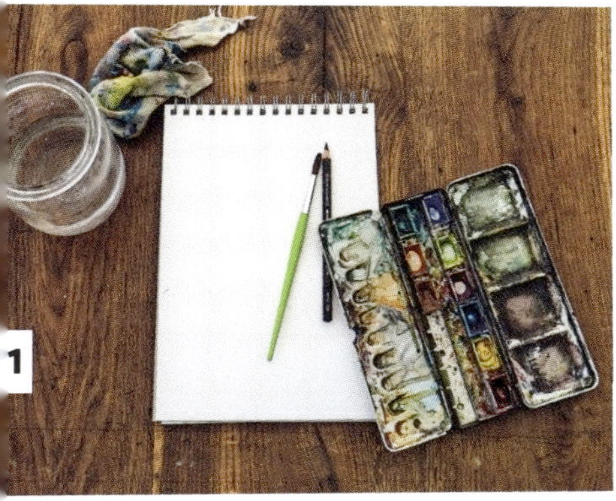

1 **Du benötigst: Aquarellfarbe, Graphitstift 6B, Aquarellpapier**

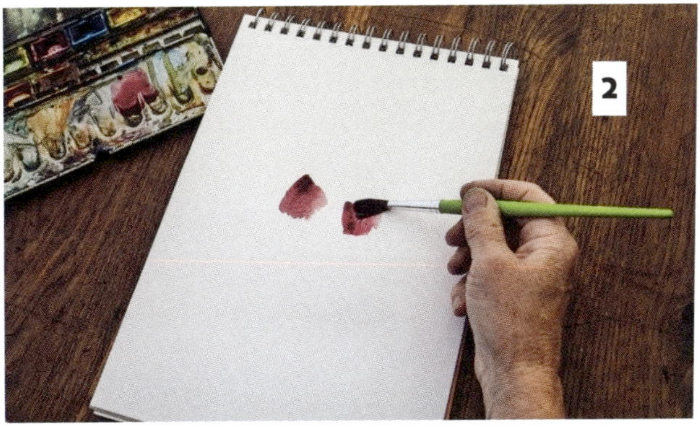

2 **Bringe Pinselspuren in Rot aufs Papier.**

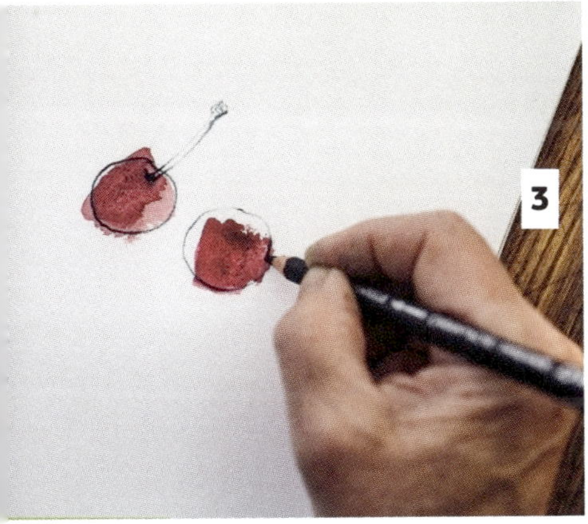

3 **Lasse durch deine Zeichnung die Kirschen entstehen.**

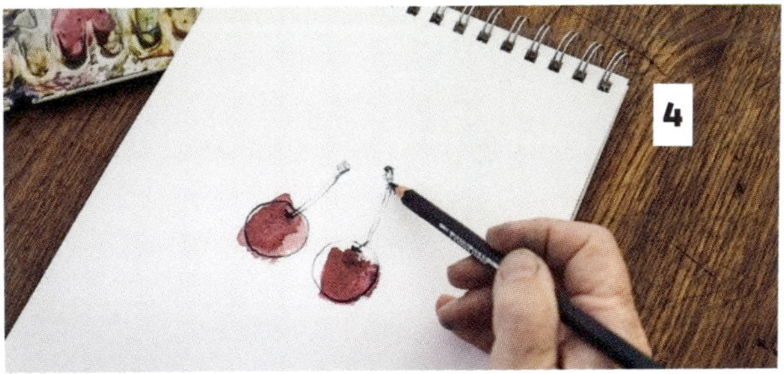

4 **Zeichne weiter in die unbemalte Fläche hinein.**

5 **Vervollständige dein Motiv mit Schattenflecken.**

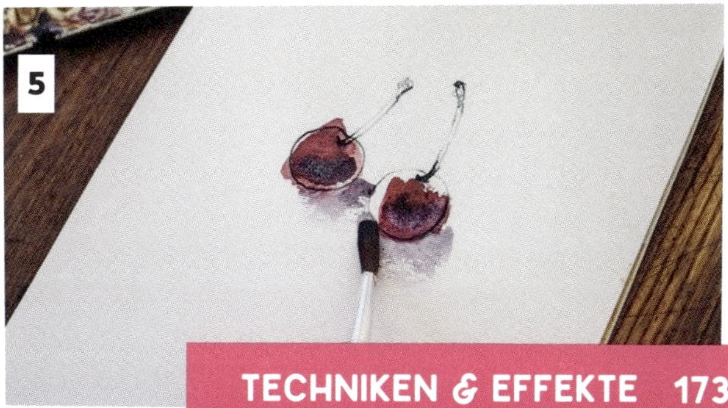

Eine prima Technik für das schnelle Aquarellieren in Verbindung mit Zeichnen.

NOTIZEN

AHA!

Endlich kann ich tolle Musterhintergründe ganz einfach selbst herstellen! Und meine ganze Wohnung riecht nach Lavendelöl, das ich für den Fototransfer gebraucht habe. Meine Schminkpinsel haben ab heute ein neues Einsatzgebiet und meine kleinen Comic-Männchen fallen endlich in richtig echt aussehende Löcher. Und jetzt brauche ich für mein nächstes, großes Acrylbild einen Scheibenwischer, ich gehe grad mal in die Garage …

aufhängung und PRÄSENTATION

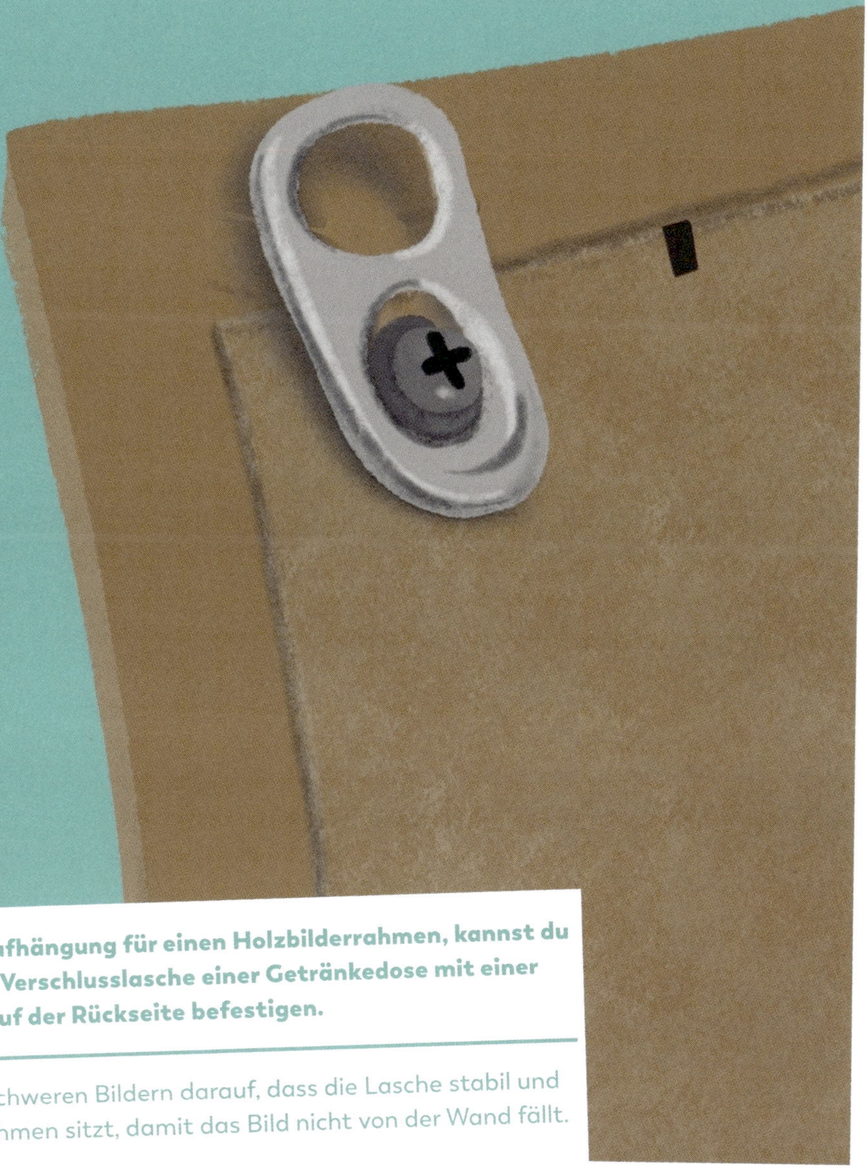

Fehlt die Aufhängung für einen Holzbilderrahmen, kannst du einfach die Verschlusslasche einer Getränkedose mit einer Schraube auf der Rückseite befestigen.

Achte bei schweren Bildern darauf, dass die Lasche stabil und fest am Rahmen sitzt, damit das Bild nicht von der Wand fällt.

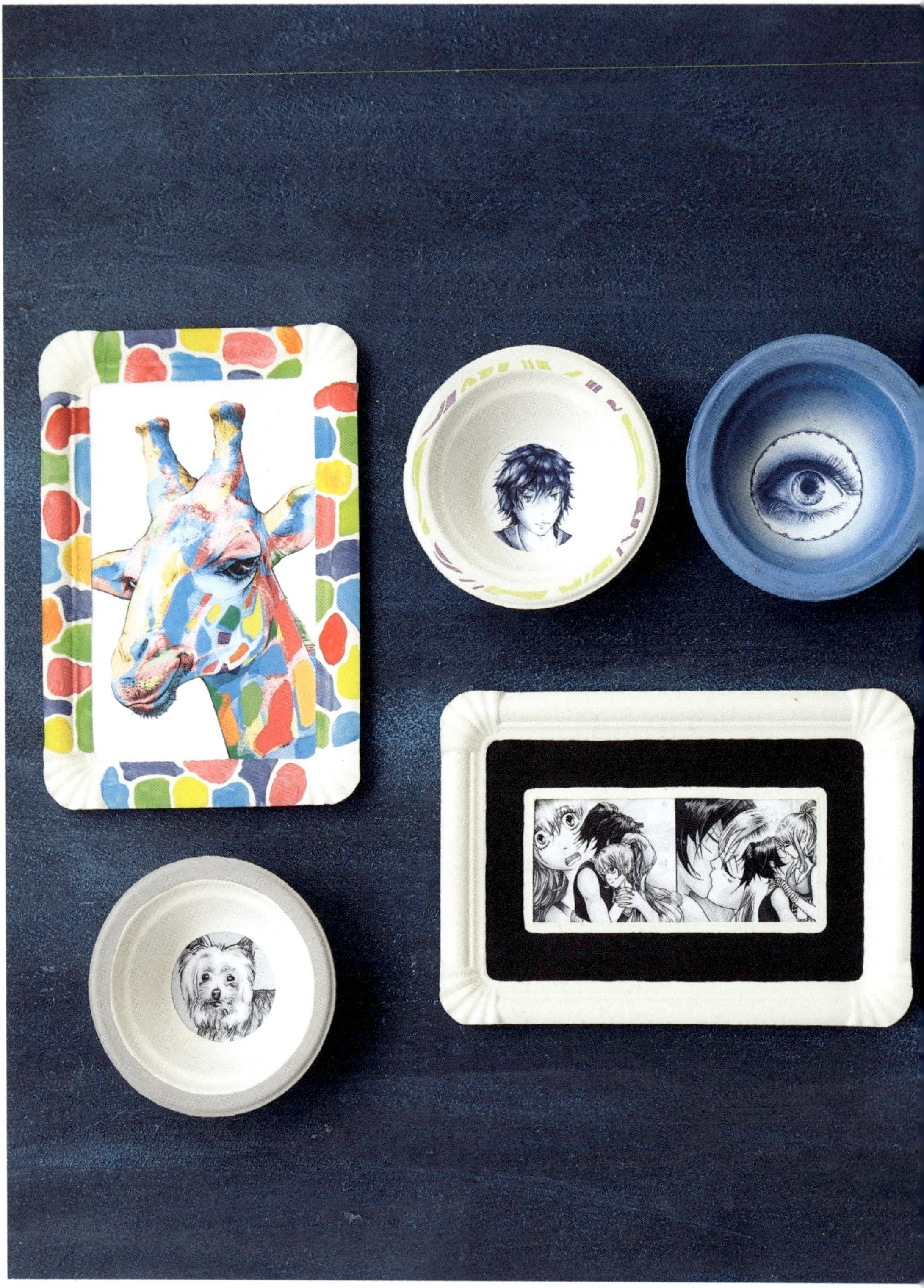

Das „artgerechte“ Aufhängen und Präsentieren der eigenen Werke ist für viele kreative Menschen ein echter Stolperstein. Aber was nützen noch so schöne Bilder, wenn man sie nicht angemessen und attraktiv präsentieren kann? Hier findest du zahlreiche Hacks, von der schnellen und professionellen Bildaufhängung bis hin zur Fertigung eigener Bilderrahmen. Dabei brauchst du kaum handwerkliches Geschick, denn die Methoden sind so einfach, dass sie für jeden nachvollziehbar sind.

129

SCHEIBEN-BOHRHILFE

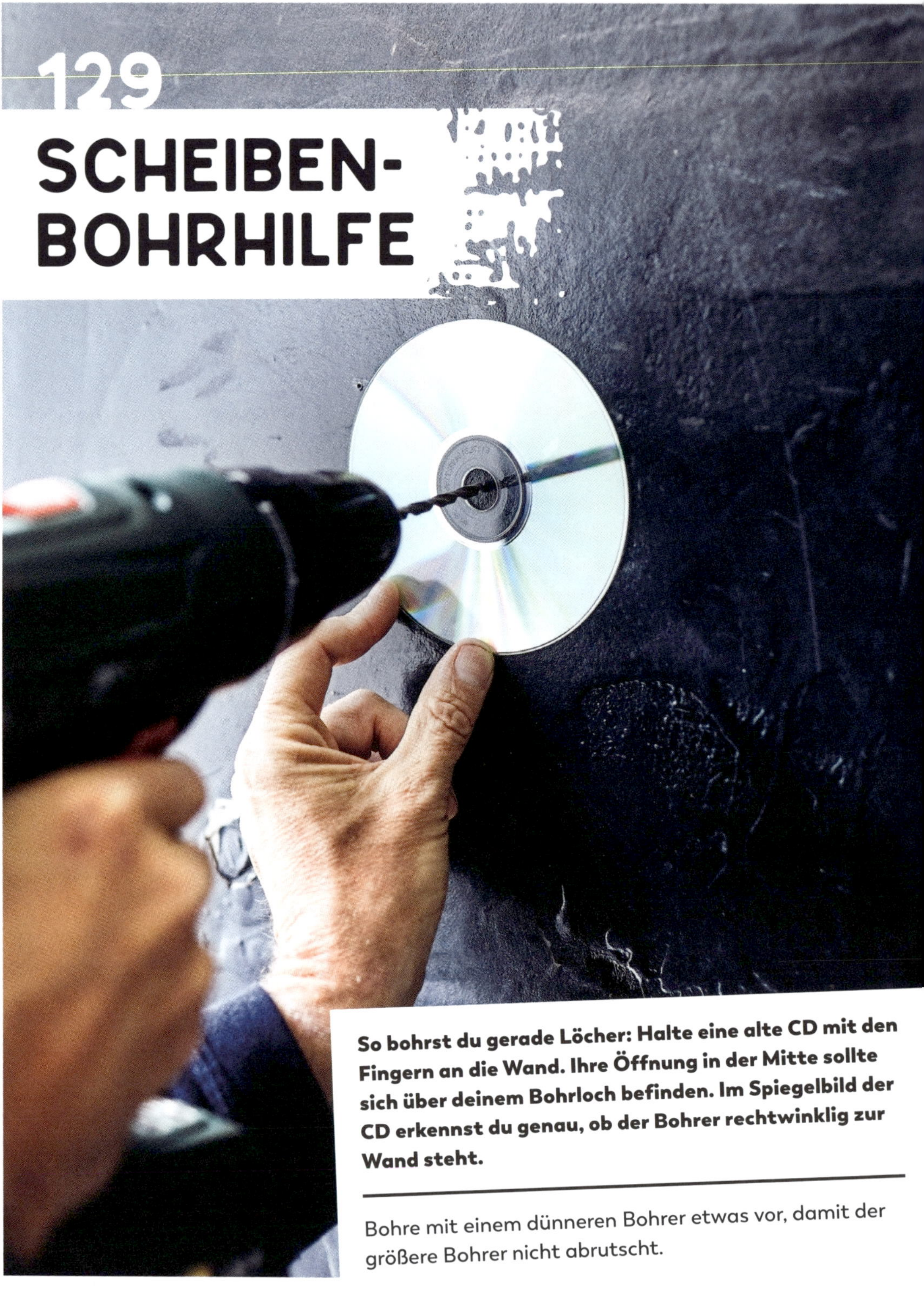

So bohrst du gerade Löcher: Halte eine alte CD mit den Fingern an die Wand. Ihre Öffnung in der Mitte sollte sich über deinem Bohrloch befinden. Im Spiegelbild der CD erkennst du genau, ob der Bohrer rechtwinklig zur Wand steht.

Bohre mit einem dünneren Bohrer etwas vor, damit der größere Bohrer nicht abrutscht.

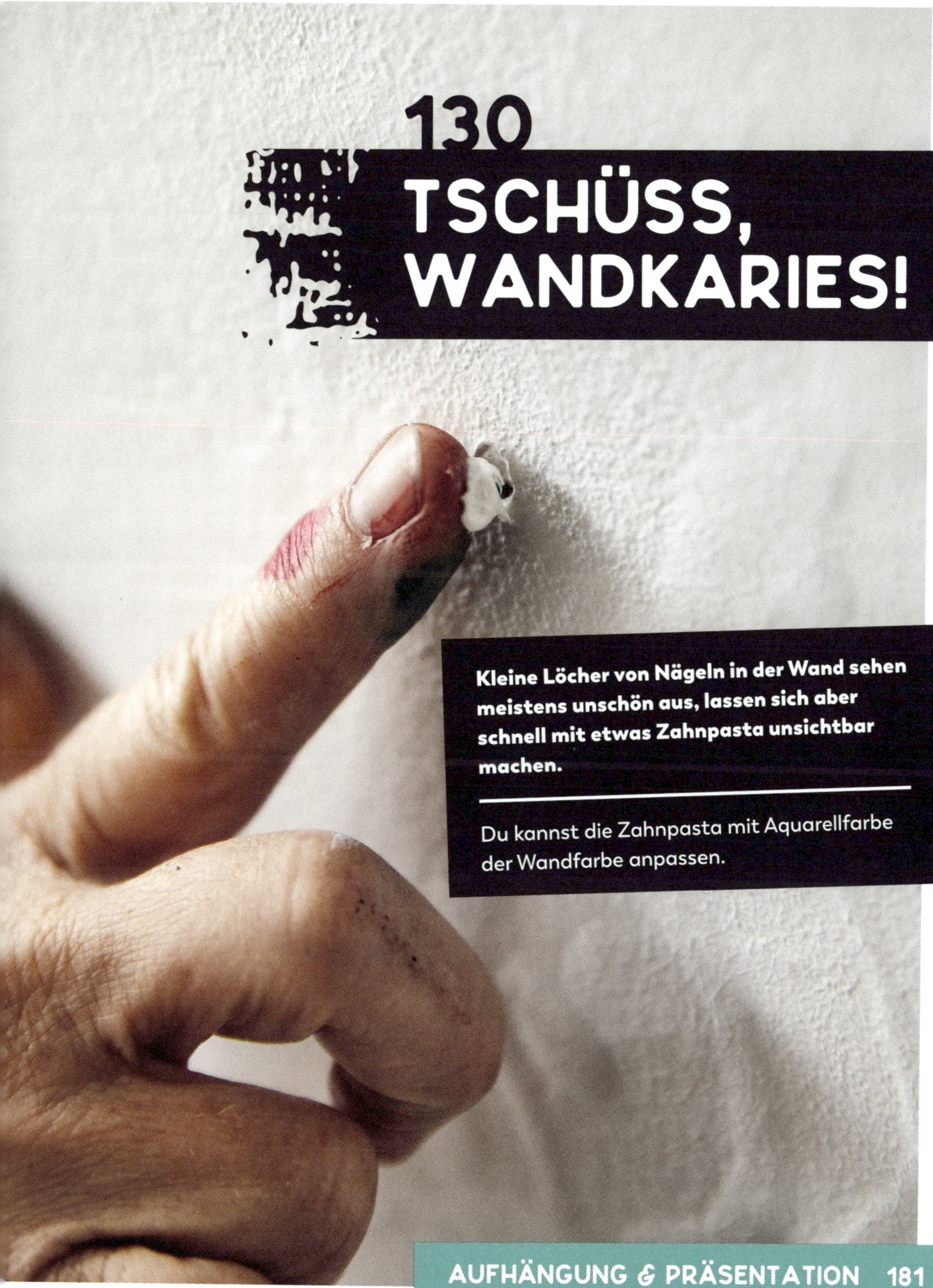

130

TSCHÜSS, WANDKARIES!

Kleine Löcher von Nägeln in der Wand sehen meistens unschön aus, lassen sich aber schnell mit etwas Zahnpasta unsichtbar machen.

Du kannst die Zahnpasta mit Aquarellfarbe der Wandfarbe anpassen.

Rahmen mit Drahtaufhängung geben beim Aufhängen etwas nach. Schlage einen Nagel in ein flaches Stück Holz, sodass auf der einen Seite der Kopf, auf der anderen Seite die Spitze herausschaut. Hänge nun den Draht in den Nagelkopf ein. Halte das Bild an der gewünschten Stelle an die Wand und drücke es vorsichtig dagegen. Die Nagelspitze markiert den richtigen Punkt für die Aufhängung.

Vorsicht beim Markieren der Stelle an der Wand, der Nagel kann die Tapete aufkratzen.

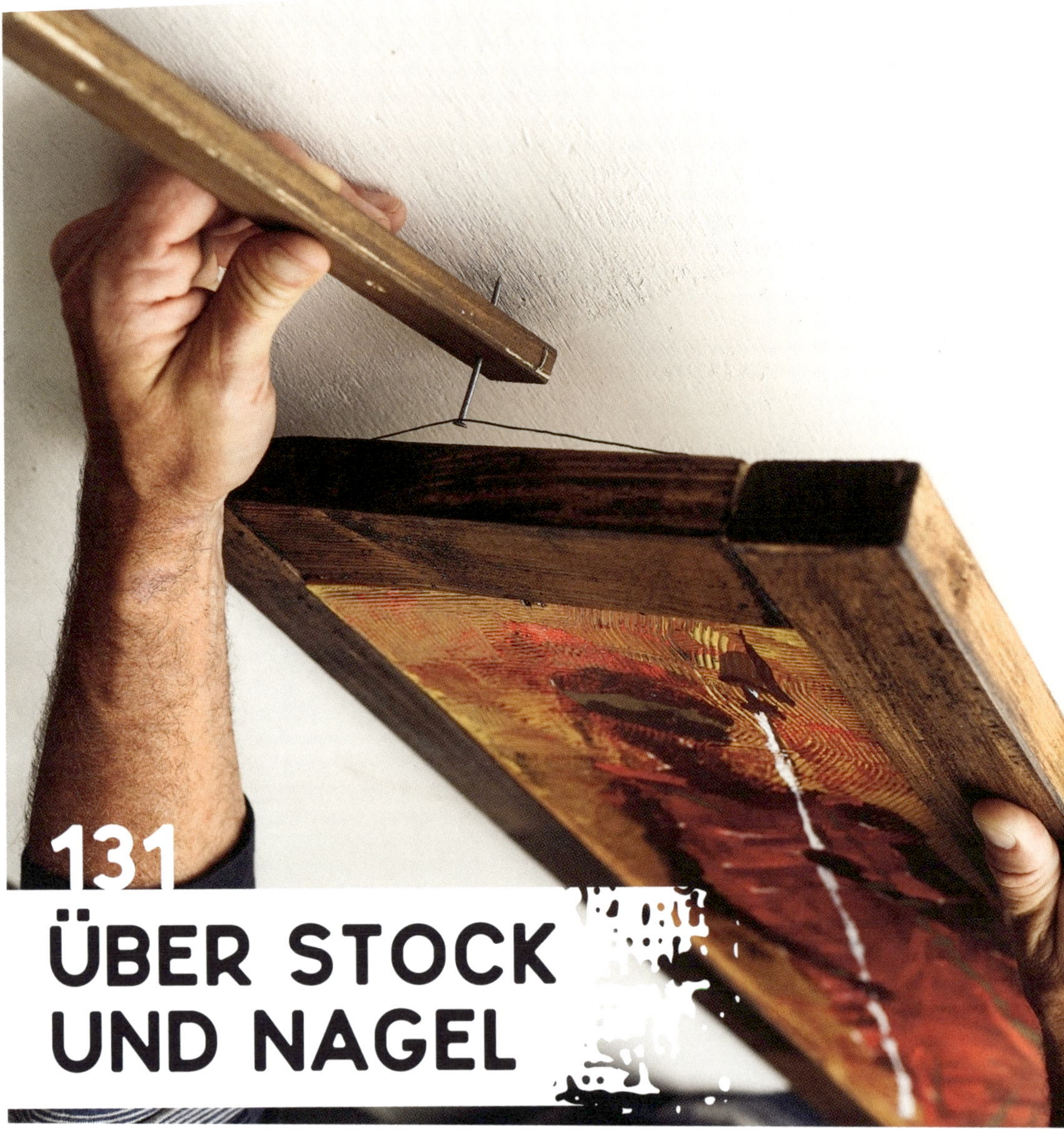

131 ÜBER STOCK UND NAGEL

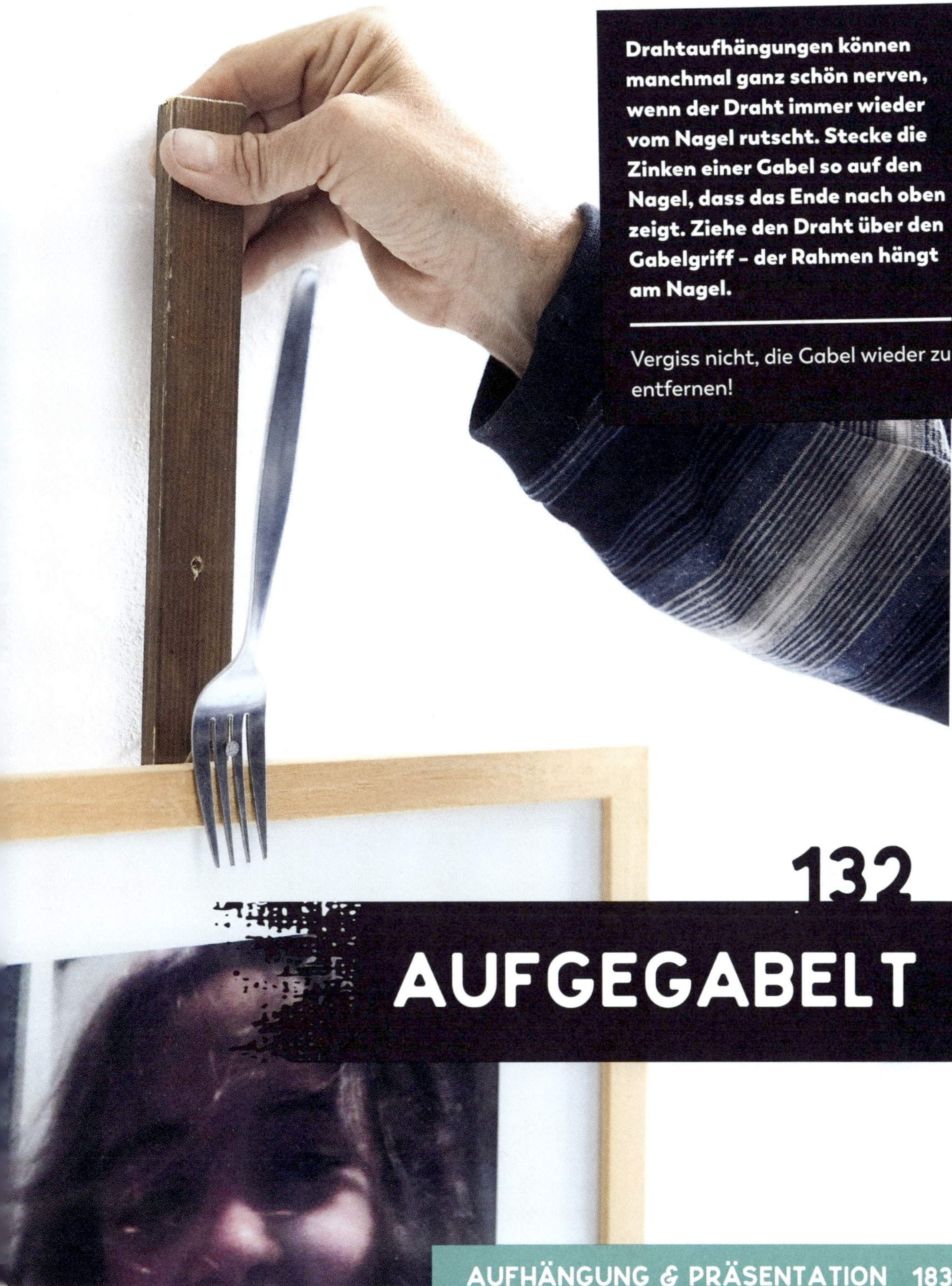

Drahtaufhängungen können manchmal ganz schön nerven, wenn der Draht immer wieder vom Nagel rutscht. Stecke die Zinken einer Gabel so auf den Nagel, dass das Ende nach oben zeigt. Ziehe den Draht über den Gabelgriff – der Rahmen hängt am Nagel.

Vergiss nicht, die Gabel wieder zu entfernen!

132

AUFGEGABELT

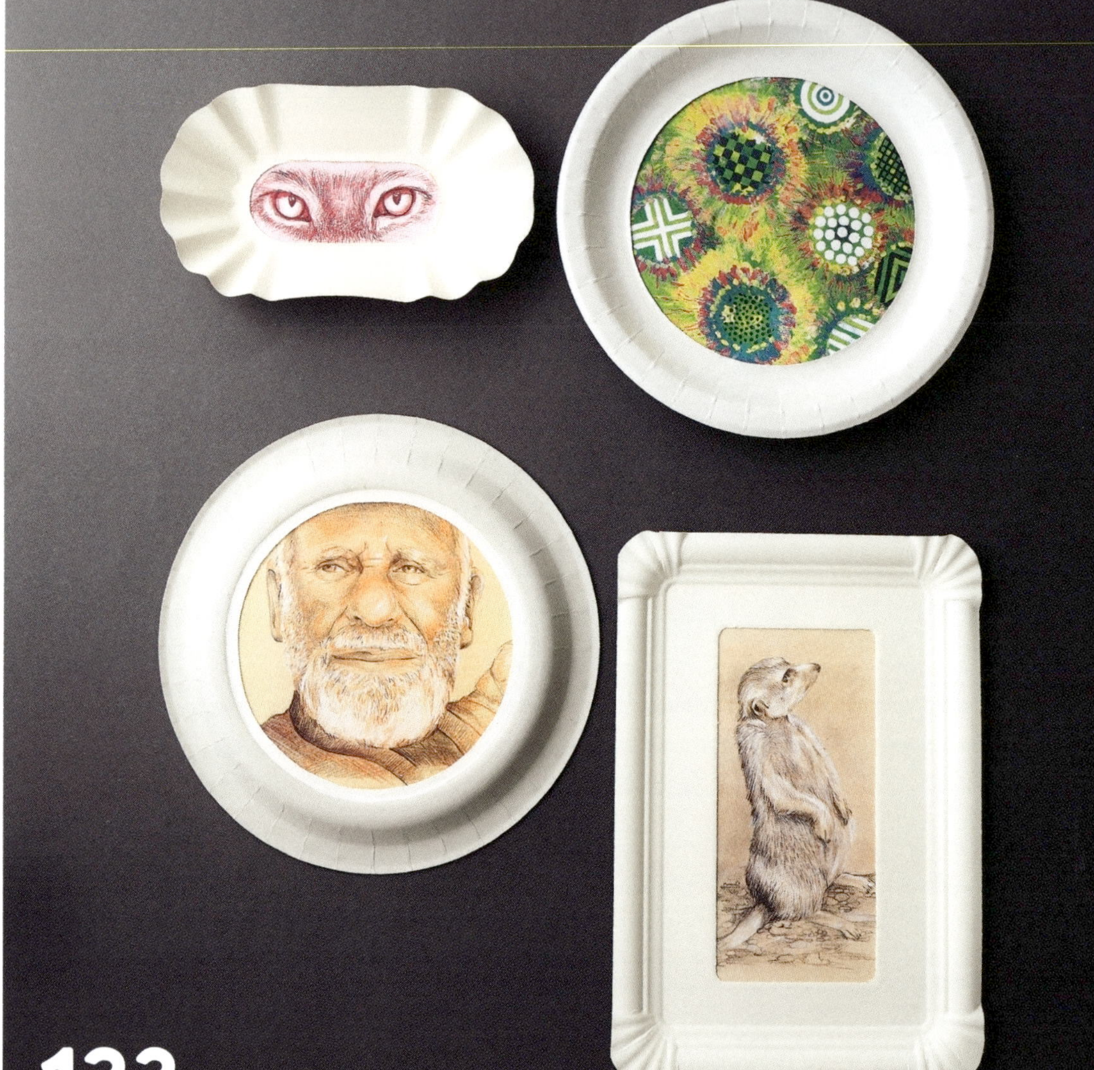

133

SCHÖN EINGEFASST

Ob eckig oder rund: Aus Pappgeschirr kannst du ungewöhnliche, verspielte Passepartouts fertigen.

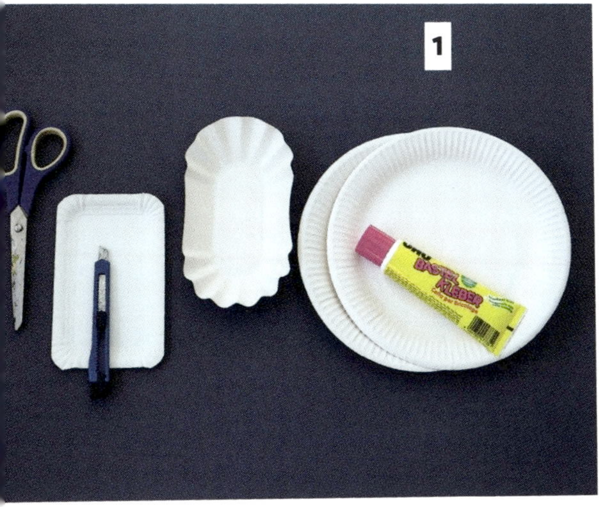

1 Du benötigst: Pappteller in verschiedenen Formen, Schere, Cuttermesser, Klebstoff

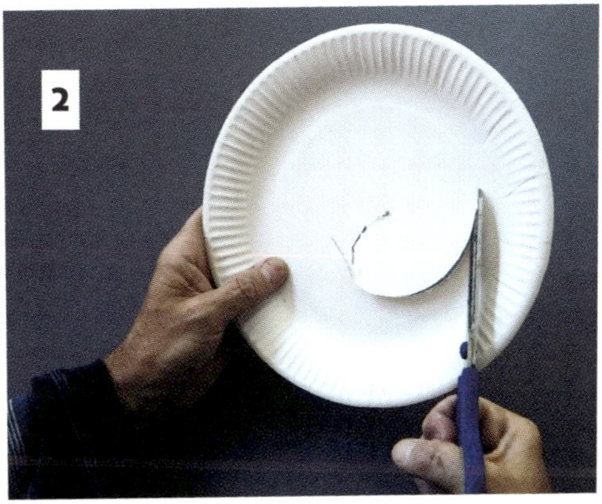

2 Wähle einen dem Format des Motivs entsprechenden Pappteller aus und schneide mit Cuttermesser und Schere den gewünschte Ausschnitt aus.

3 Klebe das Motiv vorsichtig an die Rückseite des Papptellers, sodass genau der gewünschte Ausschnitt sichtbar wird.

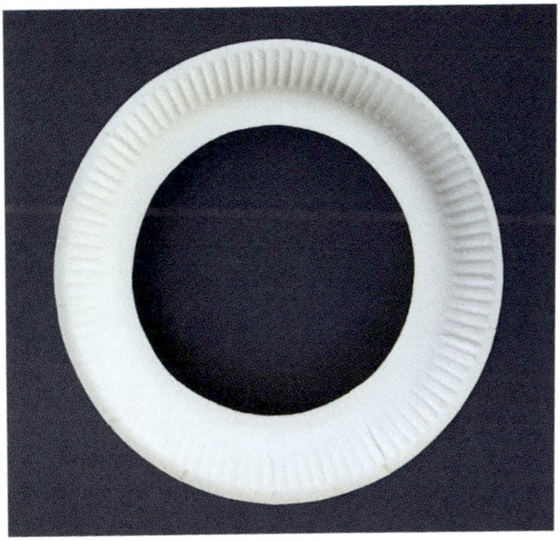

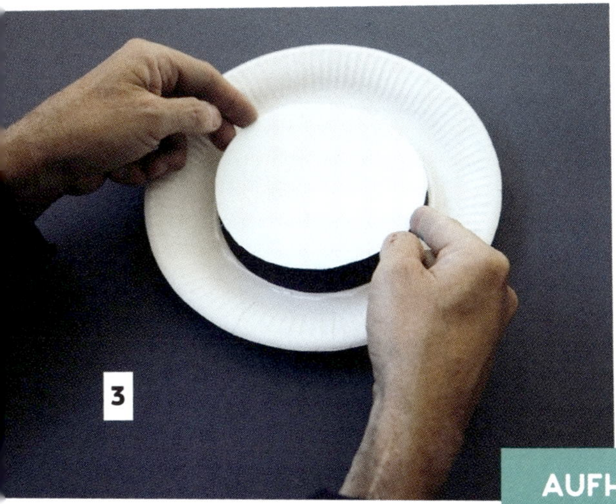

Je nach Motiv eignen sich auch bunte Pappteller als Passepartouts.

134 ABSTAND HALTEN!

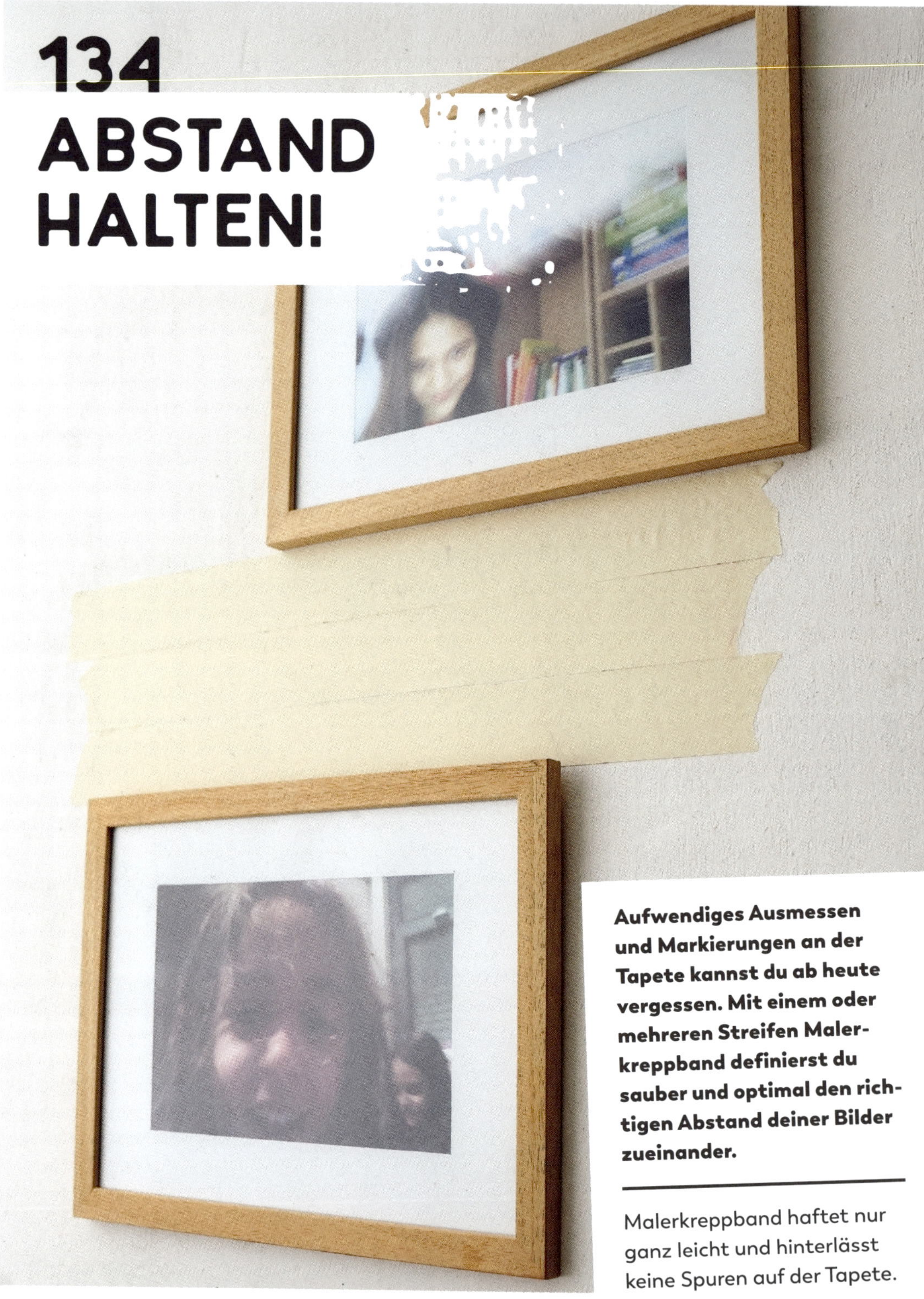

Aufwendiges Ausmessen und Markierungen an der Tapete kannst du ab heute vergessen. Mit einem oder mehreren Streifen Malerkreppband definierst du sauber und optimal den richtigen Abstand deiner Bilder zueinander.

Malerkreppband haftet nur ganz leicht und hinterlässt keine Spuren auf der Tapete.

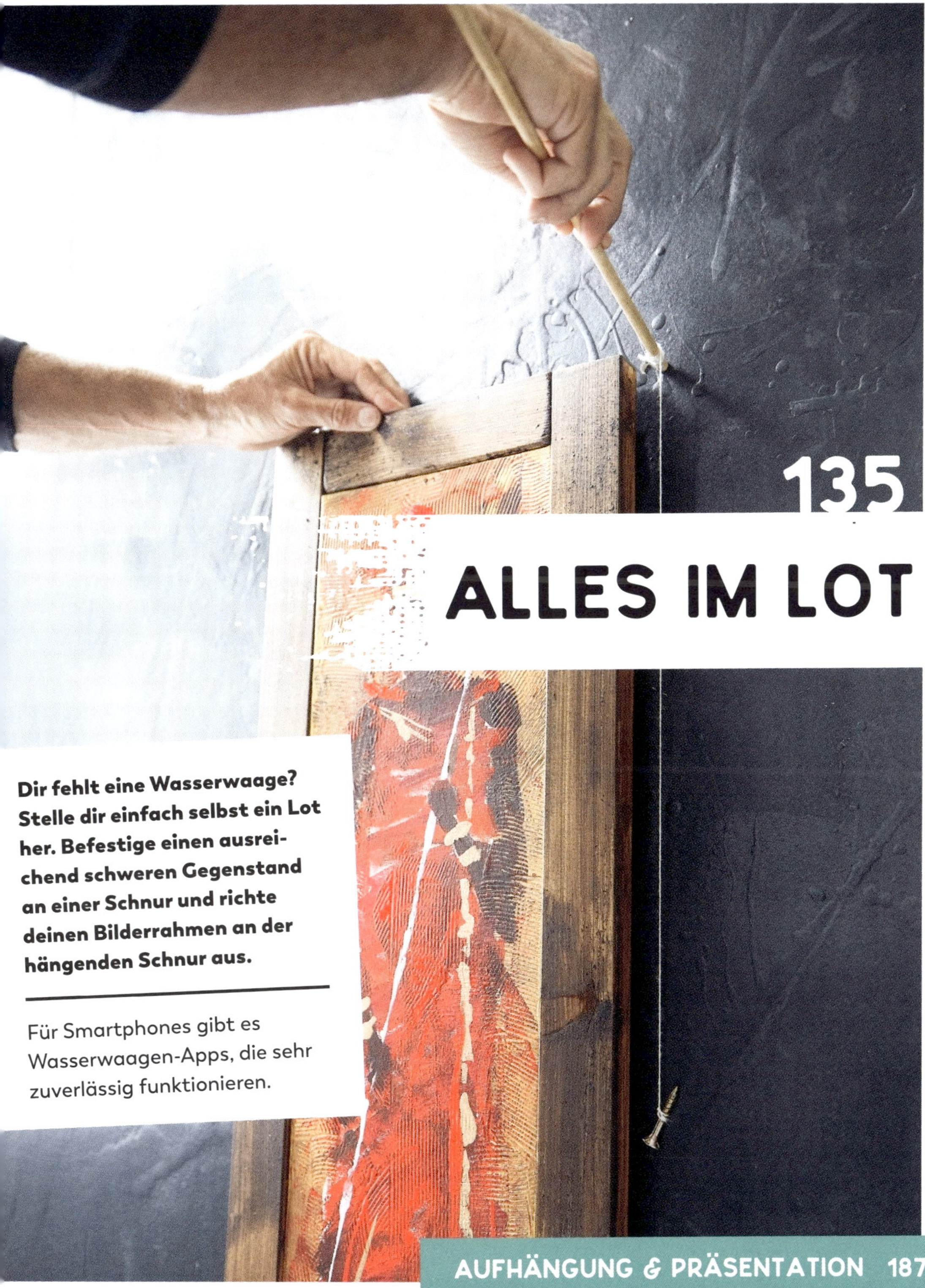

135

ALLES IM LOT

Dir fehlt eine Wasserwaage? Stelle dir einfach selbst ein Lot her. Befestige einen ausreichend schweren Gegenstand an einer Schnur und richte deinen Bilderrahmen an der hängenden Schnur aus.

Für Smartphones gibt es Wasserwaagen-Apps, die sehr zuverlässig funktionieren.

Du möchtest mehrere Bilder mit unterschiedlichen Formaten als Gruppe aufhängen? Teste die Wirkung mit Backpapier! Zeichne die Umrisse der Bilder auf Backpapier und schneide sie aus. Hefte die Papiere in der gewünschten Anordnung mit Kreppband an die Wand.

Markiere die Position der Aufhängungen ebenfalls gleich auf dem Backpapier. Dann kannst an diesen Stellen Nägel in die Wand schlagen und das Papier anschließend abreißen.

136

ENSEMBLEWIRKUNG

137

GUT AUFGESTELLT

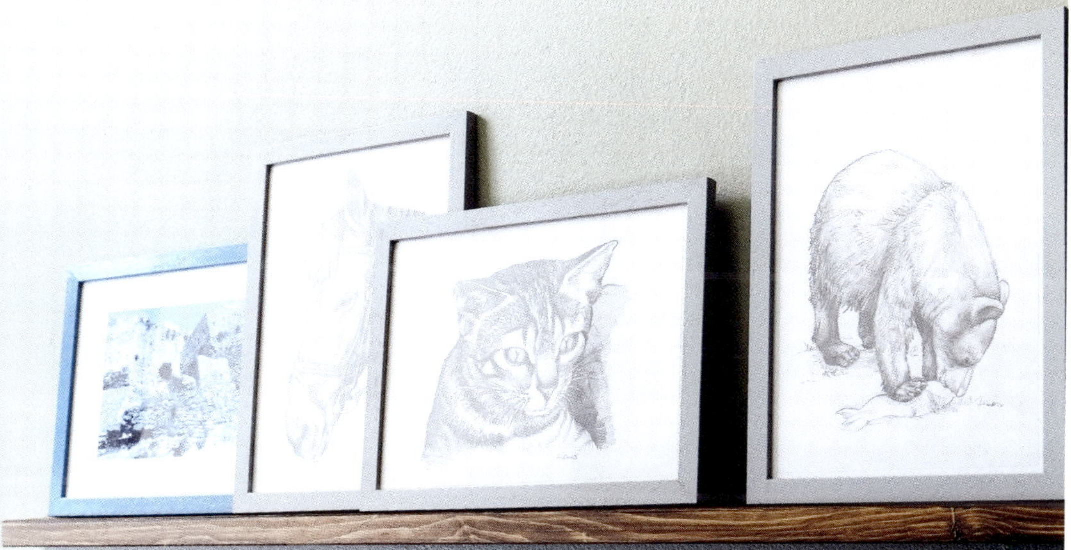

Warum denn Bilder immer nur aufhängen – sie sehen auch aufgestellt sehr dekorativ aus. Wähle schmale Regalleisten, auf denen du die Bilder flexibel anordnen kannst. Das sieht nicht nur modern aus, sondern lässt sich auch immer wieder neu arrangieren.

Größere Bilder kannst du gekonnt präsentieren, indem du sie auf eine Staffelei oder einfach auf den Boden stellst.

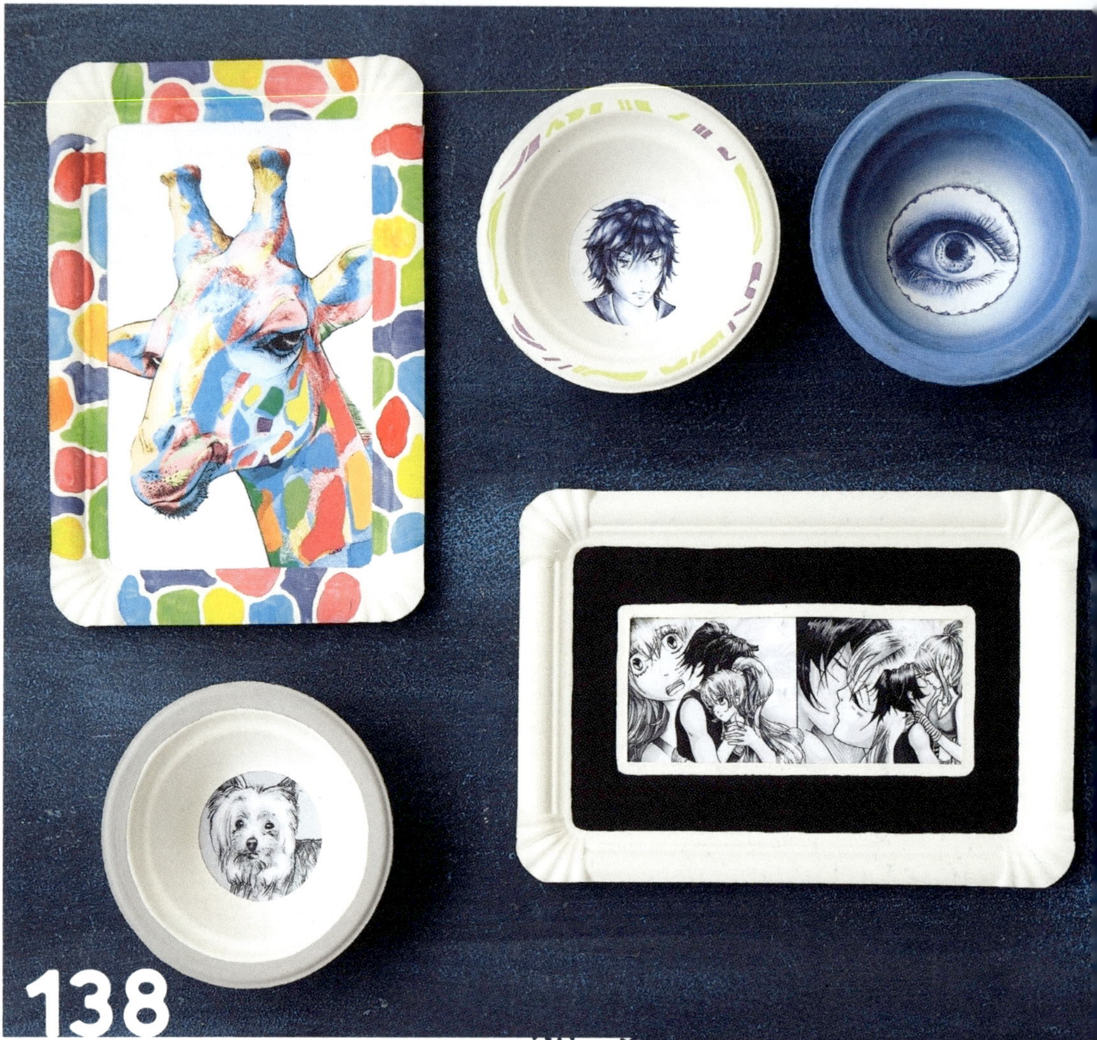

138

DAS BLEIBT IM RAHMEN

Es müssen nicht immer Holz oder Alu sein! Zaubere doch mal aus Pappgeschirr einen witzigen Bilderrahmen. Ein großes Plus: Du kannst den Rahmen beliebig farbig gestalten und dabei die Farbtöne deines Motivs mit einbringen.

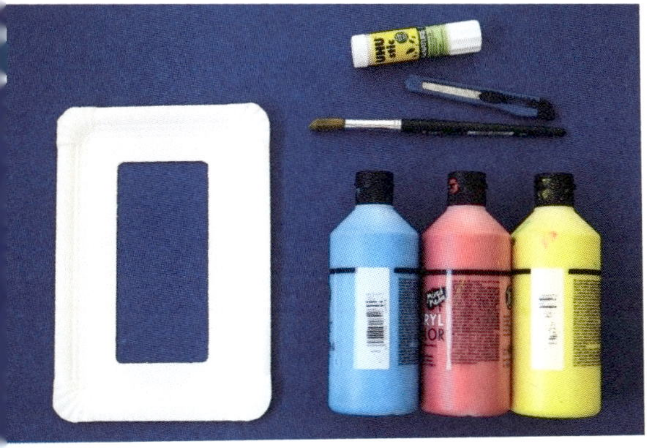

1 Du benötigst: Pappteller oder -schale, Cuttermesser, Klebstoff, Acrylfarbe, Pinsel

2 Größe des Ausschnitts festlegen und mit dem Cuttermesser ausschneiden.

3 Gestalte den Rahmen farblich passend zum Motiv.

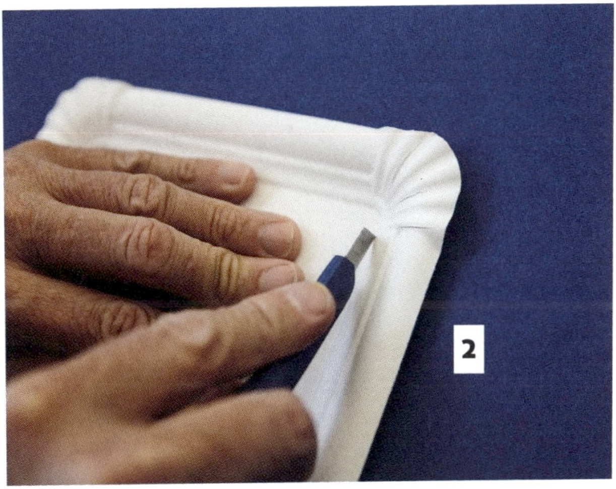

2

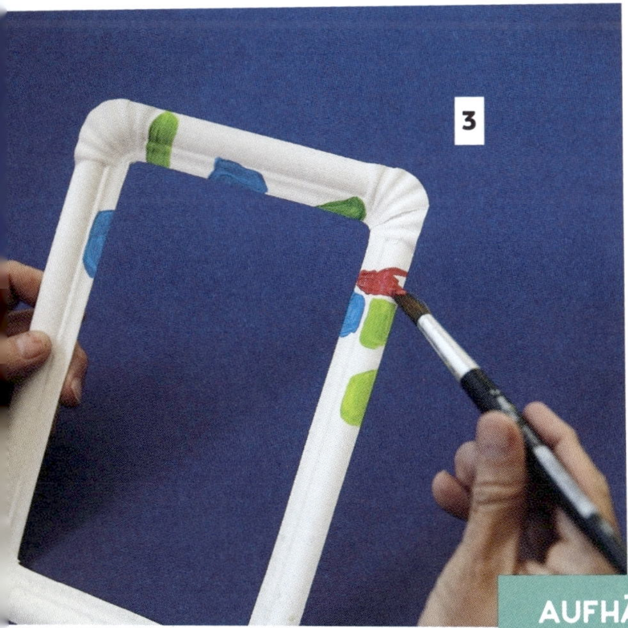

3

4 Klebe dein Motiv vorsichtig an die Rückseite des Papprahmens, sodass genau der gewünschte Ausschnitt sichtbar wird.

Damit der Rahmen stabiler wird, kannst du auch zwei oder drei Pappteller übereinander kleben.

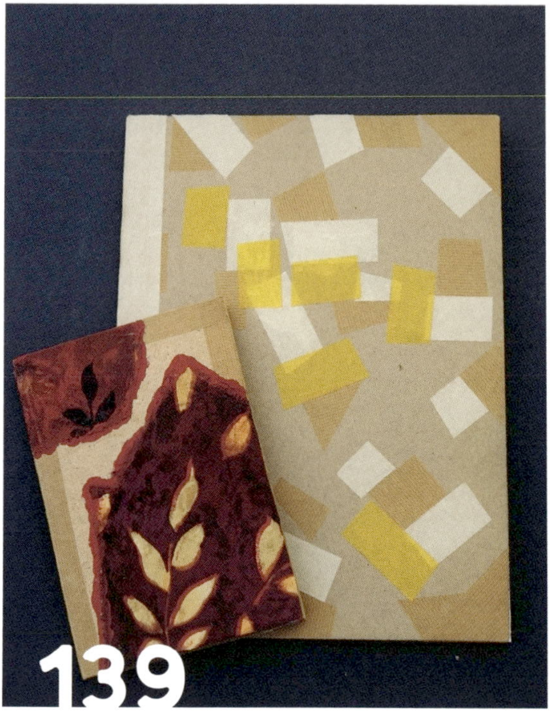

139

STYLISH PRÄSENTIERT

Schöner als herumfliegende Zeichnungen: eine selbst gemachte Präsentationsmappe. Du brauchst lediglich zwei Kartons für die Seiten, drei Bögen dickes Papier für die Einschlaglaschen und Klebeband. Noch schöner wird's mit einem Stück Geschenkband als Verschluss. Wie du eine Transportmappe für deine Kunstwerke herstellen kannst, erfährst du in Hack 58.

Bemale, beschrifte oder beklebe deine Mappe noch individuell.

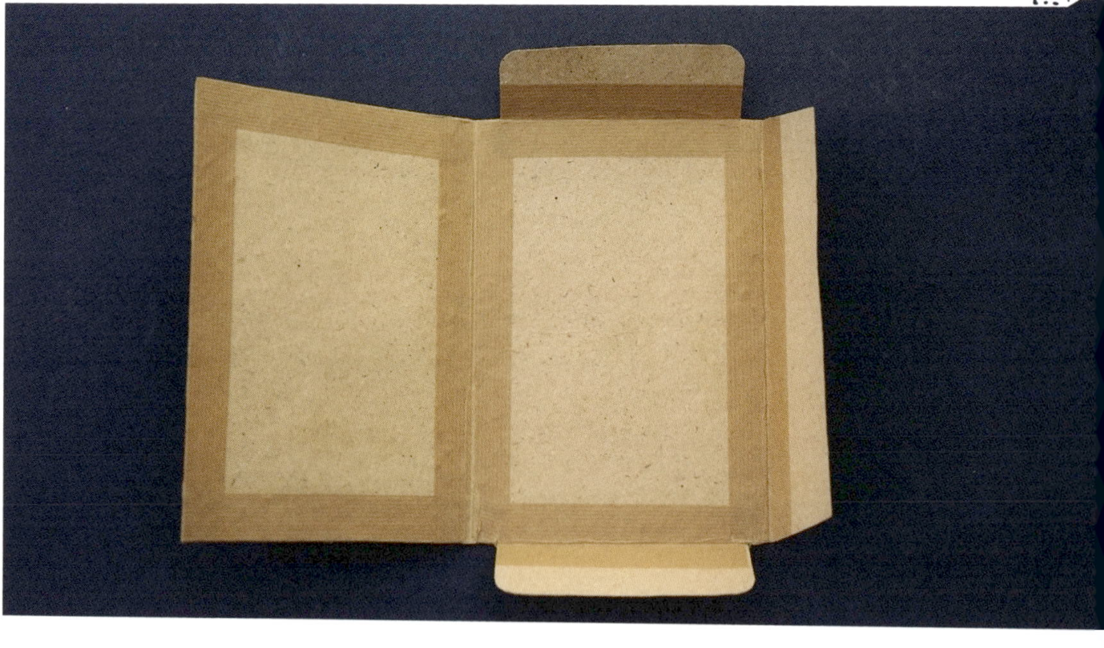

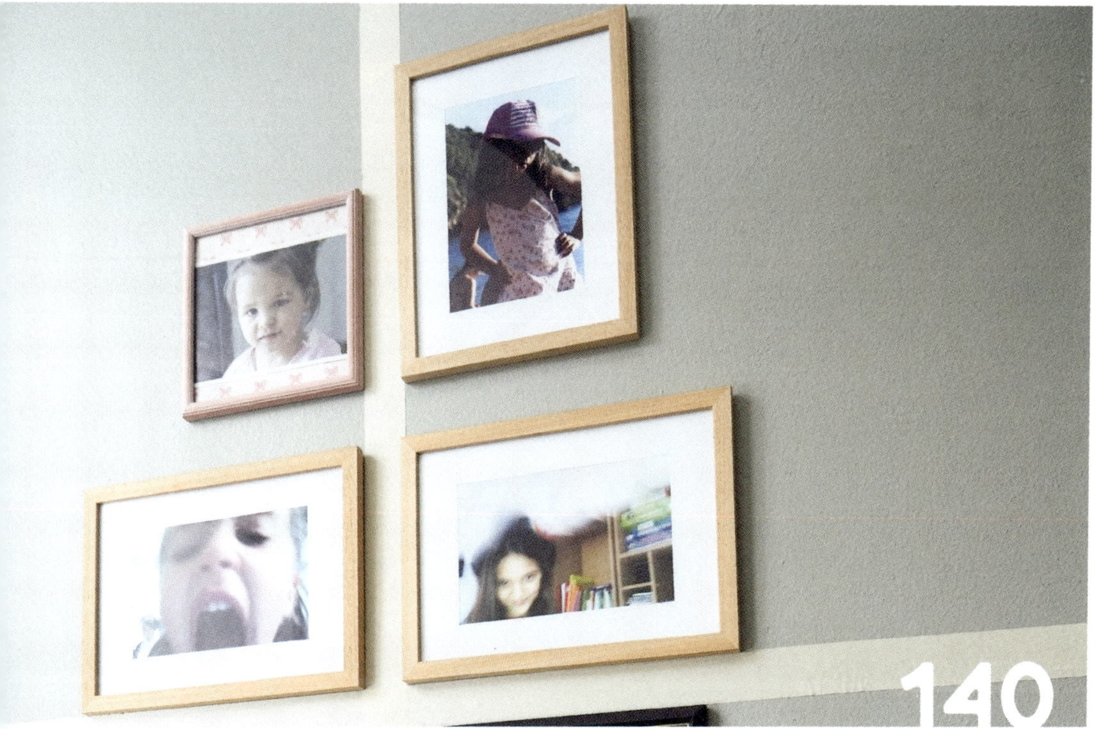

140

ORIENTIERUNGS-PHASE

Damit Bilder richtig wirken, sollten Farben, Motive und Größe im richtigen Verhältnis zueinander und zur Umgebung stehen. Achte bei der Anordnung auf ein durchgehendes Grundkonzept, zum Beispiel auf ein Kreuz, an dem sich die Rahmenkanten orientieren.

Es gibt viele Möglichkeiten einer harmonischen Anordnung. Du kannst zum Beispiel auch eine durchgehende Grundlinie wählen, an der sich alle Rahmenoberkanten ausrichten.

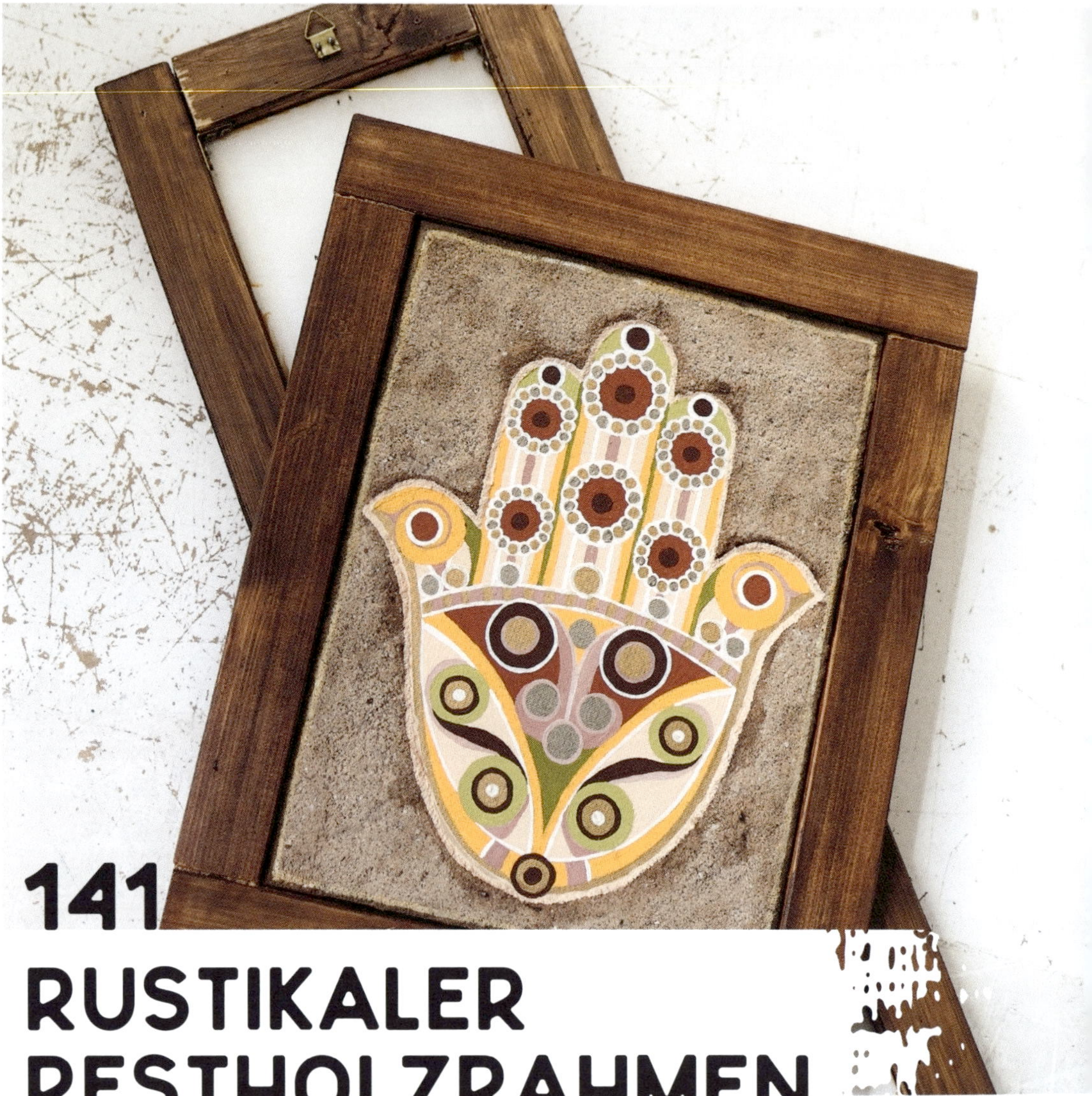

141 RUSTIKALER RESTHOLZRAHMEN

Oft liegt die Schönheit im Unperfekten. Vier Leisten aus Restholz, hinten verschraubt und anschließend lasiert, ergeben eine tolle Optik für einen individuellen Bilderrahmen.

1

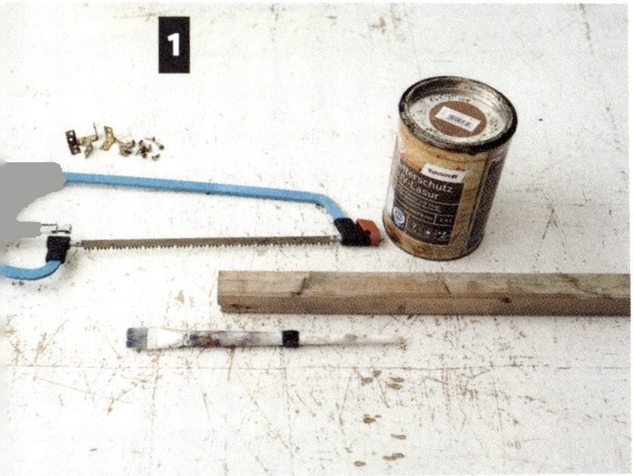

1 **Du benötigst: Restholzleiste, Säge, Holzlasur, Pinsel, Winkel, Schrauben, Akkuschrauber**

2 **Säge aus einer Holzleiste vier passende Rahmenleisten zurecht.**

2

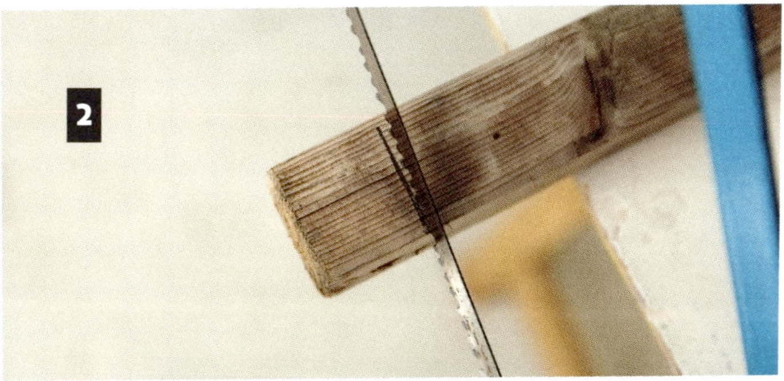

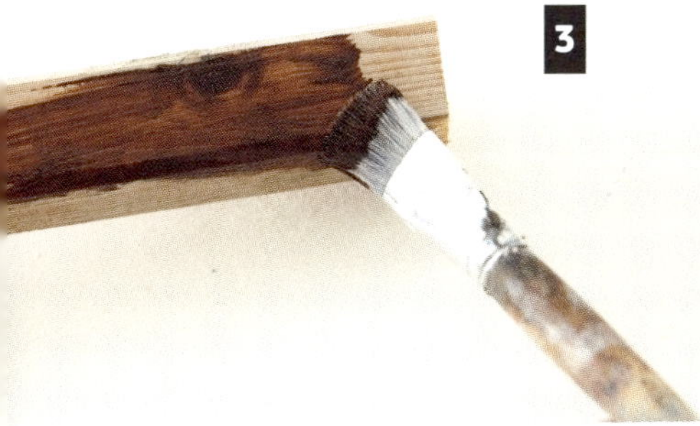

3

3 **Bemale die einzelnen Teile mit der gewünschten Holzlasurfarbe.**

4

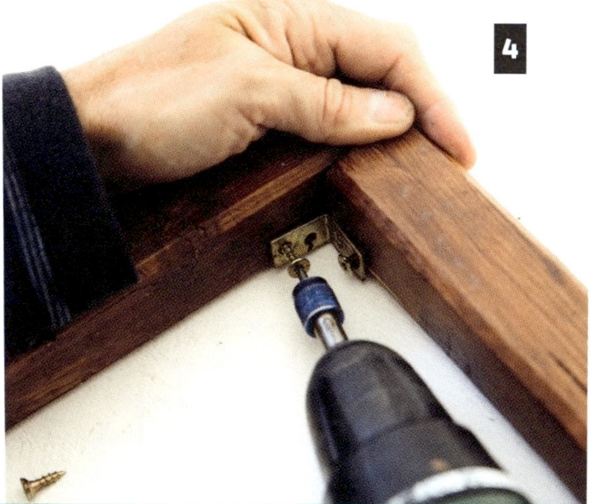

4 **Schraube die Rahmenteile mit kleinen Winkeln aus dem Baumarkt aneinander. Die Winkel können später auch als Abstandshalter für dein Bild dienen.**

5 **Füge das Bild ein und befestige es, sofern nötig, noch mit etwas Klebeband.**

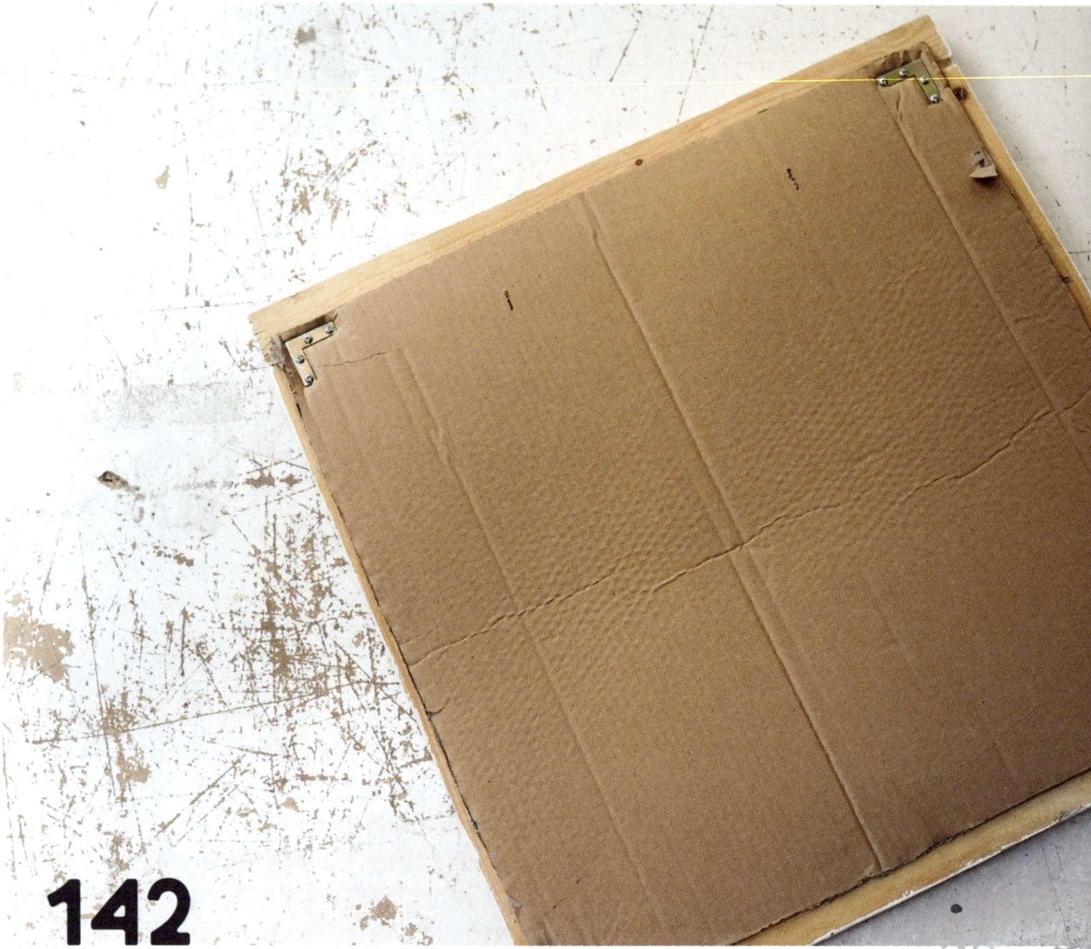

142 RAHMEN IM SCHNELLVERFAHREN

Simplify your Life! Klebe deine zurechtgesägten Leisten einfach mit einem Kraftkleber auf einen stabilen Karton. Ist der Karton wirklich fest, reicht das unter Umständen schon. Ansonsten kannst du die Ecken zusätzlich mit flachen Winkeln verstärken.

Sei kreativ und denke weiter, dir fallen bestimmt noch weitere, ganz spezielle Rahmenvarianten ein.

143

PLASTIC FANTASTIC

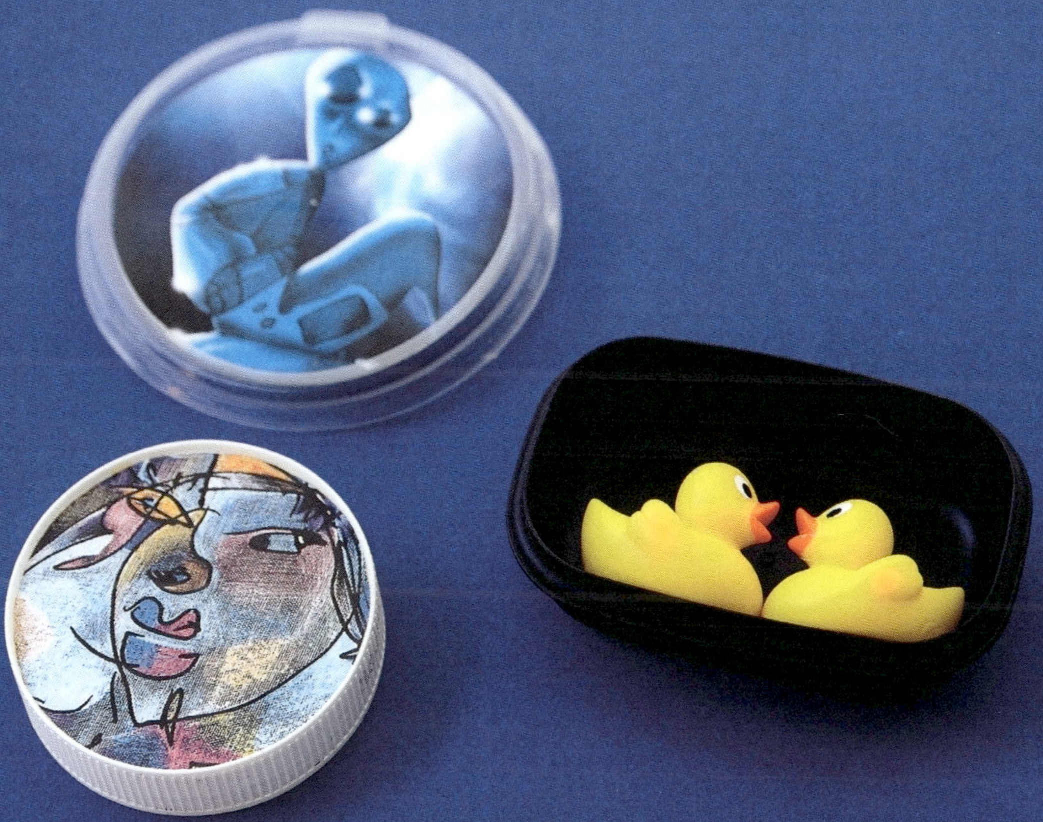

Klar, zu viel Plastikmüll belastet unsere Umwelt. Upcycle Kunststoffdeckel oder Plastikboxen und kreiere daraus witzige Rahmen für deine Kunstwerke oder Lieblingsobjekte. Besonders geeignet für dreidimensionale Objekte!

Mit Sprühlack kannst du tolle Effekte auf deinen Recycling-Rahmen zaubern.

Viel zu schade für den Müll! Erwecke Verpackungsmaterial wie Karton oder Luftpolsterfolie zu einem neuen Leben als witziges Passepartout.

Besonders für Comic- oder Pop-Art-Motive eine bunte und extravagante Idee.

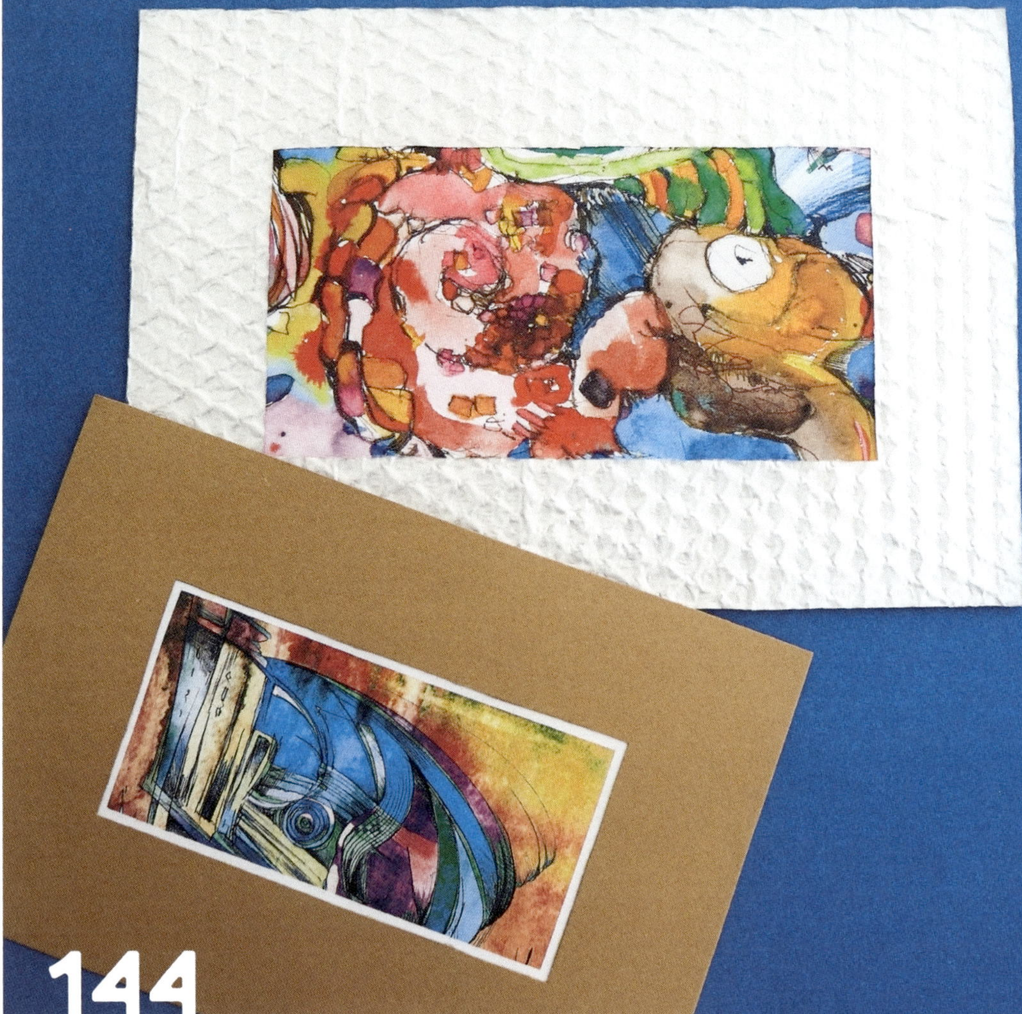

144 SECOND LIFE

145

DREHFREUDIG

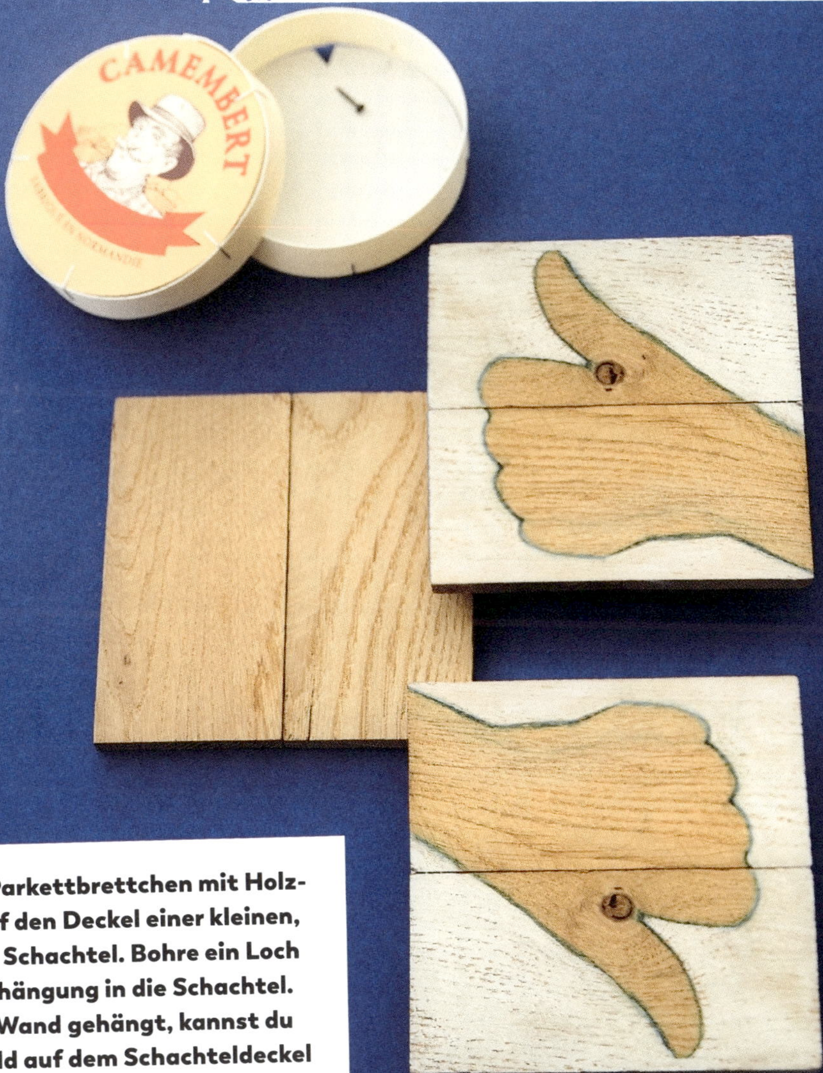

Klebe Parkettbrettchen mit Holzleim auf den Deckel einer kleinen, runden Schachtel. Bohre ein Loch als Aufhängung in die Schachtel. An die Wand gehängt, kannst du dein Bild auf dem Schachteldeckel nach Lust und Laune drehen.

Auch Holzabfälle oder kleine Baumscheiben eignen sich als Malgrund.

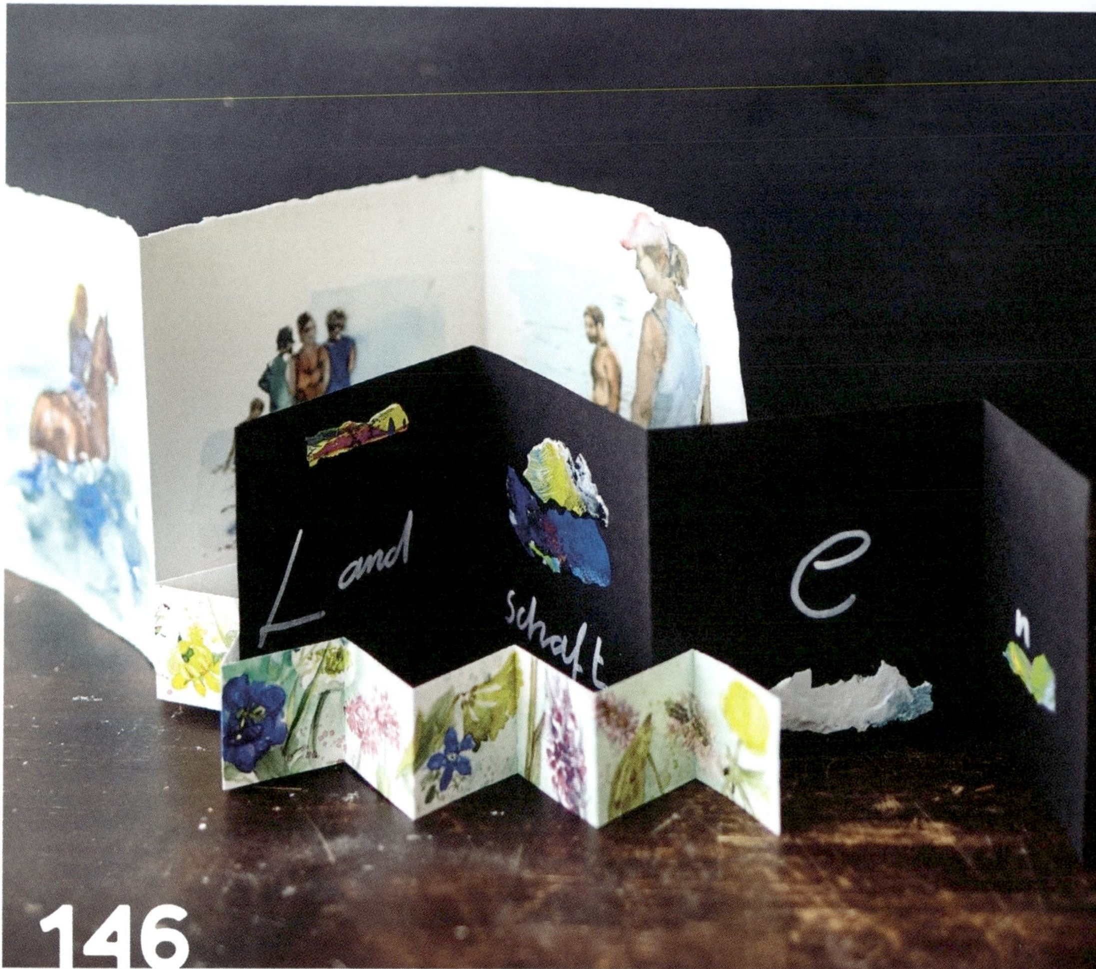

146

AUF ZICKZACK-KURS

Kleine Aquarell-Leporellos sind sehr hübsch zum Vorzeigen oder Verschenken geeignet. Wie du aus einem Leporello eine praktische Palette to go herstellen kannst, erfährst du in Hack 67.

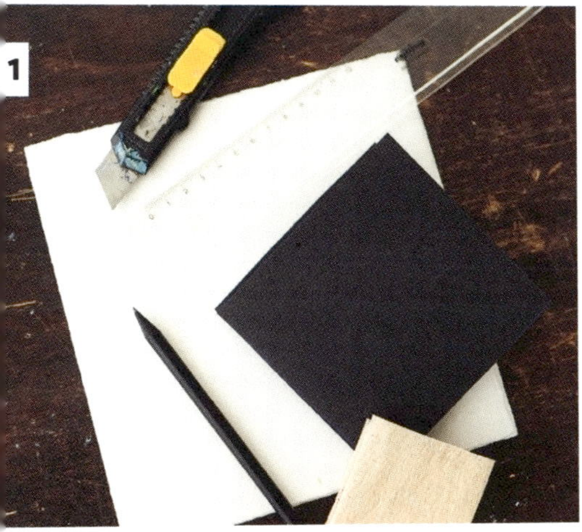

1 **Du benötigst: Aquarellpapier, Lineal, Bleistift, Cuttermesser**

2 **Rechne die Länge deines Leporellos aus und schneide dann einen entsprechenden Papierstreifen (Höhe mal gewünschte Quadrate) zu.**

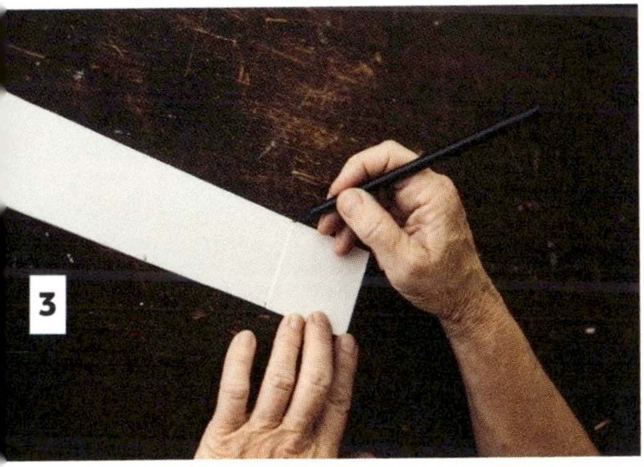

3 **Ein quadratisches Muster hilft, die Knicke exakt vorzuzeichnen.**

4 **Falte den Streifen nun abwechselnd nach oben und unten. Lege dein Muster nach jedem Knick neu an, sonst verschieben sich die Abstände aufgrund der Papierstärke eventuell.**

5 **Hast du den Streifen etwas länger gewählt, ergibt sich am Schluss ein Überstand, der exakt abgeschnitten werden kann. Jetzt kannst du dein Leporello bemalen.**

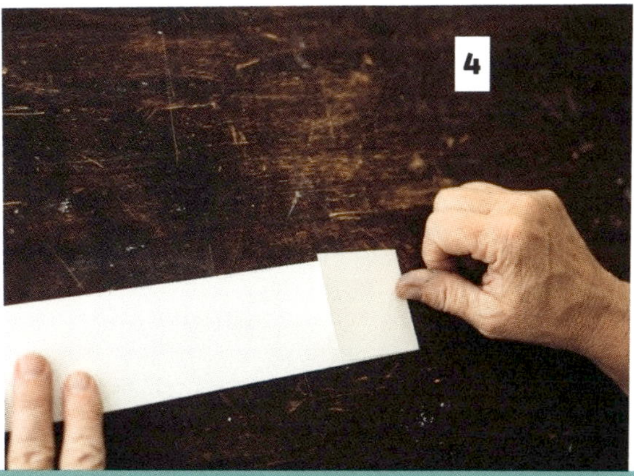

Gestalte deine Leporellos zu einzelnen Themen wie Menschen, Landschaften oder Blumen.

NOTIZEN

AHA!

Was am Anfang vielleicht eher lästig scheint, kann sich schnell als neue Passion entpuppen. Das Fertigen von Rahmen, das optisch ansprechende Präsentieren von Bildern oder auch das Zuschneiden von originellen Passepartouts ist ein ganz eigener, kreativer Prozess und Bestandteil des Gesamten. Viele entdecken dabei ganz neue Talente und entwickeln daraus wiederum neue, kreative Ideen. Also, sei ruhig mutig, wenn es darum geht, deine Motive auch möglichst publikumswirksam in Szene zu setzen.

Kreativ mit Kindern

Wohin mit den vielen Malstiften? Als praktischer Stiftebehälter für Kinder eignet sich eine abgeschnittene Waschmittelflasche – Tragegriff gleich inklusive.

Mit schönen Aufklebern dekoriert, wird das Utensilo zum Hingucker.

147

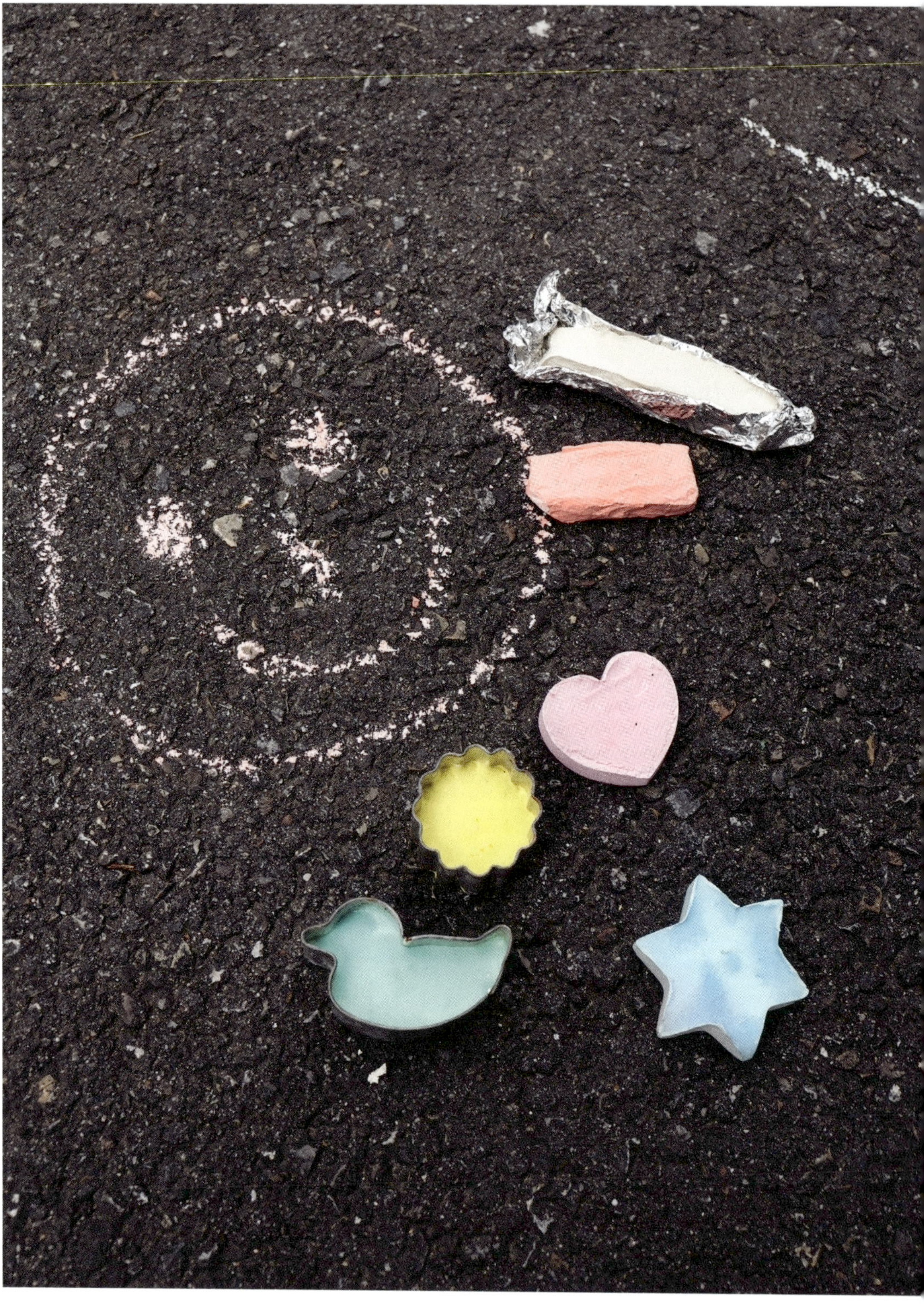

Wohin mit den Farben – und wie kriegen wir die wieder weg von den Möbeln? Was können wir denn heute zeichnen und malen, ohne dass wir dafür extra einkaufen müssen? Mit den folgenden Hacks kannst du diese Fragen vergessen und vielleicht ertappst du die Kinder ja dabei, dass plötzlich sogar das Aufräumen der Stifte in die selbst gefärbten Gläser Spaß macht.

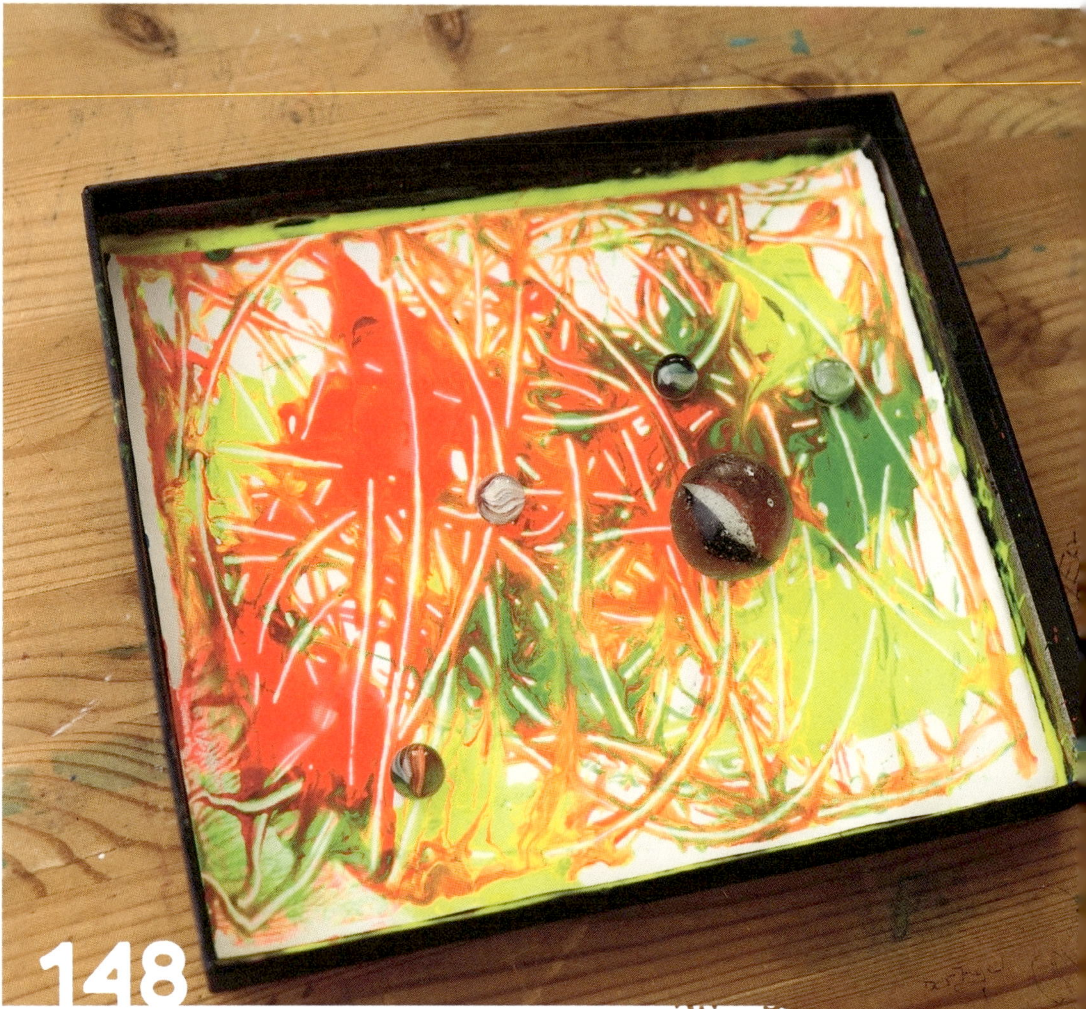

148

FARBENSPASS MIT MURMELN

Von wegen nur auf der Murmelbahn: Die runden Spielzeuglieblinge der Kinder bringen auch Farbe in Schwung – mit immer wieder anderen Ergebnissen!

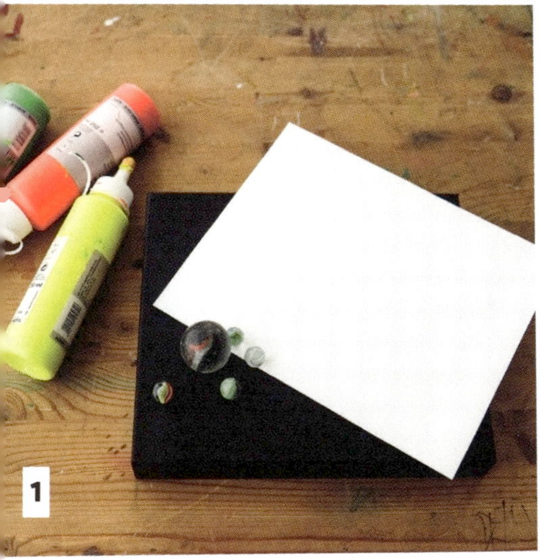

1 Du benötigst: Kartondeckel, passendes Blatt Papier, Acryl-, Tempera-, Gouache- oder Fingerfarben, Murmeln

Lege ein passendes Papier in einen Kartondeckel, zum Beispiel von einem Schuhkarton. Verteile die gewünschten Farben darauf.

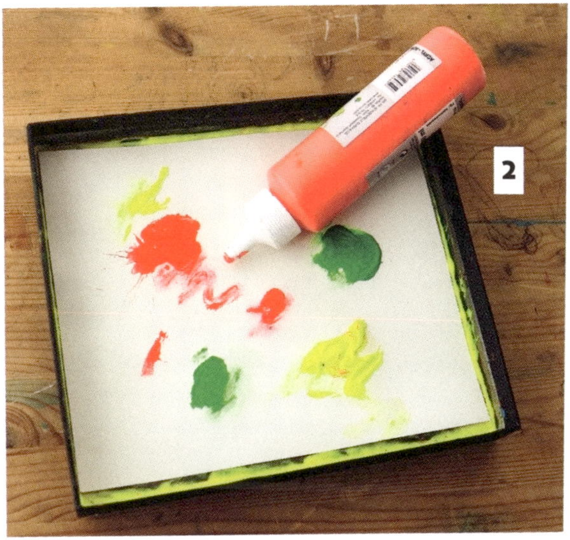

3 Lege ungefähr fünf Murmeln in den Deckel. Nimm unterschiedliche Murmelgrößen. Eine große Murmel sollte möglichst dabei sein, dann laufen sie besser! Bewege den Karton hin und her, bis ein schönes Muster entstanden ist.

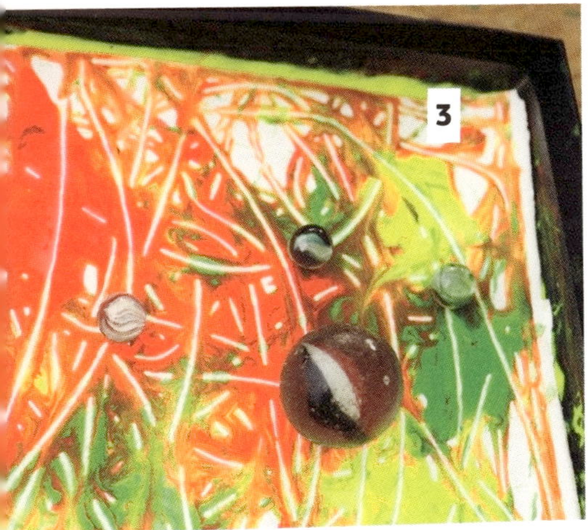

Unterschiedliche Murmelgrößen, aber auch die Konsistenz der Farben beeinflussen das Ergebnis erheblich.

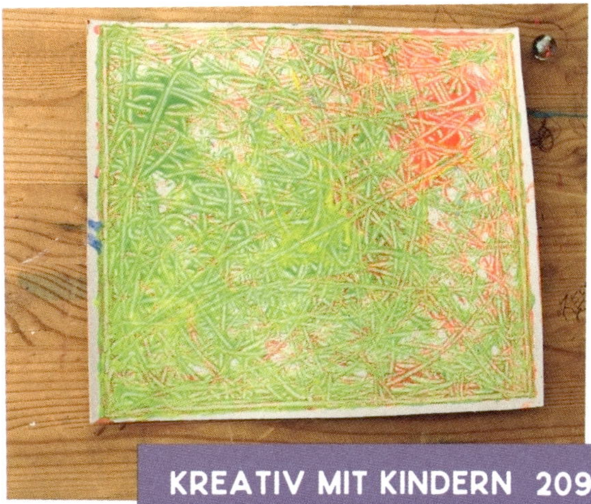

149

EI, EI, WER MALT DENN DA?

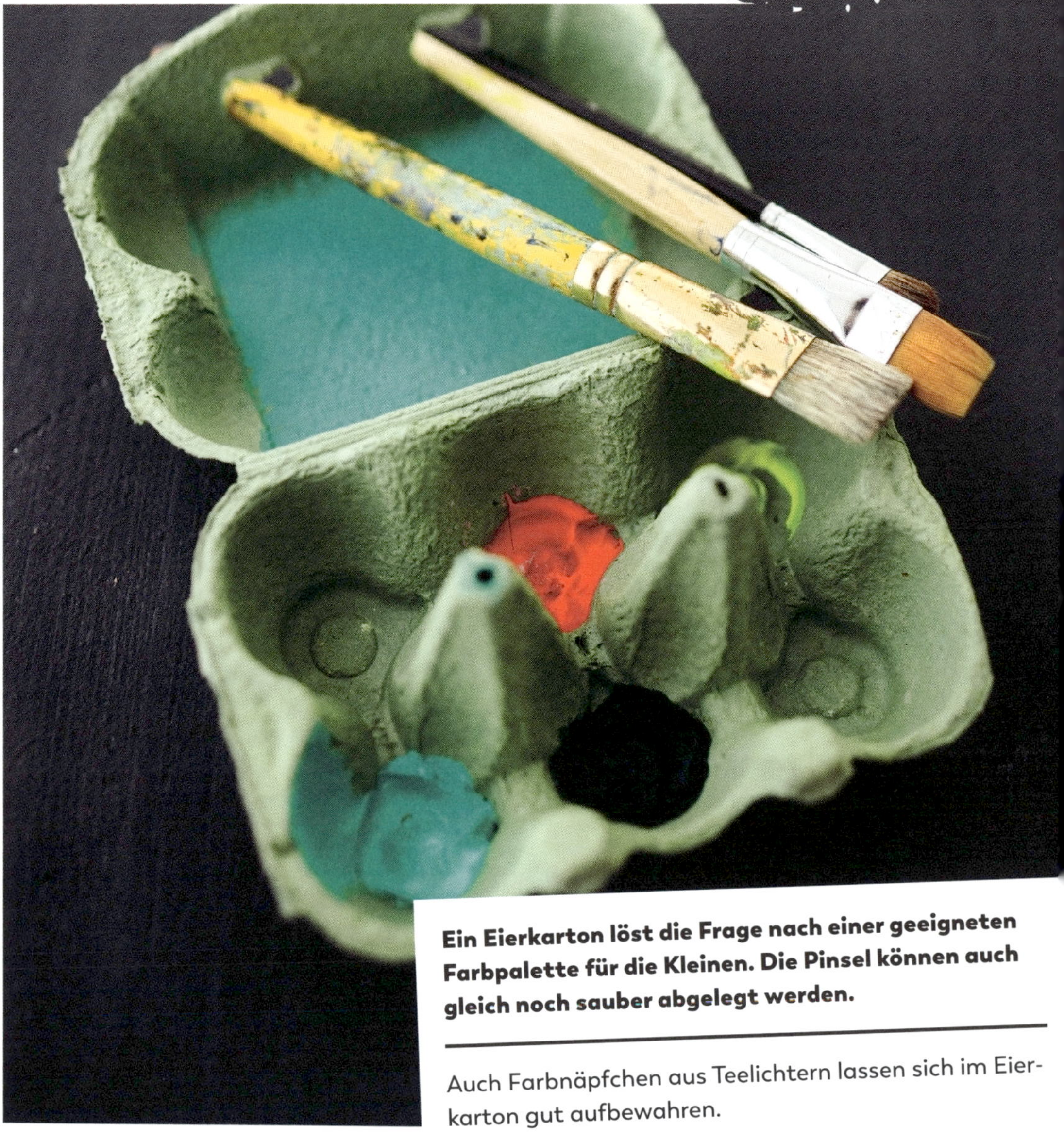

Ein Eierkarton löst die Frage nach einer geeigneten Farbpalette für die Kleinen. Die Pinsel können auch gleich noch sauber abgelegt werden.

Auch Farbnäpfchen aus Teelichtern lassen sich im Eierkarton gut aufbewahren.

150 KINDERLEICHTER SCHWAMMPINSEL

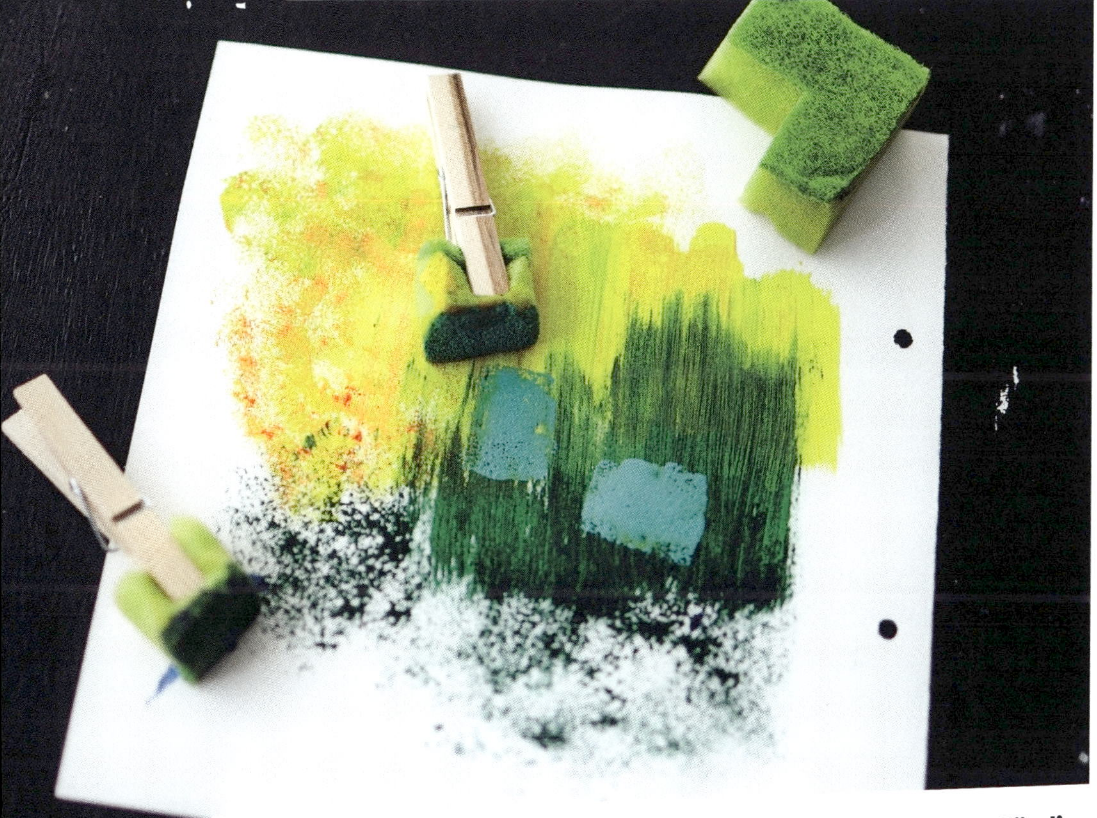

Schnell hergestellt, preiswert und super easy in der Handhabung: Für die Schwammpinsel brauchst du nur einen Haushaltsschwamm und Wäscheklammern. Zuschneiden, klammern – und ab in die Farbe!

Schneide unterschiedliche Formen zu. Die Schwammpinsel lassen sich auch schnell austauschen.

Malspuren auf Tischen kannst du ganz leicht mit Zahnpasta entfernen. Einfach etwas Zahncreme auf ein trockenes, sauberes Tuch oder ein Stück Küchenkrepp geben und damit in kreisenden Bewegungen sanft über die bemalten Stellen reiben. Im Nu sind die Farbspuren verschwunden.

Alternativ kannst du auch einen Zauberschwamm verwenden.

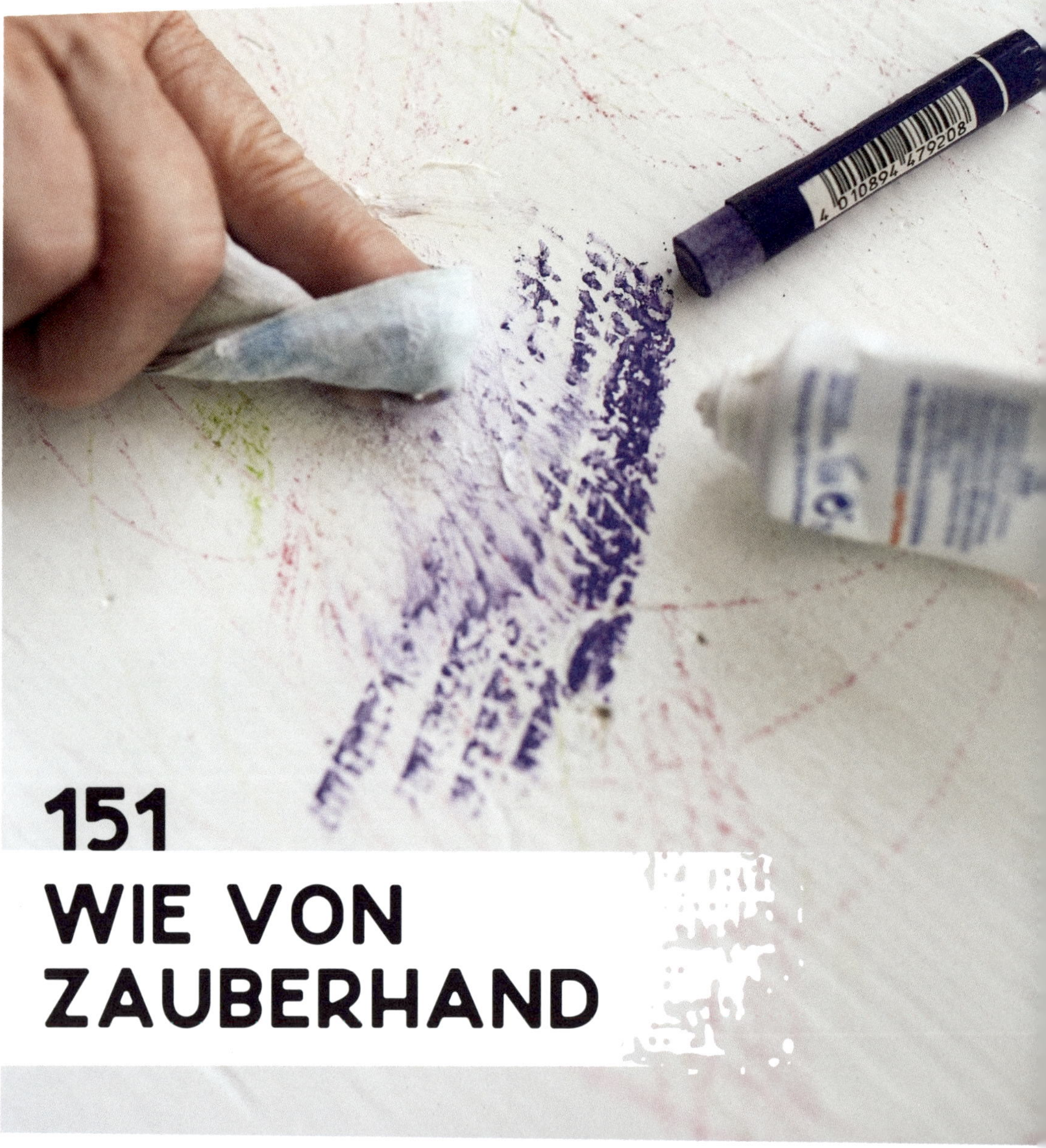

151 WIE VON ZAUBERHAND

Grundiere zuerst die Rückseite eines alten Keilrahmens in einem hellen Farbton. Schneide zwei Schablonen aus Karton für die Begrenzungen des Regenbogens zurecht und lege sie in den Rahmen. Jetzt können die Kids loslegen! Als Malwerkzeug dienen Kartonstreifen, auf die du jeweils einen Klecks Acrylfarbe gibst. Die Farben der Reihe nach aufbringen

Mit dem Pinsel ergibt sich eine völlig andere Optik. Verwende zum Malen breite Flachpinsel.

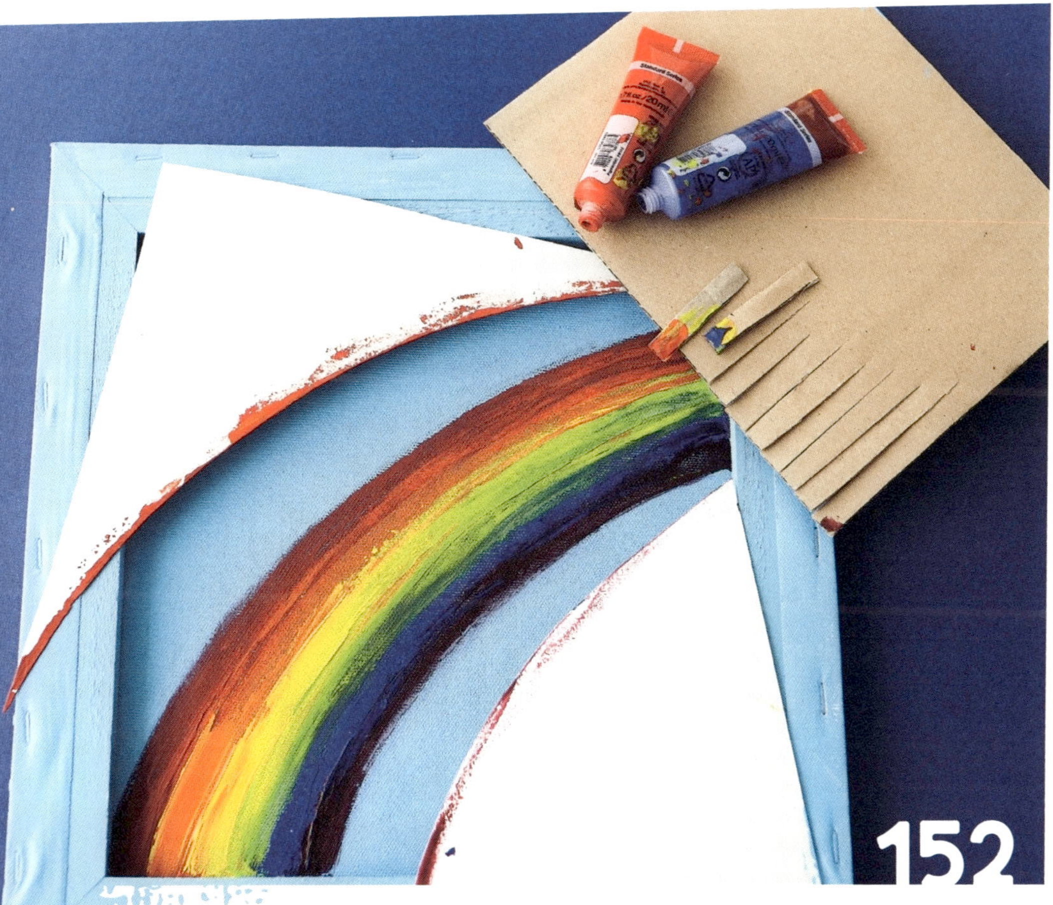

152

REGENBOGEN IN DER KISTE

153

MAGISCHE SALZSPUREN

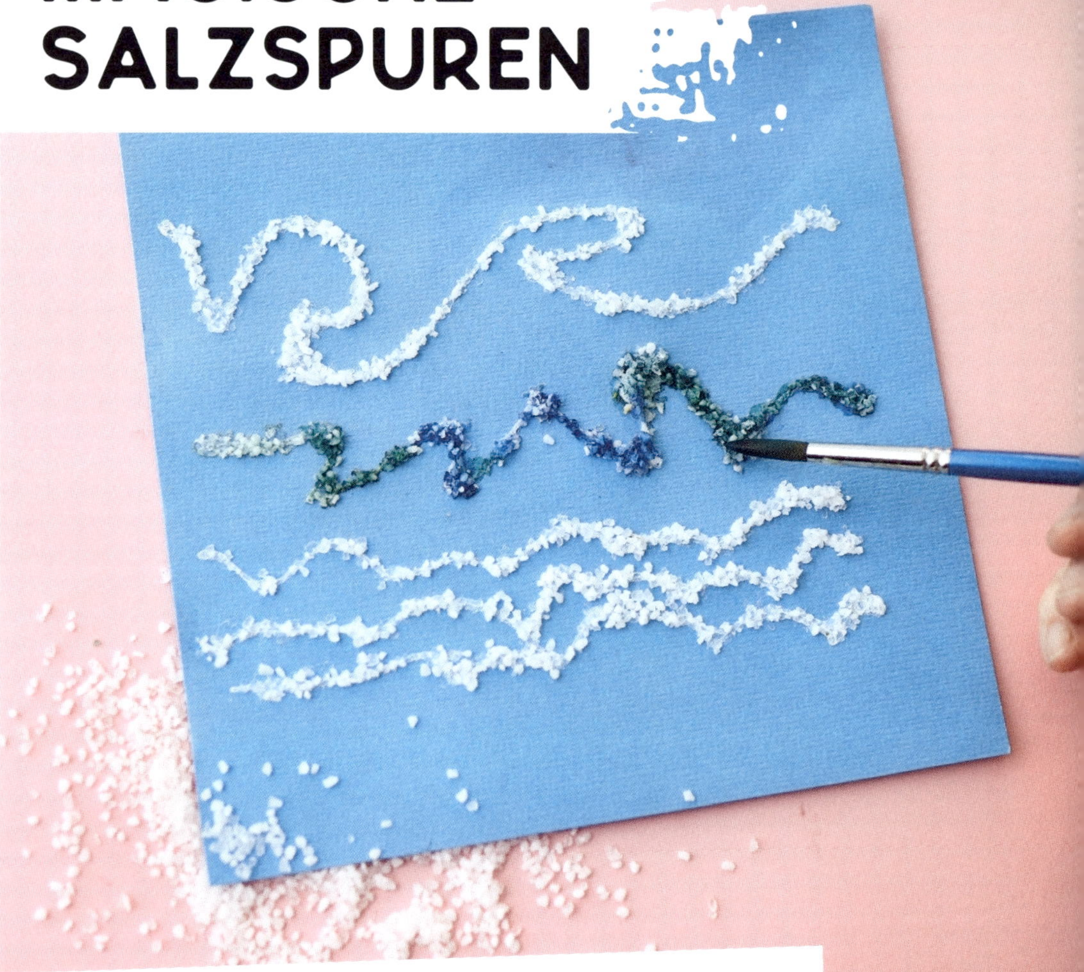

Trage mit Holzleim auf Karton oder Leinwand verschiedene Spuren auf. Bestreue die Spuren mit Salz und gib anschließend mit einem Pinsel vorsichtig Farbe hinzu. Das Salz lässt die farbige Spuren effektvoll leuchten.

Tinten und Tuschen sowie in Wasser gelöste Lebensmittelfarben eignen sich besonders gut.

Mit Wattestäbchen lassen sich prima Bilder im Dot-Painting-Stil tupfen. Als Malkasten eignet sich bestens eine Palette aus Eierkartons. Mehr dazu erfährst du in Hack 149.

Die Pünktchen-Technik verziert auch sehr schön Steine oder Ostereier.

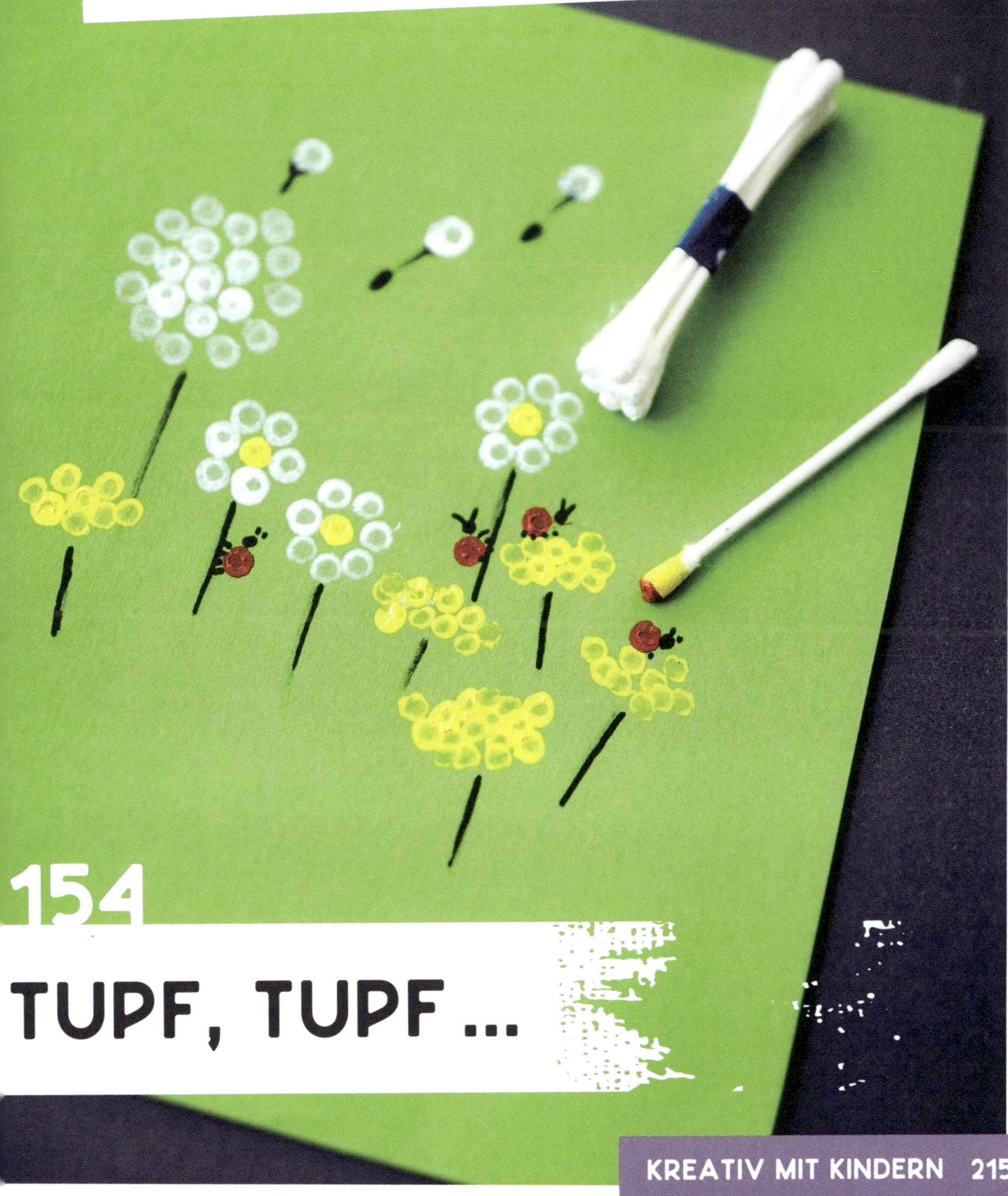

154 TUPF, TUPF ...

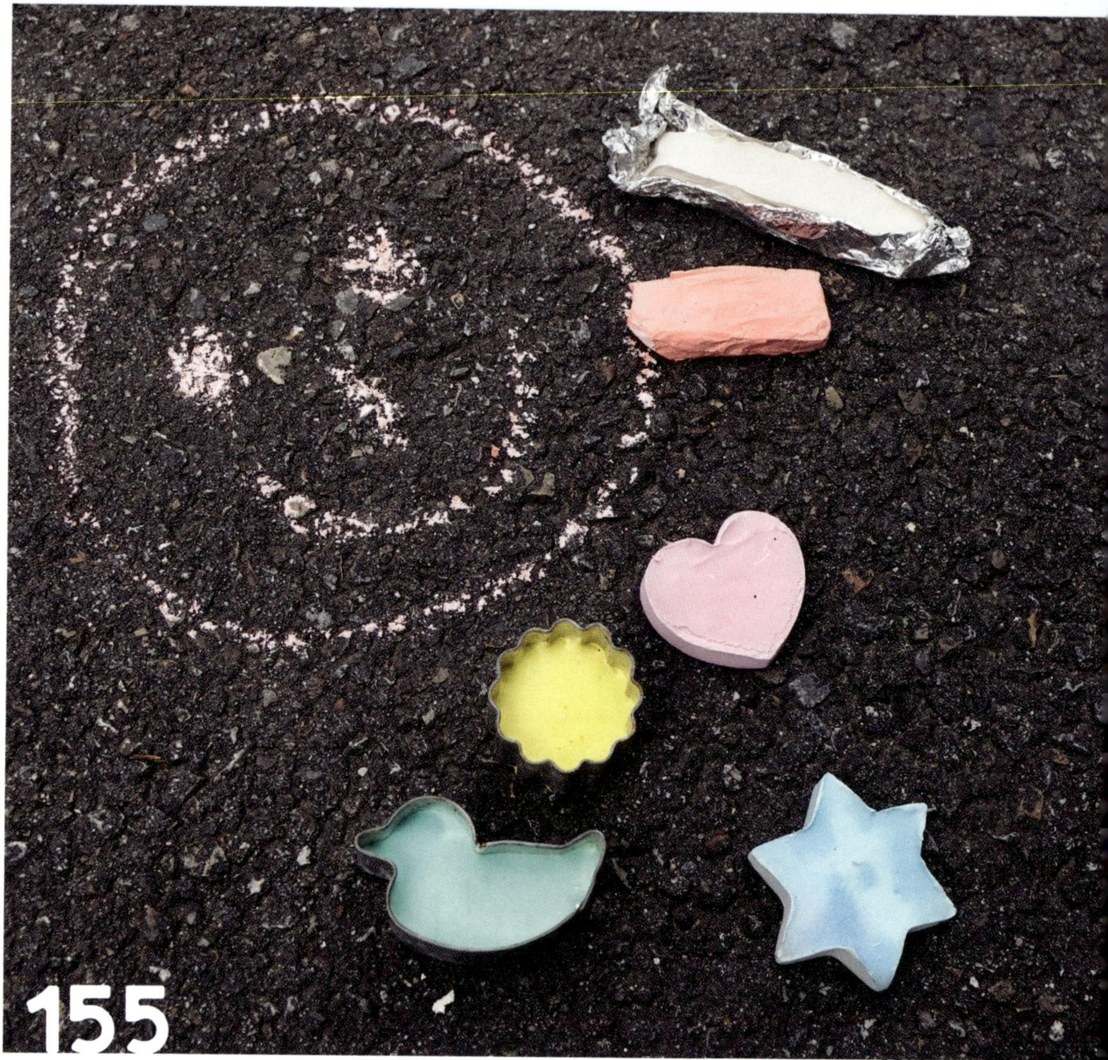

155 FIXER KREIDESPASS

Eins, zwei, drei – fertig ist deine bunte Straßenkreide, mit der sich prima malen lässt. Alles, was du brauchst, ist Wasser, Gips, Lebensmittelfarbe und Förmchen, zum Beispiel Plätzchenausstecher.

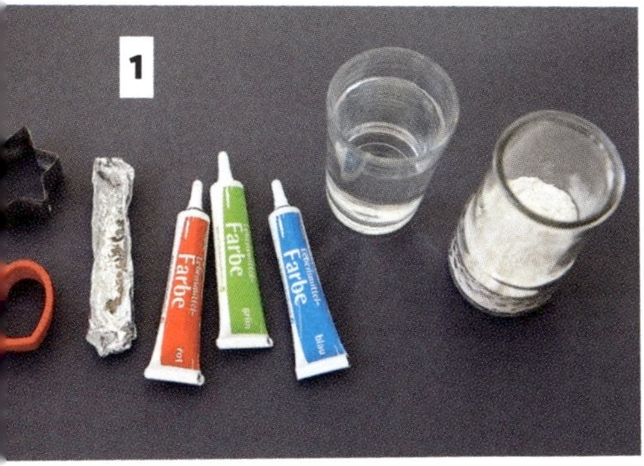

1 **Du benötigst: Gips, Wasser, Lebensmittelfarbe, passende Förmchen**

2 **Suche passende Formen für die Kreide oder stelle selbst eine Form her. Rühre den Gips mit Wasser im Verhältnis 1:2 an. Achte darauf, dass die Masse nicht zu flüssig wird.**

3 **Fülle die Masse rasch bis zum Rand in deine Form.**

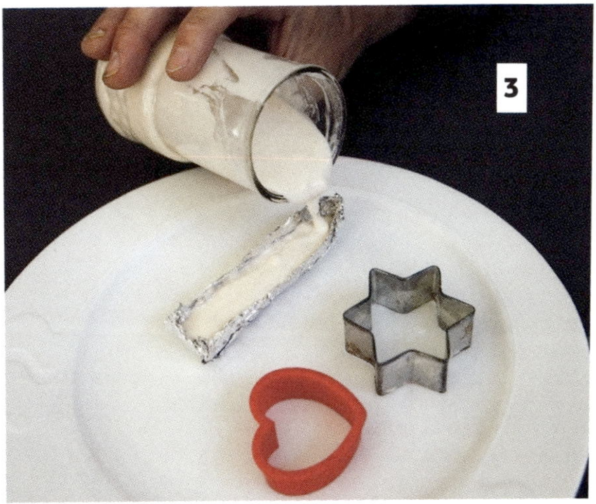

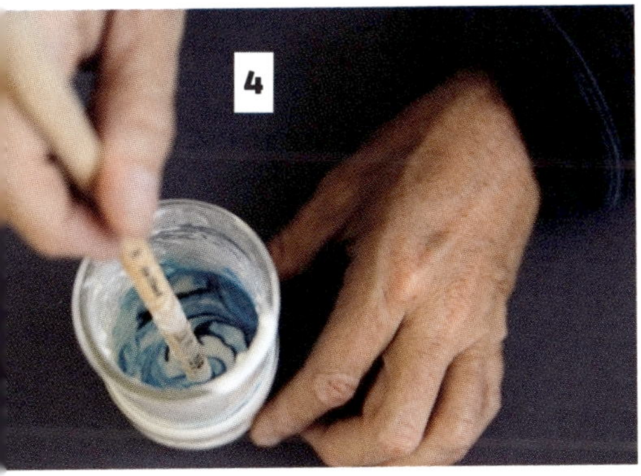

4 **Für bunte Kreide gibst du deiner Gips-Wasser-Mischung etwas (Lebensmittel) Farbe hinzu und verrührst alles gut mit einem Rührstäbchen.**

5 **Fülle die Masse anschließend in die gewünschte Form und lasse sie trocknen. Danach kannst du die fertige Kreide aus der Form nehmen und losmalen!**

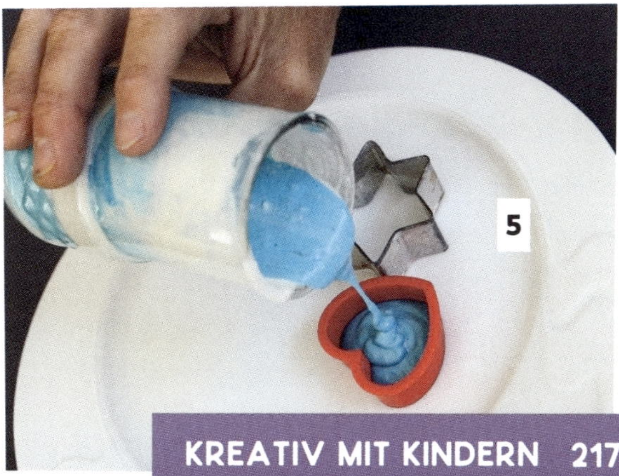

Förmchen kannst du auch einfach selbst machen, zum Beispiel aus Alufolie.

156 ZAUBERBOTSCHAFT

Schreibe mit einer Pipette oder Feder, die du zuvor mit Lavendelöl oder Spiritus befüllt hast, ein Wort auf dein Papier. Es können natürlich auch mehrere Wörter sein. Das Rätsel der unsichtbaren Botschaft löst sich, wenn du das Papier mit Wasserfarbe überziehst.

Auf diese Weise lässt sich auch Schrift in Aquarellbilder integrieren.

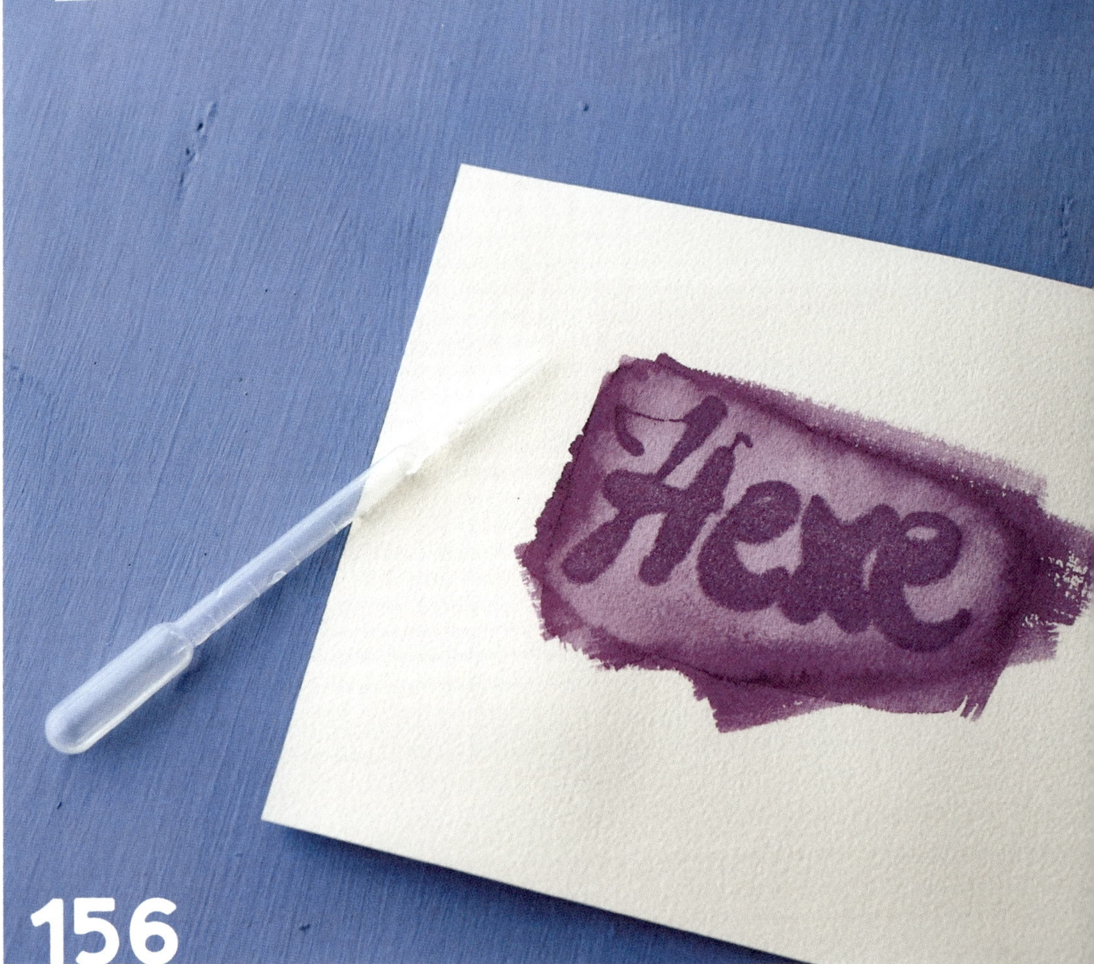

157

SCHATTENBOXEN MIT BUNTSTIFTEN

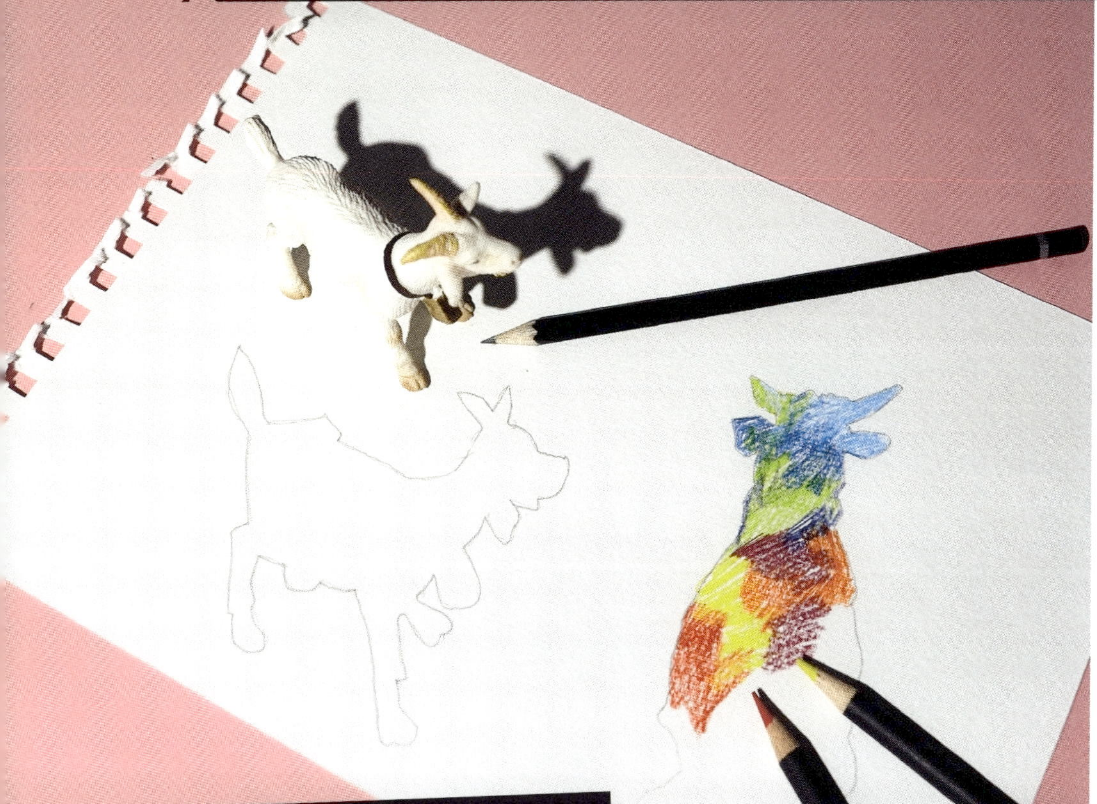

Stelle einen kleinen Gegenstand auf dein Papier und richte eine starke Lichtquelle darauf. Umfahre die Umrisse des Schattens mit einem Bleistift. Anschließend kannst du die Form mit Buntstiften farbig ausarbeiten.

Diesen Hack kannst du in allen Maltechniken umsetzen, zum Beispiel mit Aquarellfarben oder Pastellkreide.

158

PFIFFIGES PINSEL-MÄNNCHEN

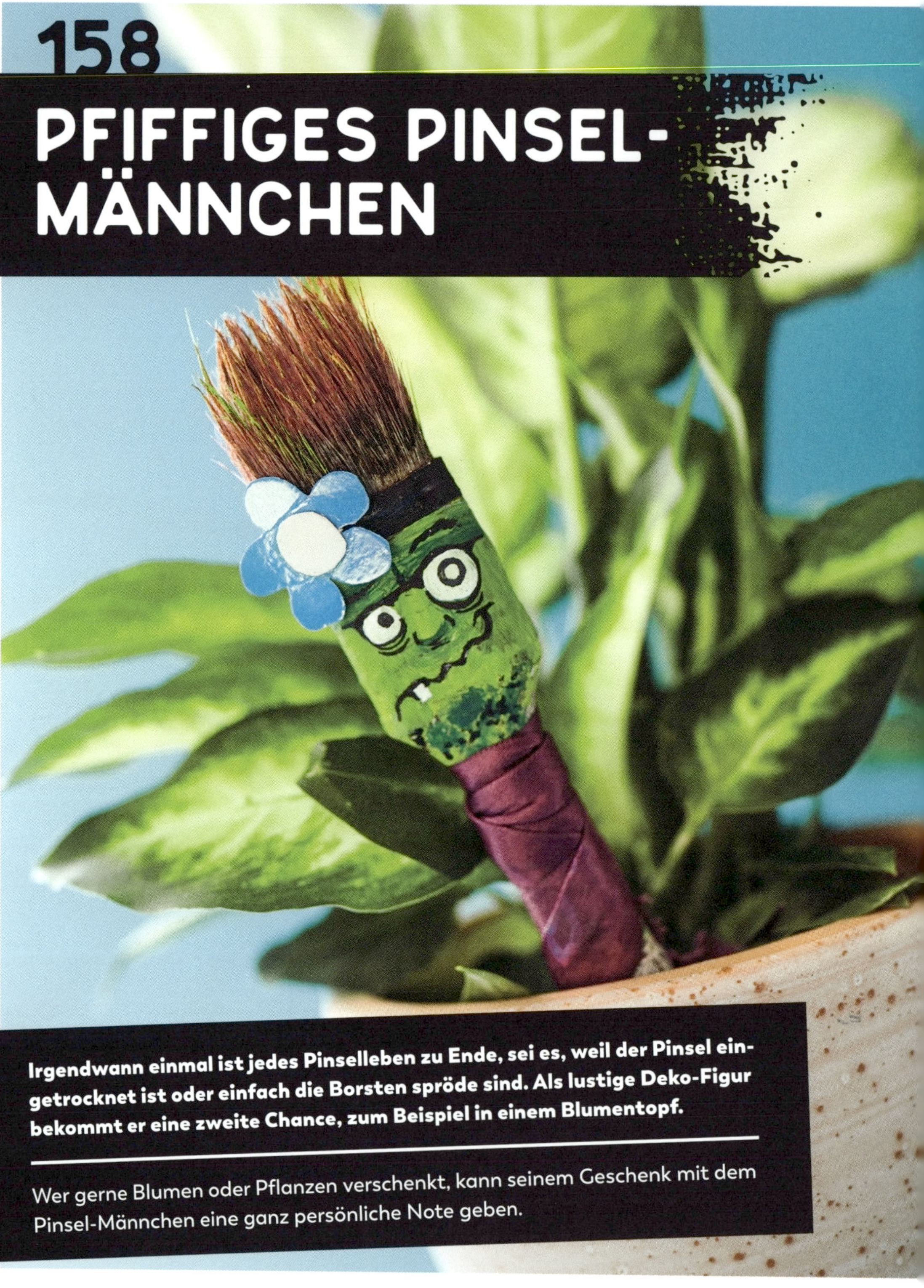

Irgendwann einmal ist jedes Pinselleben zu Ende, sei es, weil der Pinsel eingetrocknet ist oder einfach die Borsten spröde sind. Als lustige Deko-Figur bekommt er eine zweite Chance, zum Beispiel in einem Blumentopf.

Wer gerne Blumen oder Pflanzen verschenkt, kann seinem Geschenk mit dem Pinsel-Männchen eine ganz persönliche Note geben.

Das sorgt immer und überall für Unterhaltung: Fülle einen Ziplock-Beutel mit einigen Löffeln Fingerfarbe. Streiche die Farbe glatt und drücke dabei die Luft heraus. Die Farbe solle etwa zwei Millimeter dick im Beutel stehen. Verschließe den Beutel – schon kann gemalt werden!

Bitte keine spitzen Stifte verwenden! Wattestäbchen funktionieren sehr gut. Für die ganz Kleinen kann das Finger-Malpad mit Klebestreifen ans Fenster geklebt werden.

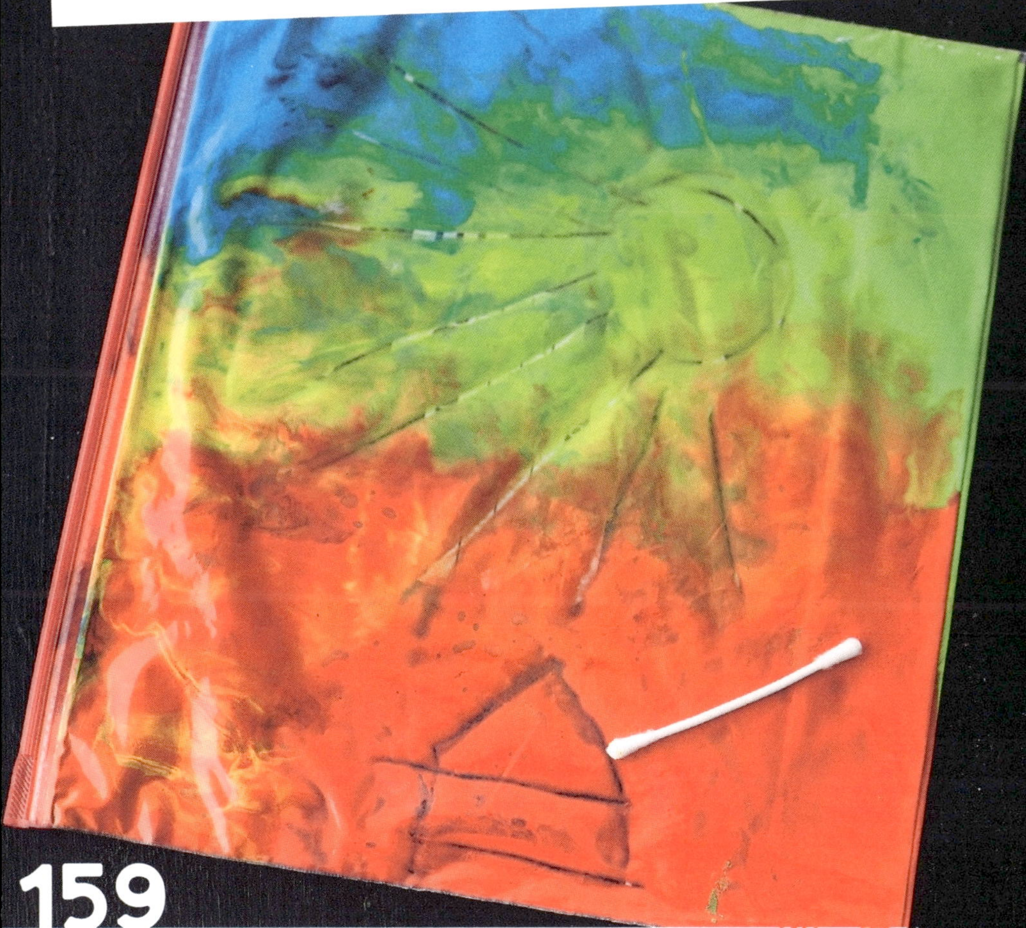

159 ZAUBER-MALPAD

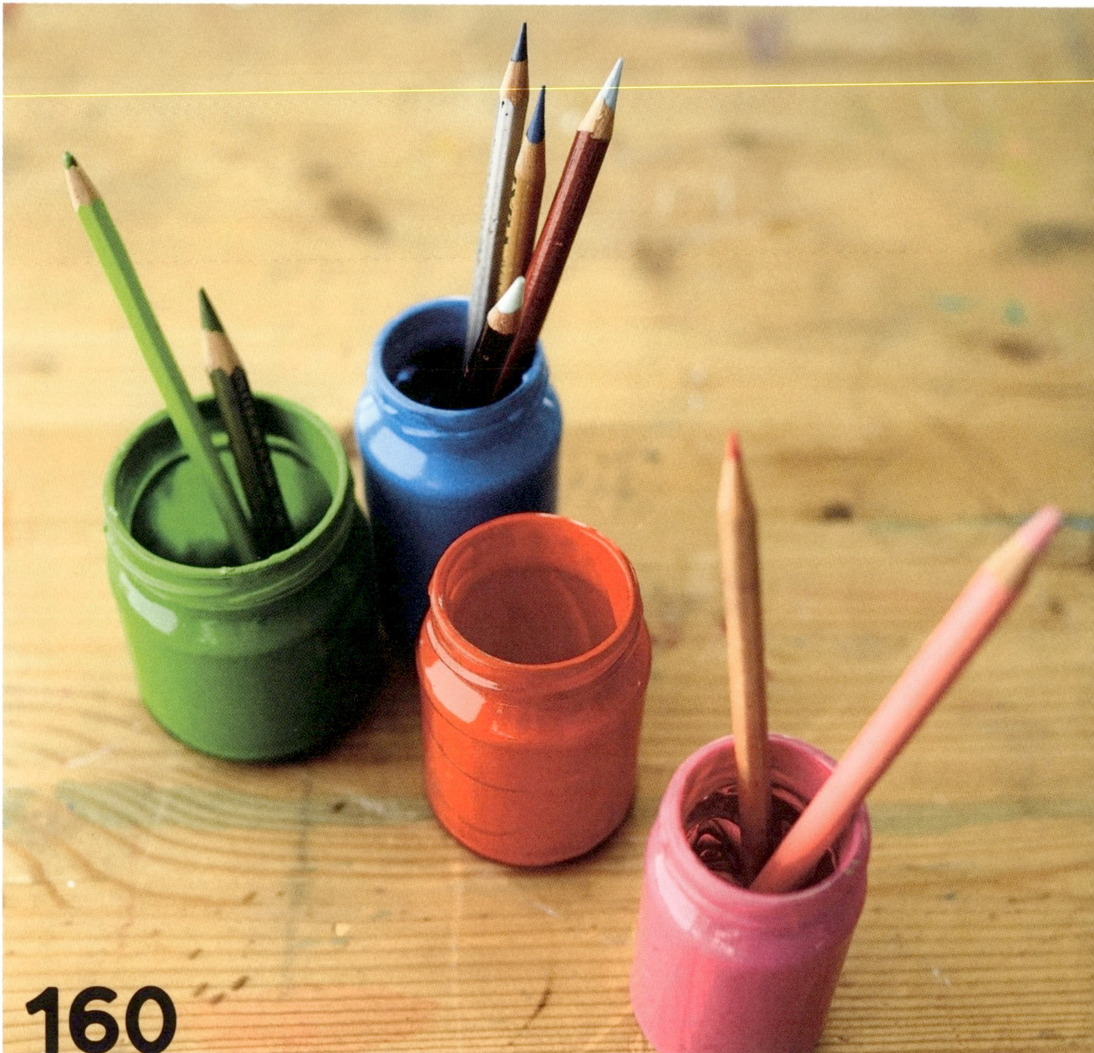

160 ULTIMATIVER STIFTEBEHÄLTER

Sieht hübsch aus und sorgt für Ordnung: In den bunten Gläsern kannst du deine Stifte nach Farben geordnet aufbewahren.

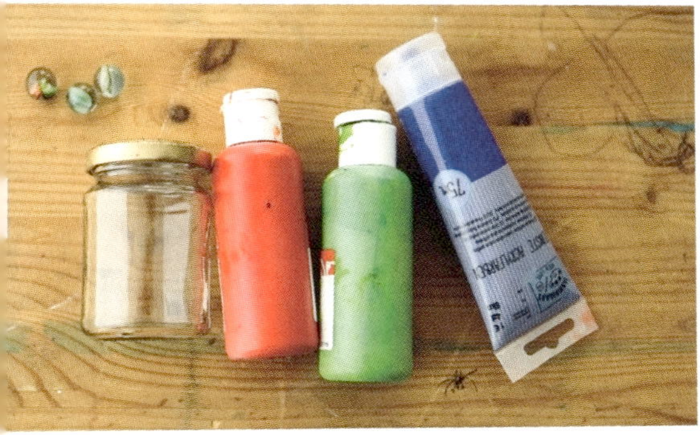

1 Du benötigst: Flüssige Acrylfarbe, Glasbehälter mit Schraubverschluss, drei Glasmurmeln

2 Fülle flüssige Acrylfarbe in ein kleines, sauberes Gläschen. Der Boden sollte etwa einen Zentimeter hoch mit Farbe bedeckt sein.

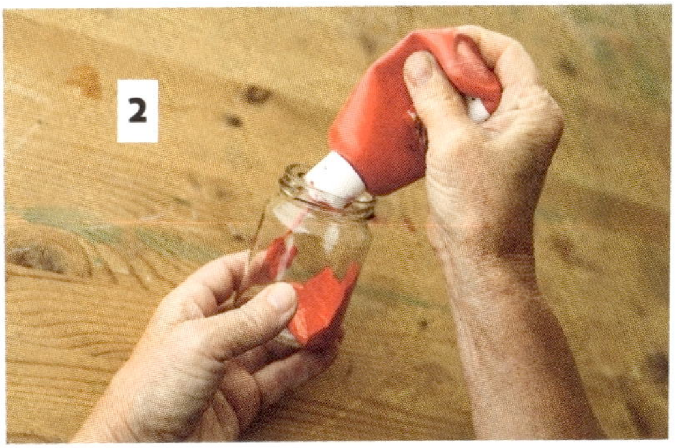
2

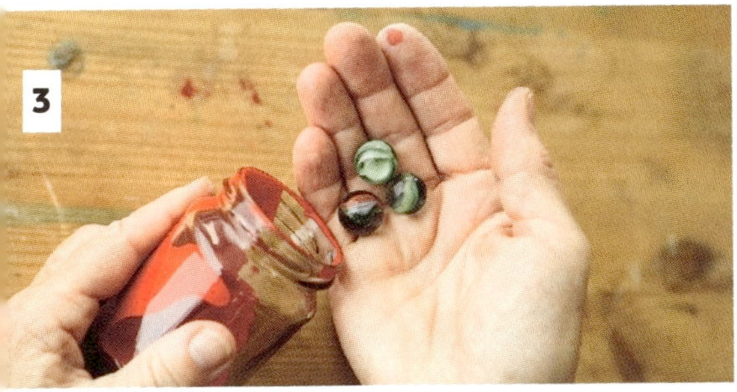
3

3 Gib drei Murmeln in das Glas, schraube es zu und schüttle kräftig. Die Farbe verteilt sich dann rasch.

4 Lasse das Glas zugeschraubt und kopfüber zwei Tage zum Trocknen stehen.

5 Nach dem Aufschrauben empfiehlt es sich, das Gläschen weitere zwei Tage aufrecht stehen zu lassen, damit später die Farbstifte nicht darin verkleben.

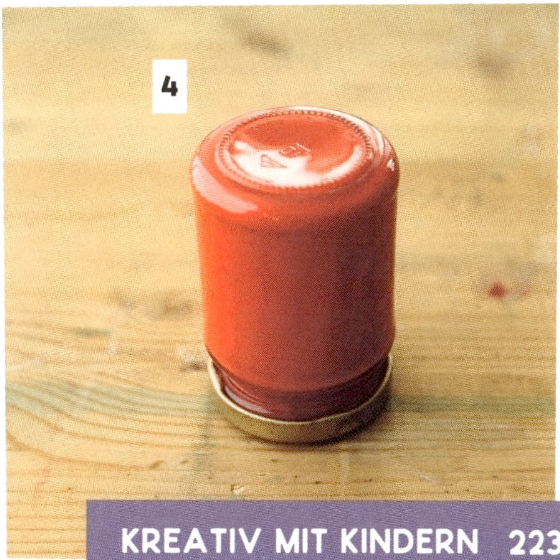
4

Menge der Farbe kein Wasser bei, sonst hält sie nicht im Glas, sondern fließt am Deckel zusammen.

Eierkartons sind wahre Alleskönner! Sogar ein flexibles Ordnungssystem lässt sich daraus basteln: Schneide runde Öffnungen in den Deckel, die groß genug für Klorollen sind. Die Rollen kannst du als Stifteköcher verwenden, während die Stifte, die du gerade nicht benötigst, im Eierkarton gut aufgehoben sind.

Eierkartons lassen sich gut stapeln. Wer es einheitlich mag, kann sie mit seinen Lieblingsfarben bemalen.

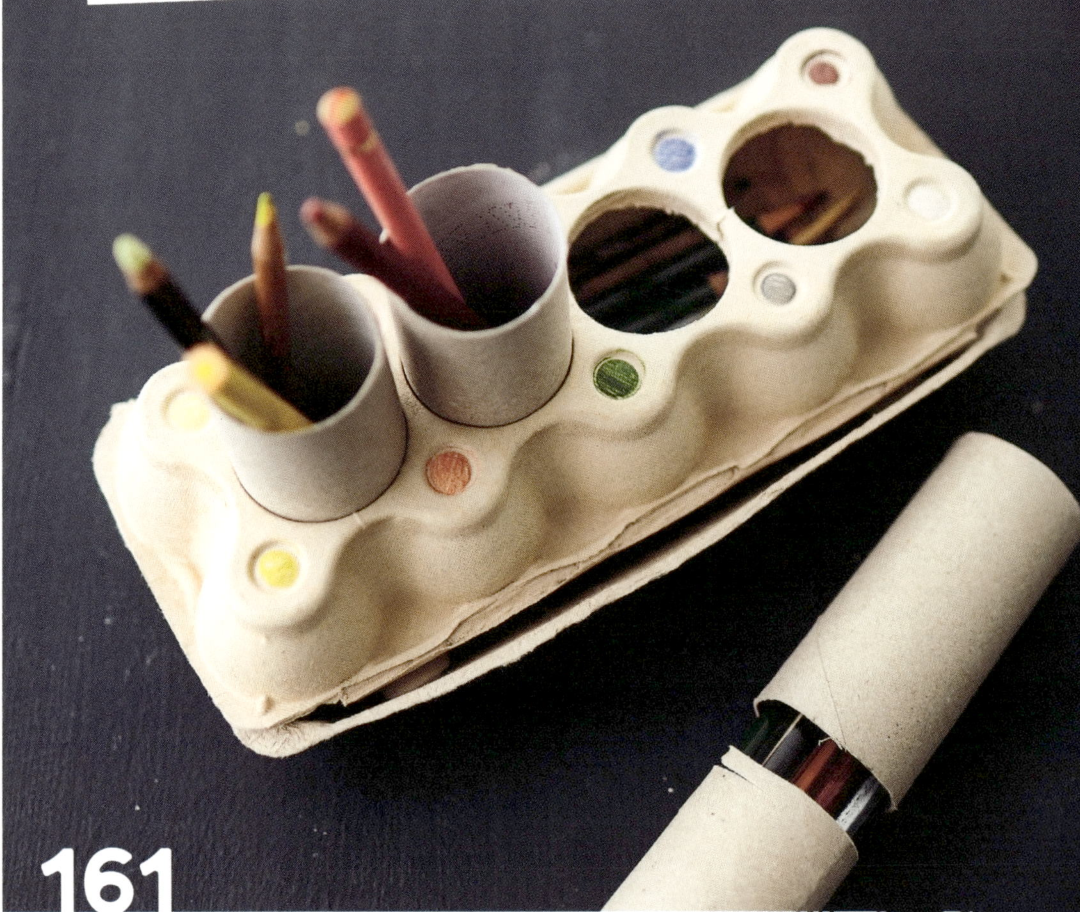

161 ALLES IN BESTER ORDNUNG

162
MUNTERER MUSTERMIX

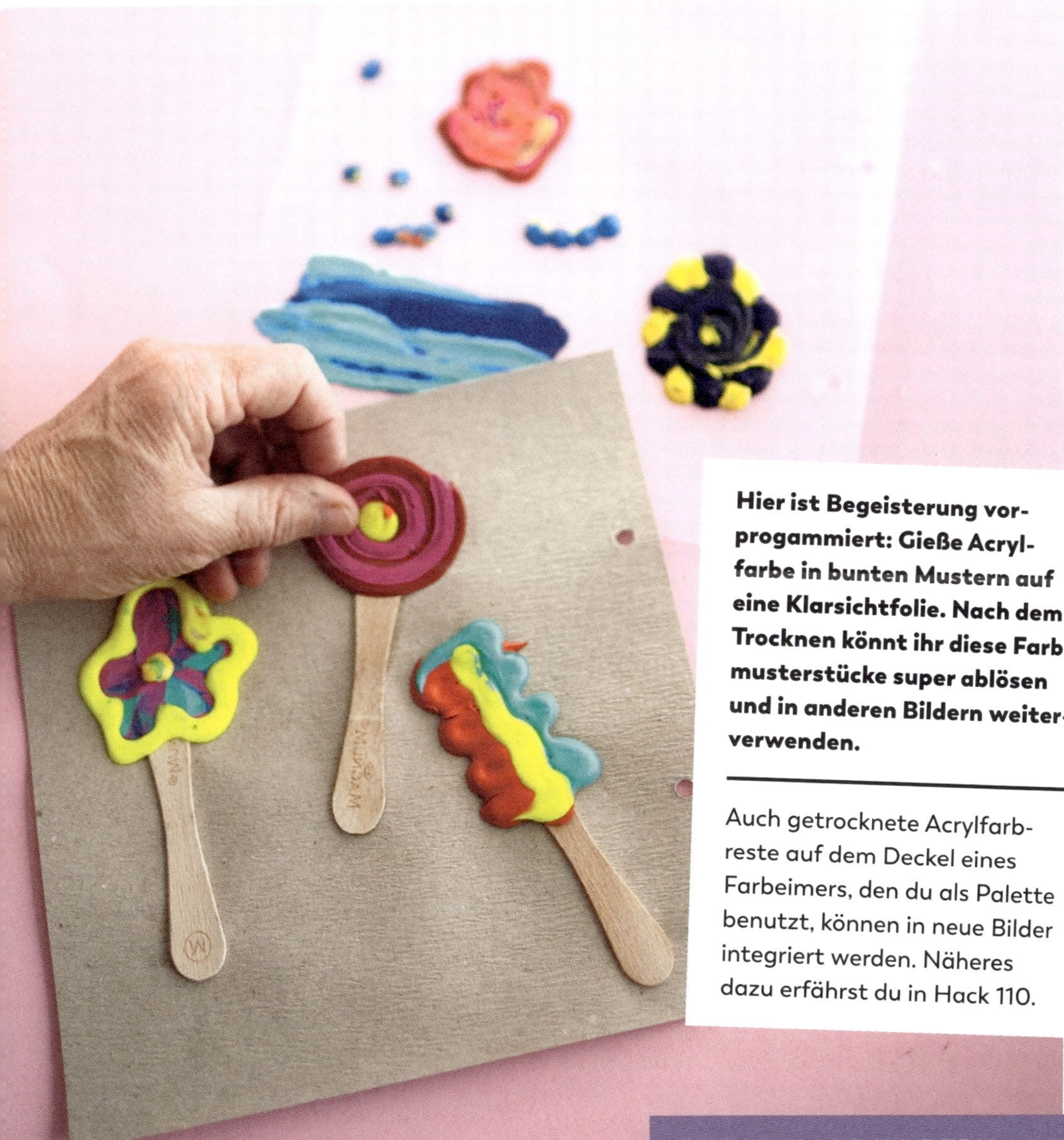

Hier ist Begeisterung vorprogammiert: Gieße Acrylfarbe in bunten Mustern auf eine Klarsichtfolie. Nach dem Trocknen könnt ihr diese Farbmusterstücke super ablösen und in anderen Bildern weiterverwenden.

Auch getrocknete Acrylfarbreste auf dem Deckel eines Farbeimers, den du als Palette benutzt, können in neue Bilder integriert werden. Näheres dazu erfährst du in Hack 110.

Mit Malsand kannst du besondere Effekte in dein Bild zaubern. Mische einen Esslöffel Essig mit etwas Lebensmittelfarbe. Gib etwa 150 Gramm Grieß dazu und vermische das Ganze gut. Du kannst es zum Beispiel in einen Klarsichtbeutel füllen und gut durchkneten. Anschließend breitest du den gefärbten Grieß zum Trocknen am besten auf einem Teller aus. Bestreiche die Stellen, an denen du deinen Malsand haben möchtest, mit etwas Klebstoff und streue den trockenen Sand darüber.

Malsand kannst du auch mit echtem, hellem Sand machen.

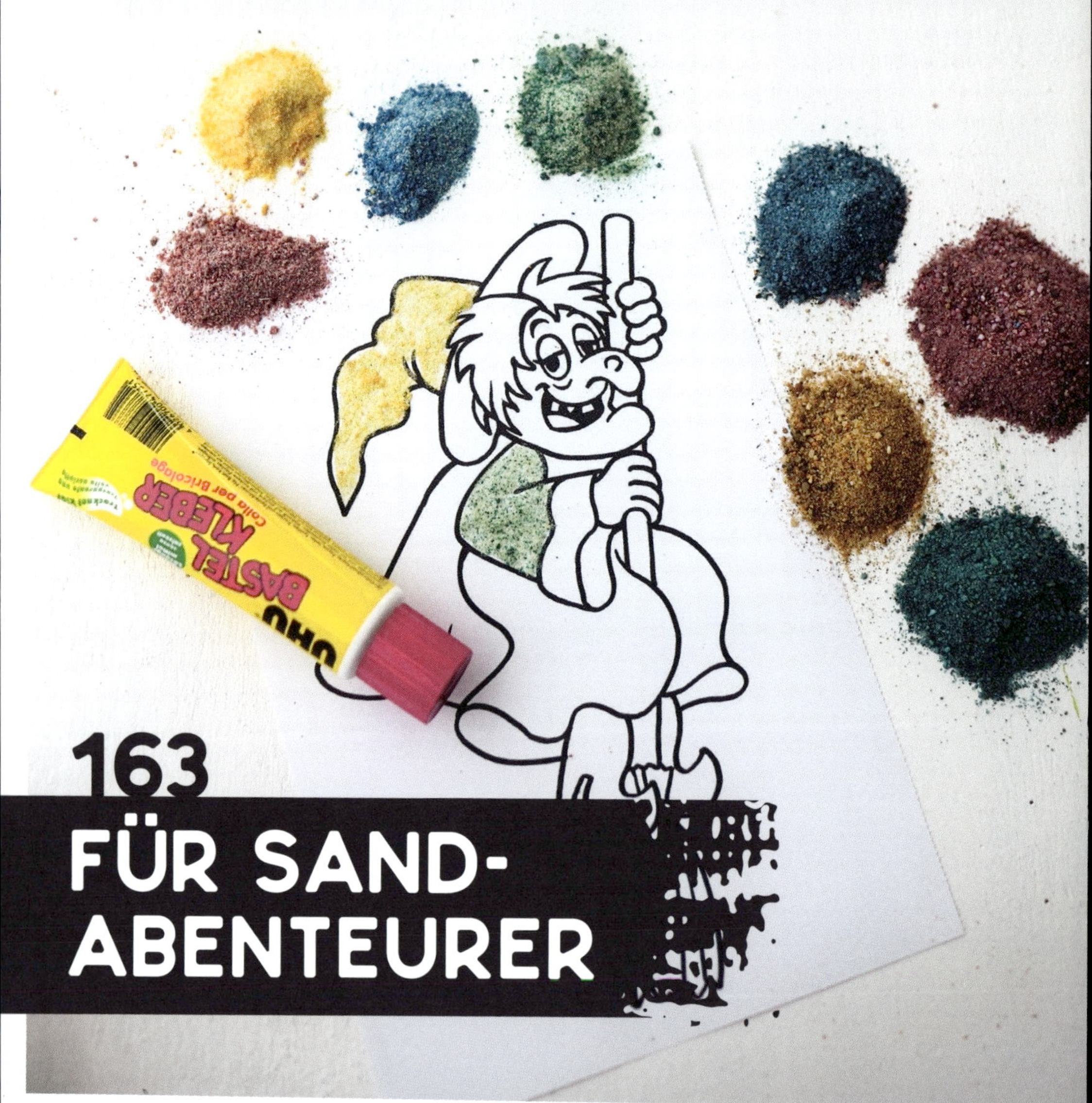

163 FÜR SAND-ABENTEURER

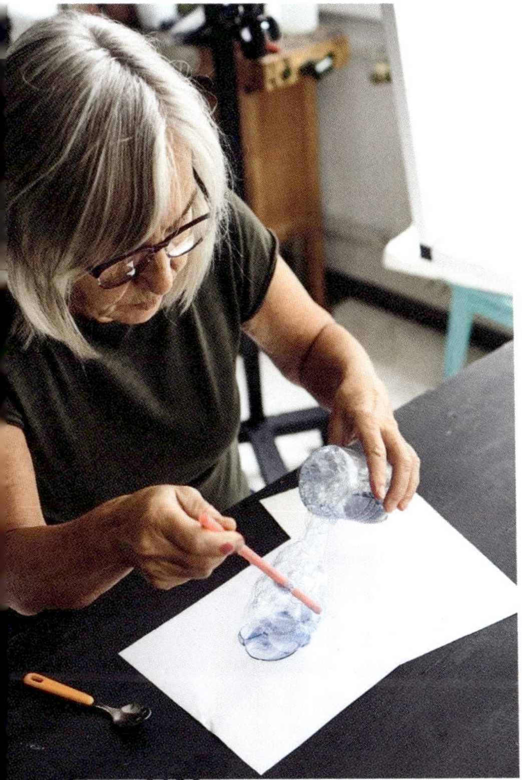

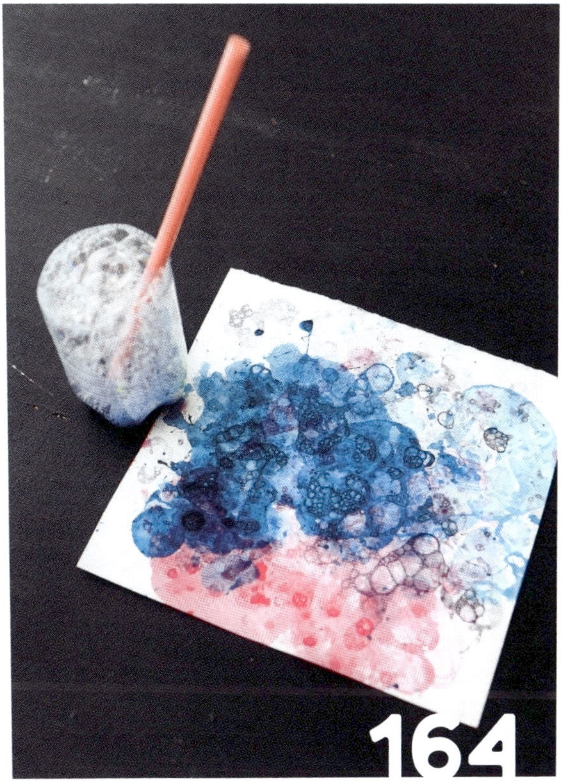

164

BLUBBERBLASEN FÜR ZARTE MUSTER

Mische in einem Glas ein Teil Spülmittel mit drei Teilen Wasser, das du zuvor mit Tusche, Aquarellfarbe oder Lebensmittelfarbe eingefärbt hast. Puste mit einem Strohhalm hinein und erzeuge Schaumbläschen. Drücke dein Papier von oben vorsichtig auf den Schaumberg, oder versuche, die aufgeblubberten Blasen mit dem Strohhalm auf dein Papier zu transportieren.

Sehr schön sieht es aus, wenn du mit zwei verschiedenen Farben nacheinander arbeitest.

Schneide die hütchenförmigen Teile aus Eierkartons heraus. Sie lassen sich prima als Stempel verwenden.

Wenn du das Loch an der Spitze ausweitest oder mit etwas Pappe schließt, entstehen unterschiedliche Stempelmuster.

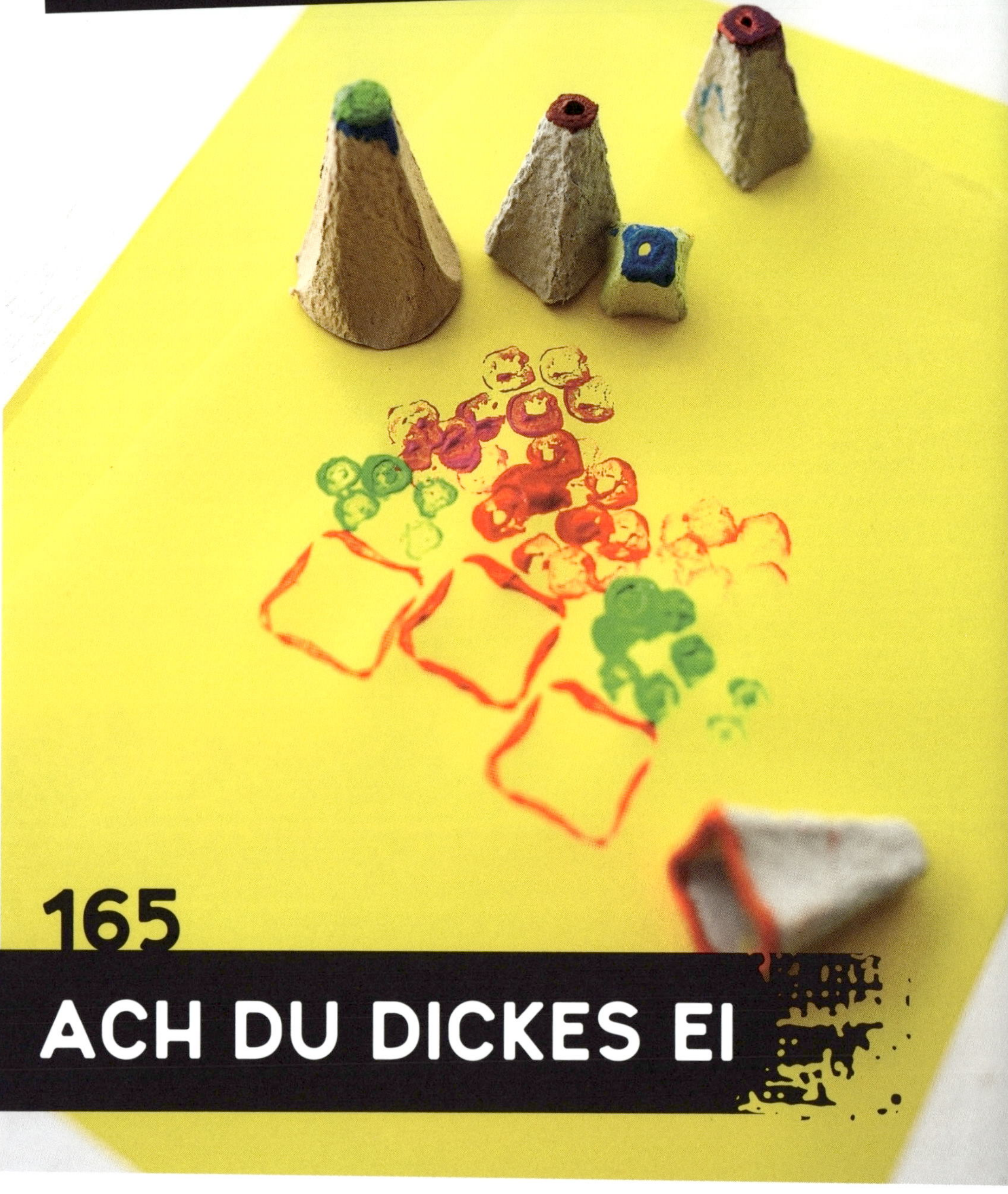

165

ACH DU DICKES EI

Die planen Flächen von Holzbauklötzen eignen sich prima, um darauf Schnur für Buchstabenstempel zu verkleben. Schreibe den Buchstaben mit Holzleim vor und lege dann die Schnur darauf. Erst gut trocknen lassen, dann stempeln!

Vergiss nicht, die Buchstaben seitenverkehrt aufzukleben.

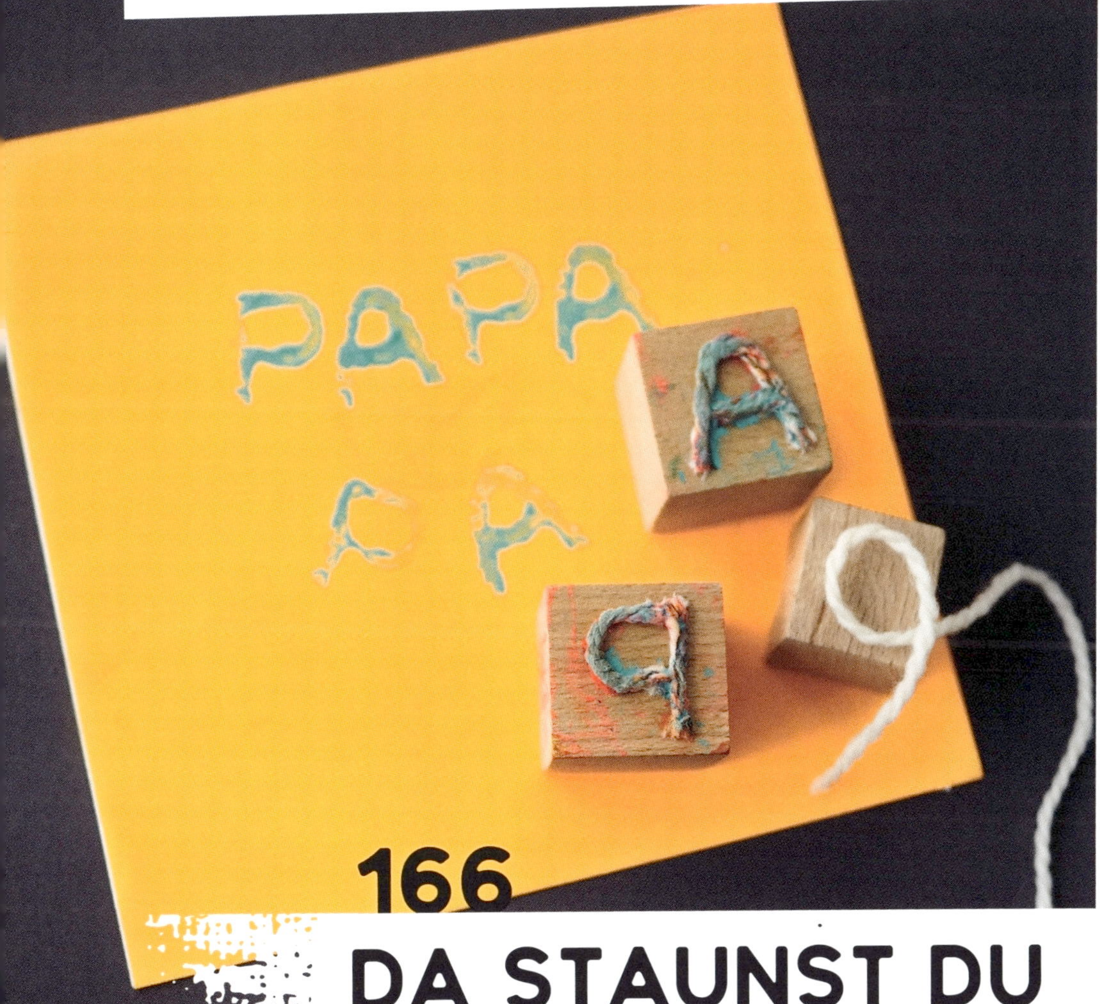

166 DA STAUNST DU BAUKLÖTZCHEN

167

STEMPEL DICH GLÜCKLICH!

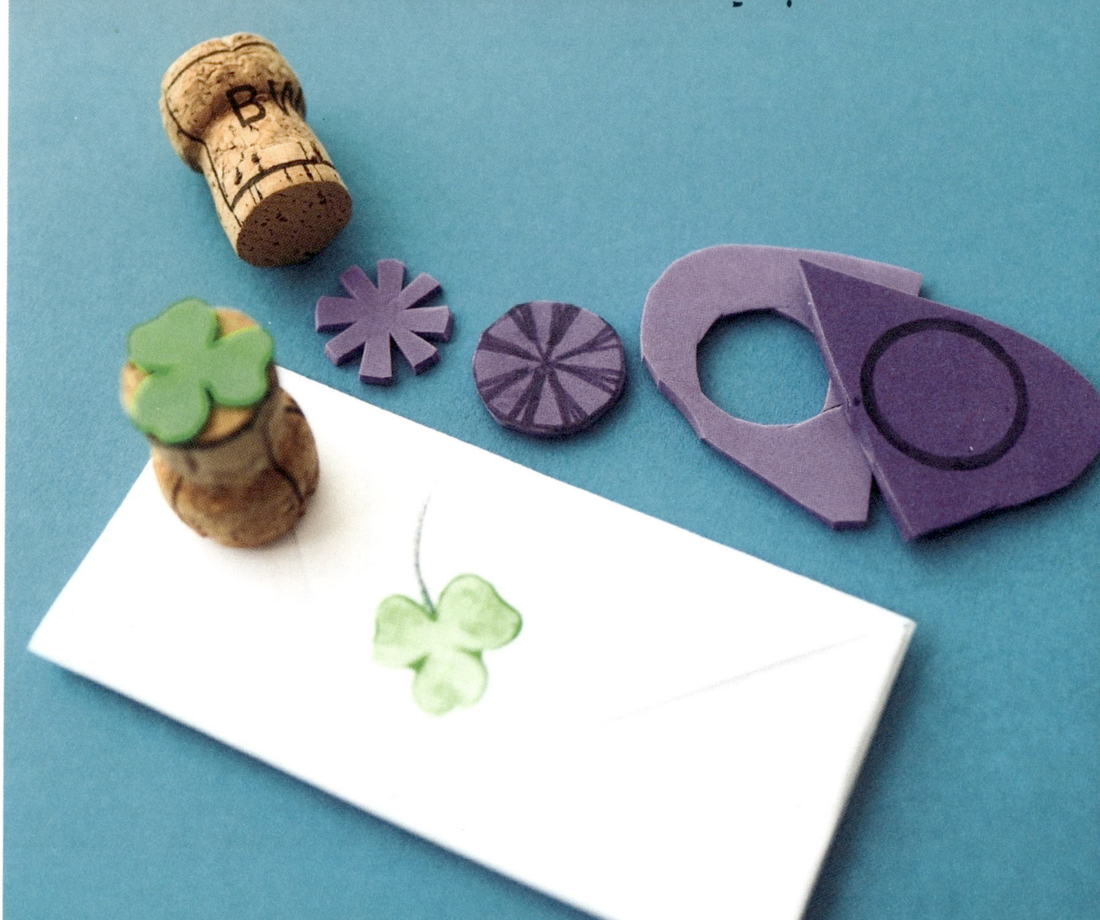

Schneide mit einer kleinen Schere aus Moosgummi Herzen, Glückskleeblätter und geometrische Muster aus. Auf Korken geklebt, hast du ruckzuck niedliche, handliche Stempel hergestellt.

Wenn du magst, ergänze die Stempelbilder mit kleinen Zeichnungen.

Mit Ausstechformen für Weihnachtsplätzchen kannst du tolle Konturen drucken. Tunke die Form in Farbe und übertrage sie dann auf ein Papier. Ist die Kontur getrocknet, kannst du das Innere der Form ausmalen.

Tolle Muster und Ornamente entstehen, wenn du auf diese Weise viele Konturen neben- und ineinander druckst.

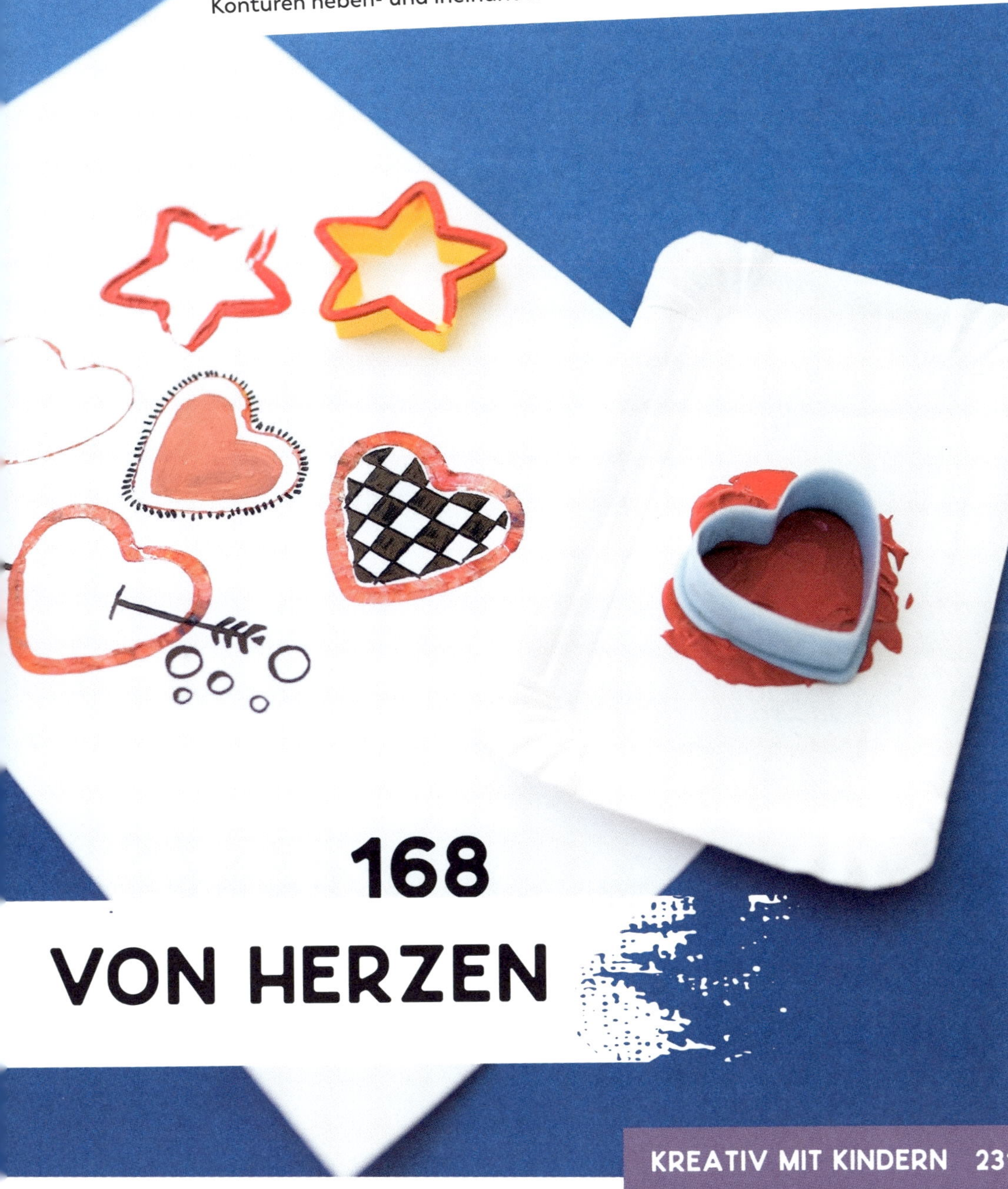

168 VON HERZEN

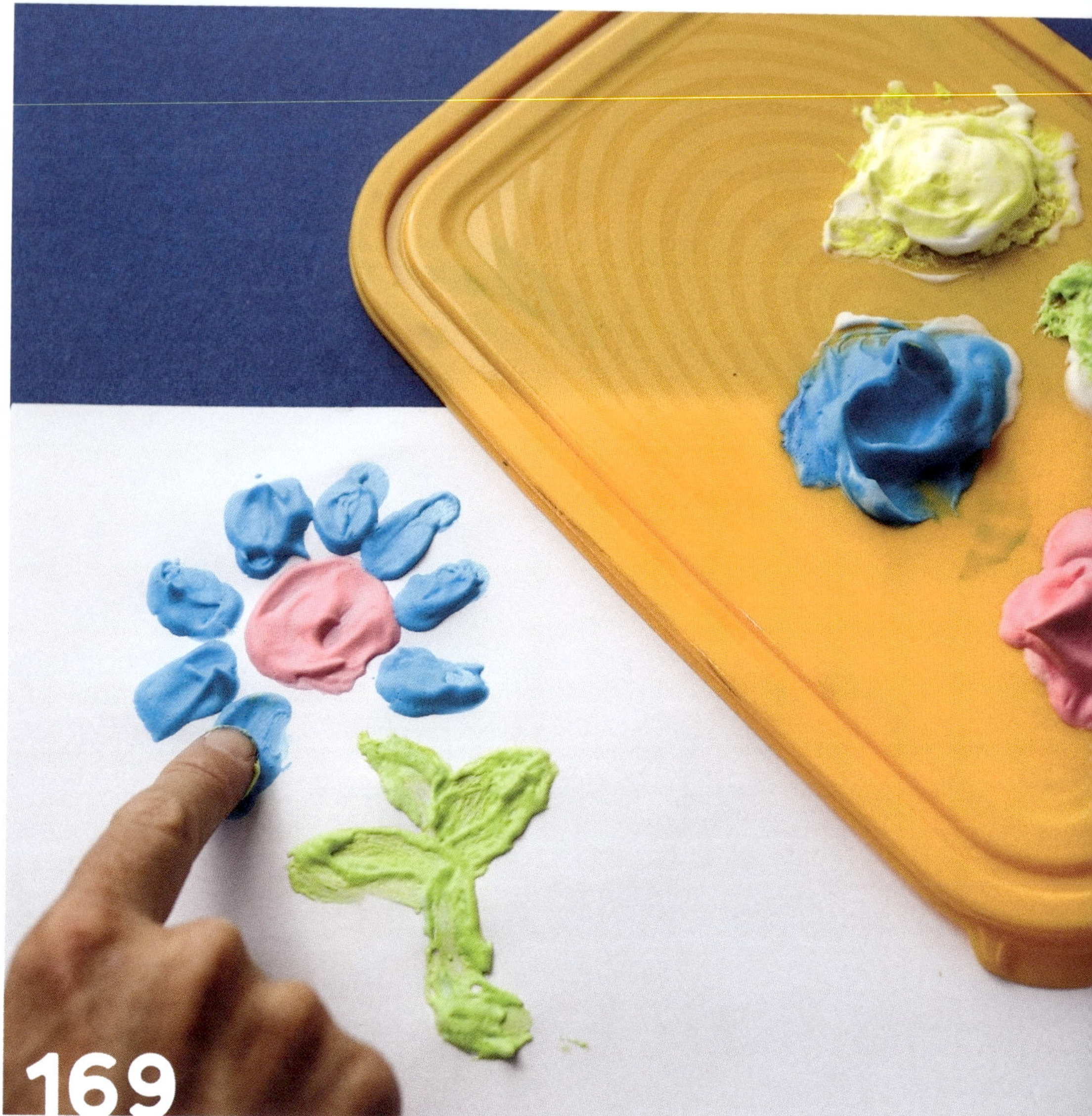

169

SCHAUMSCHLÄGEREI

Der Bart ist ab – aber Rasierschaum kann noch viel mehr! Zum Beispiel coole 3D-Effekte auf Papier erzeugen.

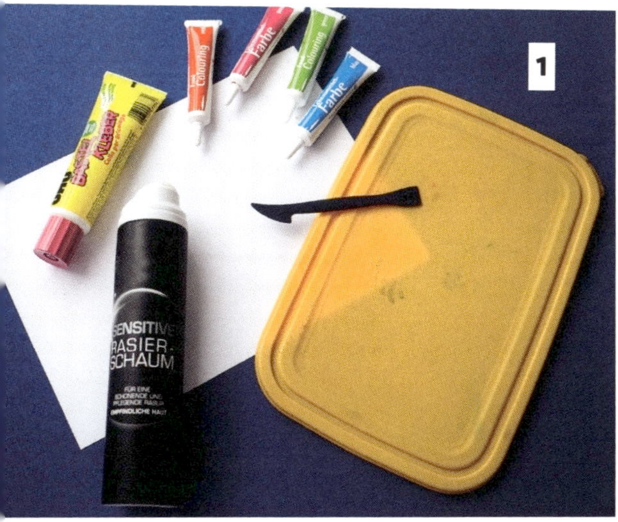

1 **Du benötigst: Rasierschaum, Bastel- oder Holzleim, Lebensmittelfarbe, Rührstäbchen, Kunststoffdeckel oder kleine Teller**

2 **Setze mehrere Kleckse Rasierschaum auf eine Unterlage aus Kunststoff. Gib eine kleine Menge Bastelleim dazu und vermische das Ganze.**

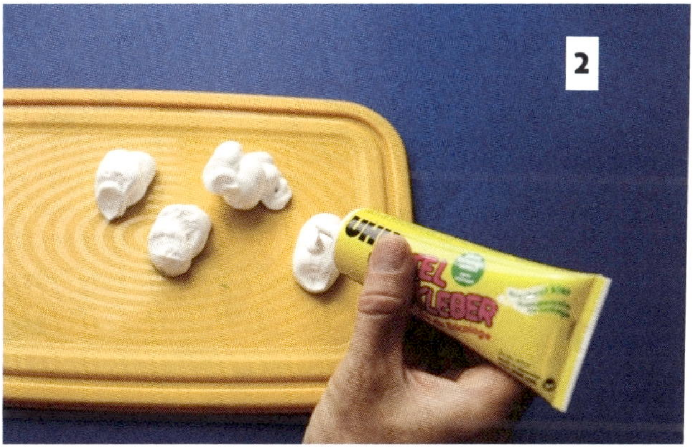

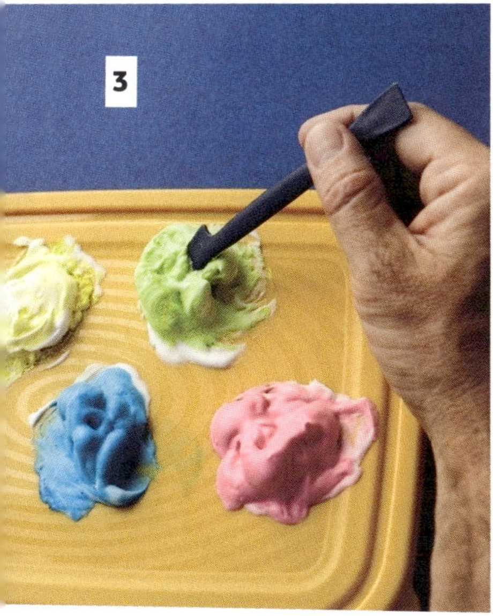

3 **Färbe die Rasierschaum-Masse mit Lebensmittelfarbe ein.**

4 **Male am besten auf ein dickes Papier oder einen Karton. Du kannst deine Finger oder auch einen kleinen Spachtel verwenden.**

Hast du eine Tülle für Spritzgebäck? Wenn du die Rasierschaumfarbe damit auf den Malgrund aufspritzt, kommt der 3D-Effekt noch stärker zur Geltung.

170 KUNTERBUNTE FINGERTIERE

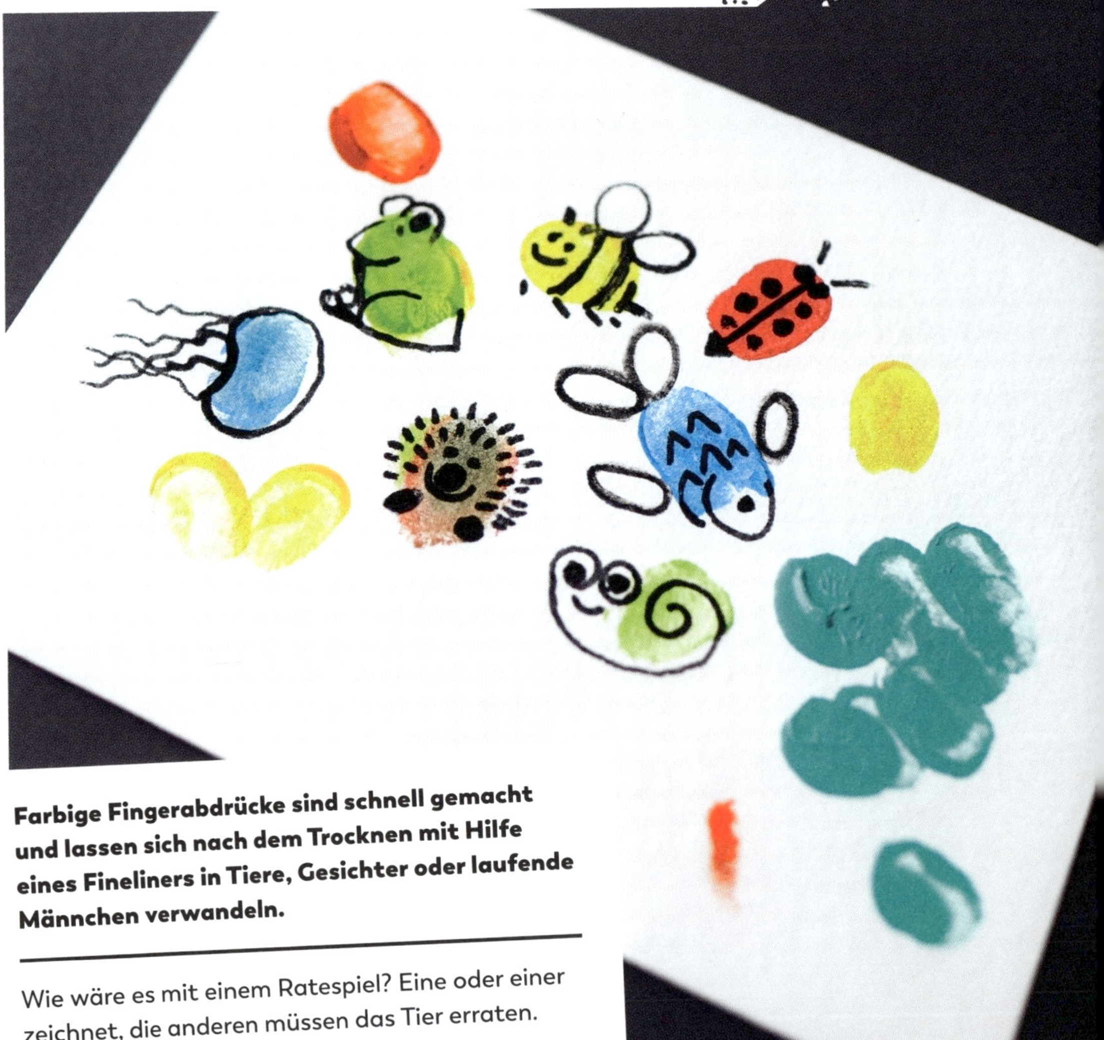

Farbige Fingerabdrücke sind schnell gemacht und lassen sich nach dem Trocknen mit Hilfe eines Fineliners in Tiere, Gesichter oder laufende Männchen verwandeln.

Wie wäre es mit einem Ratespiel? Eine oder einer zeichnet, die anderen müssen das Tier erraten.

171

GENIALE HANDARBEIT

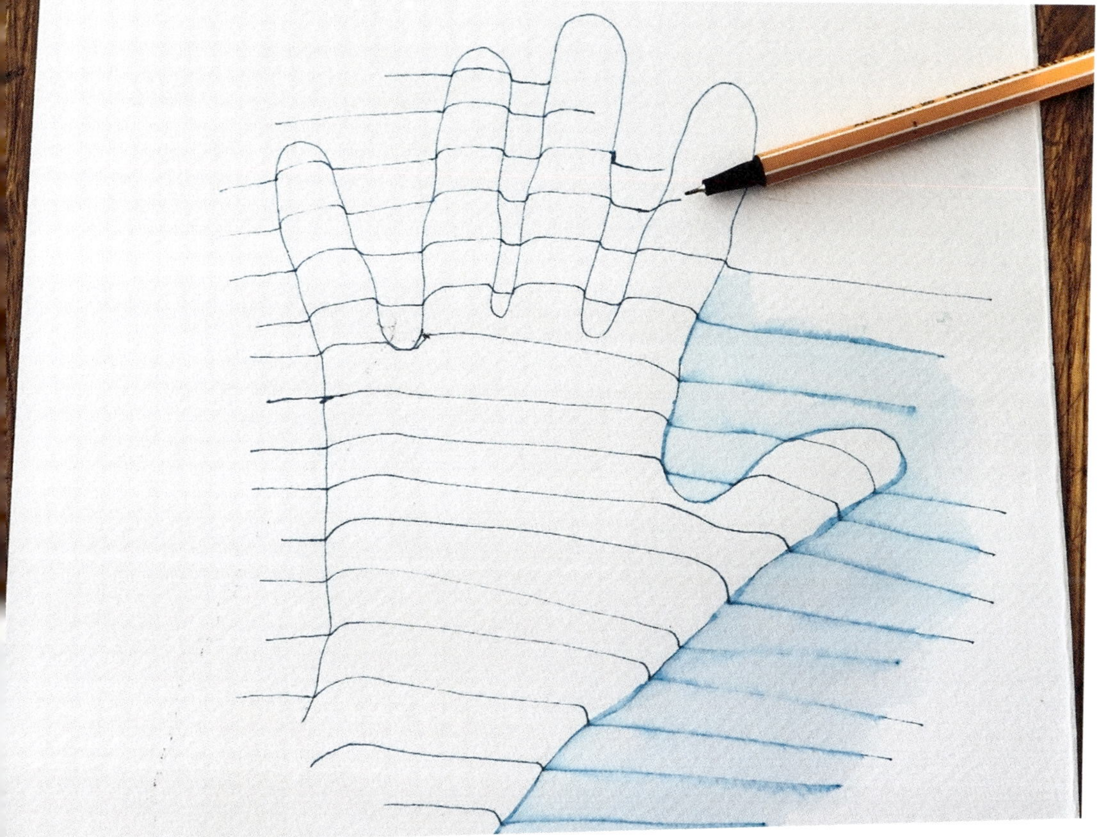

Diese Vorlage hast du immer dabei: Umfahre deine Hand mit einem wasserlöslichen Fineliner. Überziehe dann den Umriss mit parallelen Linien. Zwischen den Fingern verlaufen die Linien gerade, auf den Fingern leicht gewölbt. Ummale die Hand zum Schluss noch mit Wasser und Pinsel, das verstärkt den 3D-Effekt.

Auch Aquarellstifte sind wasserlöslich und speziell auch für Kinder geeignet.

172
GABEL TRIFFT FARBE

Mit Messern und Gabeln isst man – oder man druckt! Blumen- und Pflanzenmotive funktionieren dabei besonders gut. Mit Gabeln in unterschiedlichen Größen lassen sich tolle Effekte erzielen.

Du kannst Gabeln bei dieser Art der Gestaltung auch als Schablonen verwenden.

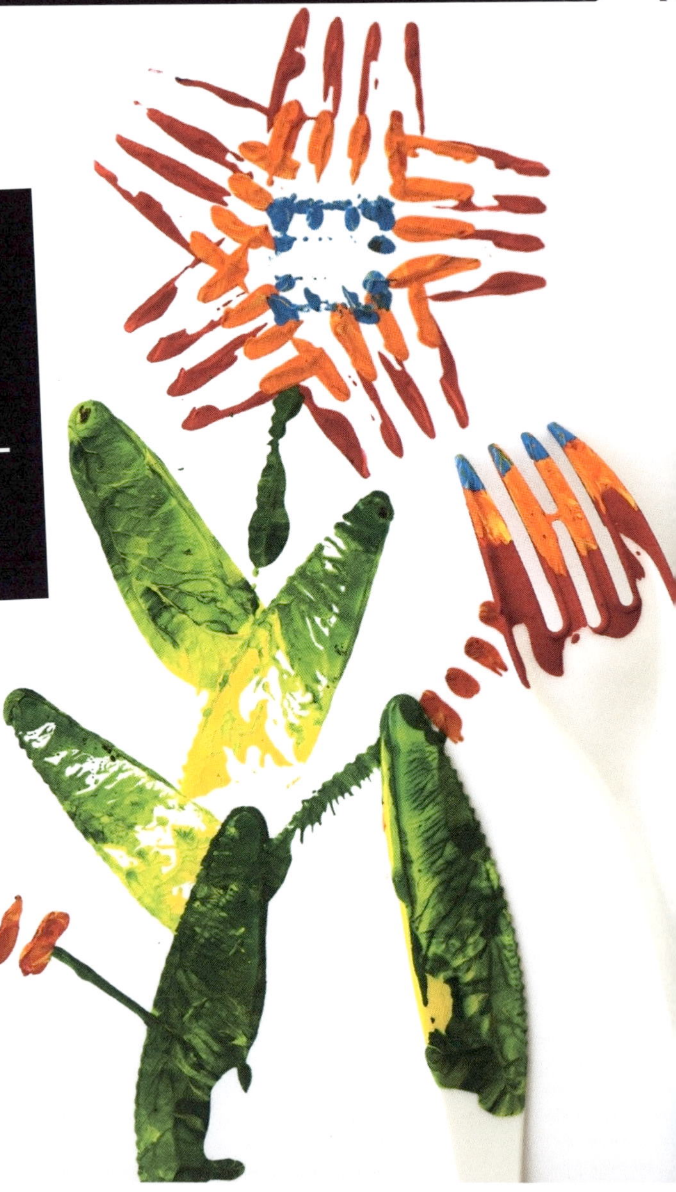

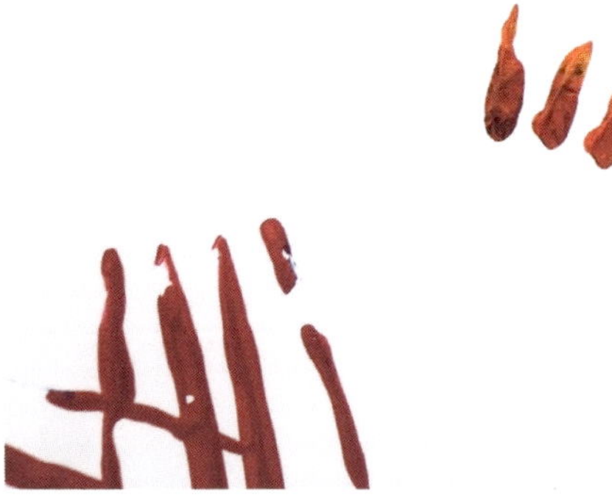

173

DRUCKWUNDER MIT DECKELN

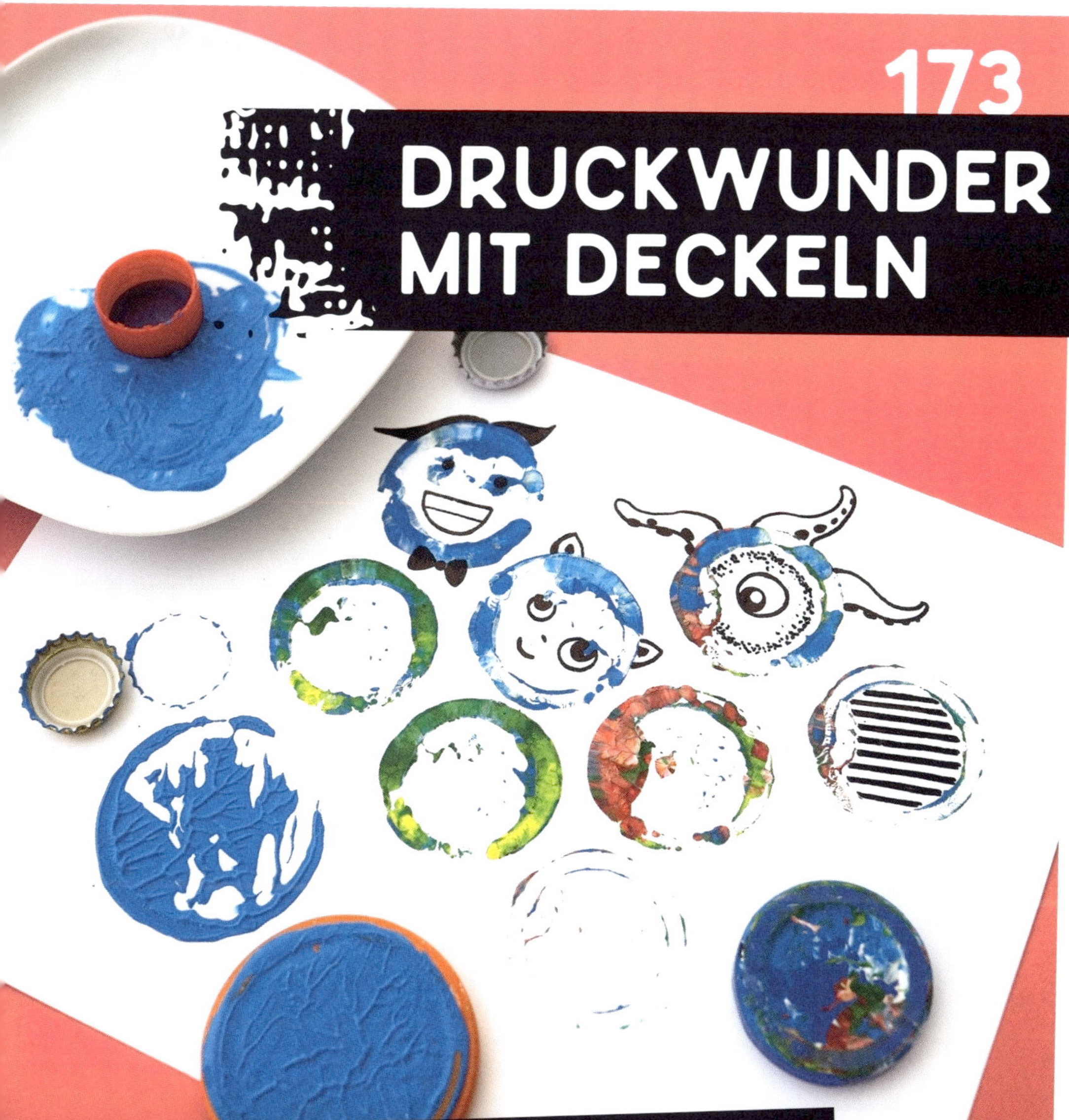

uf Deckeln befinden sich oft symmetrische Muster – das macht sie zu oolen Druckstempeln. Tupfe einfach auf die Oberseite des Deckels et-vas Farbe auf und drucke anschließend. Wer mag, kann die gedruckten ormen später noch weiter bearbeiten.

---

lit diese Druckmethode entstehen auch sehr dekorative Muster, zum eispiel auf Tapeten.

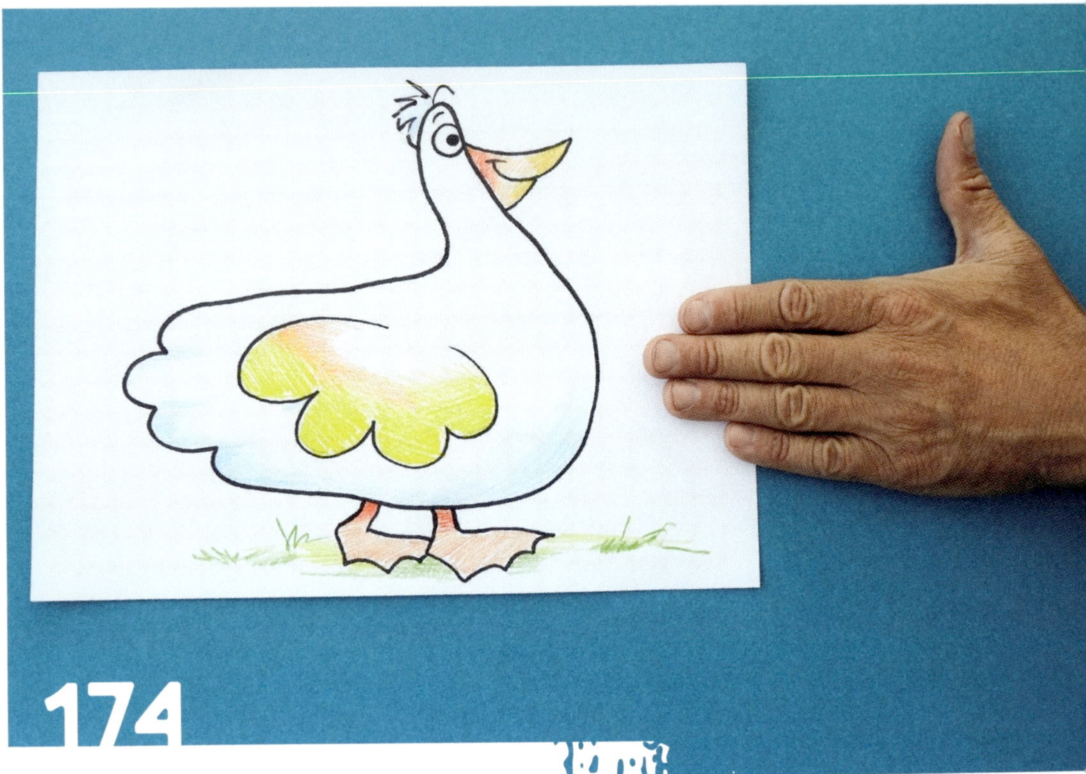

174

DIE KLEINE TIERSCHAU

Für diesen Hack brauchst du nur deine Hand und einen Stift! Lege die Hand in verschiedenen Haltungen auf ein Blatt Papier und umfahre ihre Umrisse mit einem Stift. Das kann auch jemand anderes für dich tun. Füge noch einige Details ein, damit man das Tier erkennen kann, und gestalte das Motiv je nach Lust und Laune farbig.

Mit diesen Handhaltungen kannst du auch ein kleines Schattenriss-Theater im Kinderzimmer veranstalten.

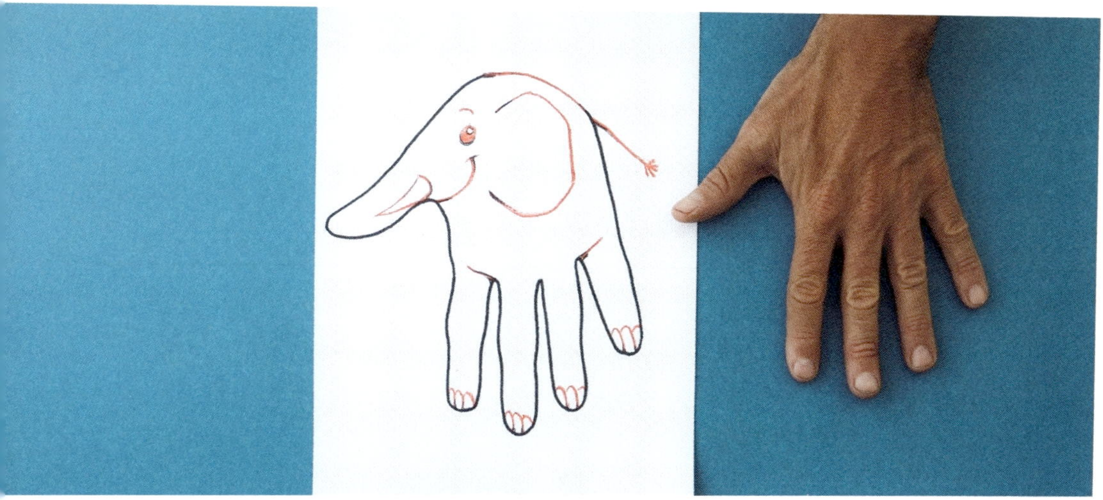
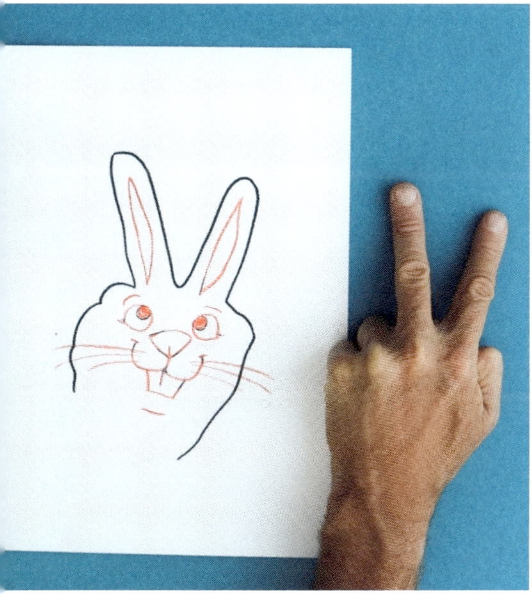
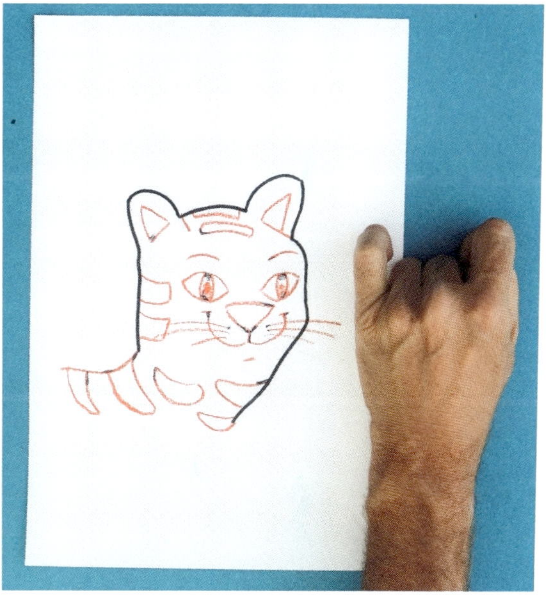
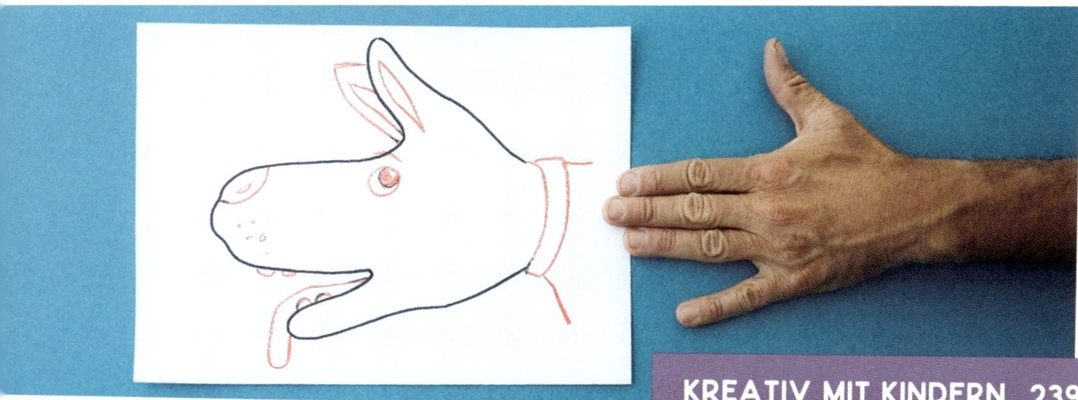

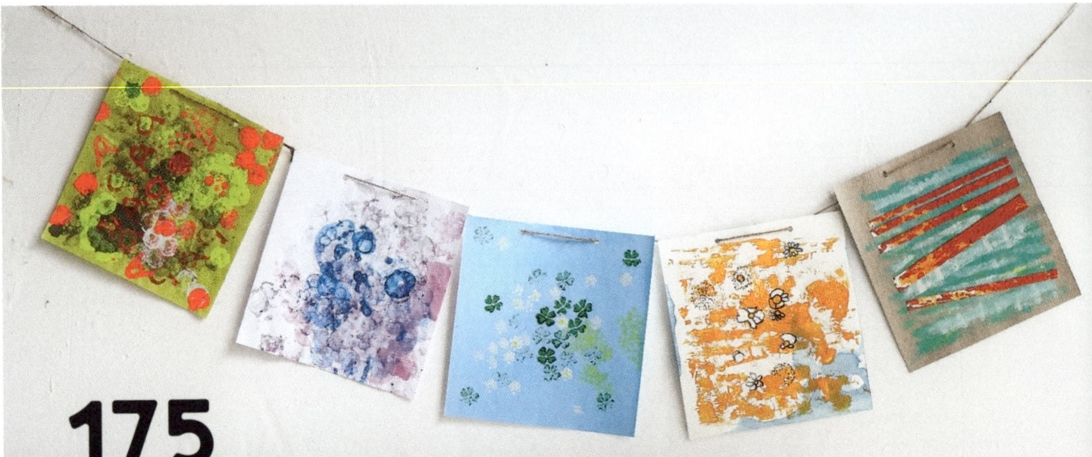

175 VON WEGEN SCHNURLOS

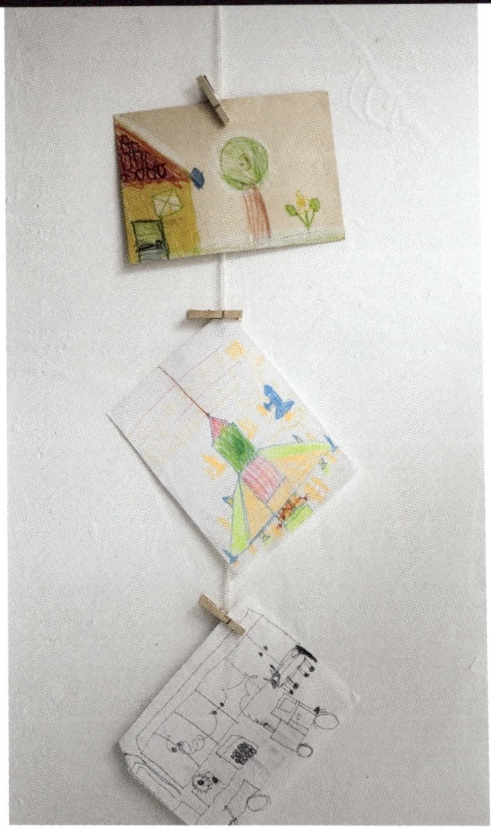

Loche kleinere Kinderbilder am oberen Ende und fädle eine Schnur durch die Löcher. Waagerecht aufhängen.

Das funktioniert auch mit senkrecht aufgehängten Schnüren: Einfach die Bilder mit Wäscheklammern daran befestigen.

Verspanne eine feste Schnur kreuz und quer in einem leeren Bilderrahmen. Manchmal sind auf der Rückseite geeignete Laschen vorhanden. Befestige die Schnur ansonsten mit einem Holztacker. Jetzt können immer wieder neue Kinderkunstwerke daran festgeklemmt werden.

Auch ein schöner Rahmen für spontane Polaroidfotos!

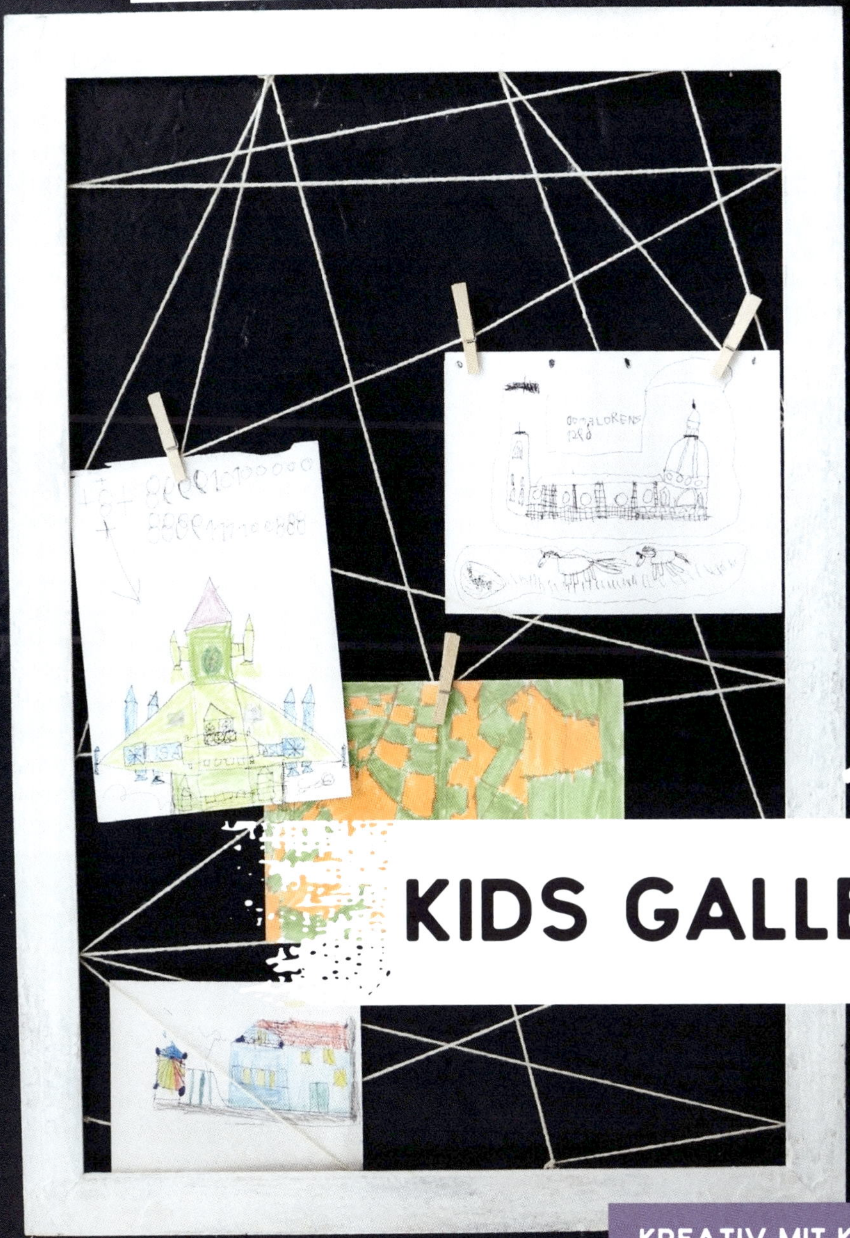

176 KIDS GALLERY

NOTIZEN

AHA!

Für das Malen mit Kindern müssen es nicht immer neue Pinsel sein. Wattestäbchen machen voll Spaß und sind sehr vielseitig einsetzbar (Seite 215). Verbinde mehrere Stäbchen nebeneinander mit einem Klebeband, dann kannst du farbige Punktreihen gestalten. Oder du fasst mehrere Wattestäbchen für ein hübsches Blumenmuster zusammen. Verziert mit ausgeschnittenen Blättern wird sogar ein kleines Blumensträußchen daraus.

HAND-LETTERING

Befestige deine Letterings mit buntem Washi Tape an der Wand.

Da sich das Washi Tape gut lösen lässt, kannst du deine „Lettering-Galerie“ immer wieder umgestalten.

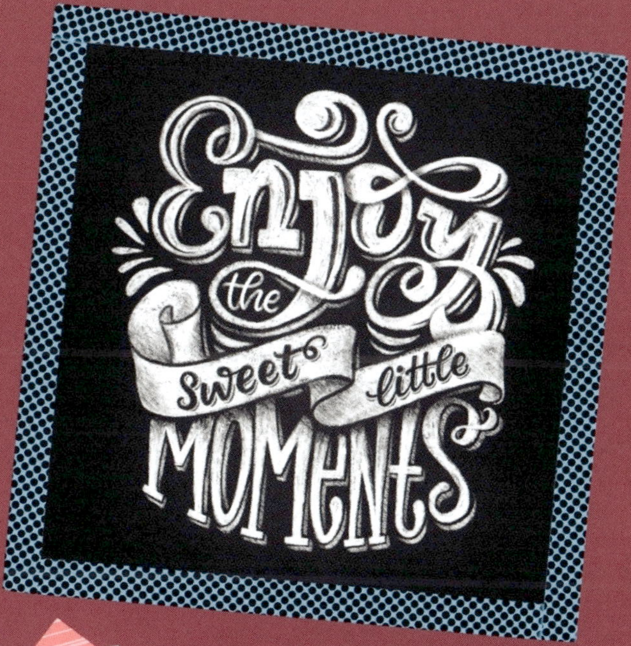

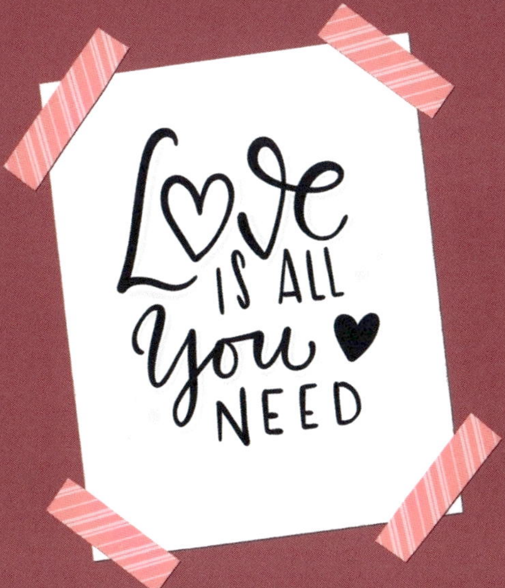

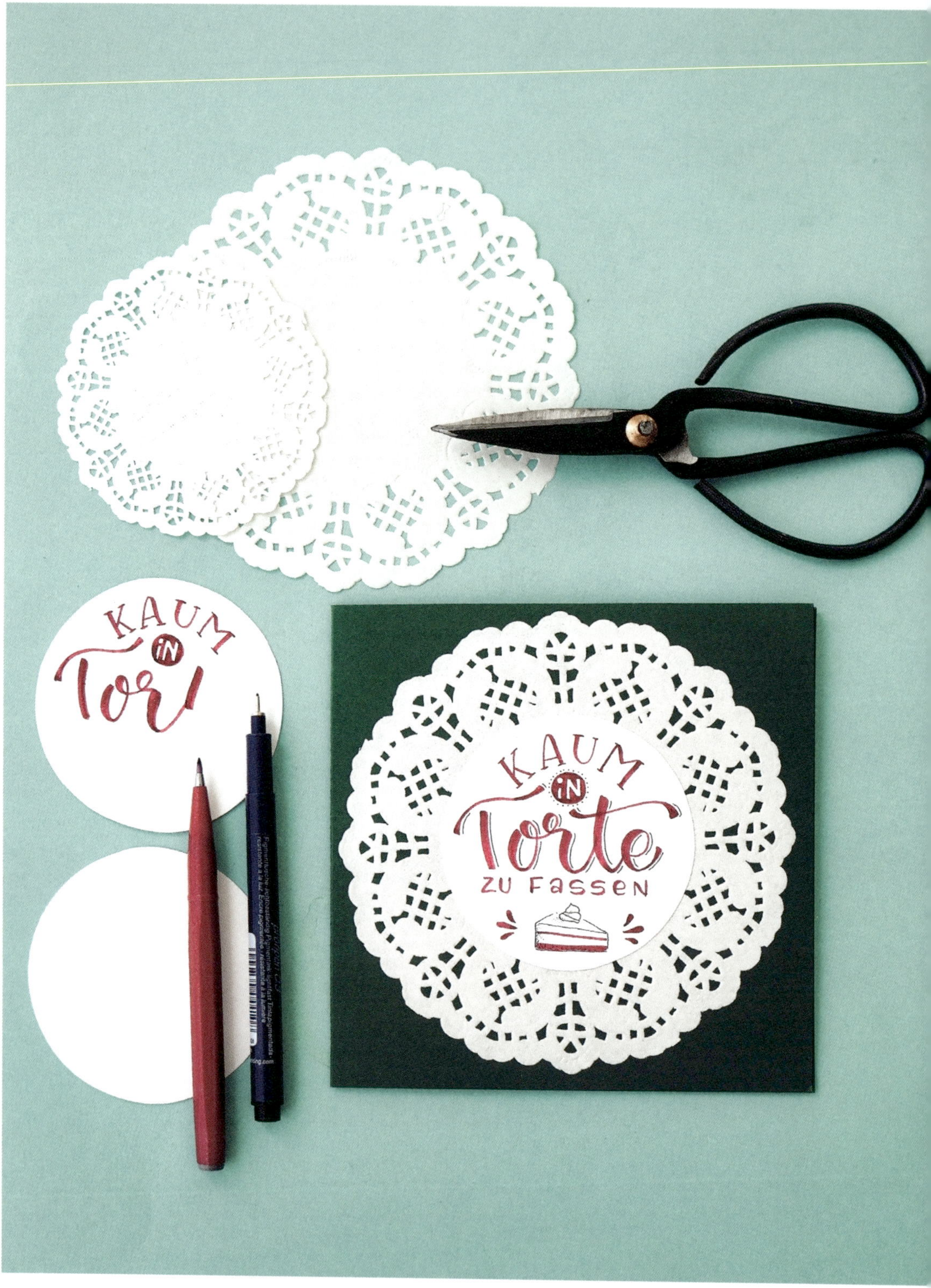
KAUM
IN
Tor
KAUM
IN
Torte
ZU FASSEN

Handlettering erfreut sich seit einiger Zeit großer Beliebtheit. Das Besondere an dieser Technik besteht darin, dass du Buchstaben und Schriften auf vielfältige und individuelle Weise malst und zeichnest. Du kannst beim Handlettering also deiner Kreativität freien Lauf lassen: Nutze alles, was dir in die Hände fällt, um damit Buchstaben zu gestalten und wende kleine Tricks und Techniken an, um deine Letterings zu „pimpen". Mach dein Zuhause schöner, indem du Dinge aus deinem Haushalt mit coolen Sprüchen oder Schriftzügen dekorierst – das geht eigentlich bei (fast) allen Sachen. In diesem Kapitel findest du spannende Hacks, mit denen du einzigartige Letterings gestalten und zudem schicke Upcycling-Projekte umsetzen kannst.

178

LIGHTSHOW

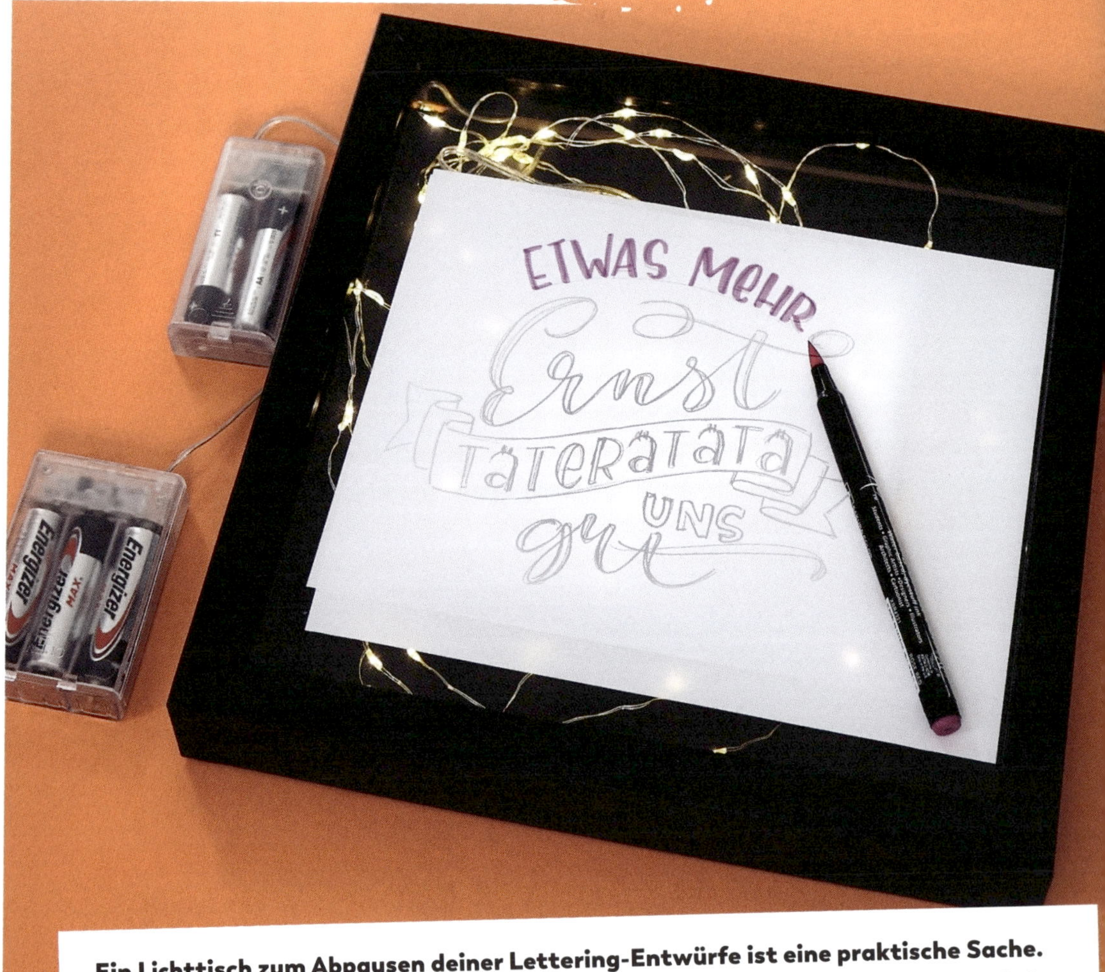

Ein Lichttisch zum Abpausen deiner Lettering-Entwürfe ist eine praktische Sache. Stelle ihn doch einfach selbst her! Alles, was du dafür brauchst, ist ein großer, tiefer Bilderrahmen und eine Lichterkette. Platziere die Lichterkette im Inneren des Rahmens und schon kannst du deinen Entwurf abpausen.

Falls du mehr Leuchtkraft benötigst, wähle einfach eine größere Lichterkette oder ergänze eine zweite.

179

STI(E)LSICHER

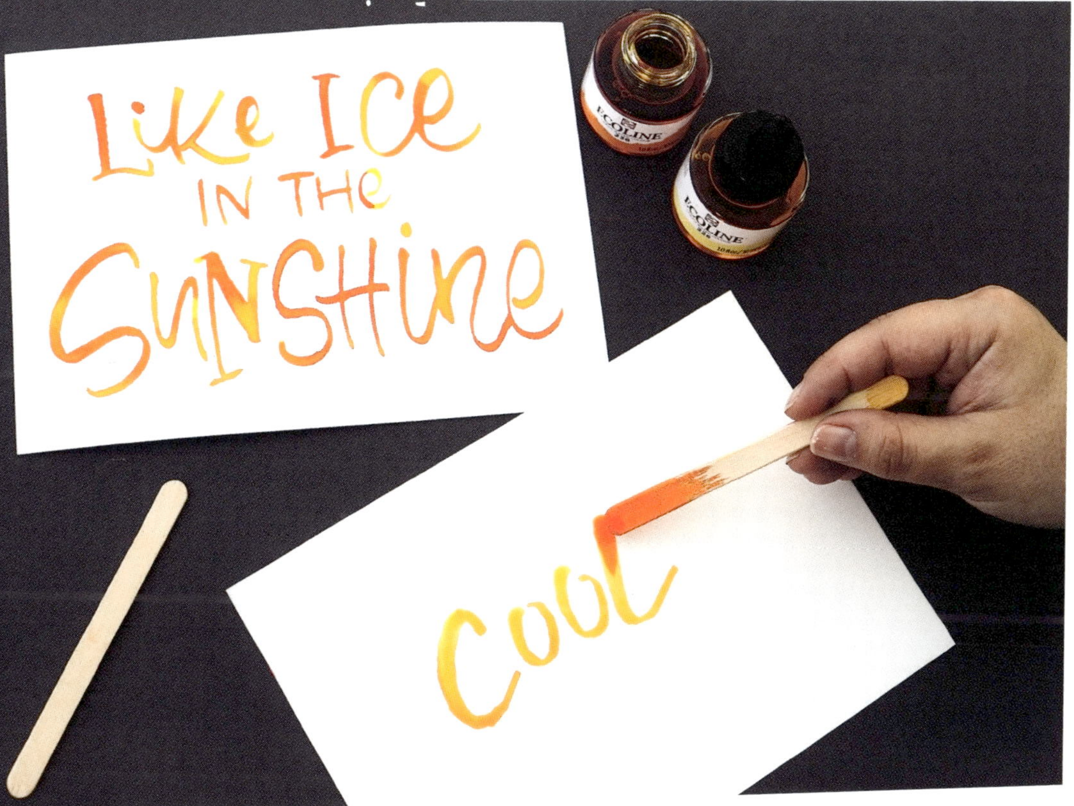

Ein Eis am Stiel – hmm, lecker! Wirf den Stiel nach dem Eisgenuss nicht weg, sondern verwende ihn zum Lettern. Gib mit einem Pinsel flüssige Wasserfarbe oder Tinte auf ein Ende des Stiels und experimentiere ein wenig mit Buchstaben und Wörtern.

Coole Effekte erhältst du, wenn du in die noch flüssige Schrift an einigen Stellen Tropfen einer anderen Farbe gibst. Wie du mit Eisstielen tolle Hintergründe gestaltest, erfährst du in Hack 202.

Stempelbuchstaben sind zusammen mit Handschrift eine super Kombi. Schnitze mit einem Cuttermesser aus kleinen, weichen Radiergummis einfach deine eigenen Buchstabenstempel. Gib mit deinen Brush Pens Farbe auf den Stempel und gestalte damit coole Letterings.

Denke daran, die Buchstaben spiegelverkehrt vorzumalen.

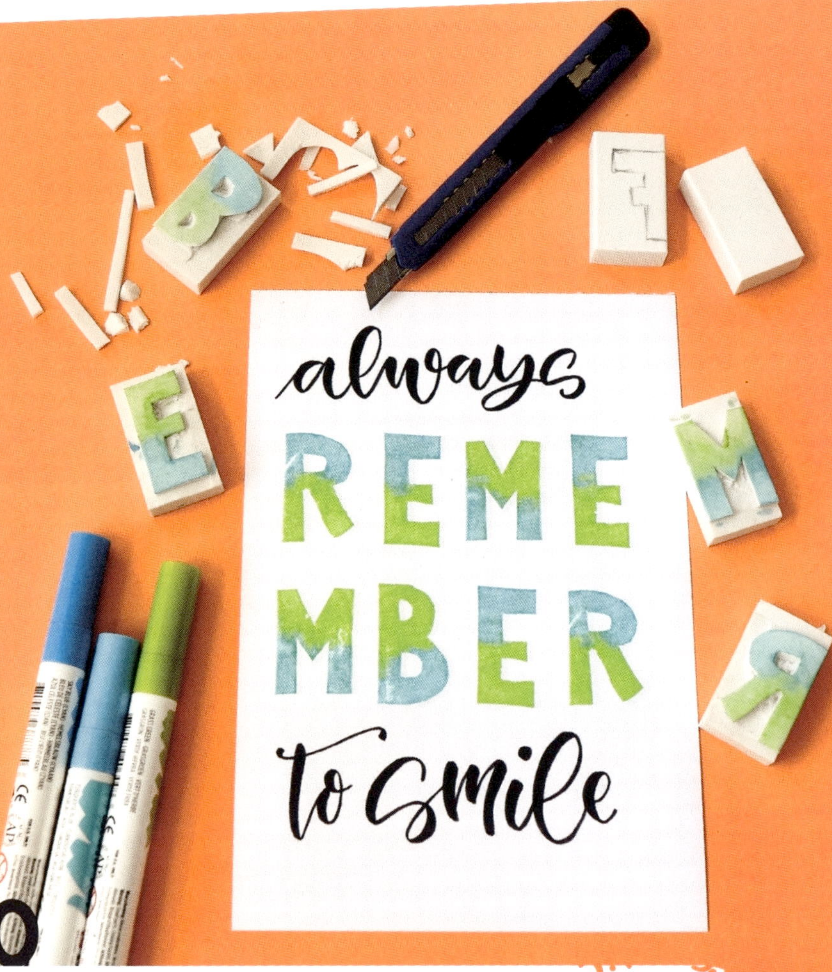

180 STEMPELFREUDE

181

ALLES AUF LINIE

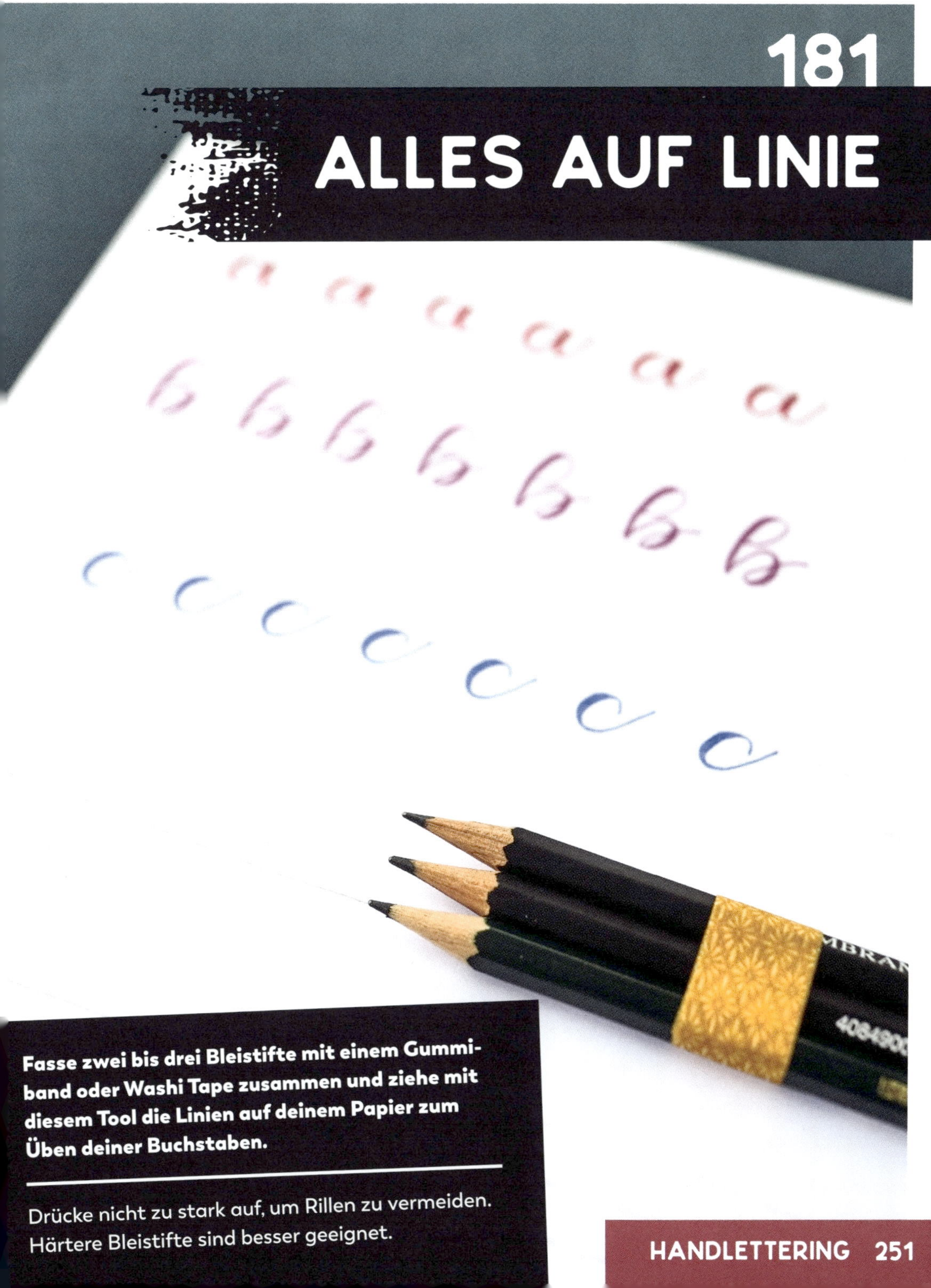

Fasse zwei bis drei Bleistifte mit einem Gummiband oder Washi Tape zusammen und ziehe mit diesem Tool die Linien auf deinem Papier zum Üben deiner Buchstaben.

Drücke nicht zu stark auf, um Rillen zu vermeiden. Härtere Bleistifte sind besser geeignet.

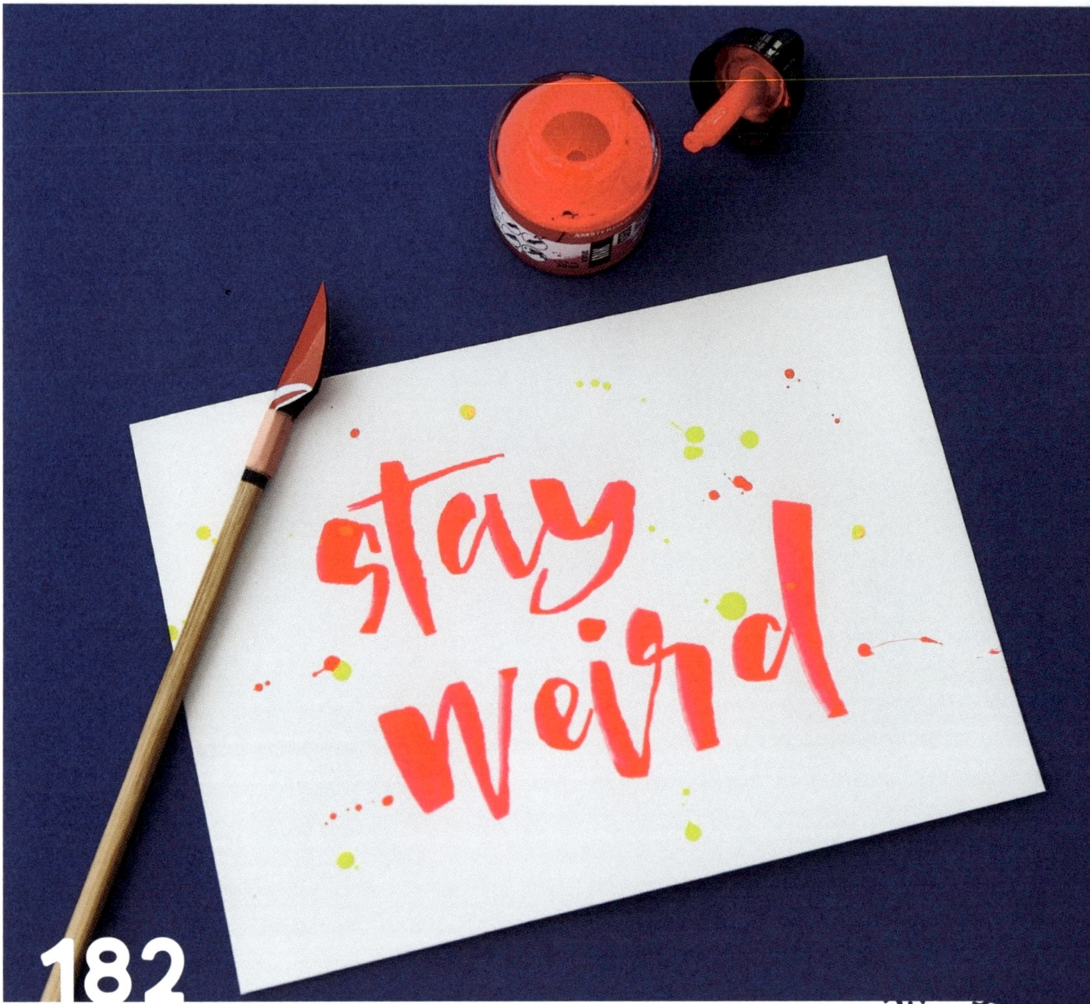

182

COLA MAL ANDERS

Beim Lettern ist Experimentieren ausdrücklich erwünscht! Stelle doch mal aus einer alten Cola-Dose eine coole Feder zum Lettern her.

1 Du benötigst: Cola-Dose, Schere, Washi Tape, Schablone in den Maßen 3 cm x 5 cm, Essstäbchen o.ä.

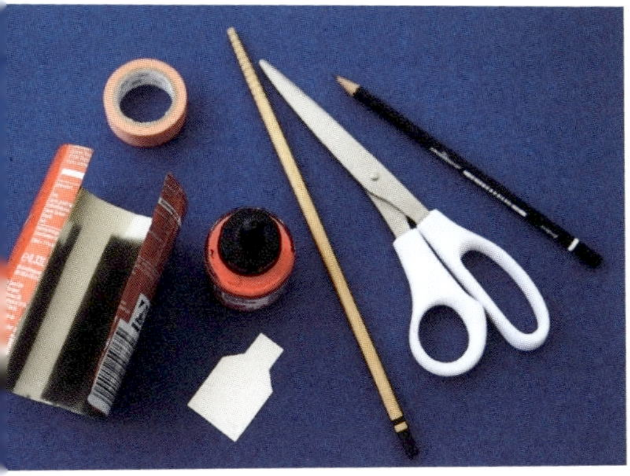

Schneide ein rechteckiges Stück aus der Dose. Schneide die Federform mit Hilfe der Schablone zu. Die Außenmaße der Schablone betragen 3 x 5 cm.

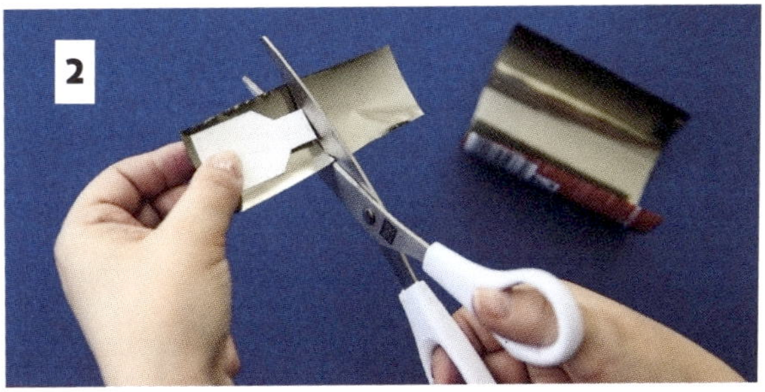

3 Knicke die Form. An der Spitze sollte der Knick eng sein.

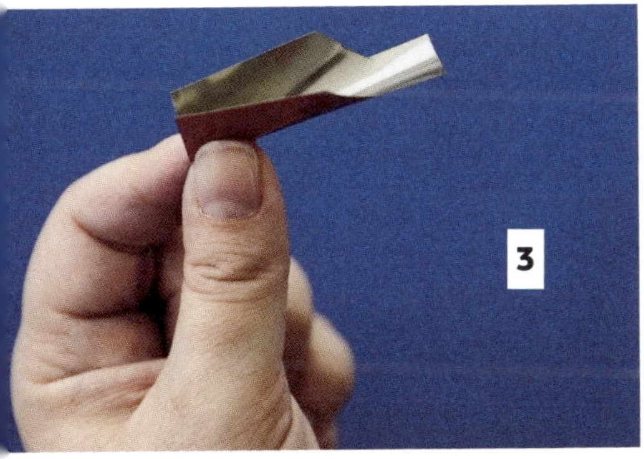

Befestige die Feder mit Washi Tape zum Beispiel an einem Essstäbchen.

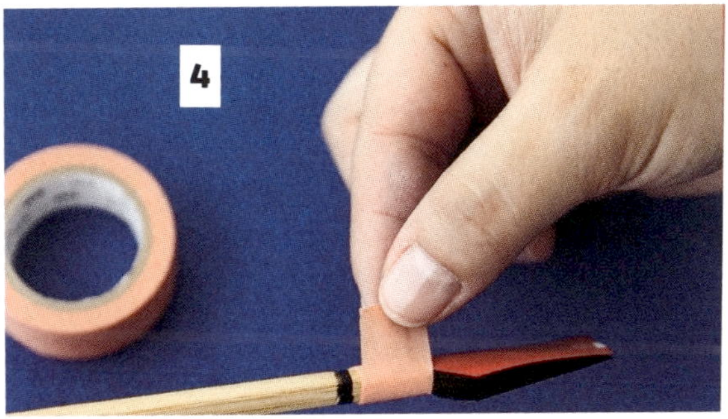

5 Bringe die Feder mit einer Schere in Form.

6 Nun kannst du die Feder in Tinte oder Tusche tauchen und damit lettern.

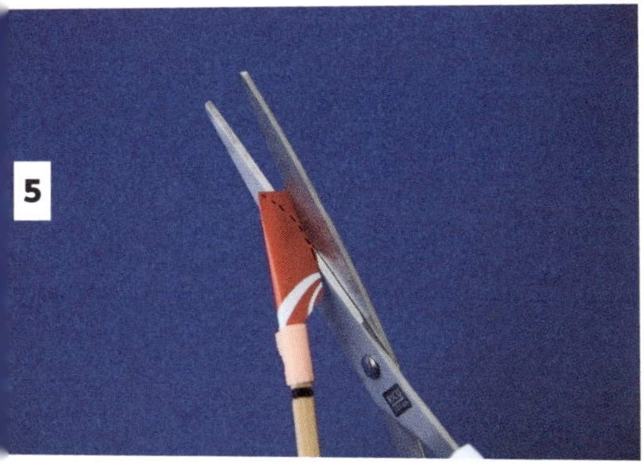

Beim Lettern mit der Cola-Feder geht es eher „unordentlich" zu und es darf gekleckst werden. Das macht den besonderen Reiz dieses Schreibgeräts aus.

183

RESTE-RECYCLING

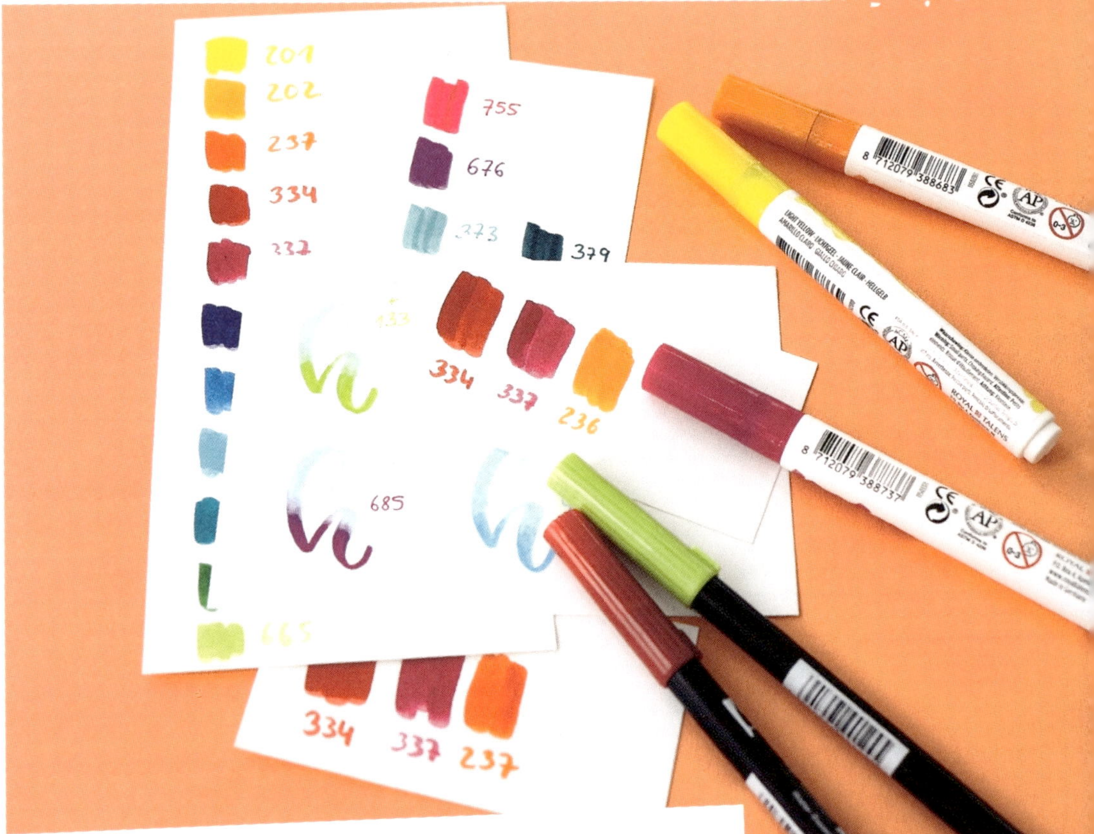

Beim Lettern und Malen produziert man immer wieder Fehlversuche. Kein Grund, das ganze Papier wegzuwerfen! Schneide die freien Flächen ab und verwende sie zum Beispiel zum Testen von Farbkombinationen und zum Erstellen von Farbpaletten für ein Lettering-Projekt.

Schneide Rundungen ab. Rechteckige Stücke lassen sich besser sammeln.

Verwende einen dreieckigen Make-up-Schwamm für coole, mehrfarbige Schriftzüge. Gib mit deinen Brush Pens zwei oder mehrere Farbtöne auf eine Kante des Schwamms und male damit deine Buchstaben.

Mit einem Tropfen Wasser löst sich die Farbe noch besser aus dem Schwamm. Du kannst deinen Schwamm auch in eine passende Größe zuschneiden.

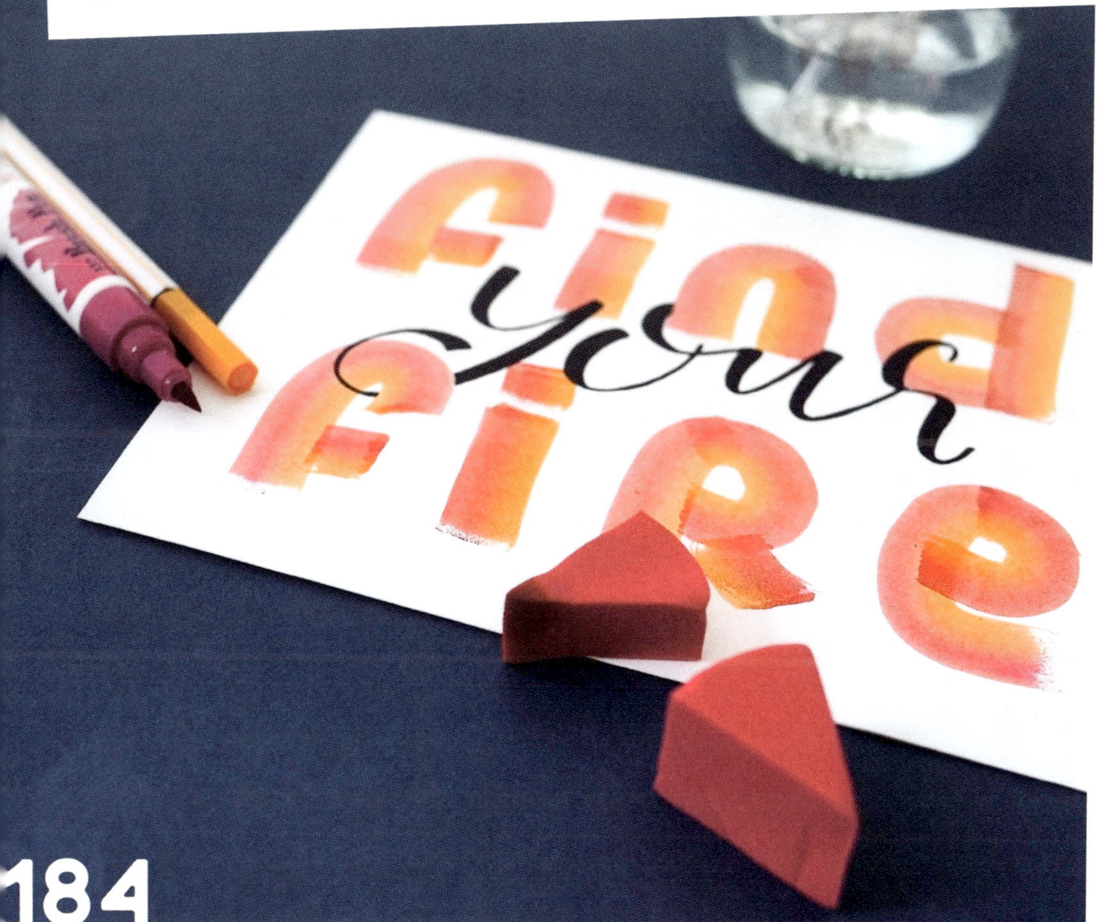

184 BUCHSTABEN-MAKE-UP

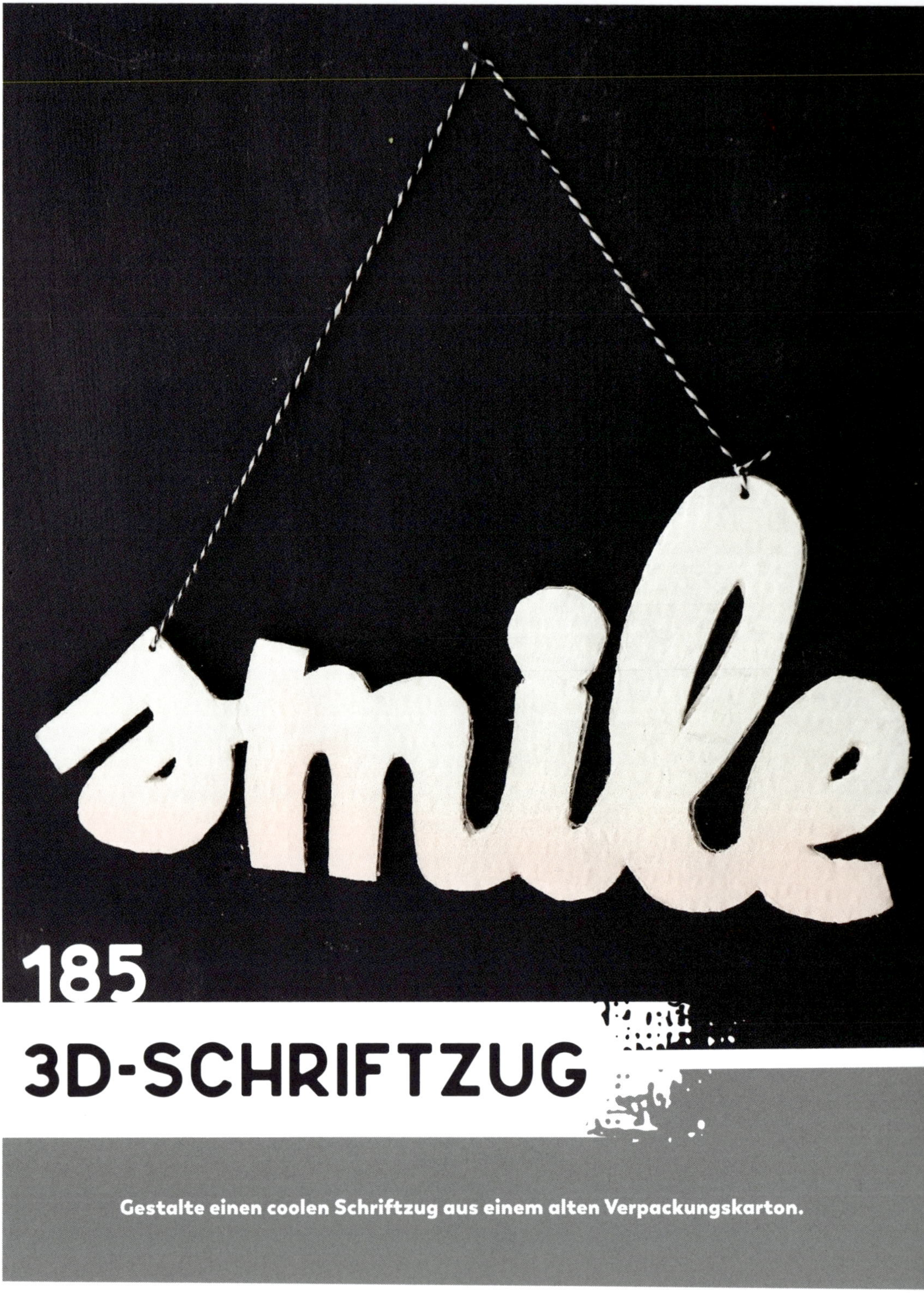

185 3D-SCHRIFTZUG

Gestalte einen coolen Schriftzug aus einem alten Verpackungskarton.

1 **Du benötigst: Pappkarton, Schere, Cutter, Bleistift, Farbe (z.B. Gesso, Acrylfarbe, Gouache, Sprühfarbe), Band für die Aufhängung**

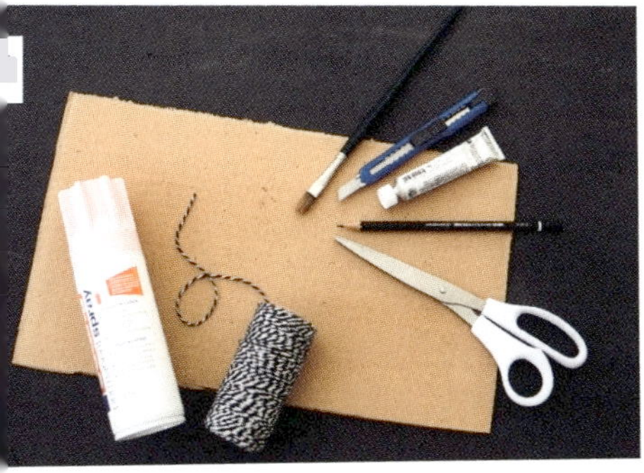

2 **Zeichne den Schriftzug mit Bleistift auf den Karton.**

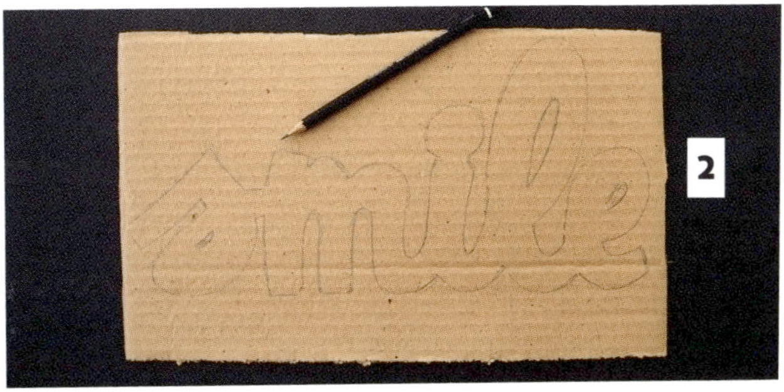

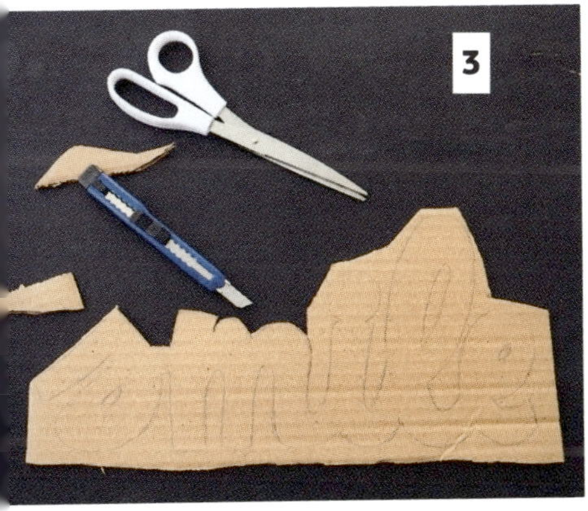

3 **Schneide ihn mit einer großen Schere und einem Cuttermesser aus. Den Cutter verwendest du am besten für enge Stellen und Rundungen.**

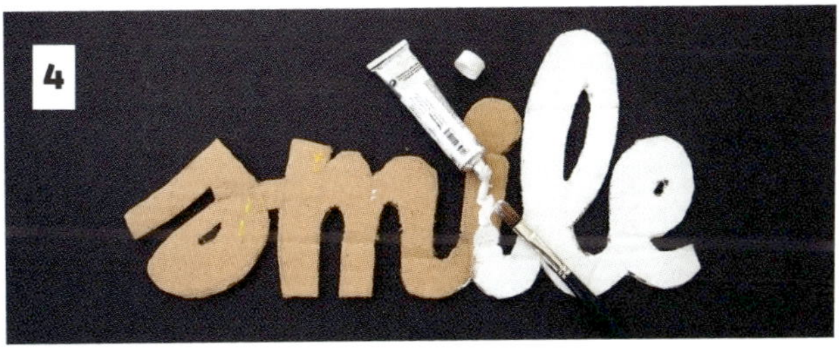

Bemale den Schriftzug mit Gouache oder Acrylfarbe.

Für einen coolen Ombre-Effekt kannst du den unteren Rand vorsichtig mit Sprühfarbe besprühen.

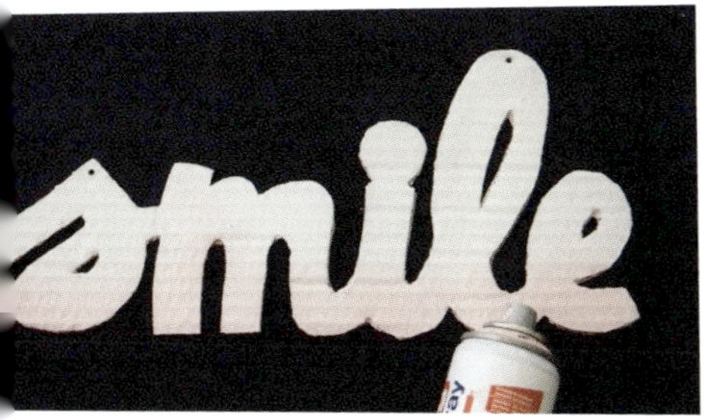

6 **Befestige ein Band und hänge den Schriftzug auf.**

Gestalte die Buchstaben deines Schriftzugs nicht zu dünn, damit die Pappe ausreichend Festigkeit behält. Wenn du farbige Acrylfarbe verwenden möchtest, kannst du den Schriftzug zunächst mit einer Schicht Gesso grundieren. Dann deckt die Farbe viel besser und der Karton scheint nicht durch.

Lege farbigen Karton auf ein Tablett, ein Kerzentablett, einen Kartondeckel oder Ähnliches. Fülle die Fläche mit etwas Sand, bis alles bedeckt ist. Nun kannst du mit deinen Fingern im Sand lettern.

Besonders schön sieht es aus, wenn dein Karton einen Farbverlauf hat.

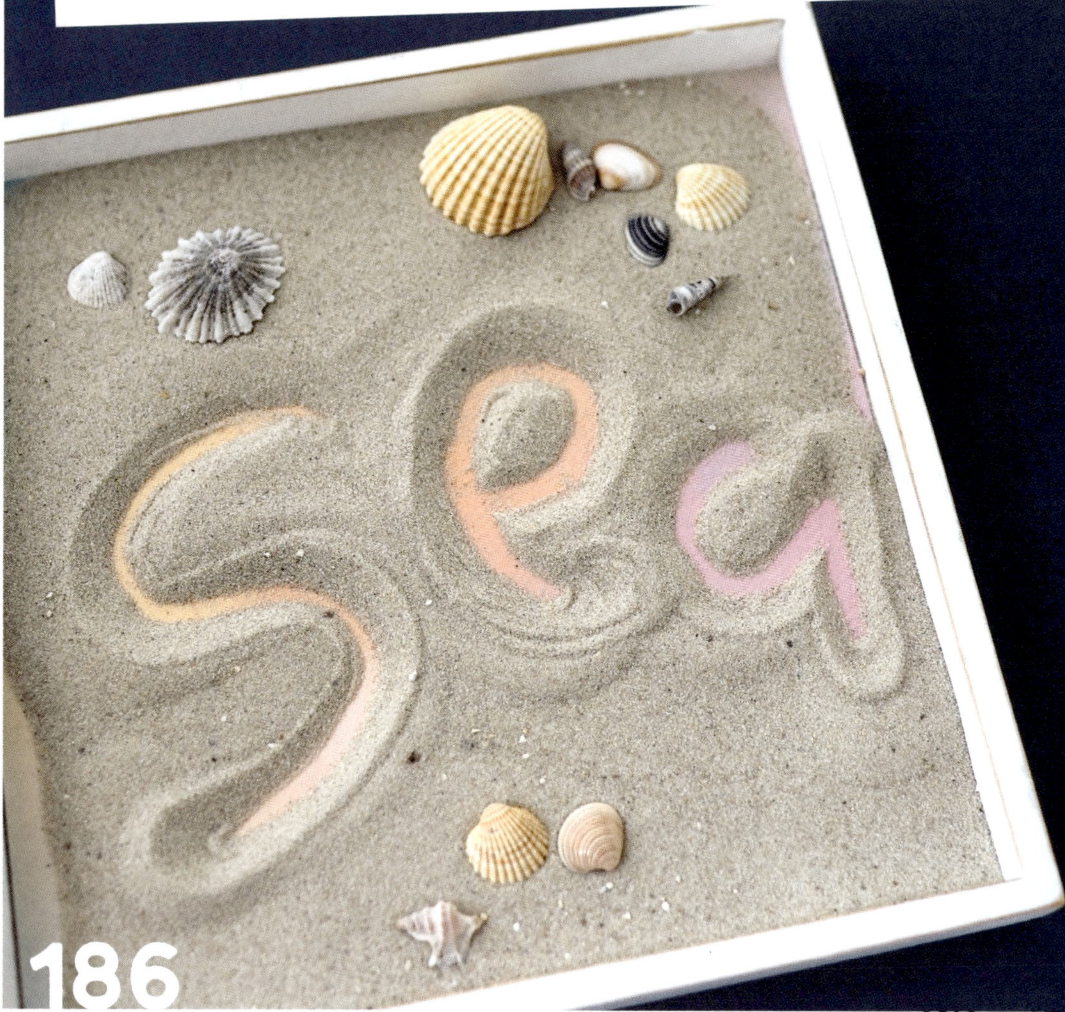

186

SANDKASTENSPIELE

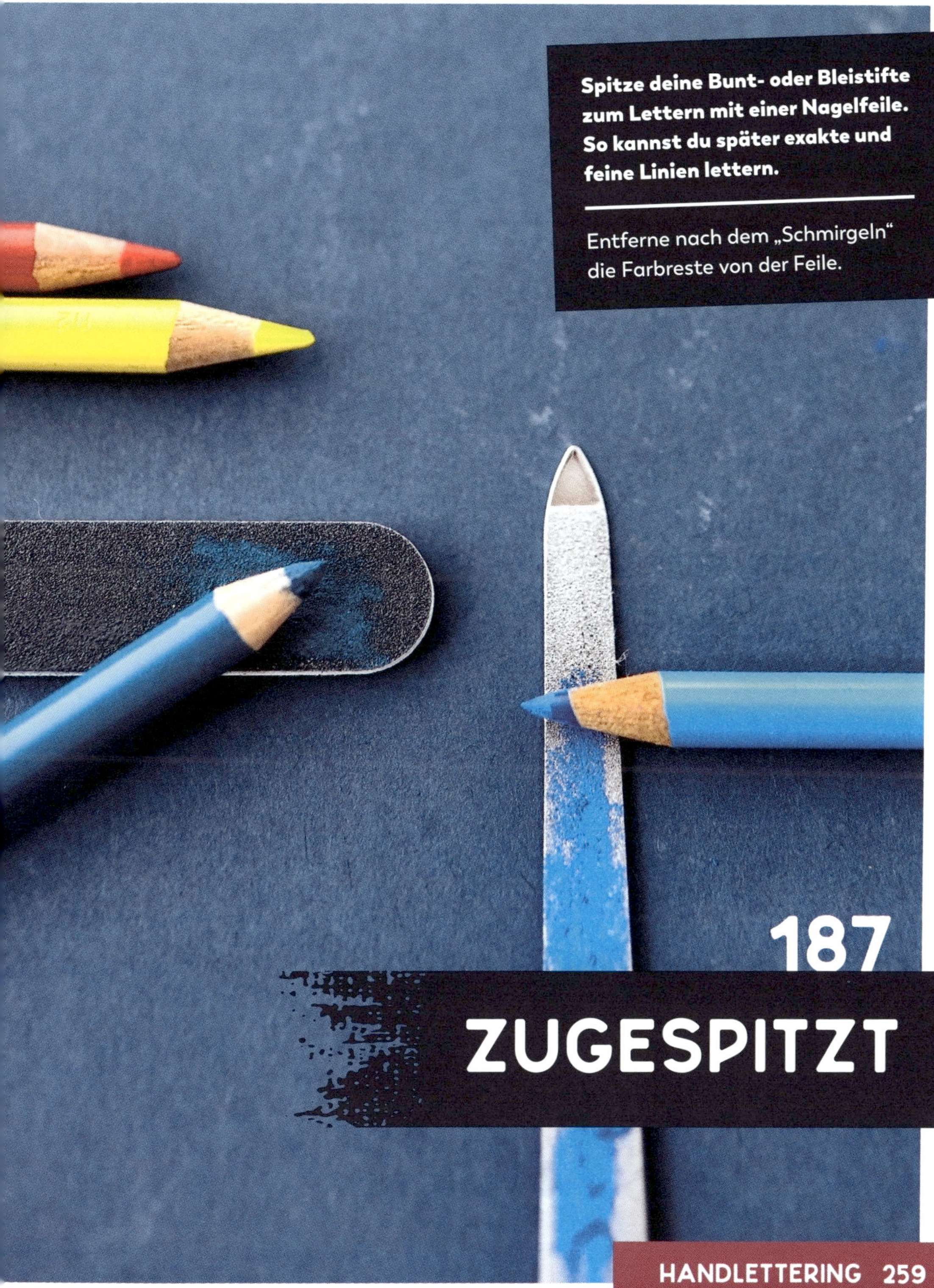

187 ZUGESPITZT

Spitze deine Bunt- oder Bleistifte zum Lettern mit einer Nagelfeile. So kannst du später exakte und feine Linien lettern.

Entferne nach dem „Schmirgeln“ die Farbreste von der Feile.

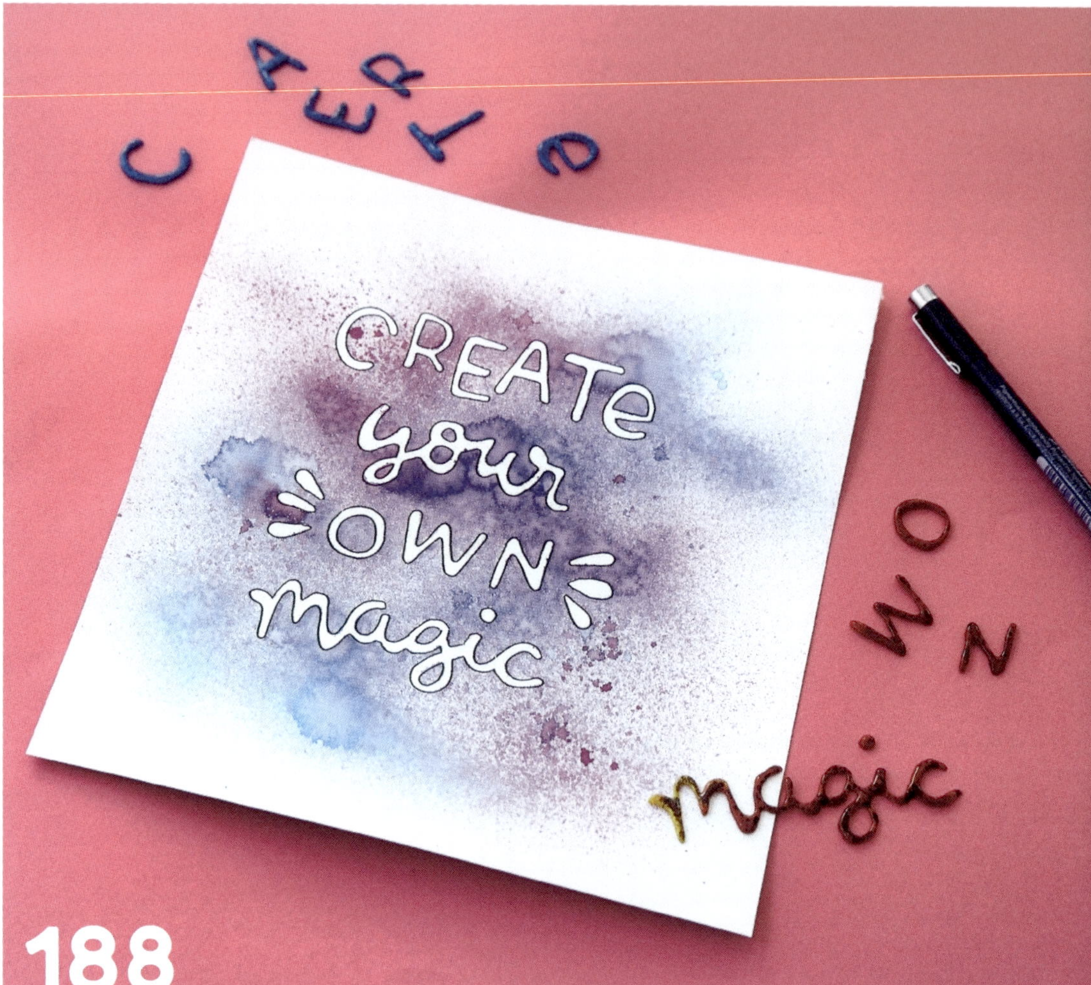

188

COOLER SCHABLONEN-EFFEKT

1 **Du benötigst: Klebepistole, Sprühfläschchen mit flüssiger Wasserfarbe, Metalldeckel, Mixed-Media-Papier, Fineliner**

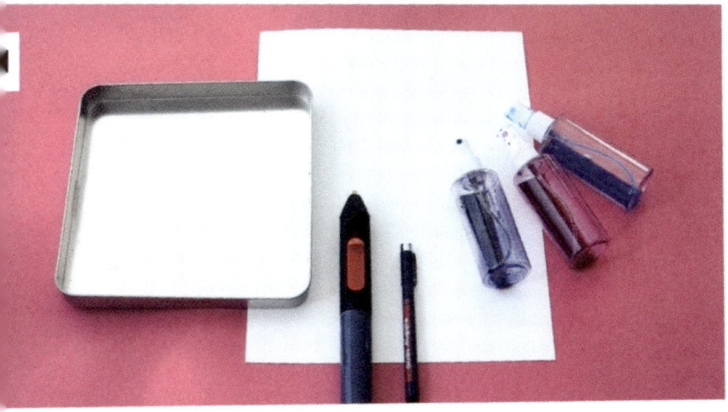

3 **Ziehe die getrockneten Buchstaben ab und lege sie auf Mixed-Media- oder Aquarellpapier.**

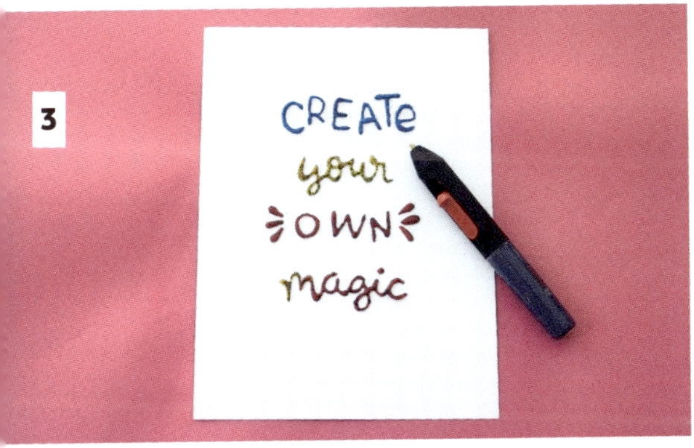

3

5 **Ist alles getrocknet, kannst du die Buchstaben abnehmen.**

6 **Wenn du magst, kannst du die Buchstaben noch mit einem Fineliner umranden und Schatten hinzufügen.**

Beachte, dass die Buchstaben nur leicht auf dem Papier aufliegen. Wenn die Farbe zu flüssig ist, läuft sie unter die Buchstaben. Der Sprühnebel sollte eher fein sein, wie zum Beispiel bei kleinen Reisefläschchen.

2 **Lettere mit einer Klebepistole Buchstaben auf eine glatte Fläche, zum Beispiel auf einen Metalldeckel.**

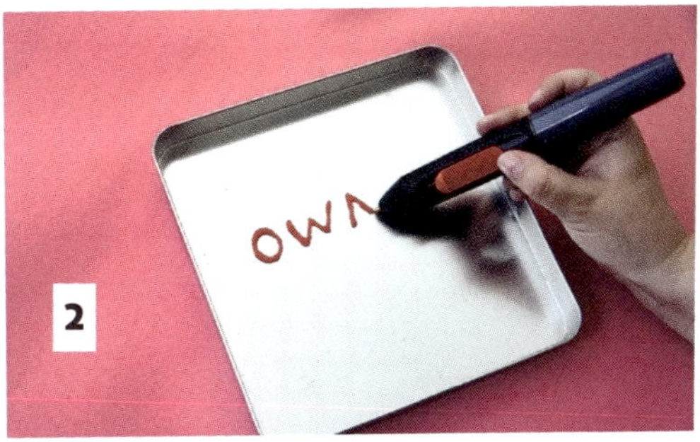

2

4 **Fülle Sprühfläschchen mit flüssiger Wasserfarbe und sprühe die Farbe über die Buchstaben.**

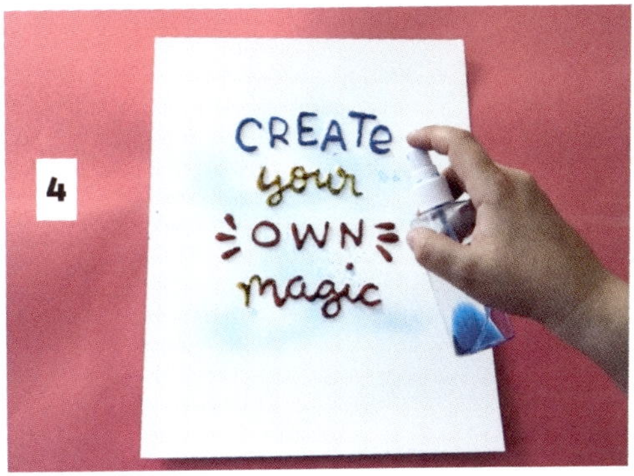

4

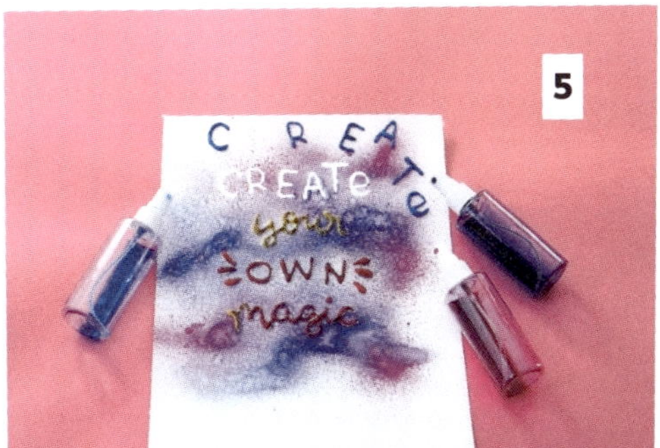

5

189 PRAKTISCH UNTERLEGT

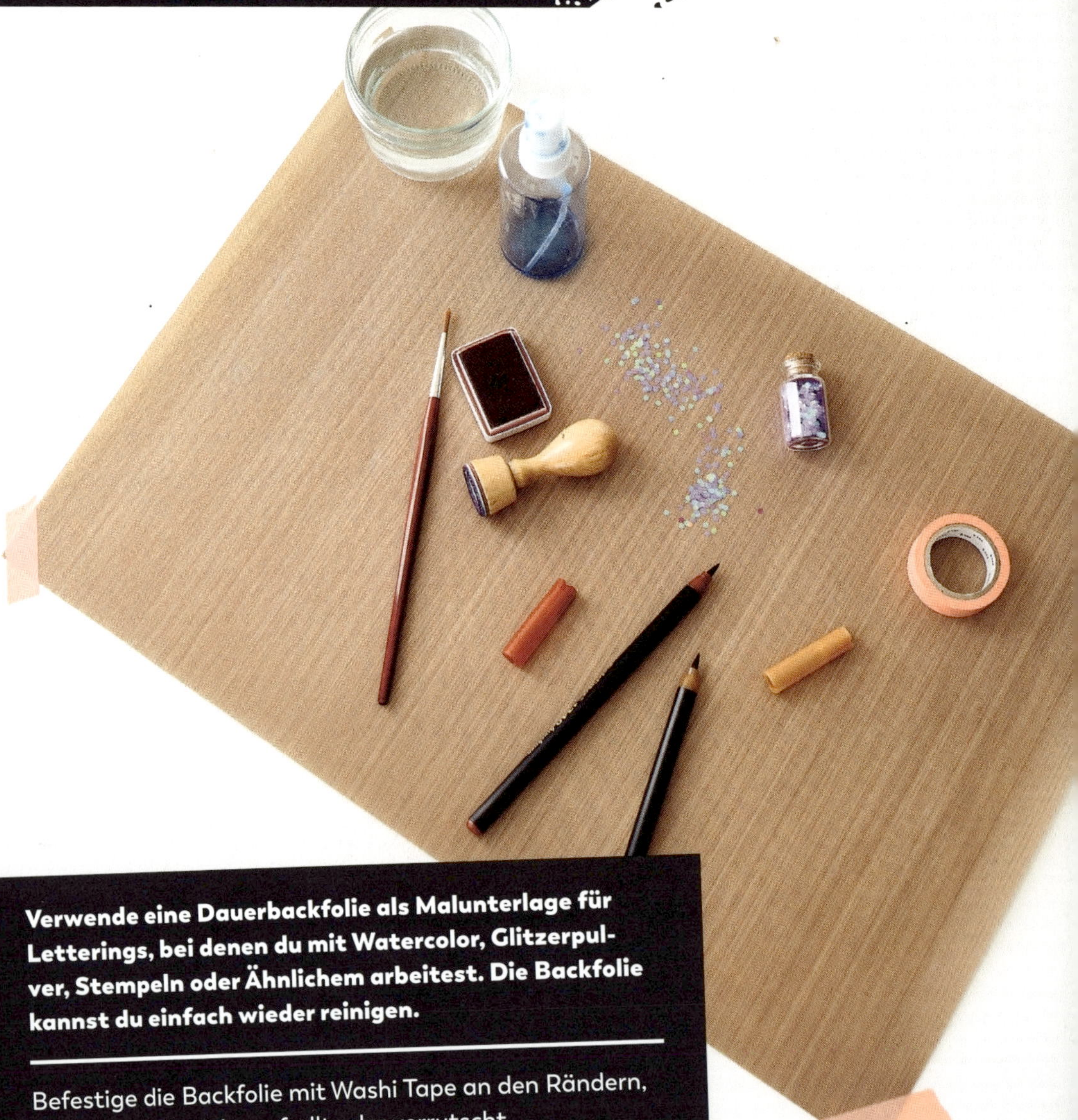

Verwende eine Dauerbackfolie als Malunterlage für Letterings, bei denen du mit Watercolor, Glitzerpulver, Stempeln oder Ähnlichem arbeitest. Die Backfolie kannst du einfach wieder reinigen.

Befestige die Backfolie mit Washi Tape an den Rändern, damit sie sich nicht aufrollt oder verrutscht.

190

DAS GERADE MUSS AUFS RUNDE

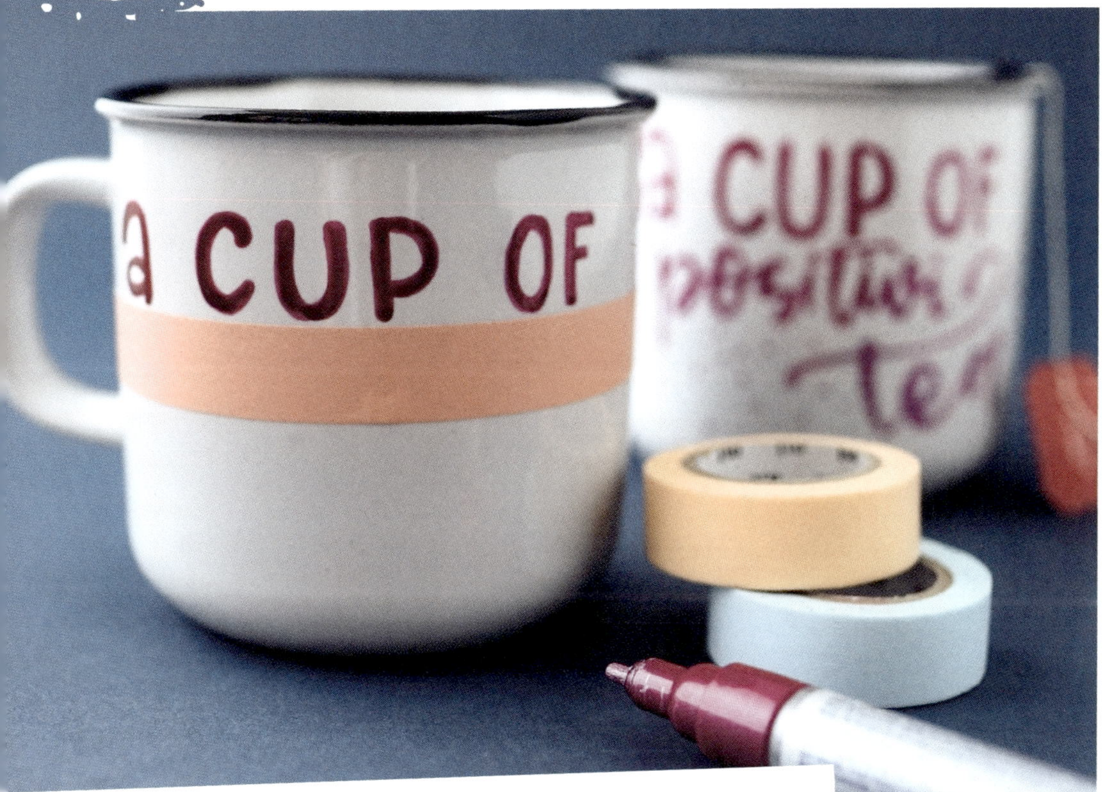

Wenn du gerade ausgerichtete Zeilen auf runden oder gebogenen Gegenständen lettern willst, kannst du Washi Tape als Hilfslinie aufkleben. Schon stehen deine Schriftzüge auf einer geraden Linie. Das Washi Tape lässt sich am Schluss ganz einfach wieder abziehen.

Lettere die Unterlängen von Buchstaben, etwa beim g oder j erst, nachdem du das Washi Tape abgezogen hast.

191

BANNER GANZ EASY

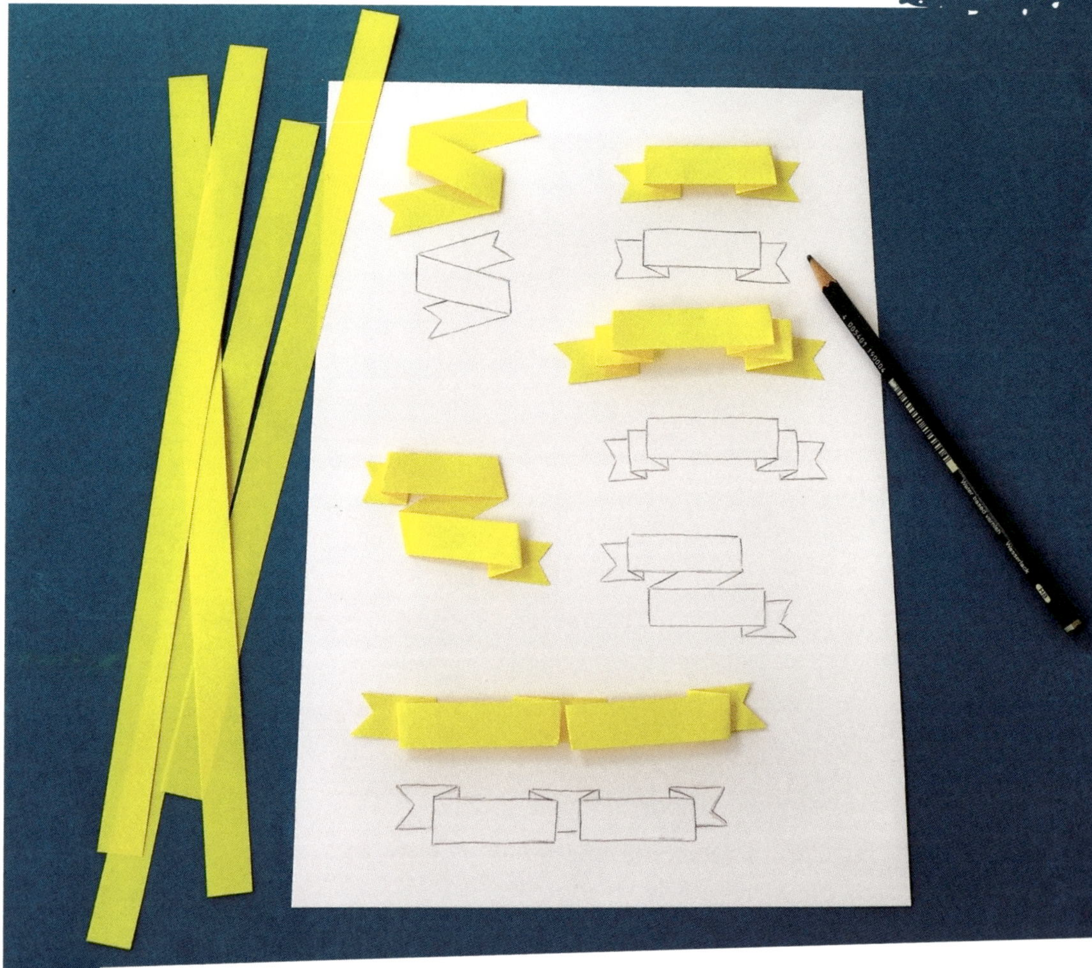

Banner sind ein schönes Schmuckelement, aber nicht immer ganz einfach zu zeichnen. Fertige Banner aus Papierstreifen als Anschauungshilfe an. Falte den Streifen in verschiedene Richtungen und übertrage die Linien in deine Zeichnung.

Du kannst auch Schleifenband zur Veranschaulichung verwenden. Dieses ist aber etwas widerspenstiger und behält nicht so gut die Form wie das geknickte Papier.

Verwende zum Malen von schönen, gleichmäßigen Schattierungen an deinem Brush Lettering einen Marker auf Alkoholbasis. Damit kannst du mit mehreren Schichten die Schattierung verstärken oder ausbessern, ohne dass die Striche, wie beim wasserbasierten Stift, sichtbar sind. Außerdem verschmieren die Farben nicht.

Verwende für die Schattierungen eher helle Farbtöne, die du noch abdunkeln kannst. Lasse die Schrift zunächst gut trocknen, bevor du die Schatten malst.

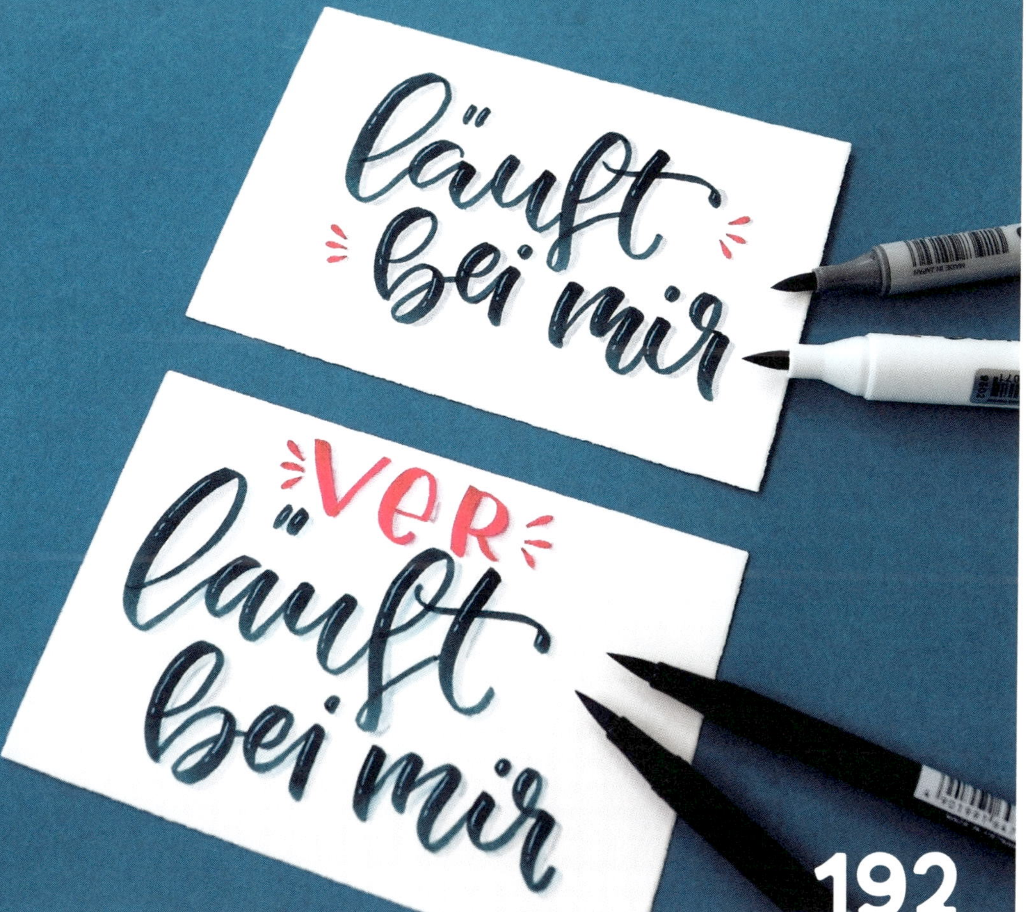

192

SCHÖNE SCHATTEN

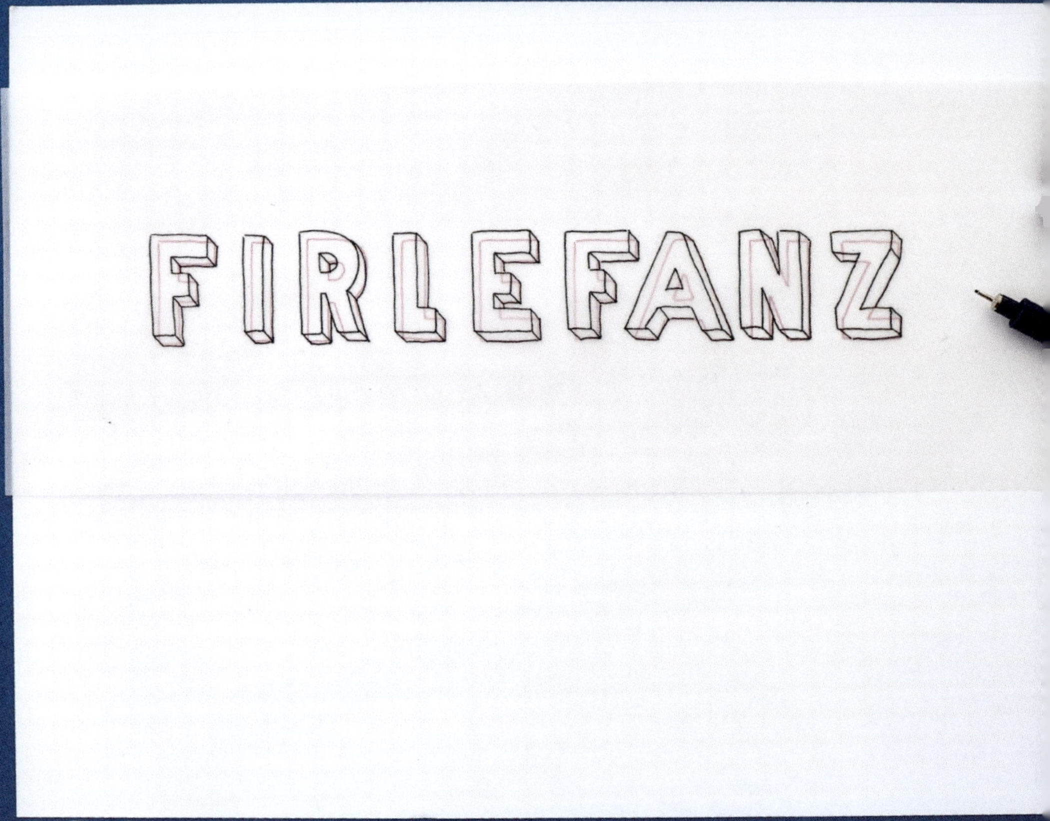

193

3D-BUCHSTABEN LEICHT GEMACHT

Möchtest du 3D-Buchstaben entwerfen, klappt das am besten mit Transparentpapier.

1 **Du benötigst: Transparentpapier, Zeichenpapier, zwei verschiedenfarbige Fineliner**

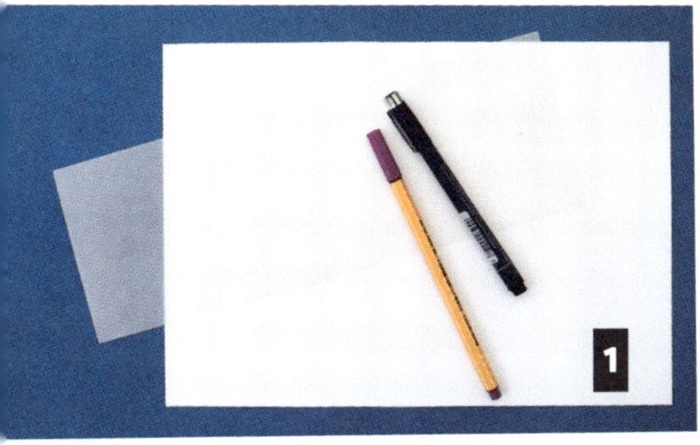

2 **Zeichne deine Schrift zuerst auf einfaches Papier.**

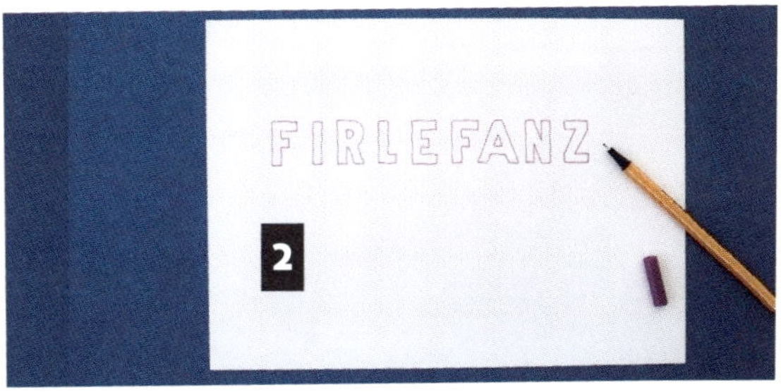

3 **Lege dann ein Blatt Transparentpapier darüber und pause die Buchstaben noch einmal mit einer anderen Farbe auf das Transparentpapier ab.**

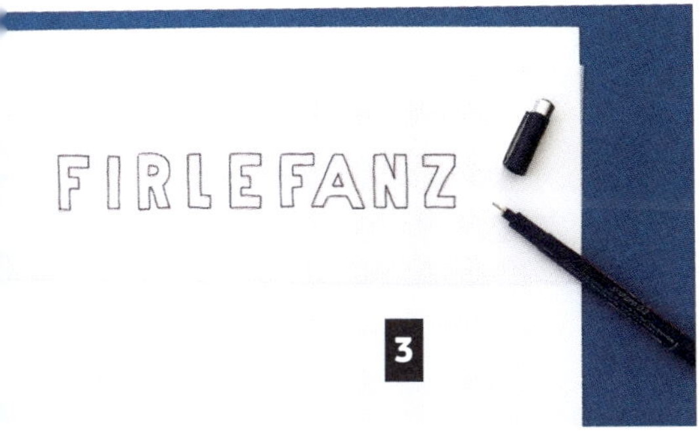

4 **Verschiebe das Transparentpapier in einem gleichmäßigen Abstand.**

Verbinde auf dem Transparentpapier nun die Ecken der Schrift mit den Ecken der durchscheinenden Vorzeichnung.

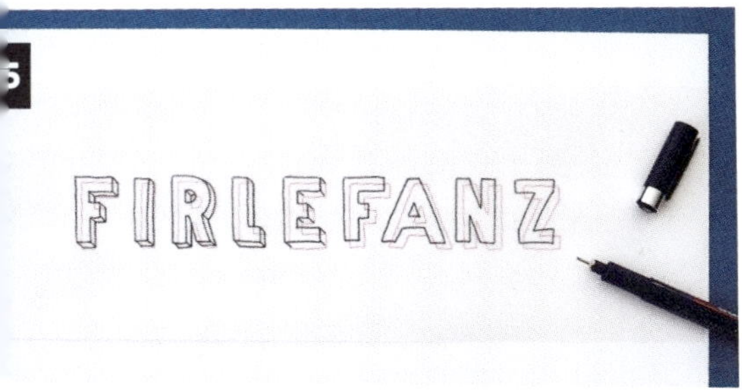

6 **Schon sind deine 3D-Buchstaben fertig und du kannst sie nun auf ein anderes Blatt übertragen.**

Diese Technik funktioniert auch mit einem Lichttisch. Damit kannst du die Buchstaben direkt auf Papier zeichnen und brauchst den Zwischenschritt mit dem Transparentpapier nicht.

Du brauchst ein harmonisches Layout für dein Bounce Lettering? Lettere den Spruch in einer anderen Reihenfolge. Beginne zum Beispiel in der falschen Richtung, also von unten nach oben. Oder du letterst zuerst die Wörter, die du betonen möchtest und ordnest die Füllwörter anschließend in die entstehenden Lücken.

Probiere aus, was dir liegt. Für jeden funktioniert eine andere Variante besser.

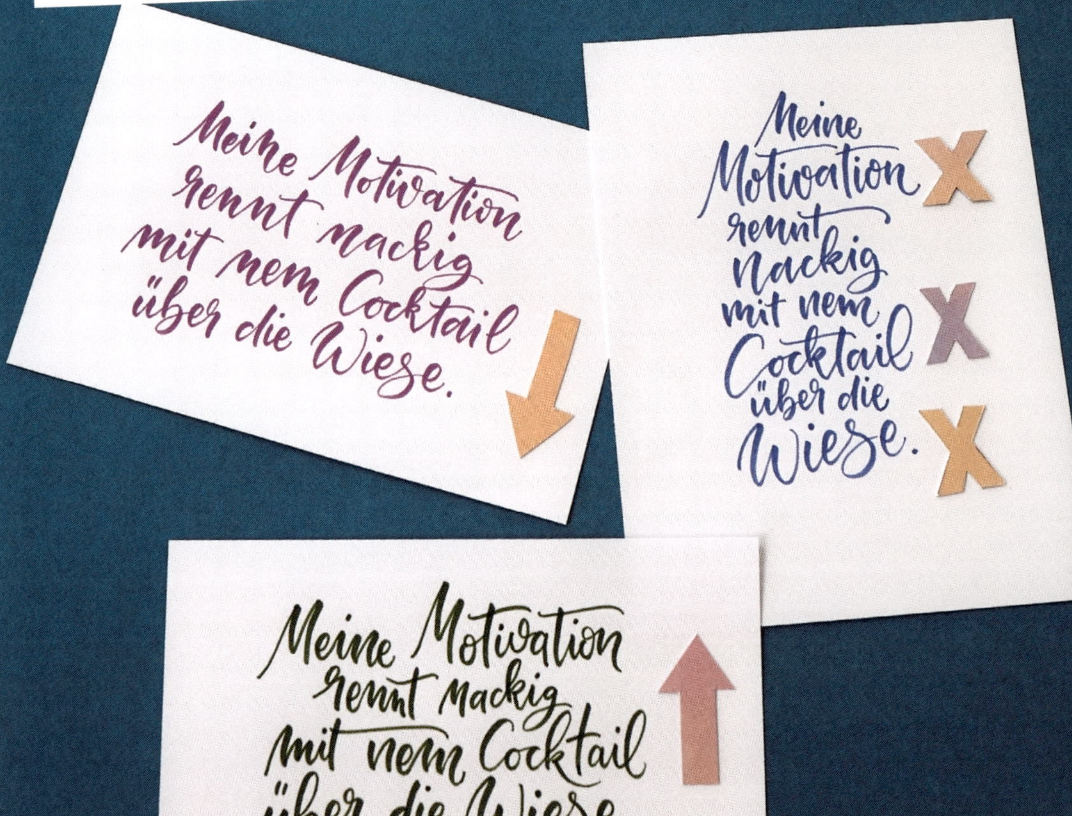

194 FORMATIONSTANZ

Beschrifte deine Briefumschläge von Hand mit hübsch geletterten Adressfeldern. Fertige dafür eine Schablone aus festem Papier oder Bastelfolie an, die du immer wieder verwenden kannst.

Stelle verschiedene Varianten für unterschiedliche Formate her.

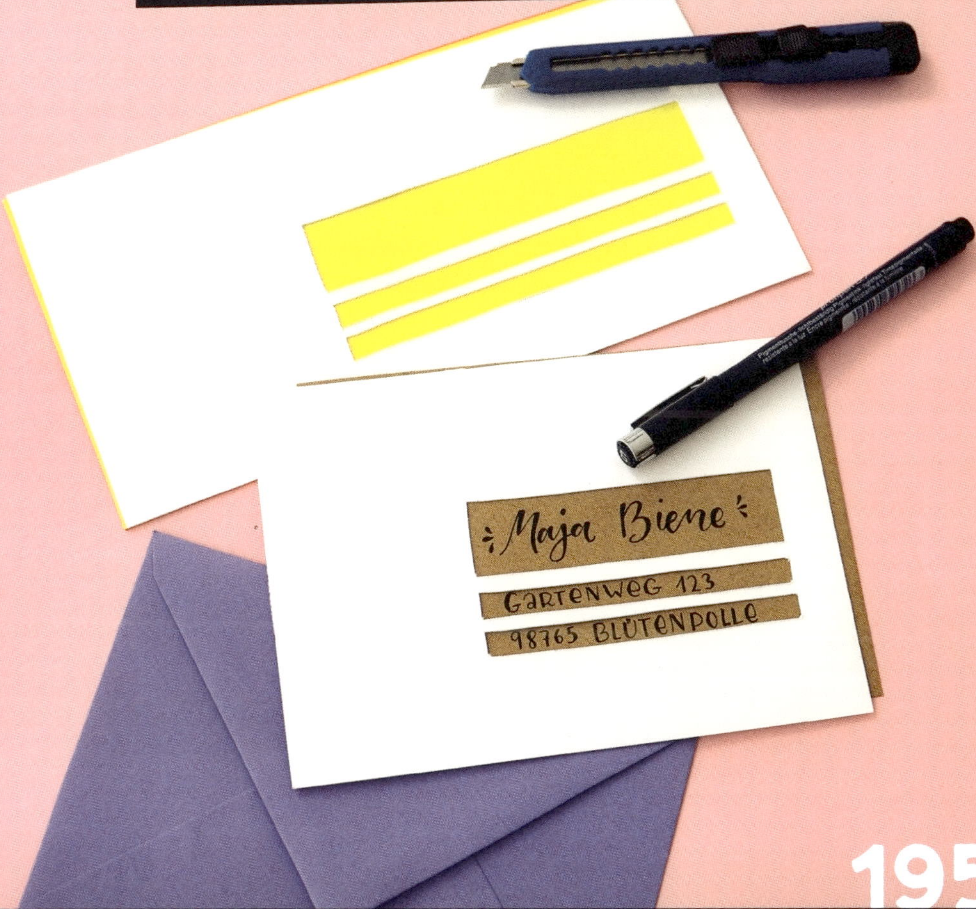

195

SCHÖN ABGESCHICKT

RETTUNGS-MASSNAHME

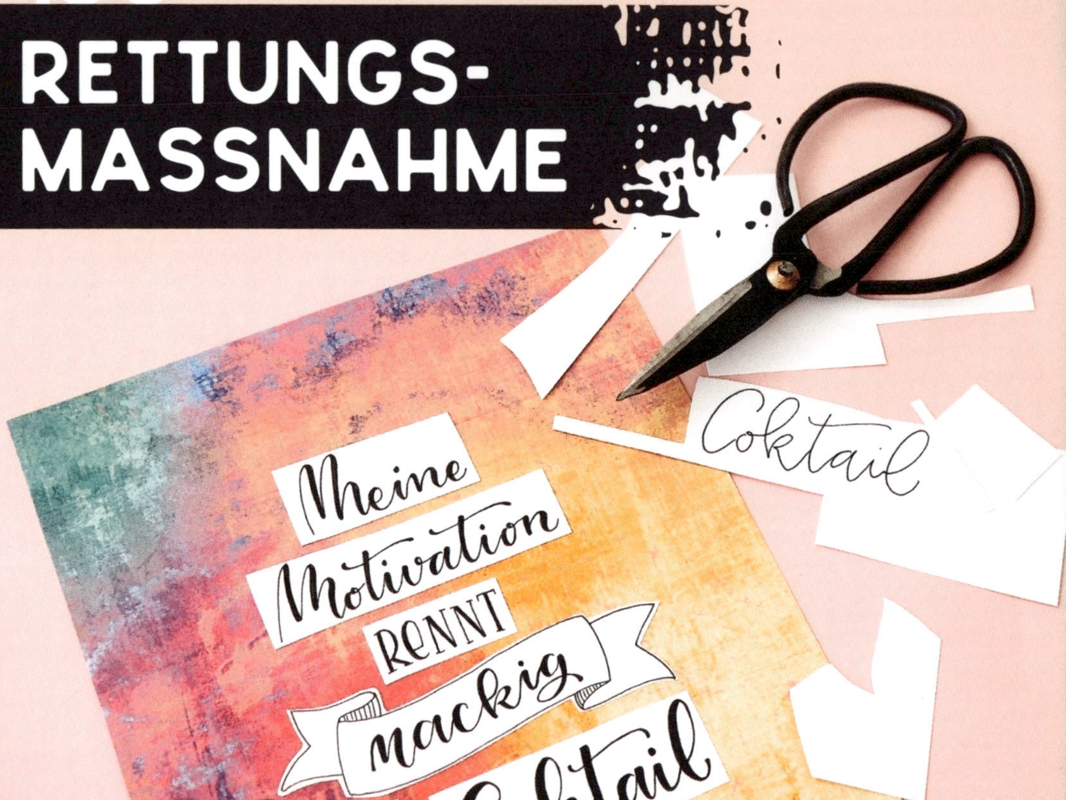

Wer kennt das nicht? Du gibst dir viel Mühe mit einem Lettering, und wenn du fertig bist, bemerkst du, dass du ein Wort vergessen oder ein Wort falsch geschrieben hast. Schneide einfach alle Wörter aus, ergänze oder korrigiere sie und klebe deinen Spruch dann auf schönes, farbiges Papier.

Du kannst Papier in allen Variationen verwenden – Glitzerpapier, dekorative Muster- oder Motivbögen. Bei farbigen Letterings wirkt auch Papier mit schwarz-weißen Mustern toll.

Deine Outline-Buchstaben geraten immer etwas schief? Dann zeichne zuerst mit einem Bleistift das Buchstabenskelett und umrande dieses anschließend gleichmäßig mit der Outline. Wenn die Outline getrocknet ist, kannst du die Hilfslinien radieren.

Drücke mit dem Bleistift nicht zu stark auf, damit du ihn wieder gut wegradieren kannst.

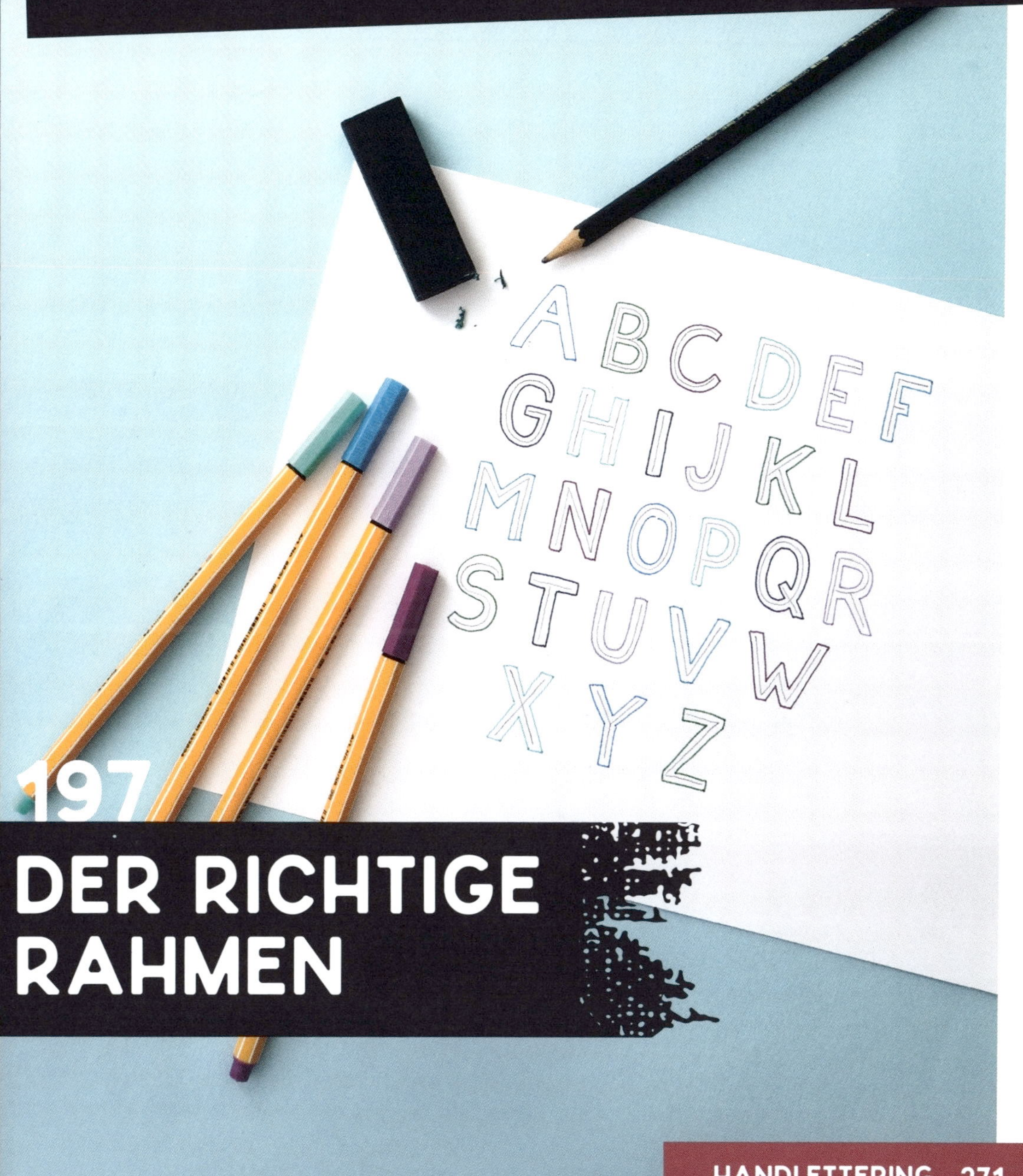

197 DER RICHTIGE RAHMEN

198

NICHT AUF DIE SCHIEFE BAHN

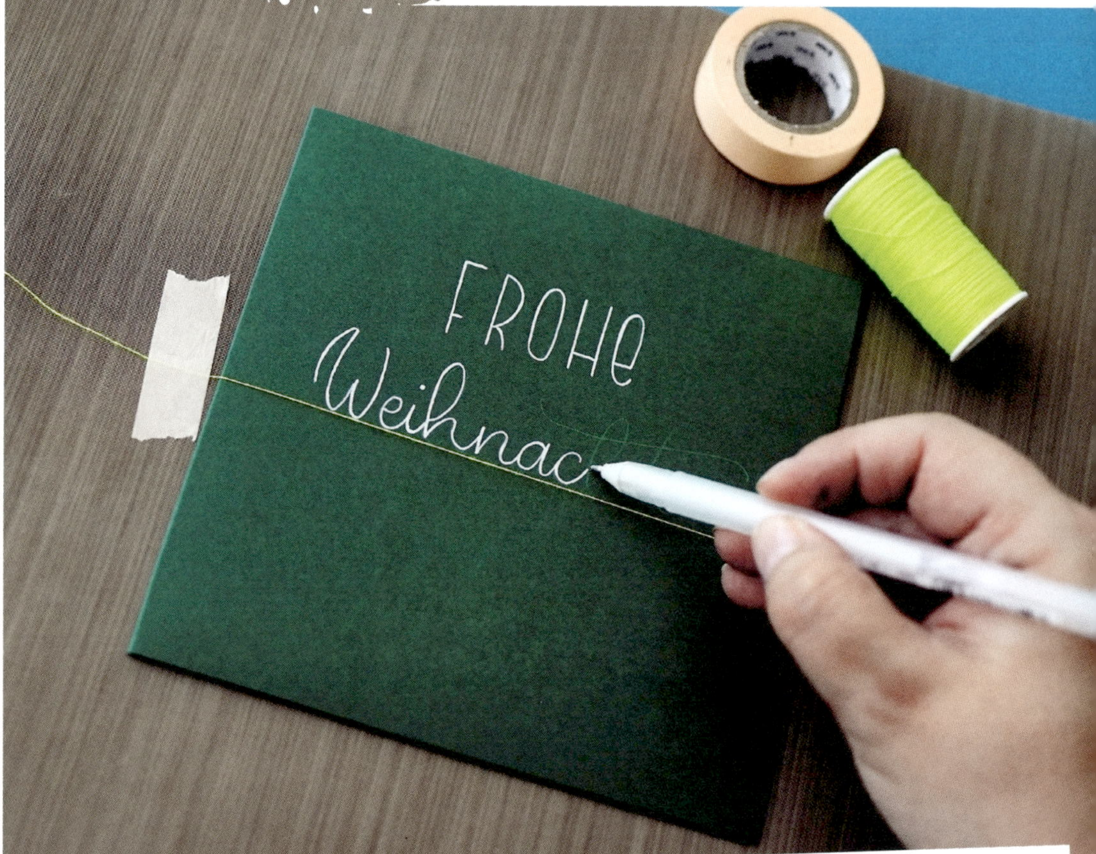

Du möchtest gerade Zeilen auf farbigem Papier lettern, ohne ein Linienraster vorzumalen? Befestige einen Faden mit Washi Tape auf deiner Unterlage oder einer Schneidematte und schiebe dein Papier darunter. Da der Faden flexibel ist, kannst du ihn zum Lettern der Unterlängen mit dem Stift einfach nach unten ziehen.

Mit Hilfe der Einteilungen auf einer Schneidematte kannst du dein Papier gerade anlegen und in gleichmäßigen Abständen verschieben, um so mehrere Zeilen lettern zu können.

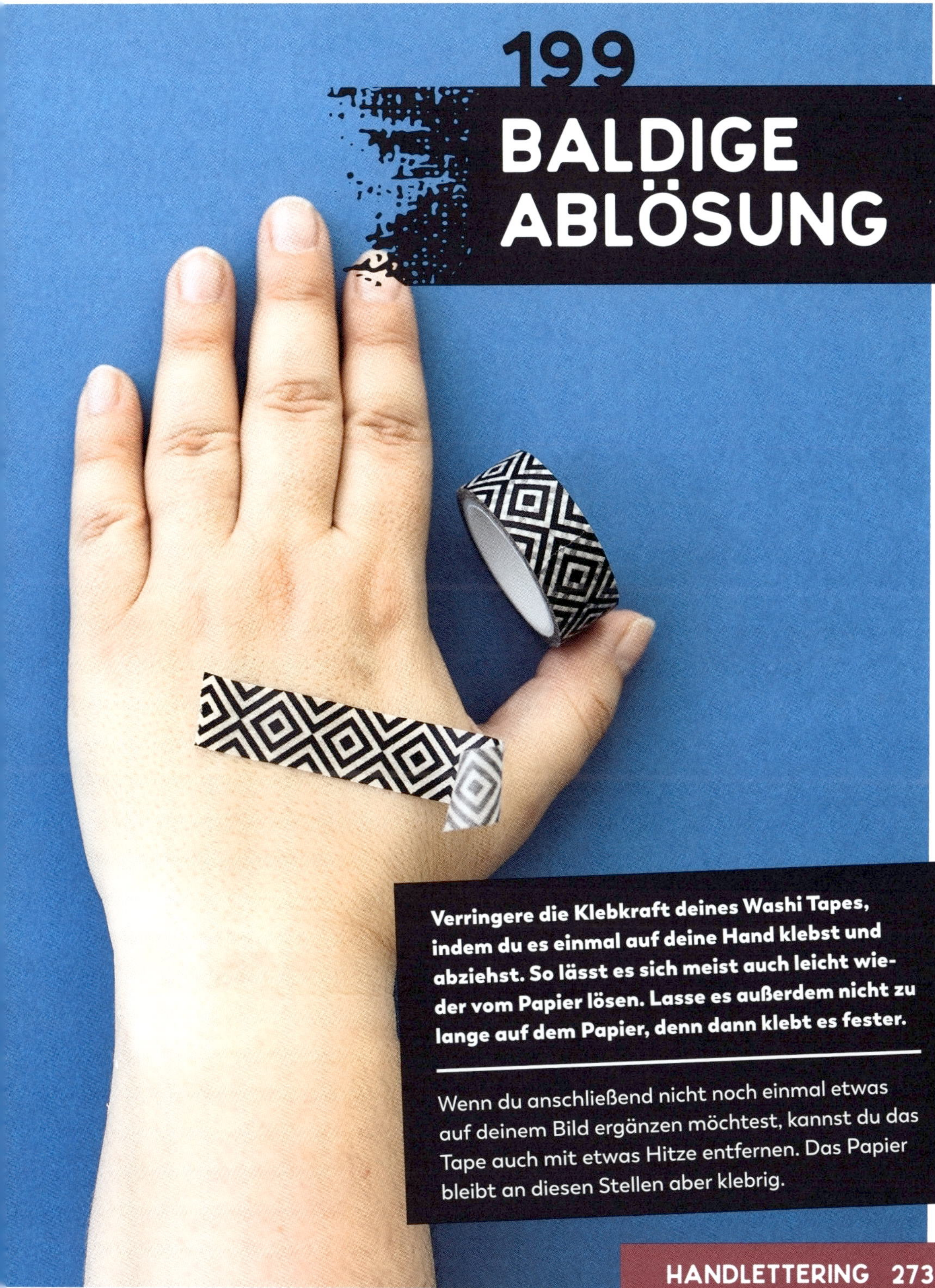

199 BALDIGE ABLÖSUNG

Verringere die Klebkraft deines Washi Tapes, indem du es einmal auf deine Hand klebst und abziehst. So lässt es sich meist auch leicht wieder vom Papier lösen. Lasse es außerdem nicht zu lange auf dem Papier, denn dann klebt es fester.

Wenn du anschließend nicht noch einmal etwas auf deinem Bild ergänzen möchtest, kannst du das Tape auch mit etwas Hitze entfernen. Das Papier bleibt an diesen Stellen aber klebrig.

200
REINE FARBKLÄNGE

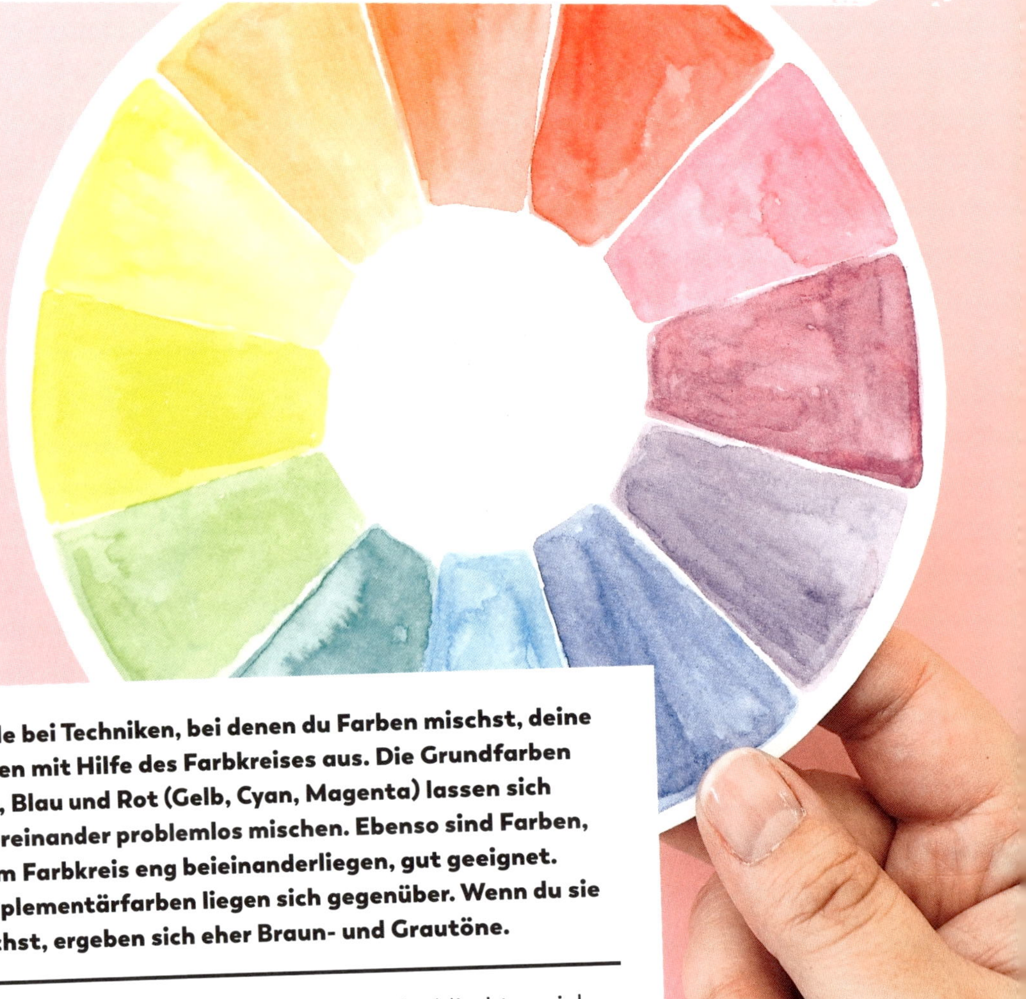

Wähle bei Techniken, bei denen du Farben mischst, deine Farben mit Hilfe des Farbkreises aus. Die Grundfarben Gelb, Blau und Rot (Gelb, Cyan, Magenta) lassen sich untereinander problemlos mischen. Ebenso sind Farben, die im Farbkreis eng beieinanderliegen, gut geeignet. Komplementärfarben liegen sich gegenüber. Wenn du sie mischst, ergeben sich eher Braun- und Grautöne.

Manchmal macht auch die Menge oder der Mischton viel aus, zum Beispiel, wenn du ein Blau mit mehr Grün oder mehr Rot mischst. Probiere es einfach mit deinen Brush Pens aus.

201

SPITZENDARSTELLER

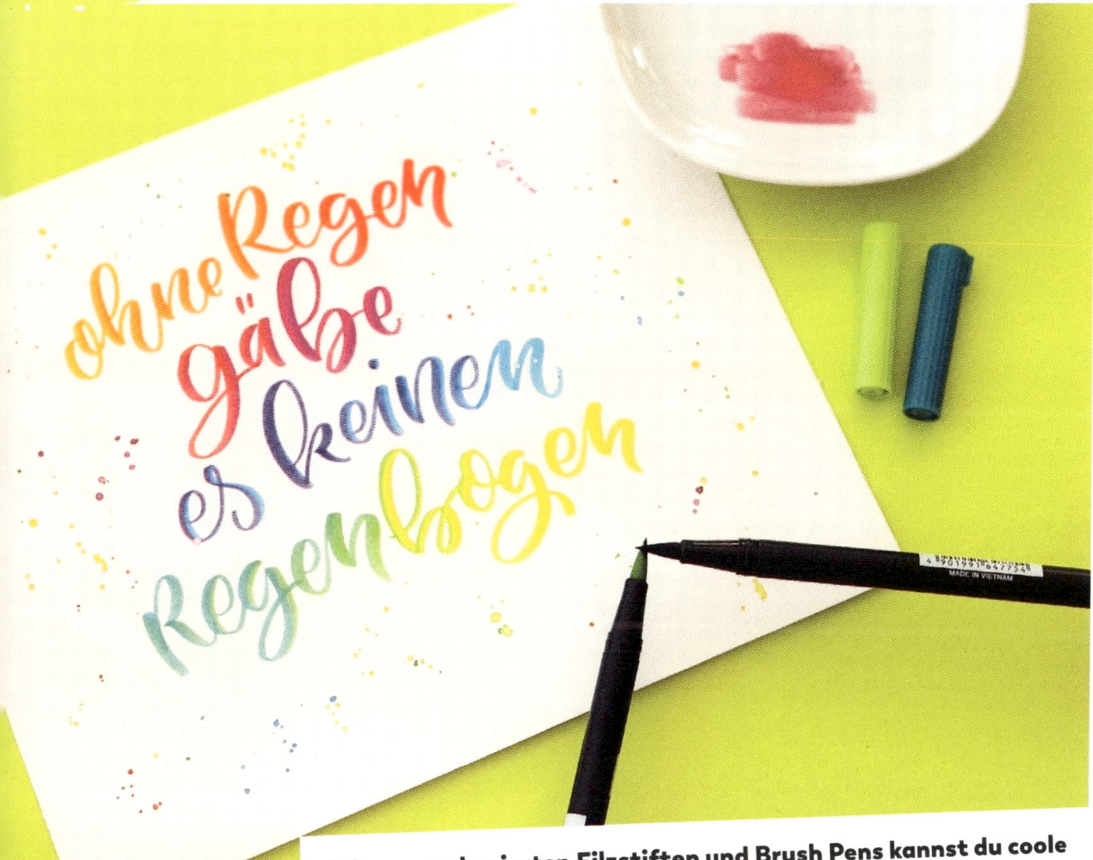

Mit wasserbasierten Filzstiften und Brush Pens kannst du coole Farbverläufe, so genannte Blendings, kreieren. Halte dazu die Stiftspitzen deiner Stifte kurz aneinander oder gib einen Farbton auf eine Palette und nimm die Farbe von dort auf. Keine Sorge – beim Lettern löst sich die Farbe wieder aus dem Stift.

Welche Farben für diese Technik gut geeignet sind, erfährst du in Hack 200.

202

HÄLT SICH SCHÖN IM HINTERGRUND

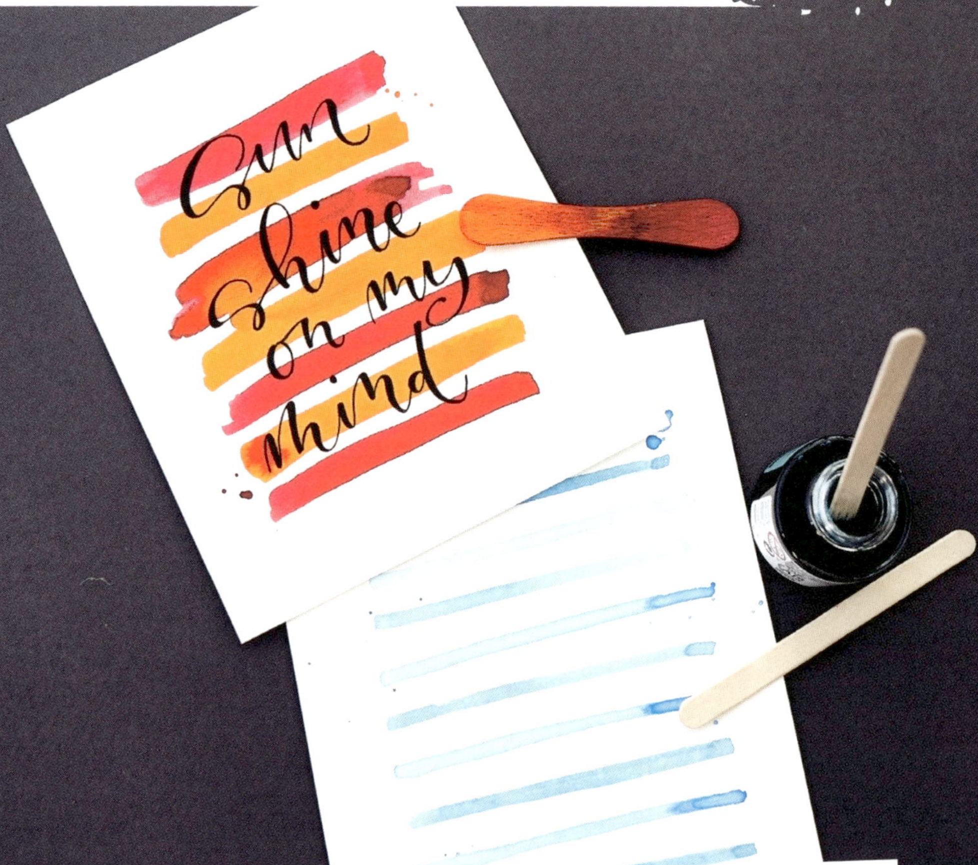

Eisstiele sind ein tolles Tool beim Lettern. Gib mit einem Pinsel flüssige Wasserfarbe oder Tinte auf das Holz der Stiele und gestalte zum Beispiel Linien oder Flecken. Lasse die Farbe gut trocknen, bevor du auf deinem neu angelegten Hintergrund letterst.

Für gute Ergebnisse und lange Linien solltest du viel flüssige Farbe verwenden. Ein Paar Handschuhe verhindert, dass sich deine Finger verfärben.

Möchtest du dich gerne mit dem Pinsel in der Watercolortechnik probieren? Gib mit deinen Brush Pens Farbe auf eine Kunststoffpalette oder einen Porzellanteller. Mit einem Pinsel und Wasser kannst du die Farbe nun verwässern und damit malen und lettern.

Wirf deine ausgefransten Brush Pens nicht weg, denn sie lassen sich noch wunderbar zum Gestalten mit Watercolor verwenden!

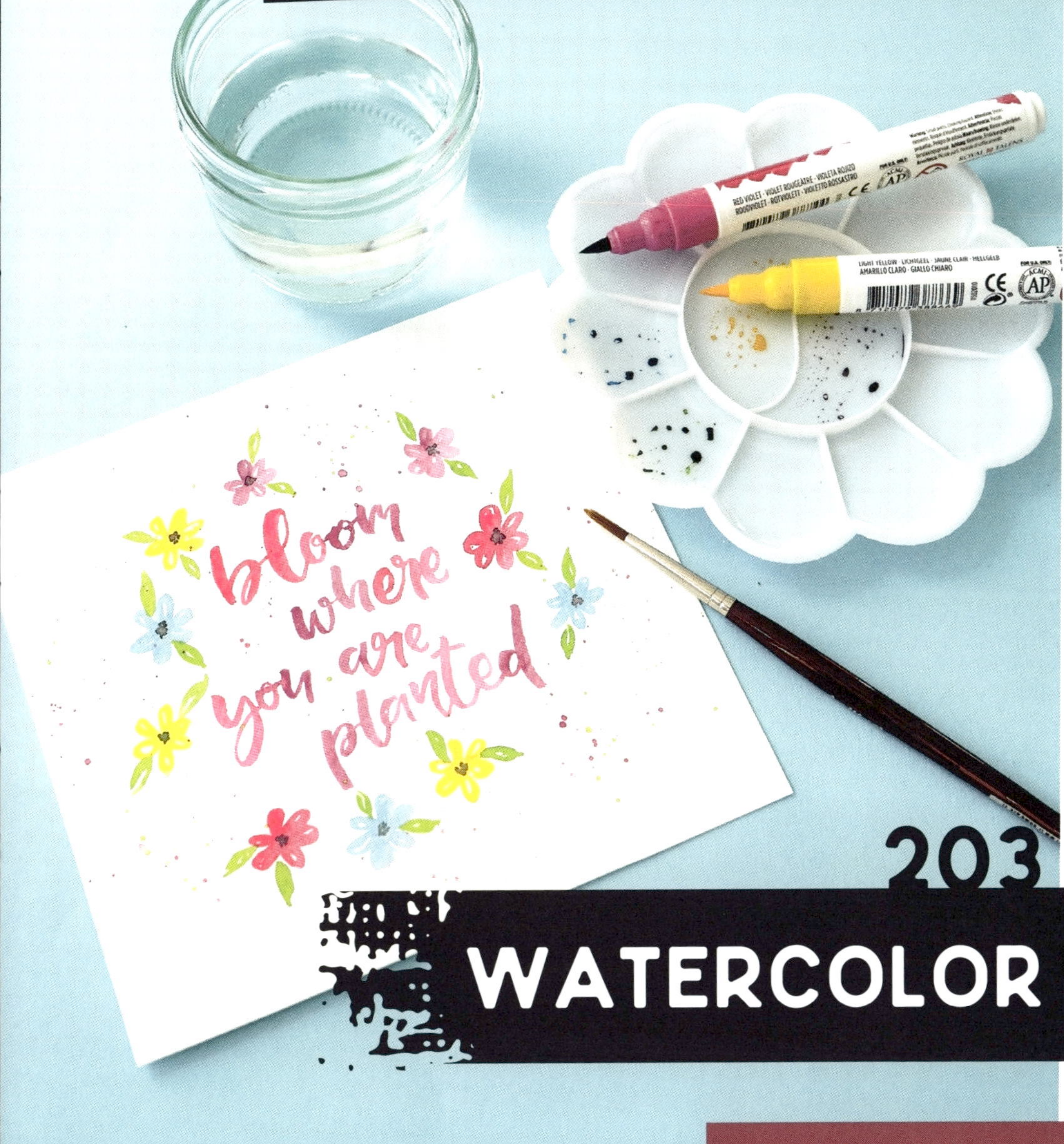

203 WATERCOLOR

Befestige etwas Washi Tape als Umrandung für deinen Aquarellhintergrund und ziehe es nach dem Malen vorsichtig vom Papier ab. So erzeugst du eine schicke und klare Begrenzung.

In Hack 199 findest du ein paar Tipps zum Entfernen des Washi Tapes.

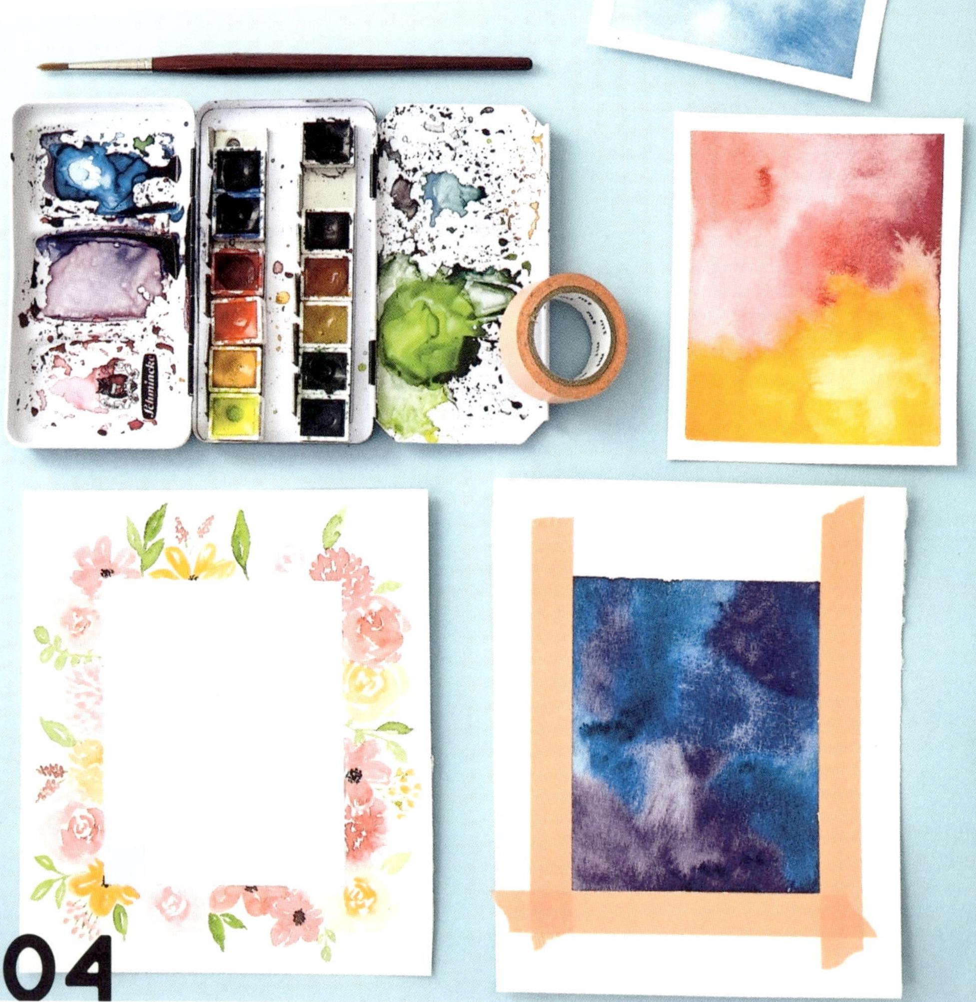

204 RAHMENHANDLUNG

205 IN BESTFORM

Geometrische Layouts machen sich sehr gut als schöne Hintergründe für deine Letterings. Klebe dazu dünnes Washi Tape in geometrischen Formen auf dein Papier. Male die Flächen dazwischen zum Beispiel in Watercolor-Technik aus und entferne nach dem Trocknen das Klebeband.

Nutze die farbigen Flächen für deine Layoutentwürfe.

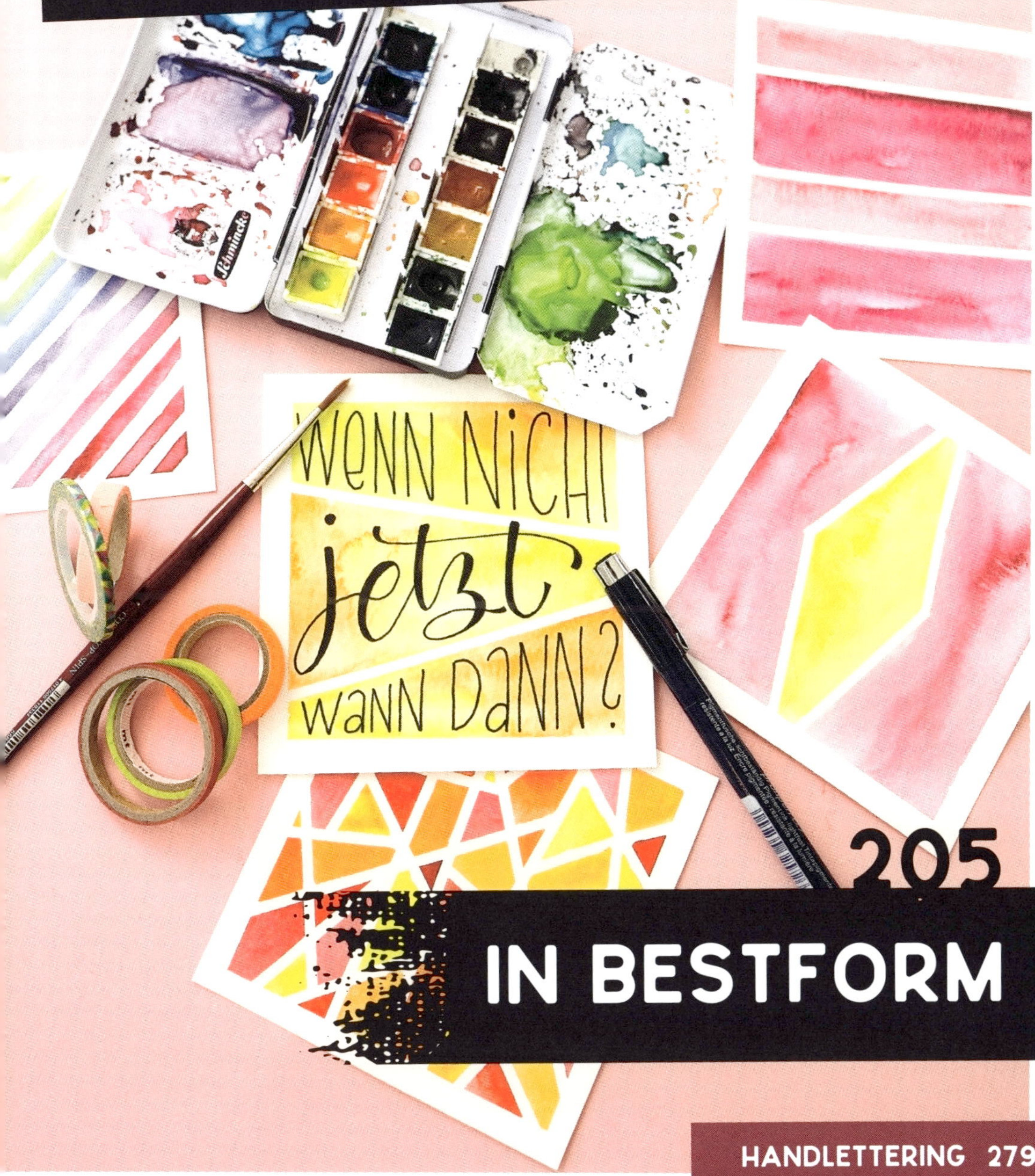

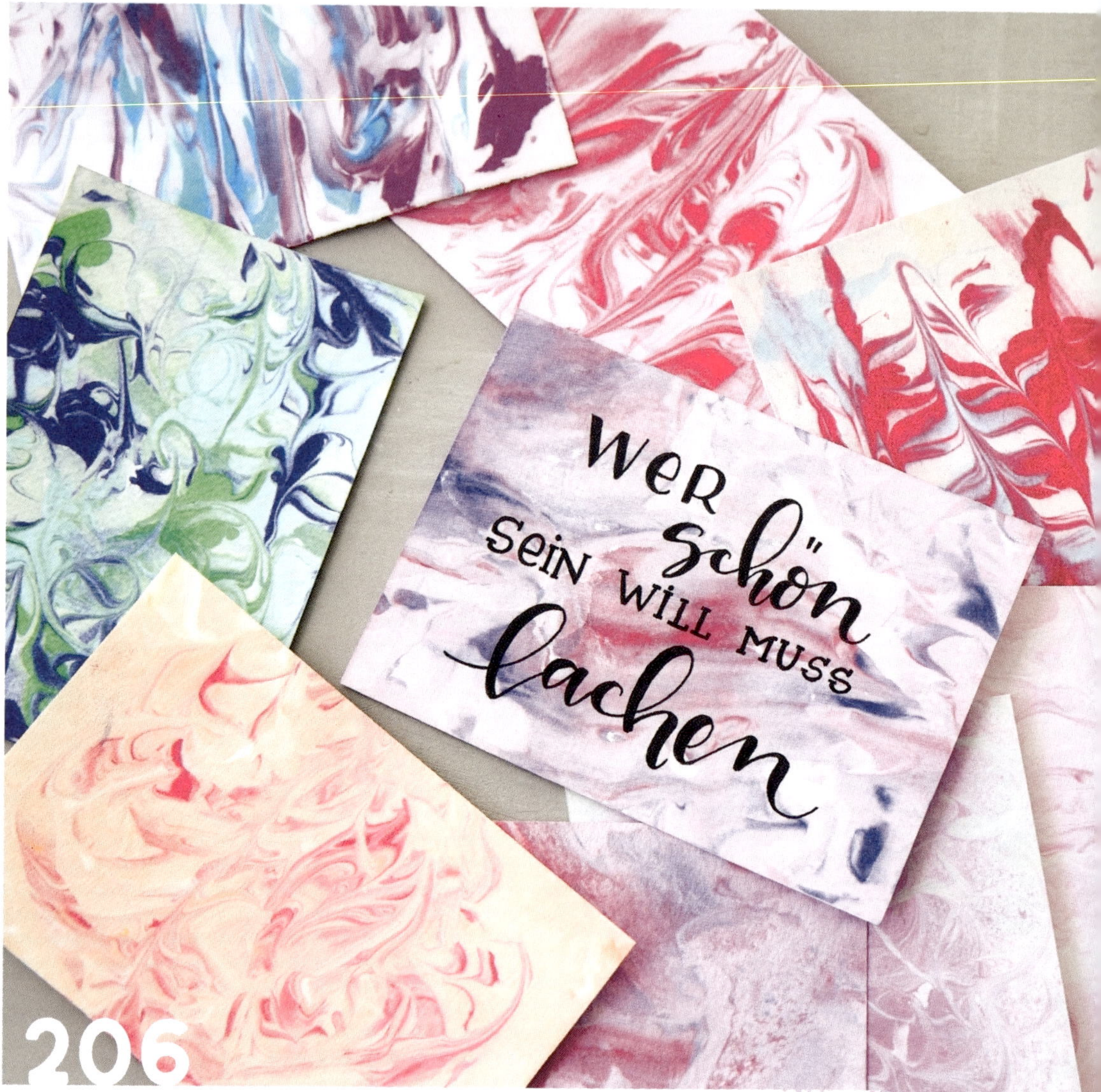

206

FARBSCHAUMBAD

Lust aufs Experimentieren? Sehr coole Hintergründe für deine Letterings kannst du mit Rasierschaum und etwas Farbe gestalten.

1 Du benötigst: Unterlage, zum Beispiel Backpapier, Rasierschaum, flüssige Wasserfarbe, Stäbchen, Spatel, Küchenrolle, festes Papier

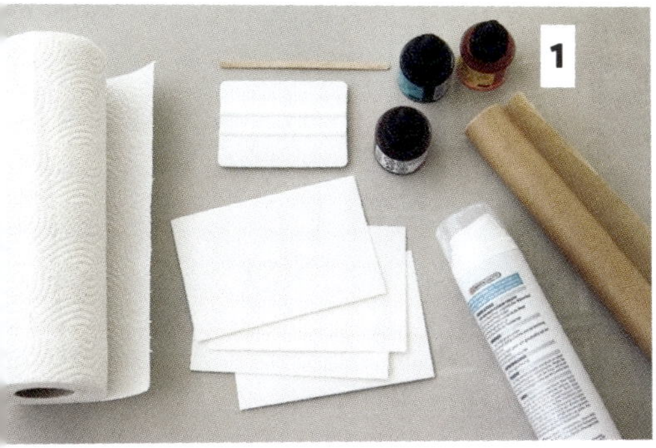

Gib Rasierschaum auf die Unterlage und verteile ihn gleichmäßig mit dem Spatel. Tropfe verschiedenfarbige, flüssige Wasserfarbe darauf.

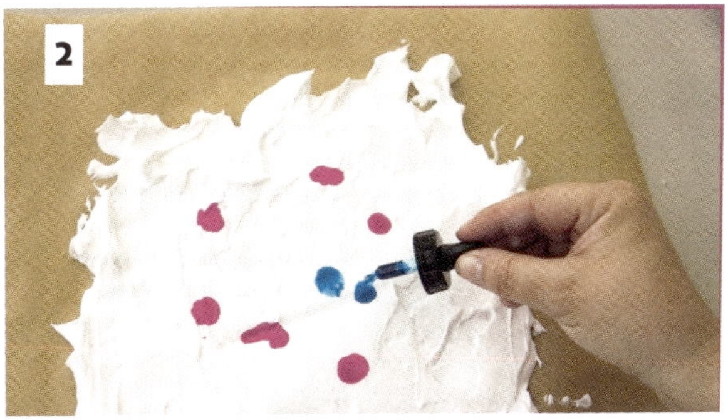

3 Vermische die Farben vorsichtig, zum Beispiel mit einem Zahnstocher oder Eisstiel.

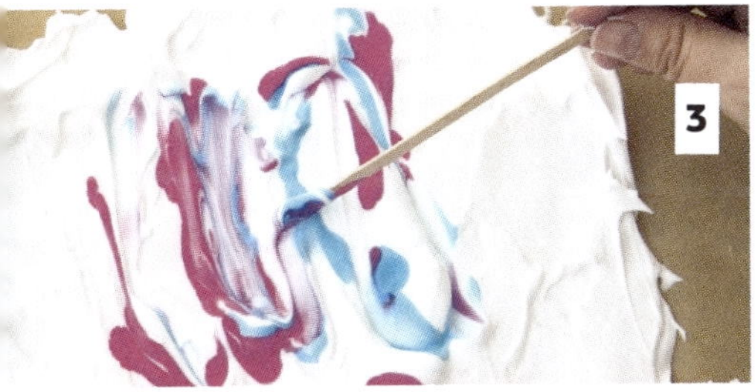

Lege dein Papier darauf und drücke es gleichmäßig in den Schaum. Ziehe das Papier vorsichtig wieder ab. Noch sieht es ganz unspektakulär aus.

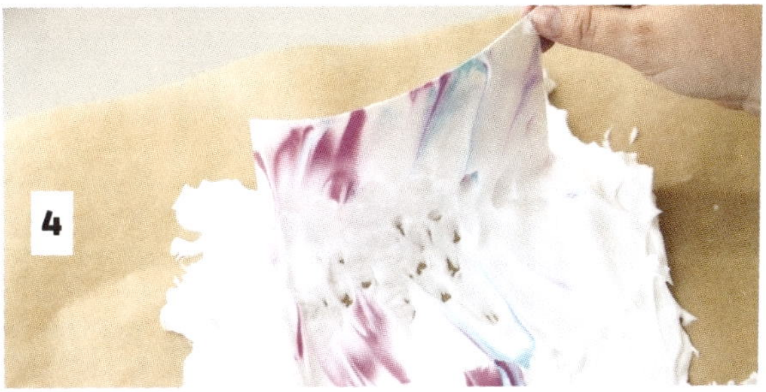

Entferne nun den Schaum mit einem Tuch oder Spatel.

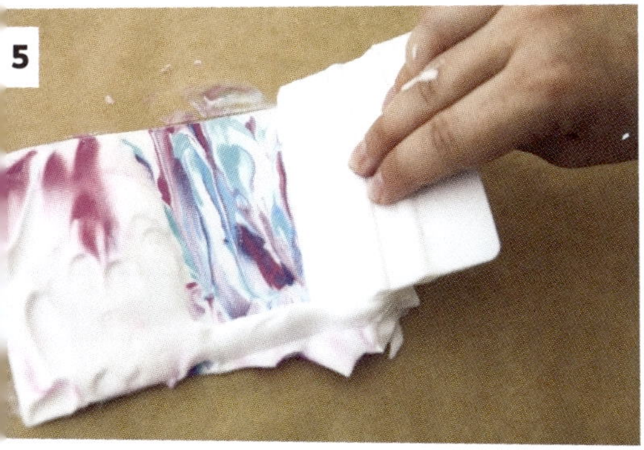

6 Fertig ist ein toller Hintergrund, auf dem du lettern kannst, sobald das Papier getrocknet ist.

Wiederhole die Abdrücke ruhig mehrmals im gleichen „Farbschaumbad“. Die Ergebnisse werden dann etwas heller und eignen sich ebenfalls toll für deine Letterings. Alternativ kannst du auch Lebensmittelfarben verwenden.

207

EFFEKTVOLL AUFGEHELLT

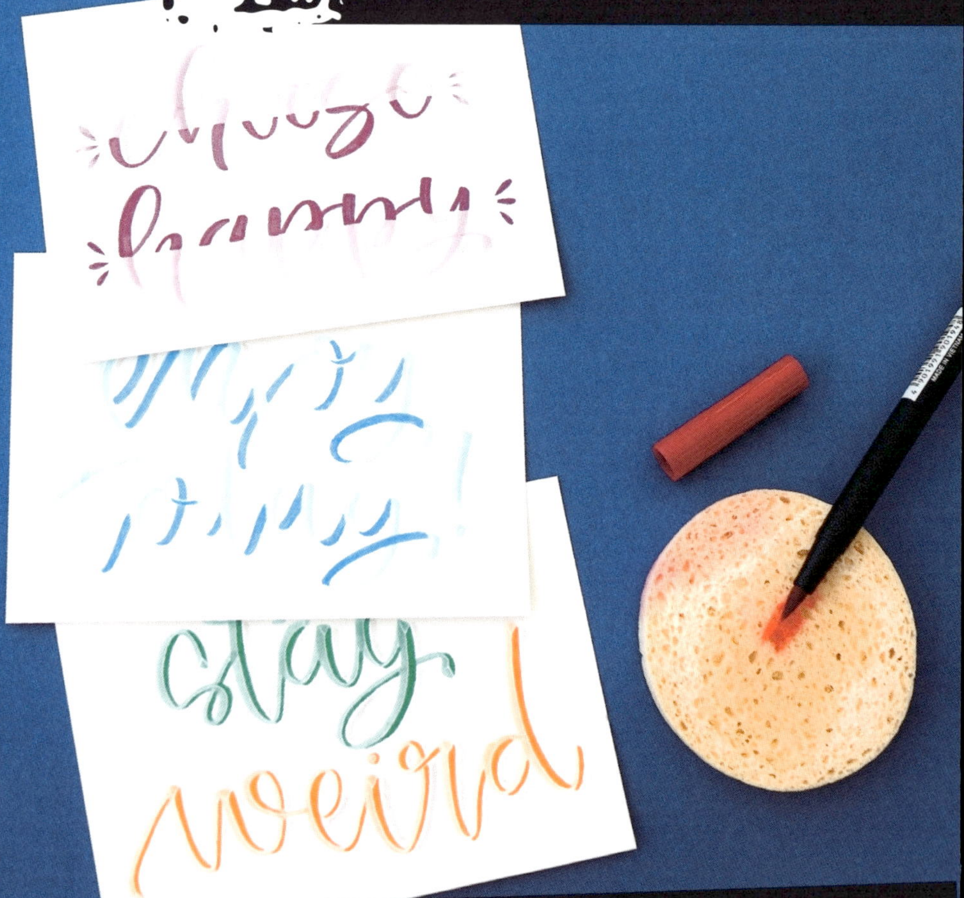

Gib etwas Wasser auf einen Make-up-Schwamm. Halte die Spitze deines Brush Pens kurz daran, sodass der Stift das Wasser aufnimmt und gleichzeitig Farbe in den Schwamm fließt. Wenn du nun zu schreiben beginnst, wird der Farbton kurzfristig heller und du kannst coole Effekte lettern.

Wiederhole die Prozedur, wenn du beim Lettern bemerkst, dass wieder zu viel Farbe nachkommt. Achte dafür auf die Spitze des Brush Pens.

Klebe ein Stück Washi Tape auf und lettere mit einem Brush Pen einen großen Schriftzug darüber. Ziehe nun das Tape ab und lettere auf der freien Fläche den zweiten Teil der Schrift mit einem kleineren Brush Pen.

In Hack 199 findest du ein paar Tipps zum Entfernen des Washi Tapes.

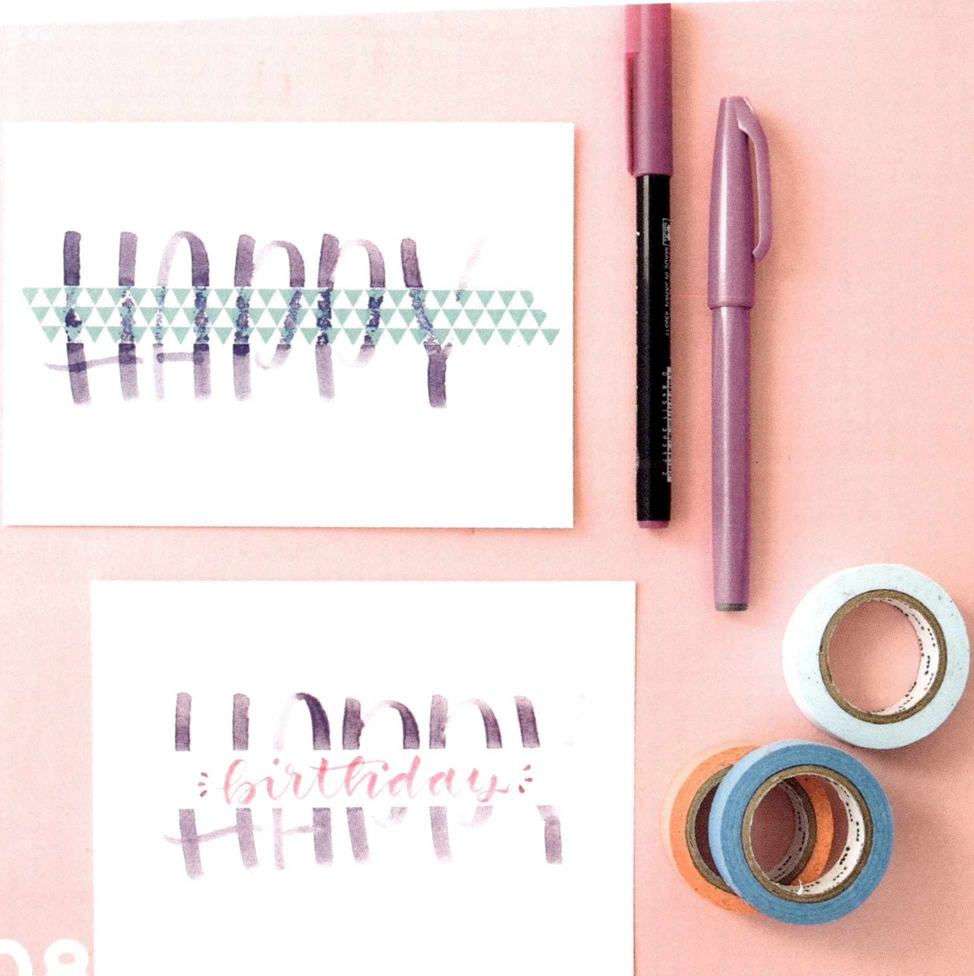

208 LÜCKENFÜLLER

Beim Aufdrücken mit der beweglichen Spitze des Brush Pens ergeben sich kleine Tropfenformen. Aus diesen Tropfen kannst du zum Beispiel Herzen, Blätter oder fantasievolle Blüten zaubern und damit dein Lettering aufhübschen.

Besonders gut gelingt das mit Brush Pens, die eine breite und weiche Spitze haben. Achte darauf, die Spitze komplett aufzudrücken und nicht in der Mitte abzuknicken.

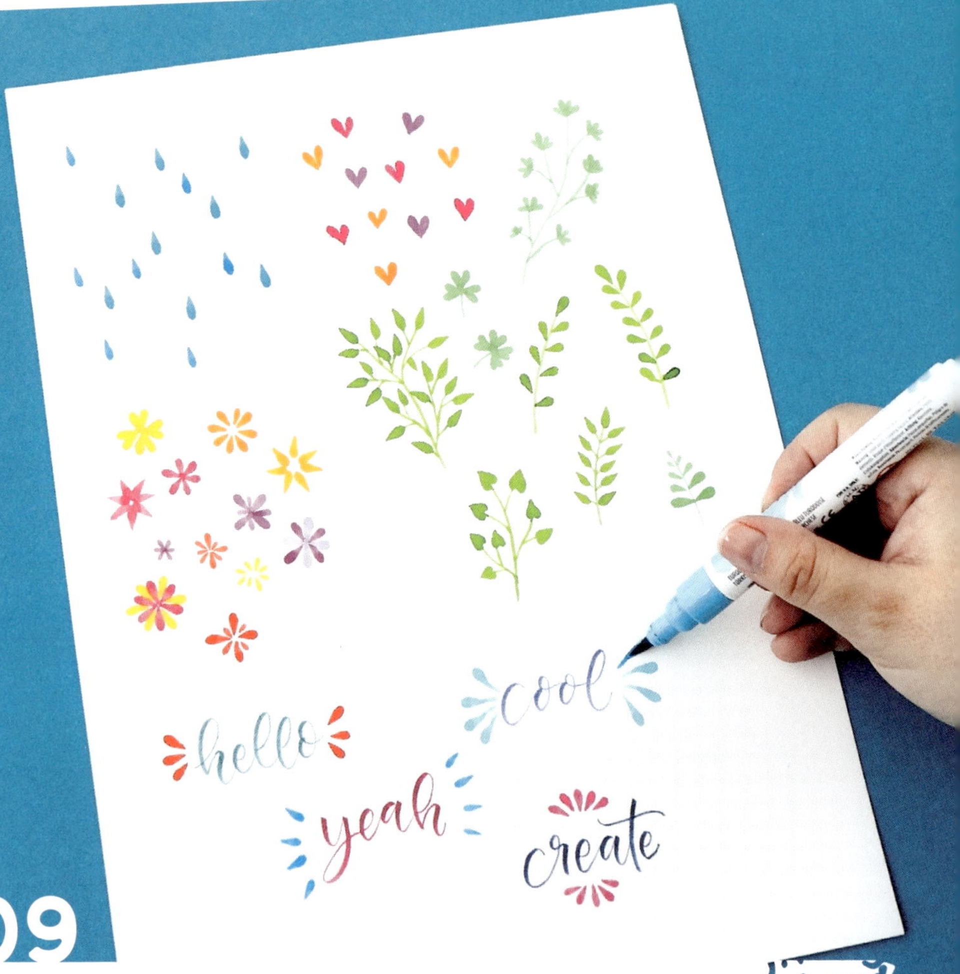

209 SCHMUCKELEMENTE GANZ EINFACH

Male mit einem großen Brush Pen mehrere Bögen und Schwünge in einem Zug. Mit einem Fineliner kannst du das Banner umranden und anschließend beschriften.

Manchmal muss man ein wenig probieren, bis man den richtigen Bogen raus hat. Achte dabei auch auf die dunkleren Stellen der Farbe, die sich beim schwungvollen Auftrag ergeben.

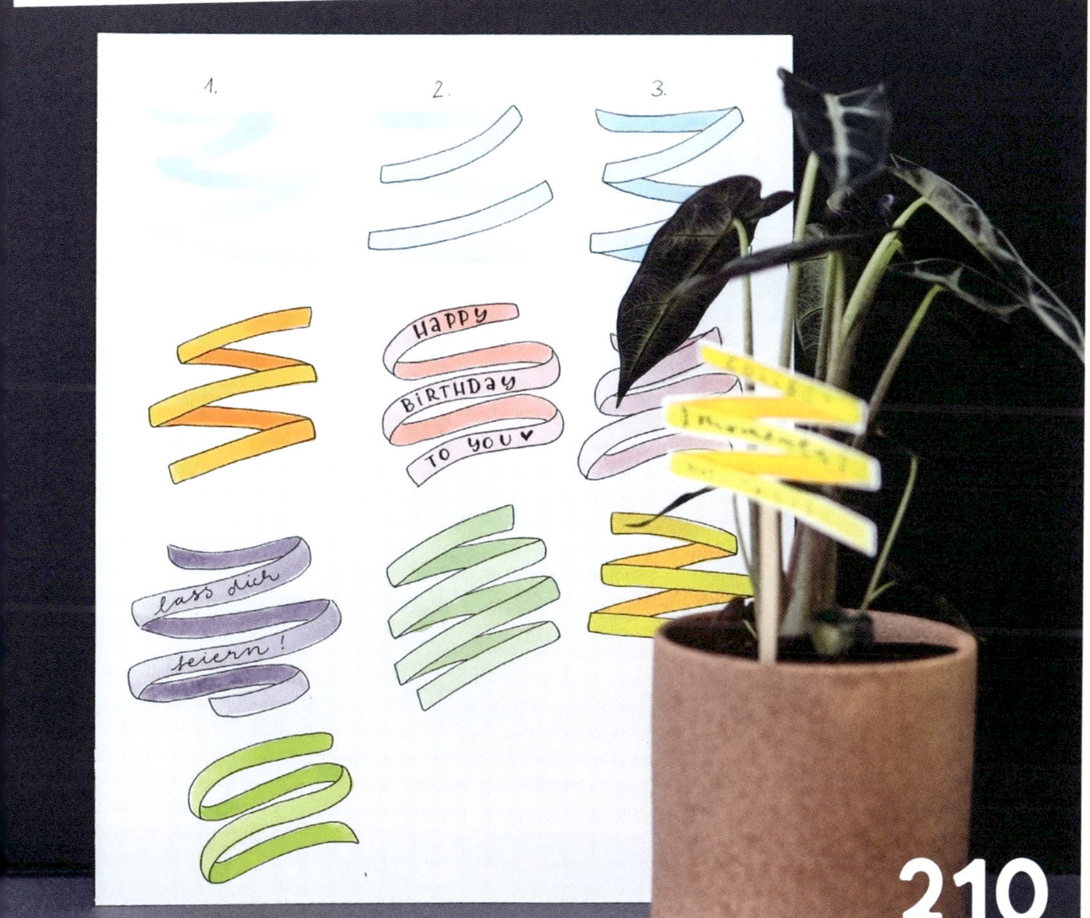

210

MINI-BANNER MIT SCHWUNG

Gib etwas Kaffee auf eine nicht saugende Oberfläche und tauche den unteren Rand deiner Tasse hinein. Drucke nun als coole Hintergrundgestaltung Kaffeetassenränder auf dein Papier. Nimm mit einem Pinsel einen Rest Kaffee auf und füge Kaffeespritzer hinzu. Nach dem Trocknen kannst du dein Lettering ergänzen.

Du kannst natürlich auch zuerst lettern und anschließend die Kaffee-Deko ergänzen. Wenn du magst, lettere deinen Spruch mit Pinsel und Kaffee.

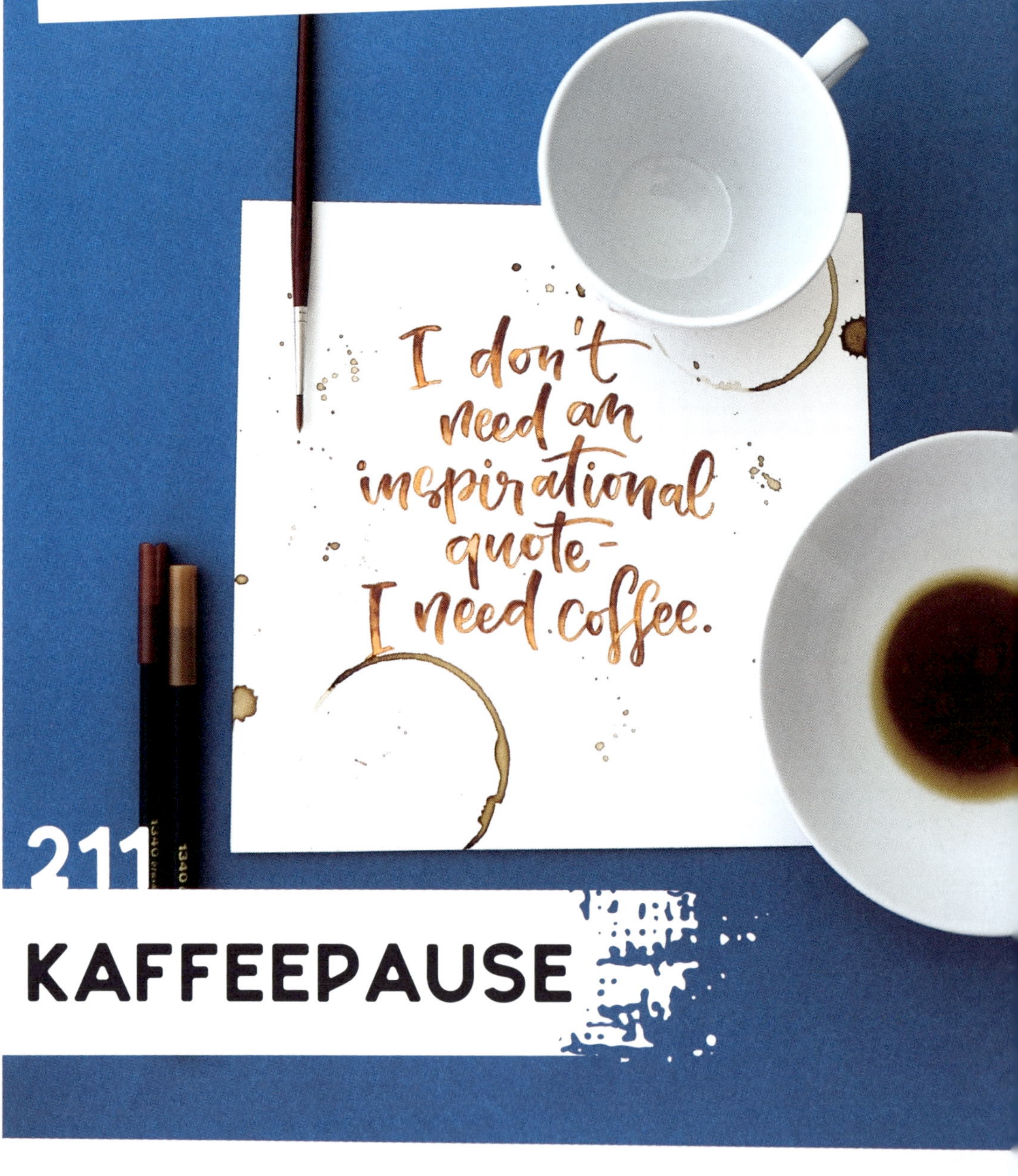

211 KAFFEEPAUSE

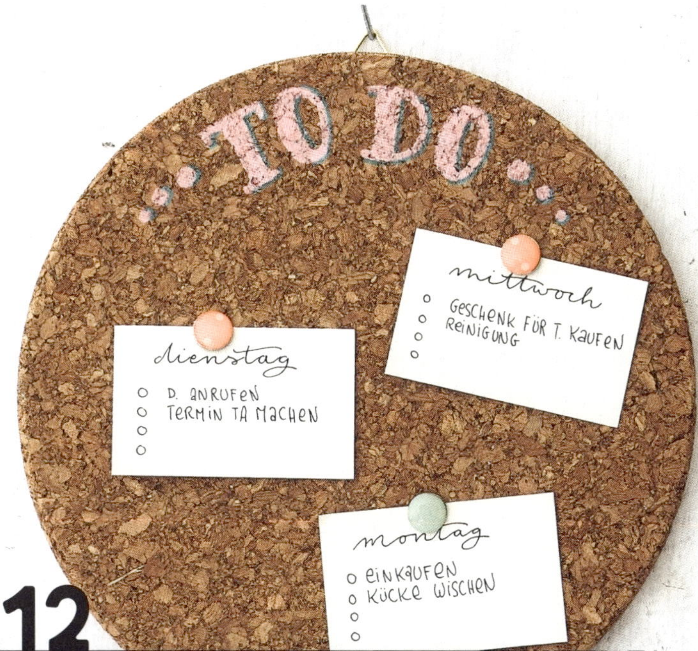

212 DEKORATIV ANGEPINNT

Verwandle einfache Topfuntersetzer aus Kork mit einem Dekomarker in stylische Pinnwände. So hast du immer alles im Blick!

Schneide einen kleineren Kreis aus Papier aus, den du mittig auf den Untersetzer legst. So hast du beim Lettern eine Orientierung für die Rundung der Schrift.

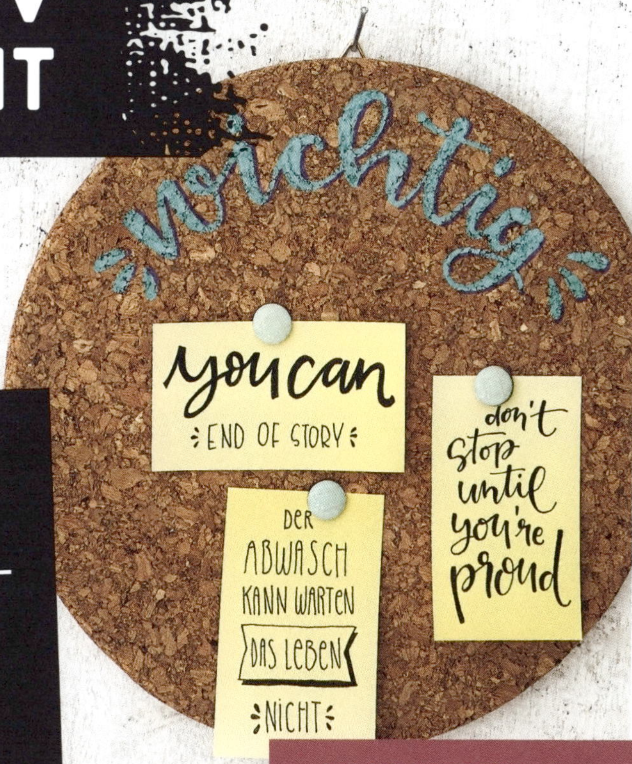

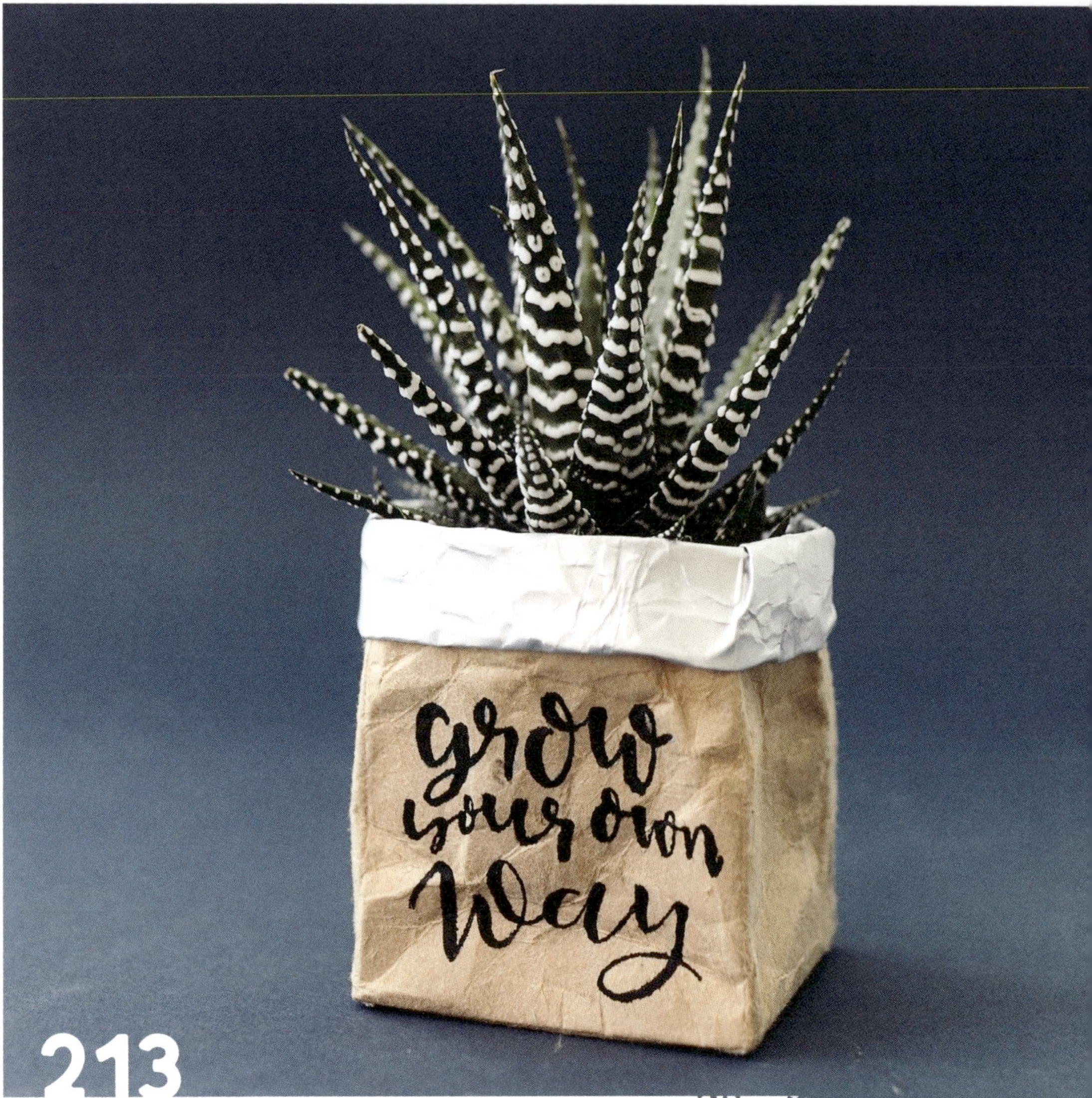

213
UPCYCLING MIT MILCHTÜTEN

Wirf deine Milch- oder Safttüten nicht sofort weg, sondern fertige daraus süße, kleine Blumentöpchen.

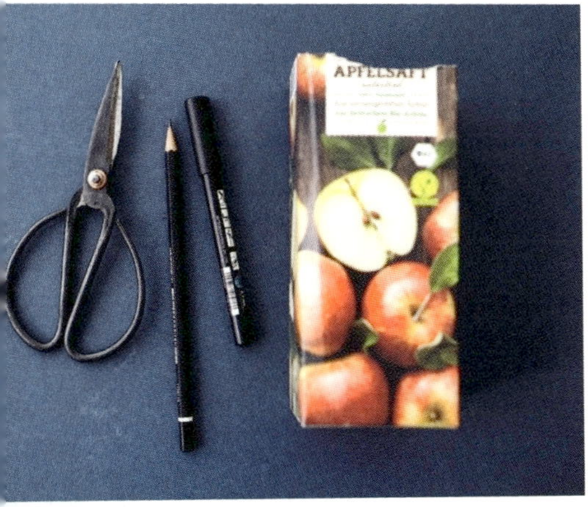

1 **Du benötigst: unteren Teil einer Tetrapack-Tüte, Schere, Dekomarker, Bleistift**

2 **Knete die Tüte richtig gut durch.**

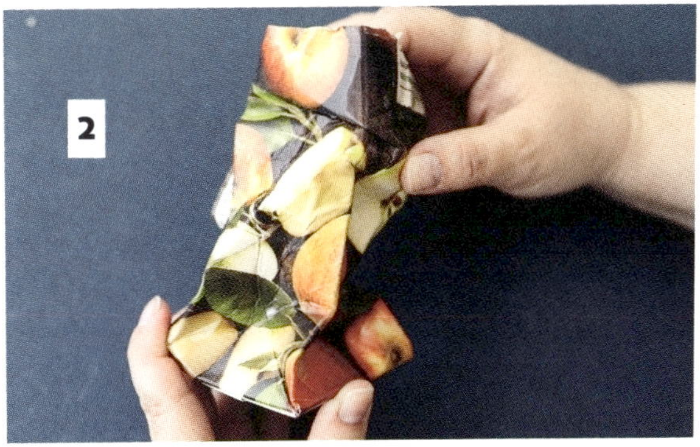

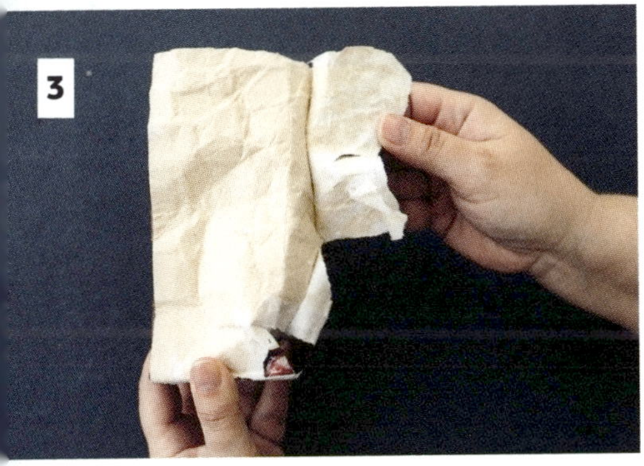

3 **Ziehe dann die obere Schicht Papier ab.**

4 **Gestalte die Tüte mit einem passenden Lettering.**

5 **Kremple den Rand um und setze eine kleine Pflanze hinein.**

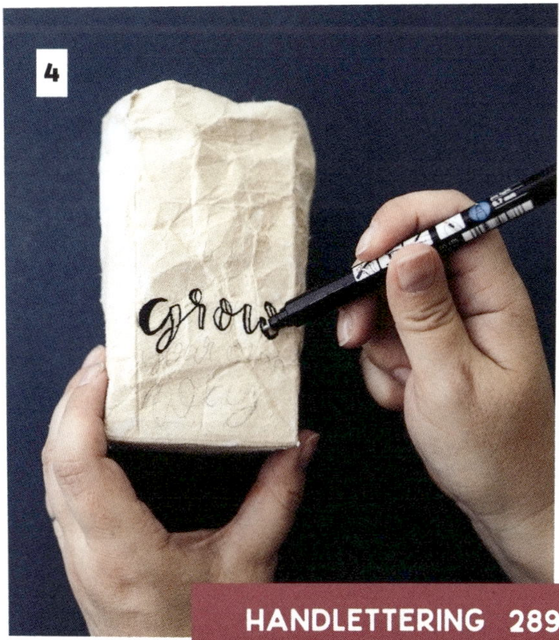

Verwende feine Acrylmarker zum Lettern. Wässrige Stifte bluten in dem Papier stark aus.

SPITZENJOB

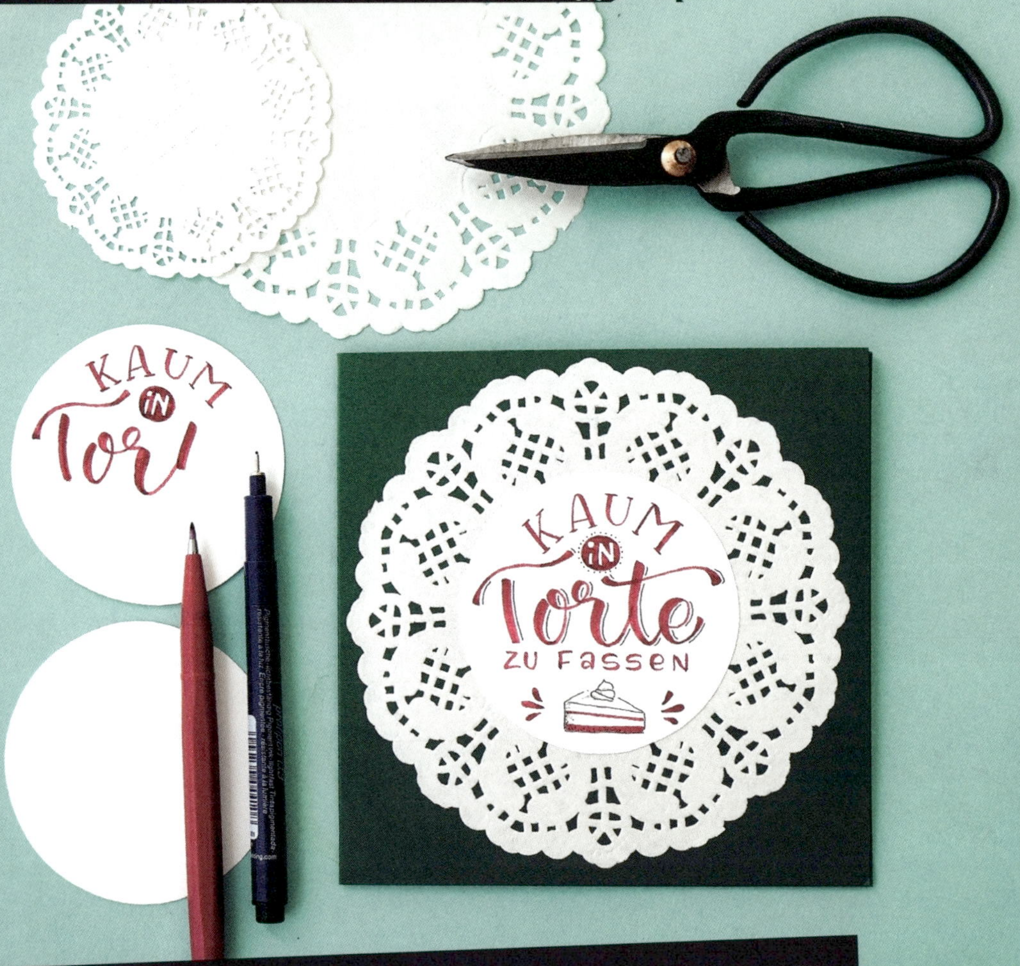

Verwende kleine Tortenspitzen als besonders hübsches Passepartout für dein Lettering. Klebe die Tortenspitze zum Beispiel auf eine Blankokarte und gestalte so eine hübsche Einladung zum Kaffeeklatsch.

Schneide am besten einen Kreis aus Papier aus, auf den du lettern kannst und den du in die Mitte der Spitze klebst.

215

ZIEMLICH ANHÄNGLICH

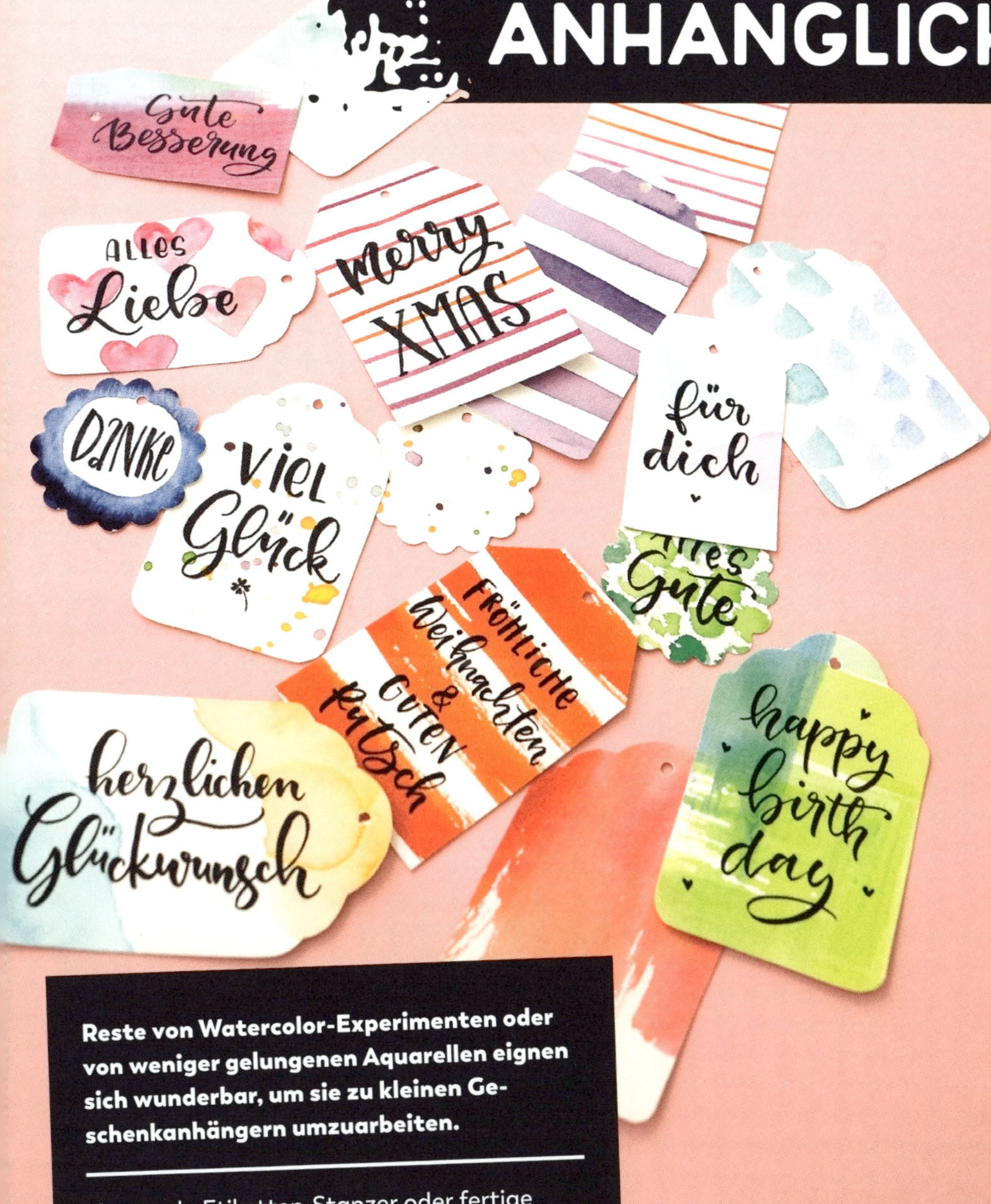

Reste von Watercolor-Experimenten oder von weniger gelungenen Aquarellen eignen sich wunderbar, um sie zu kleinen Geschenkanhängern umzuarbeiten.

Verwende Etiketten-Stanzer oder fertige Geschenkanhänger als Vorlage.

216

MINI-DEKO

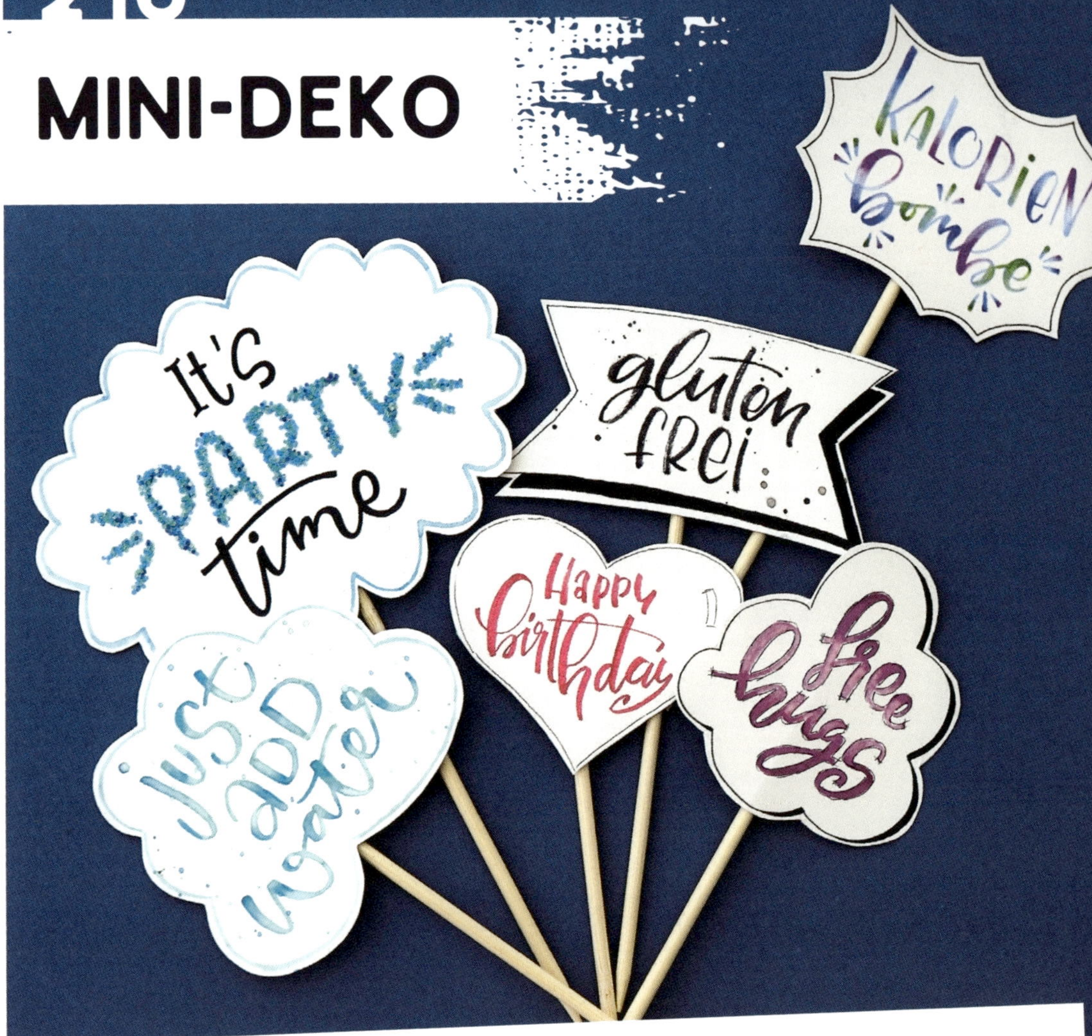

Verwende Reste von festeren Papieren, um daraus lustige Mini-Schilder zu basteln. Befestige sie mit buntem Washi Tape an Holzspießen und dekoriere damit dein Party-Buffet, Kuchen oder kleine Pflanztöpfe.

Möchtest du etwas Glamour in deine Deko bringen, kannst du dein Lettering mit einem Klebestift mit feiner Spitze schreiben und anschließend etwas Glitzerpulver in den feuchten Klebstoff streuen. Lasse alles trocknen und schüttele überschüssigen Glitzer ab.

Verwandle einfaches Packpapier mit deinem Lettering in ein ganz persönliches und noch dazu umweltfreundliches Geschenkpapier.

Hübsche das Papier mit schicken weißen Sprenkeln auf. Spritze die verwässerte Farbe vorsichtig mit einem Pinsel oder einer alten Zahnbürste auf das Papier. Verwende zum Lettern auf dem rauen Papier robuste Brush Pens, die nicht so schnell ausfransen.

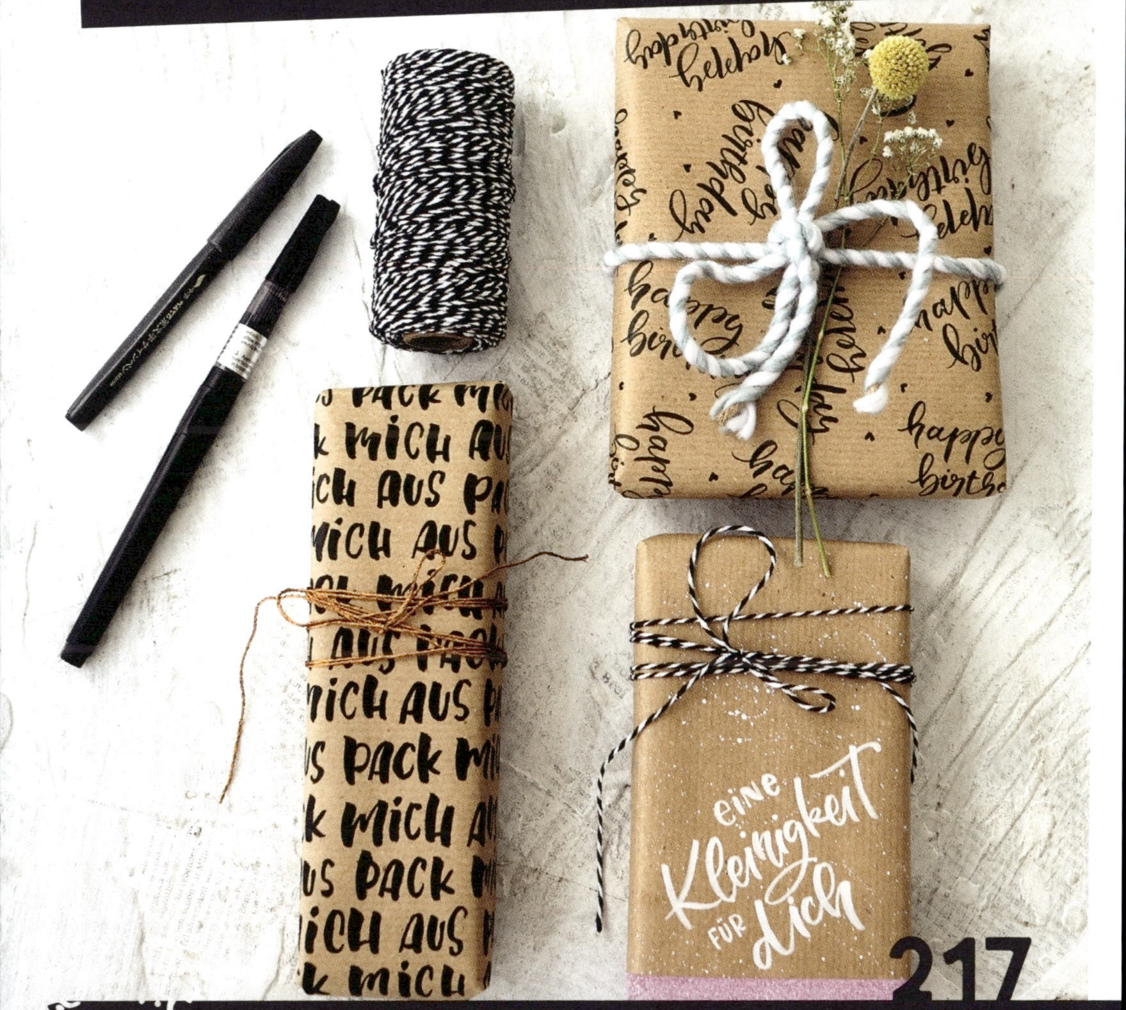

217

VOLL EINGEWICKELT

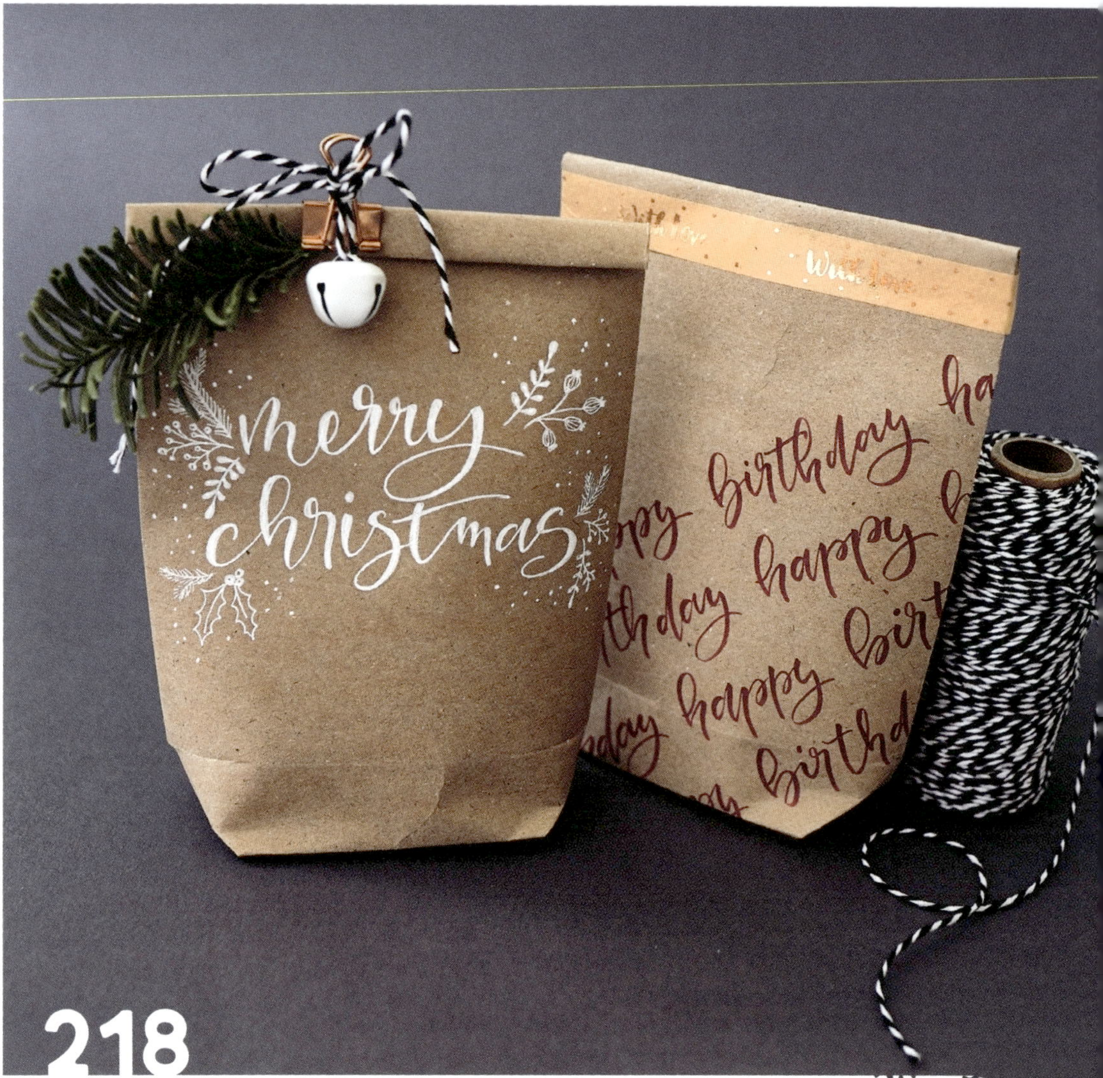

218 KOMMT IN DIE TÜTE

Aus robustem Packpaier kannst du mit einer einfachen Falttechnik hübsche Geschenktüten herstellen und sie anschließend mit individuellen Handletterings verzieren.

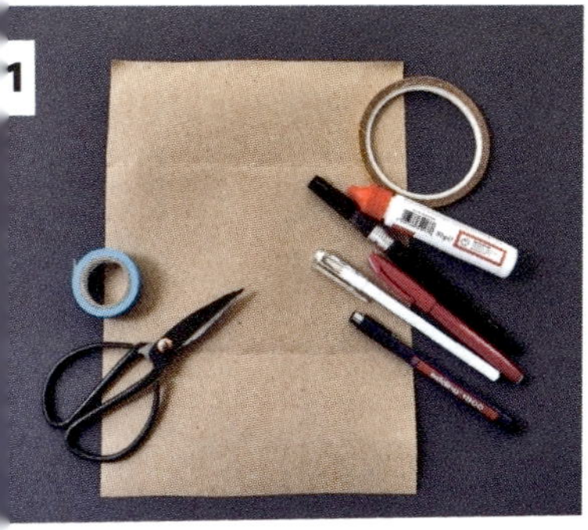

1

1 **Du benötigst: Kraftpapierzuschnitt, Klebstoff oder doppelseitiges Klebeband, Washi Tape, Brush Pens, Gelstifte oder Fineliner**

2 **Verwende Klebstoff oder befestige doppelseitiges Klebeband an einer der langen Seiten und klebe die gefalteten Seiten zusammen.**

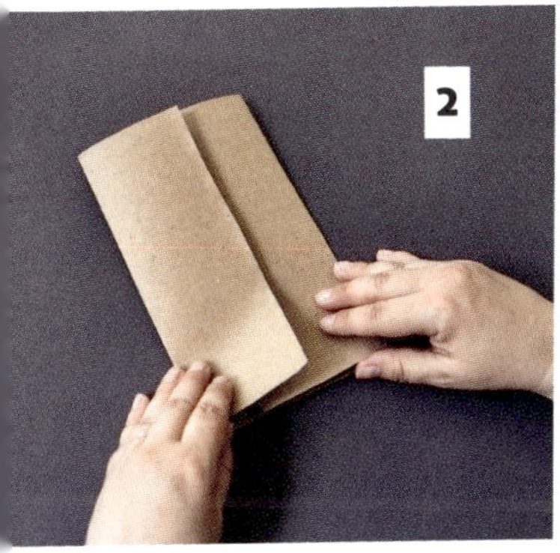

2

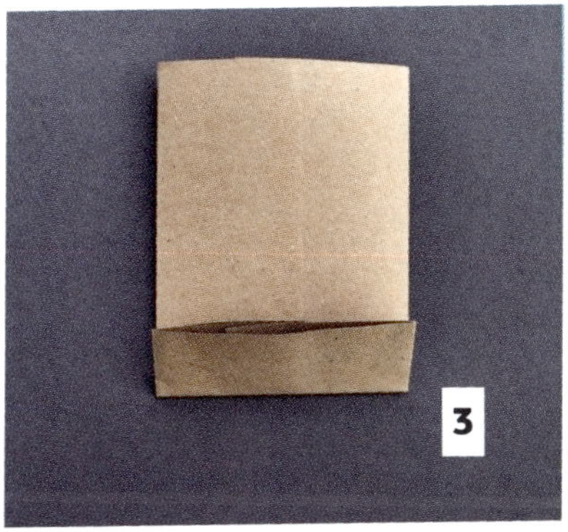

3

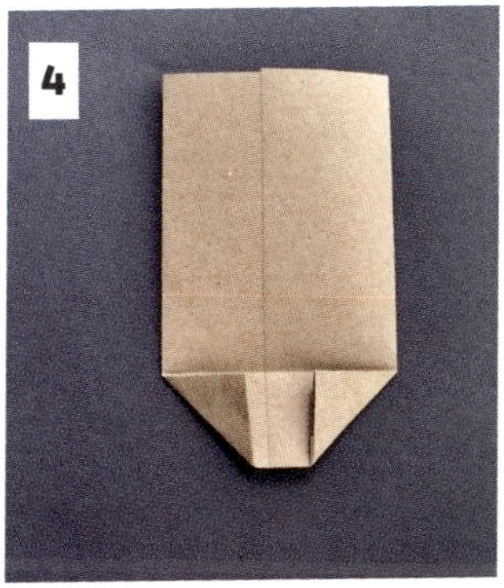

4

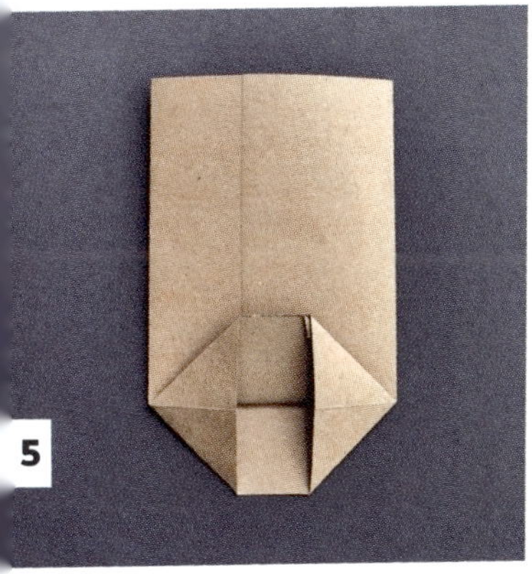

5

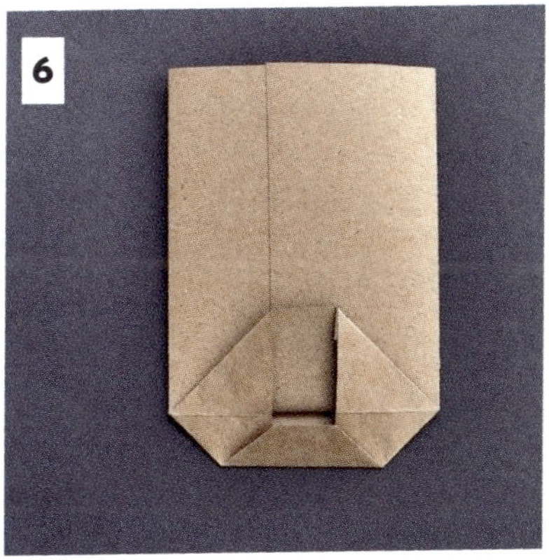

6

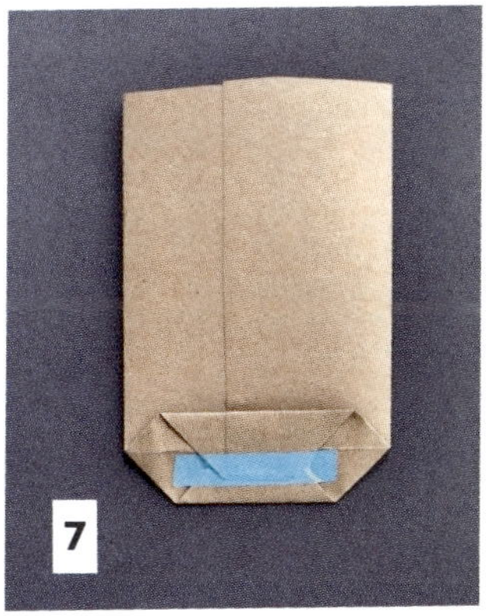

7

6 **Befestige die umgeklappte Faltung mit Klebstoff oder doppelseitigem Klebeband. Zur Absicherung kannst du noch etwas Washi Tape oder anderes Klebeband darüberkleben.**

7 **Gestalte die Geschenktüte mit einem Lettering.**

Solche Tüten sind toll für schwierig einzupackende Geschenke und lassen sich immer wunderbar in der Größe anpassen. Verwende für das raue Papier robuste Brush Pens, die nicht so schnell ausfransen. Bei Schriftzügen, die über die gesamte Tüte gehen, lettere zuerst und falte anschließend.

Verwende einen alten Klemm-Kleiderbügel als coole Aufhängung für deine Letterings.

Besonders schön sieht es aus, wenn du die Bügel mit Dekomarkern oder Acrylfarbe passend zu deinem Lettering farbig gestaltest.

219 HÄNGEPARTIE

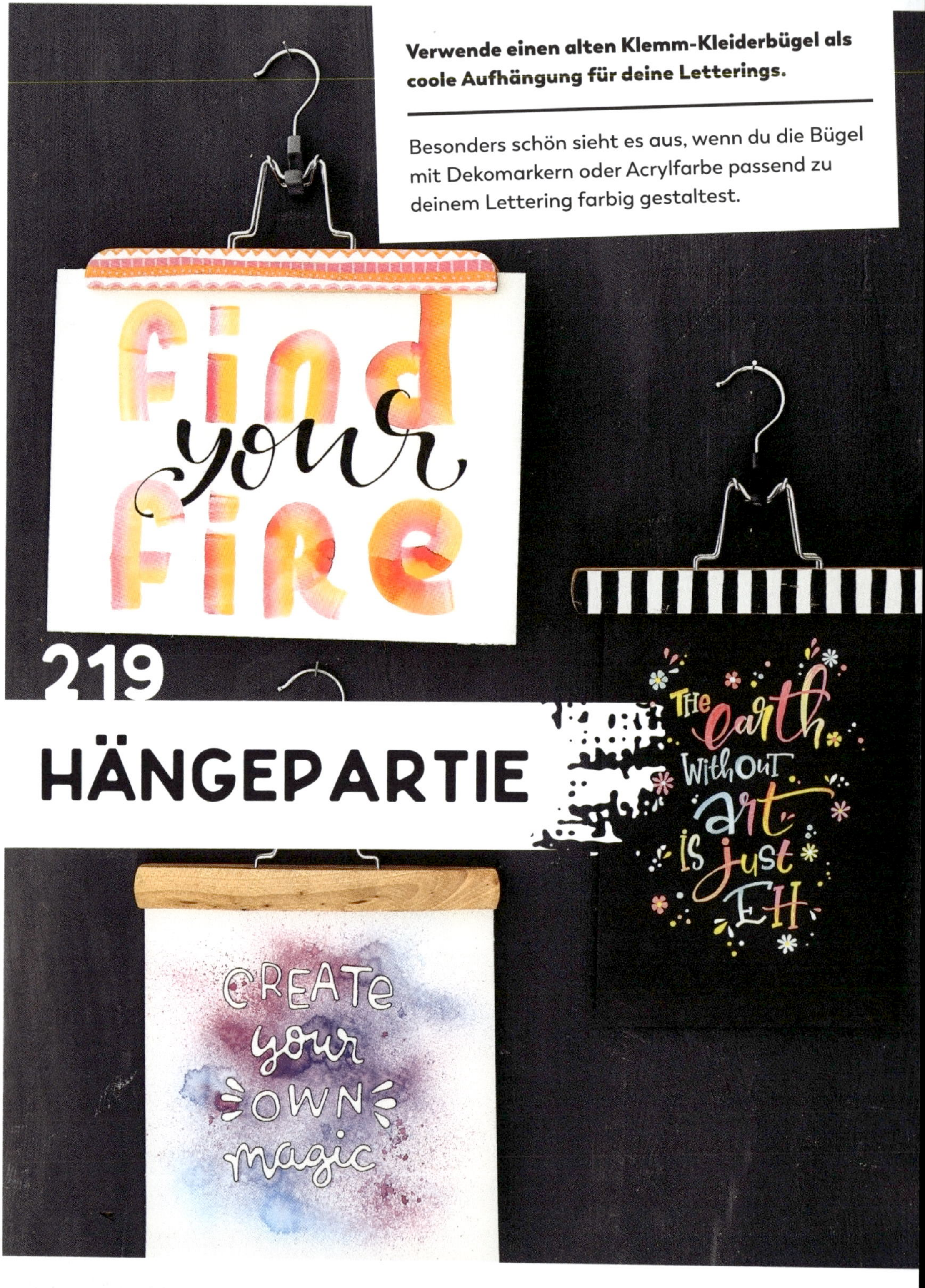

220
MY NAME IS ...

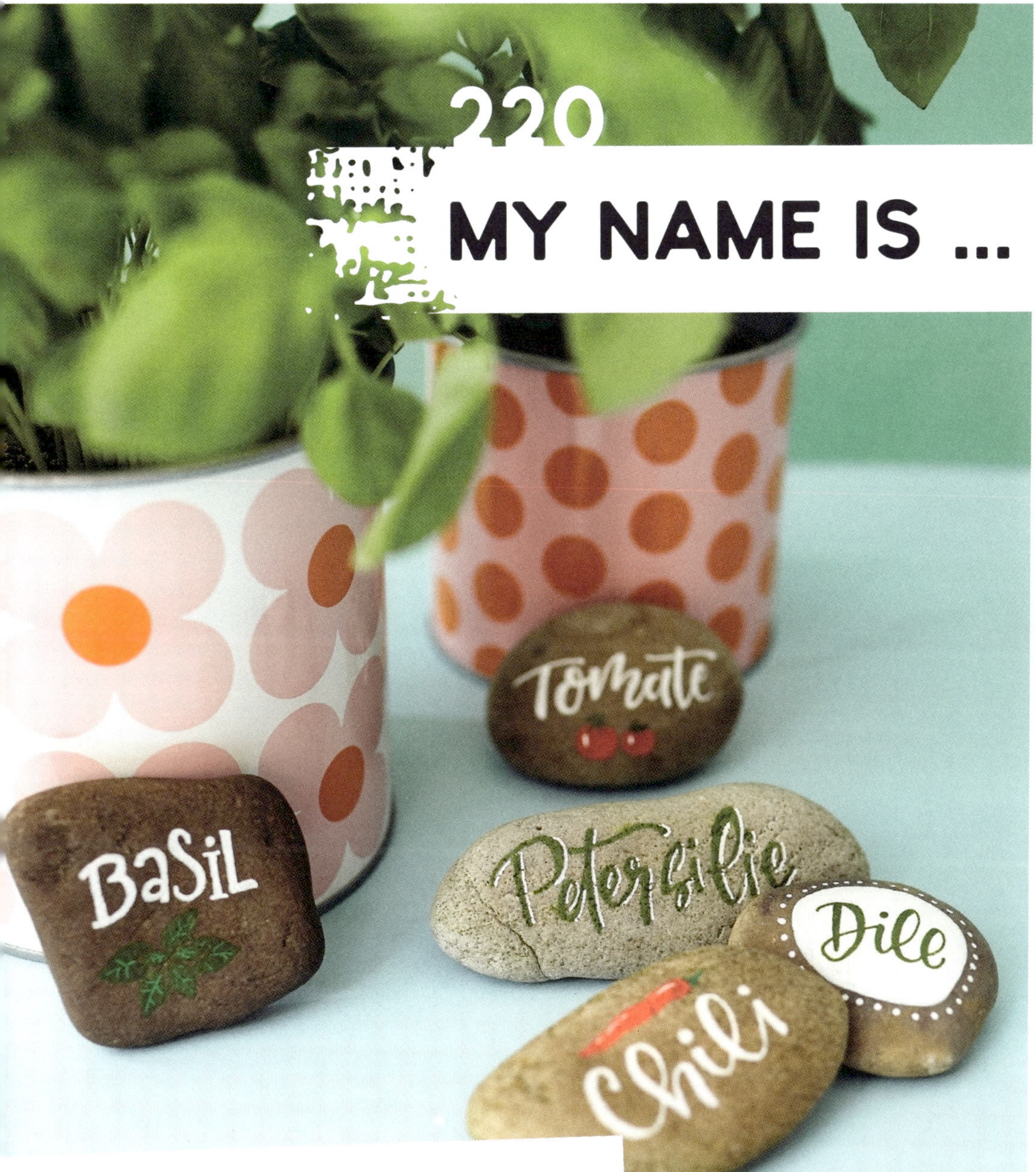

Auch Pflanzen mögen's nett! Lettere ihre Namen mit einem wasserfesten Marker dekorativ auf die Steine und lege sie neben die Pflanzen.

Wenn du eher kleine Steine beschriften möchtest, verwende Marker mit einer etwas feineren Spitze. Damit gelingen dir die Schriftzüge leichter.

221

SCHÖN EINGEKLEMMT

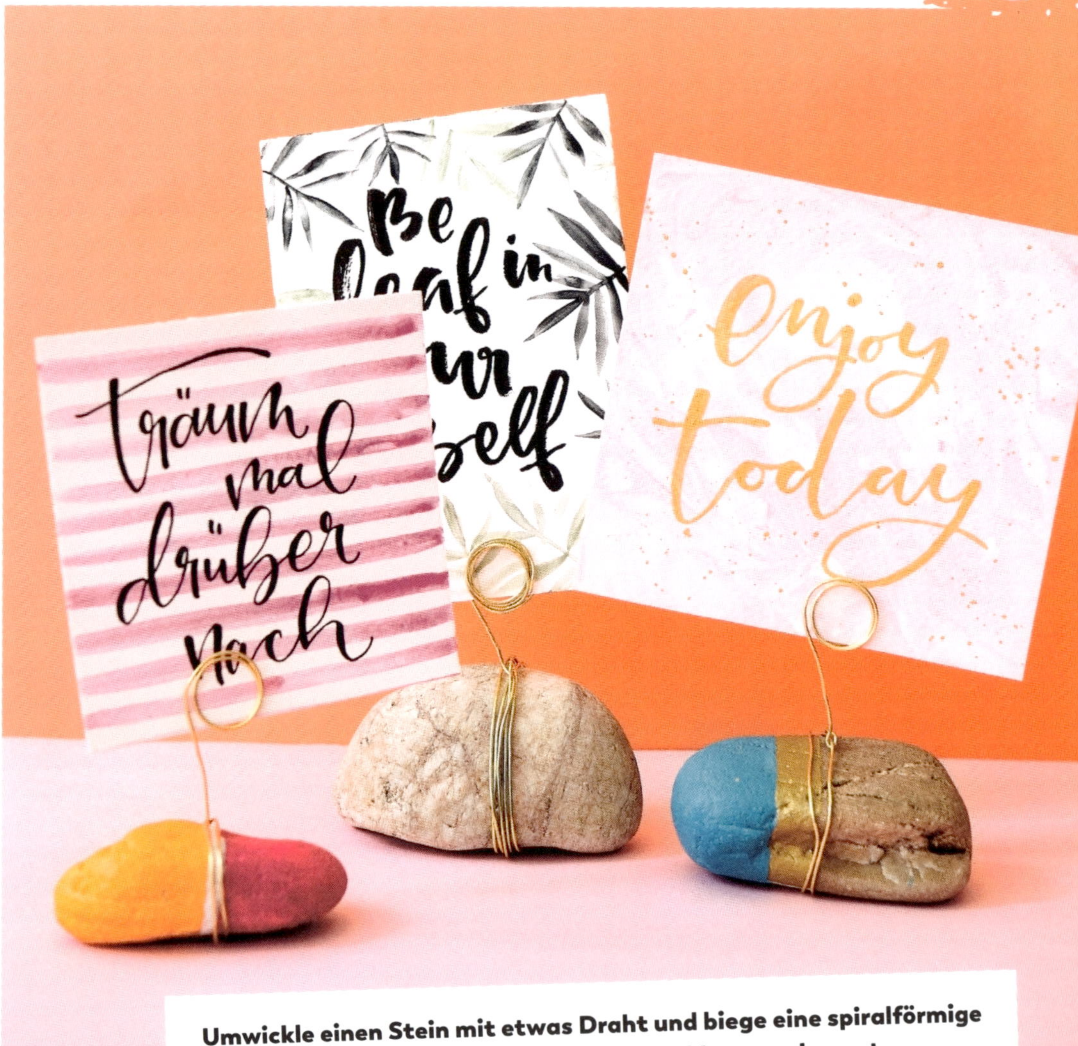

Umwickle einen Stein mit etwas Draht und biege eine spiralförmige Halterung zurecht, in die du ein Lettering klemmen kannst.

Dein Draht sollte ausreichend fest sein, damit er dein Lettering halten kann. Die Steine kannst du zudem mit Acrylmarkern gestalten.

222

GLASKLARE SACHE

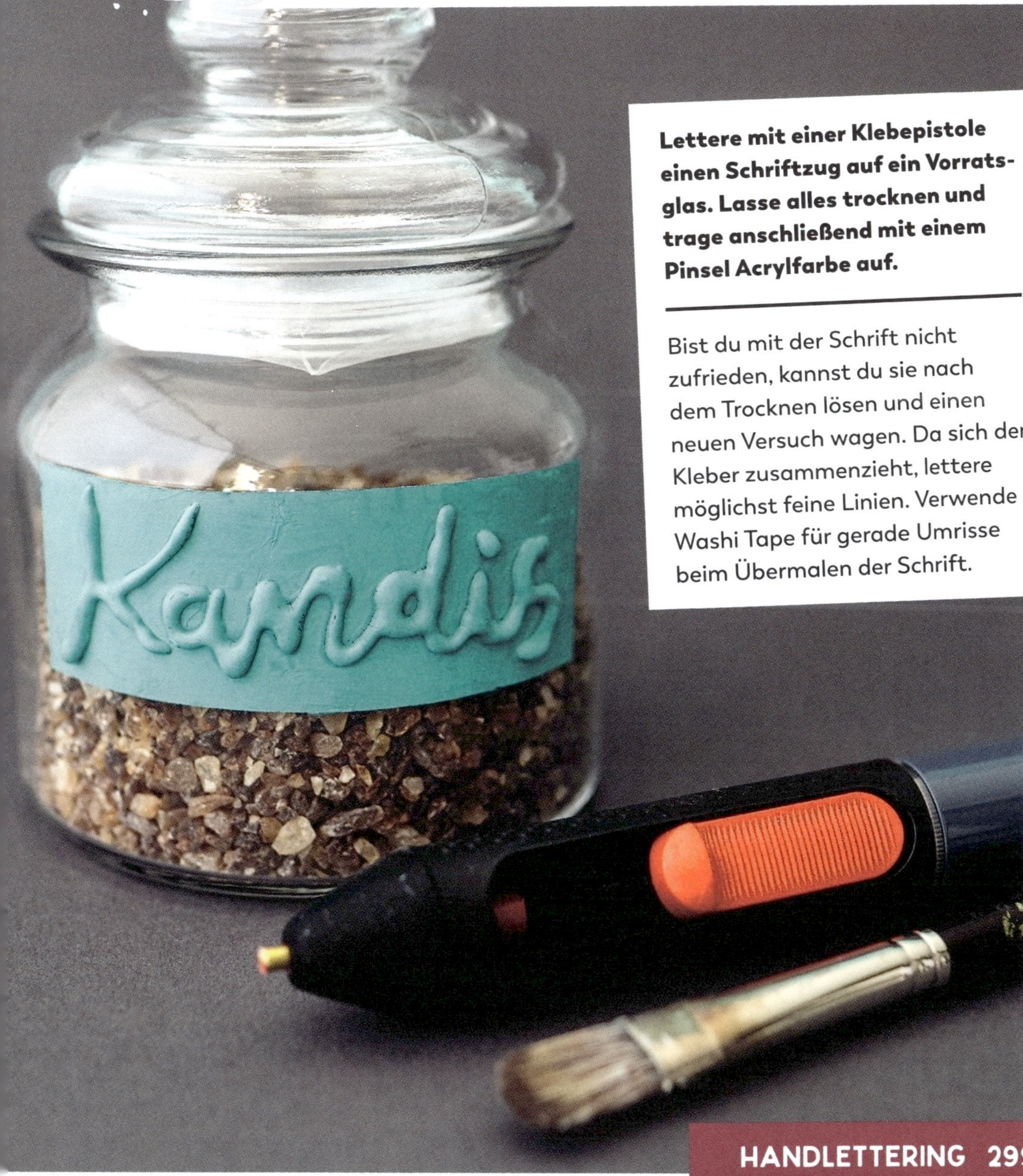

Lettere mit einer Klebepistole einen Schriftzug auf ein Vorratsglas. Lasse alles trocknen und trage anschließend mit einem Pinsel Acrylfarbe auf.

Bist du mit der Schrift nicht zufrieden, kannst du sie nach dem Trocknen lösen und einen neuen Versuch wagen. Da sich der Kleber zusammenzieht, lettere möglichst feine Linien. Verwende Washi Tape für gerade Umrisse beim Übermalen der Schrift.

NOTIZEN

AHA!

Übrigens kannst du viele Hacks aus den vorangegangenen Kapiteln ganz einfach auf das Handlettering übertragen. Vor allem, wenn es um verschiedene Farben, Malwerkzeuge oder Hintergrundgestaltungen geht.
Und vielleicht ist es dir aufgefallen: Es schadet nie, unterschiedliche Rollen Washi Tape im Haus zu haben. Diese Klebebänder sehen nicht nur hübsch aus, sie sind auch absolut vielseitig einsetzbar und ein tolles Hilfsmittel beim Malen und Zeichnen.

MAKING OF

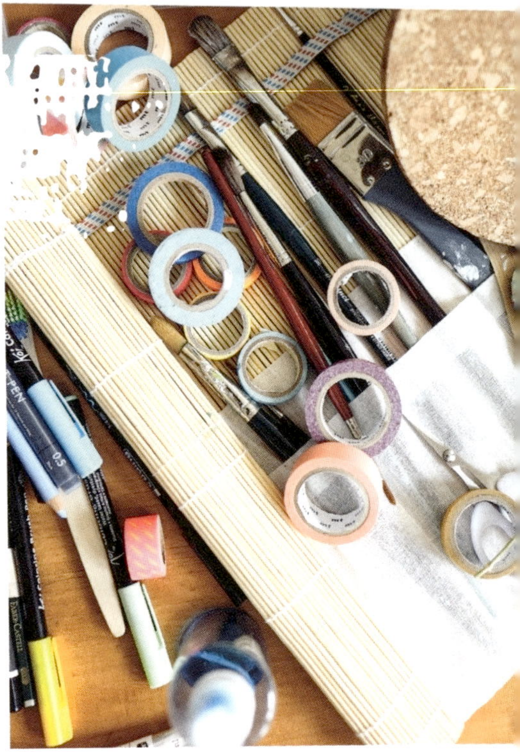

VORRATSHALTUNG

Ausreichend Washi Tape in allen Farben, Mustern und Breiten kann man einfach immer brauchen! Das Buchprojekt war eine willkommene Gelegenheit, um mir ein paar neue Exemplare zuzulegen.

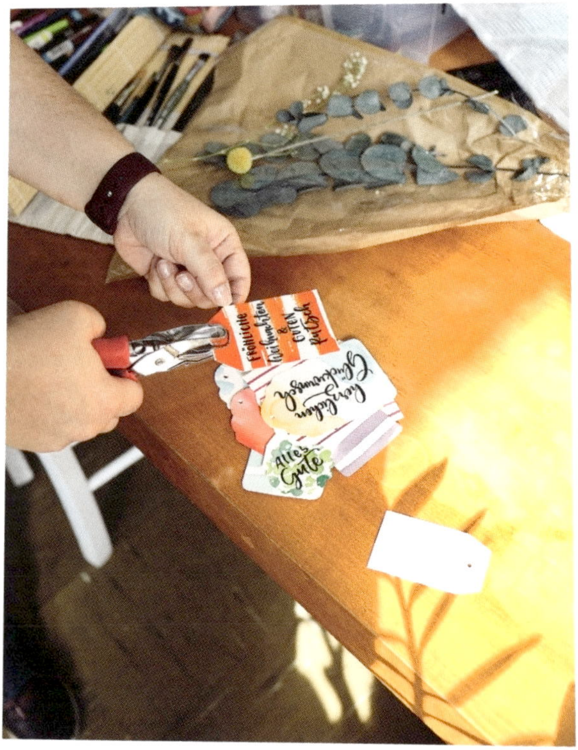

GANZ SCHÖN GELÖCHERT!

Noch ein paar kleine Löcher für die Geschenketiketten, mal eben zwischendurch.

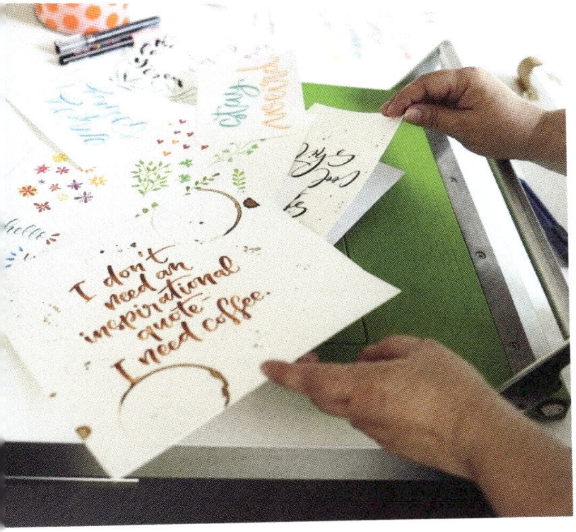

STARTKLAR

Alles bereit für das Shooting! Die Letterings wurden natürlich schon zuvor angefertigt, denn sie brauchen etwas Zeit und eine ruhige Hand.

KNIFFLIGE KISTEN

Eine Idee für einen Hack – schnell das Material dafür in die Kiste fürs Fotoshooting gepackt. Aber einmal in Gang gesetzt, fuhr das Ideenkarussell immer schneller. Neue Hacks kamen dazu, neue Listen wurden geschrieben, die Kisten ständig umgepackt – eine echtes work in progress!

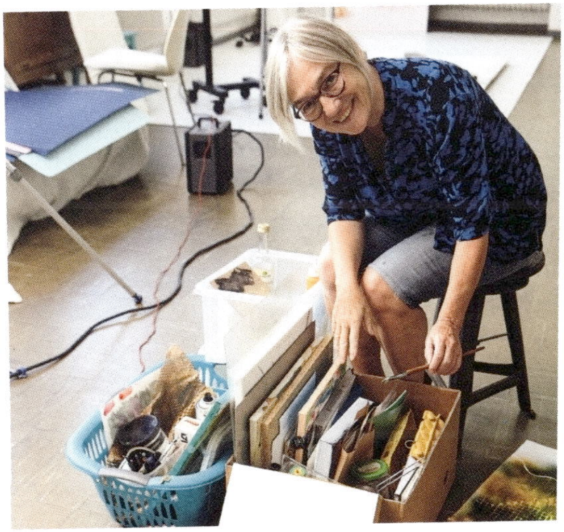

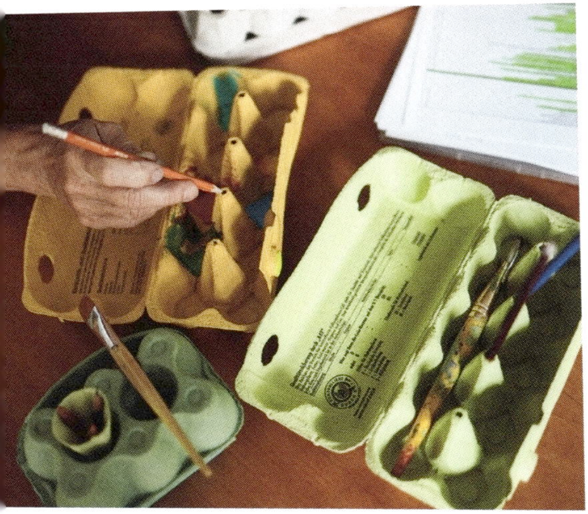

NEW LOVE

Seit der Arbeit an diesem Buch liebe ich Eierkartons! Unglaublich, was man damit alles anstellen kann. Ein paar der kreativsten Hacks findet ihr in diesem Buch, andere waren nicht so tauglich, da zu viele Ideen auf einmal drinsteckten. Lasst euch ruhig vom Eierkarton-Hype anstecken, ihr müsst ja kein Buch darüber schreiben!

MAKING OF

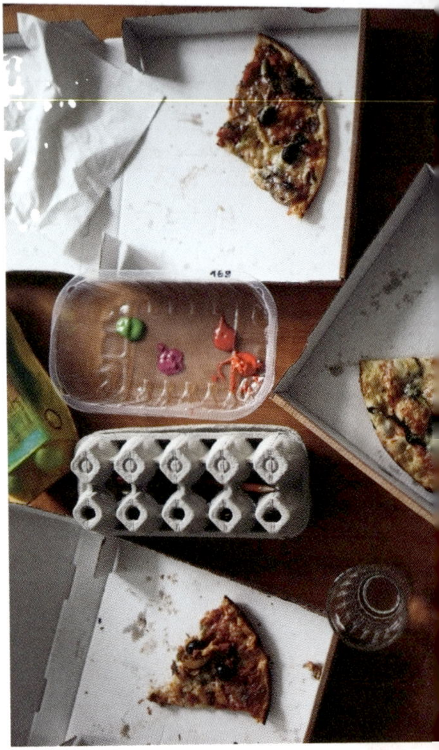

KULTIGER KARTON

Für die Mittagspause im Fotostudio hatten wir Pizza bestellt. Und was macht man aus Pizzakartons? Natürlich einen Malgrund. Mit Karton bekleben und Klebestreifen am Rand. Es wird wohl noch eine Weile brauchen, bis ich Dinge in meiner Umgebung nicht sofort im Kopf hack-tauglich umgestalte …

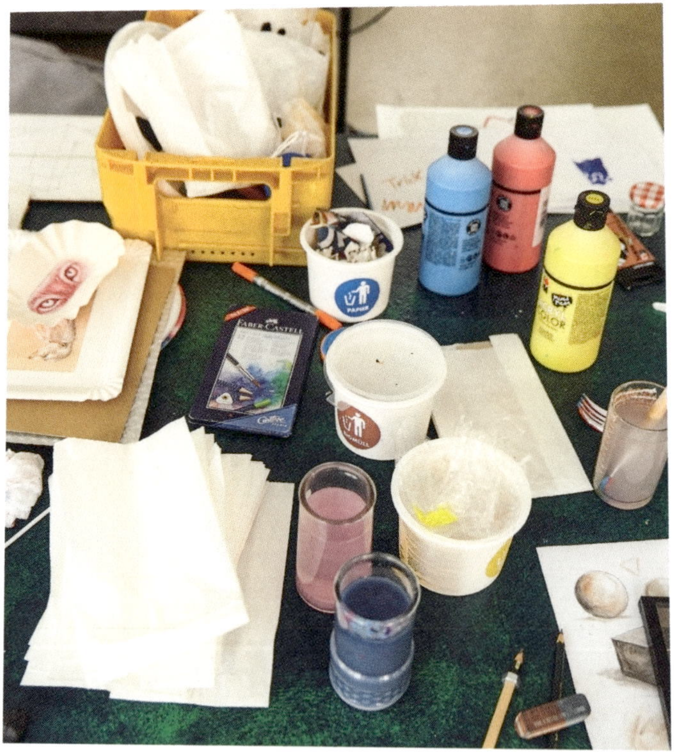

KREATIVES CHAOS

Hat hier noch jemand den Durchblick? Beim Fototermin zwischendurch auf dem Tisch mal Ordnung zu schaffen, sorgt für gute Laune aller Beteiligten.

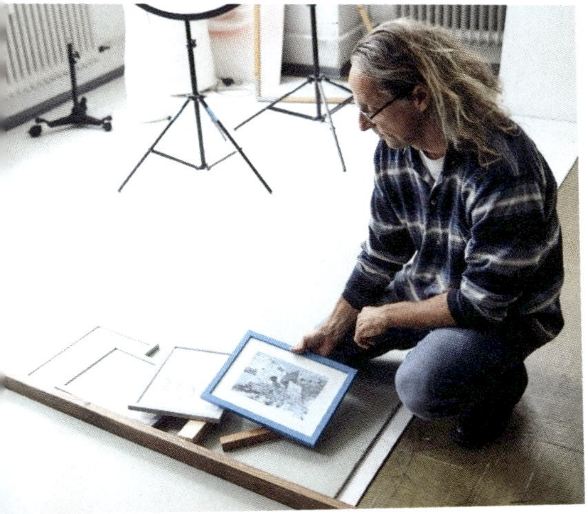

ZIEMLICH BODEN-STÄNDIG

Wo ist noch eine geeignete Wand, um ein Bild-Ensemble anzubringen und anschließend zu fotografieren? Trick 17: einfach auf dem Boden ausrichten und ablichten.

BILDSCHIRM-BEWEIS

Auf dem Bildschirm zu zeichnen mutet zunächst komisch an. Aber tatsächlich: Der Abpaus-Hack funktioniert!

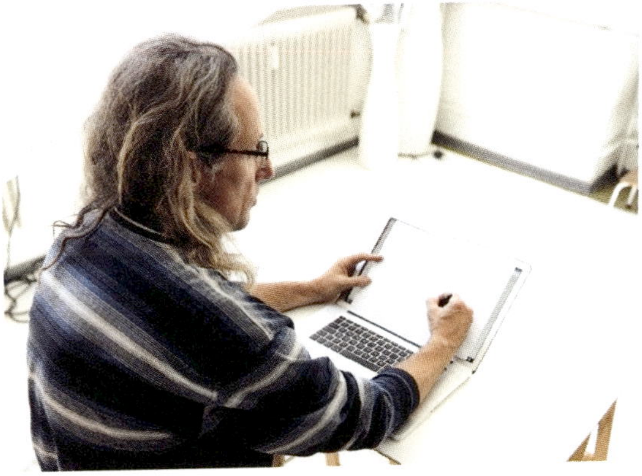

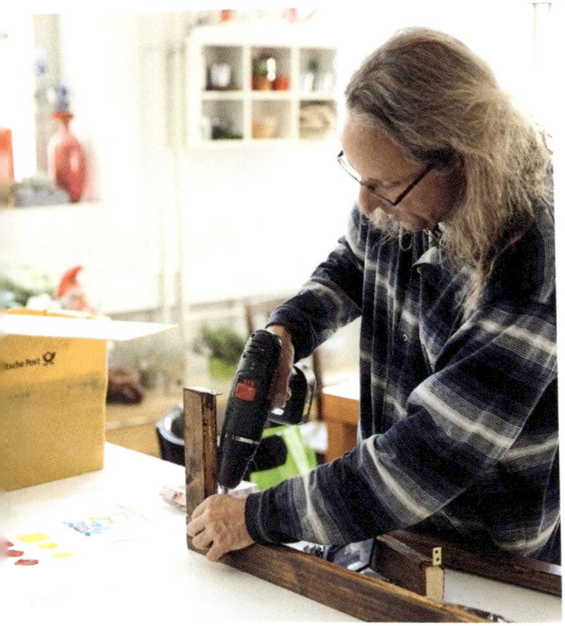

VOM PINSEL ZUR SÄGE

Nichts geht über selbst gemachte Rahmen. Auch wenn man dafür kurzfristig das Atelier in eine Werkstatt umwandeln muss, denn statt Bleistift und Pinsel übernehmen jetzt Säge und Akkuschrauber das Kommando.

FAILS

IN SCHIEFLAGE

Kleine Farbsauerei am Rande: Hält man die Dose mit den eingeklebten Deckeln für die Acrylfarben beim Transport nicht waagrecht, neigt die Farbe zu ungewollten Grenzübertritten.

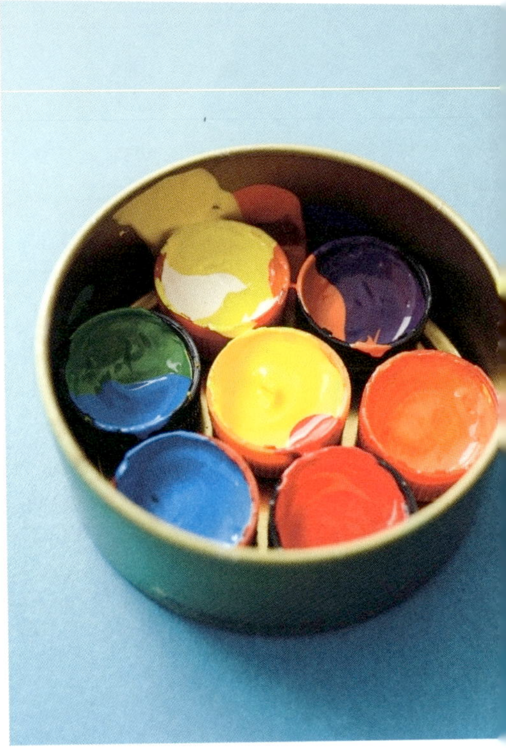

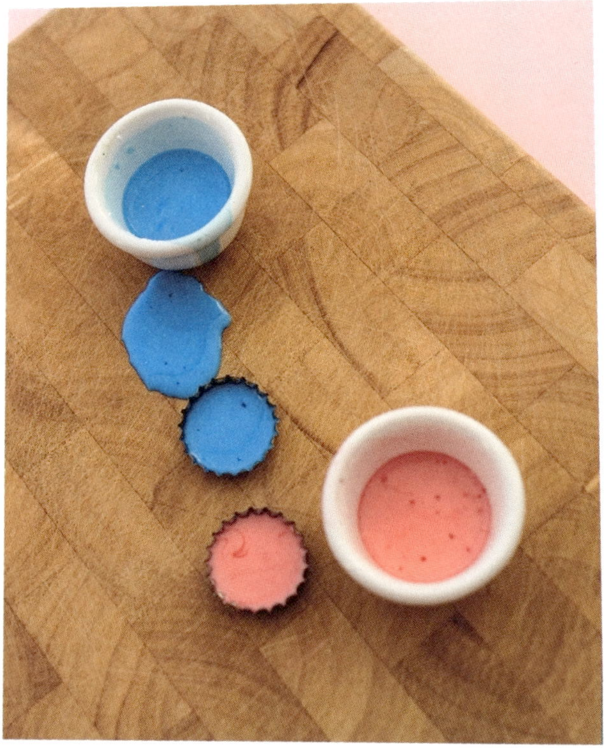

WASSERFARBEN-SINTFLUT

Sieht hübsch aus, hat es aber in sich! Beim Abfüllen der Wasserfarben geht leicht etwas daneben, denn die Deckel sind klein und flach. Ein Abfüllbehälter, der feine Dosierungen ermöglicht, wäre besser gewesen.

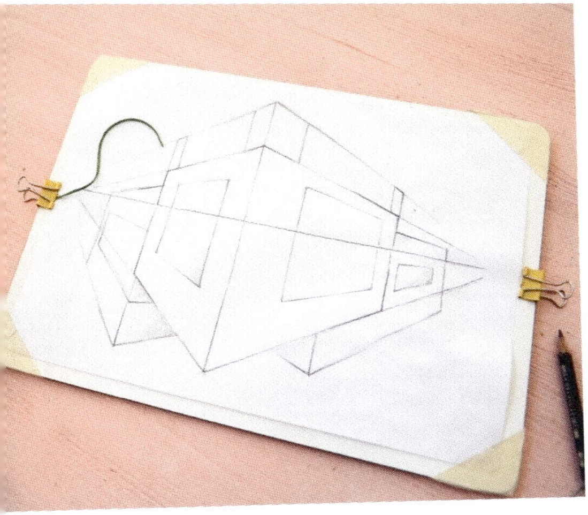

GUMMI-DESASTER

Spätestens, wenn zum dritten Mal das Gummiband gerissen ist oder sich von den Klammern verabschiedet hat, ist klar, dass es für den Zweipunkt-Perspektiven-Hack ein wirklich stabiles Gummiband braucht.

PERSPEKTIVEN-PANNE

Das war wohl nix: Fotografiert man die Zeichnung mit der kleinen Leiter nicht genau aus der richtigen Perspektive, verpufft der ganze Effekt mit der optischen Täuschung.

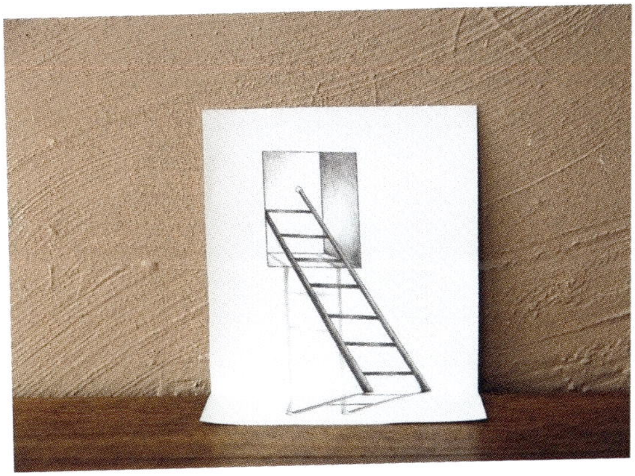

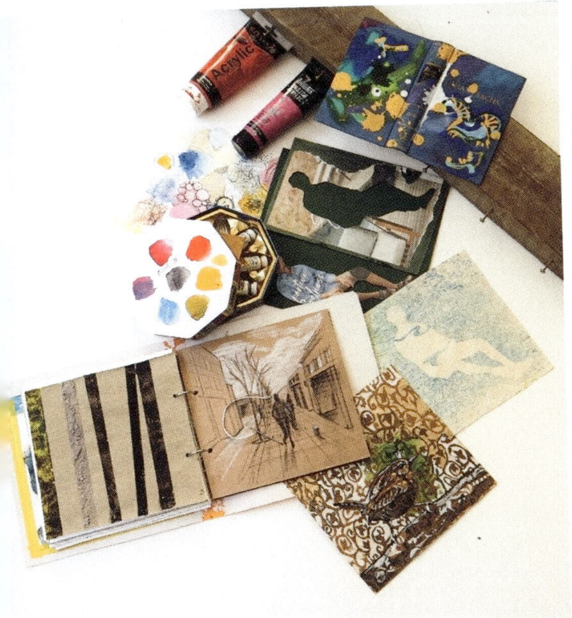

IDEENTURBO

Eine Idee ... gesagt, getan, gebaut ... ein Nagelbrett fürs Regal entsteht, ein gebrauchtes Bild wird zum Farbtubenhalter. Aber passt das überhaupt ins Konzept? Oh je, nein! Das bedeutet, dann halt noch einmal eine Variante zu bauen ...

FAILS

SEIFENBLASEN-DRAMA

Die Sache mit den Seifenblasen brauchte auch ein wenig Anlauf. Frei schweben und vor dem Zerplatzen landen lassen, das ging immer wieder schief. Am besten klappte es mit aufgeblubberten Blasen aus dem Glas. Auch musste das Verhältnis von Spülmittel zu Wasser und Farbe stimmen. Und da sich jedes Spülmittel etwas anders verhält, war Experimentieren angesagt.

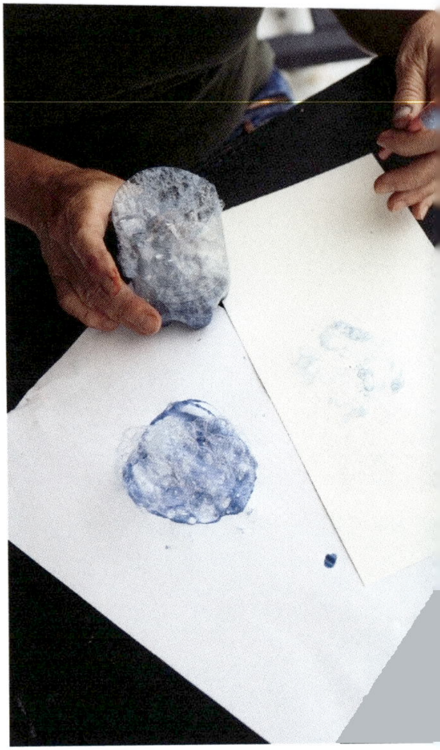

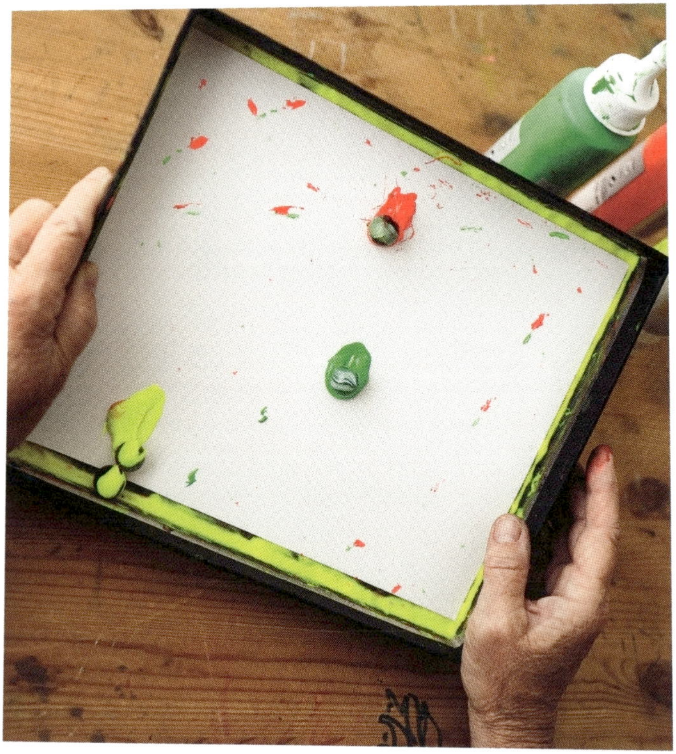

KLEINE BIESTER

Das kann doch nicht wahr sein – meine kleinen Murmeln bleiben entweder in der Farbe hängen oder hüpfen weg. Das ändert sich erst mit einer großen Murmel, die die kleinen in Gang bringt. Jetzt ist der Murmelspaß perfekt!

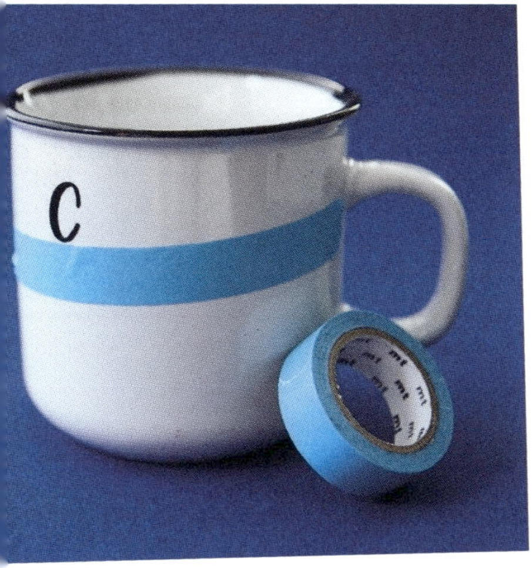

SCHRÄGER SCHRECKEN

Einfacher gesagt als getan – ein Washi Tape gerade aufkleben, um darauf waagrecht ausgerichtete Zeilen lettern zu können. Beruhigend für diejenigen, die eine Zitterhand haben: Zum Glück lässt sich das Klebeband immer wieder ablösen, um die Position zu korrigieren.

KLEBE-KATASTROPHE

Das Lettern mit einer Klebepistole kann eine Herausforderung sein, da sich der Kleber zusammenzieht und immer wieder Klümpchen bilden kann. Hier heißt das Motto: In der Ruhe liegt die Kraft oder ganz einfach: Mut zum Unperfekten!

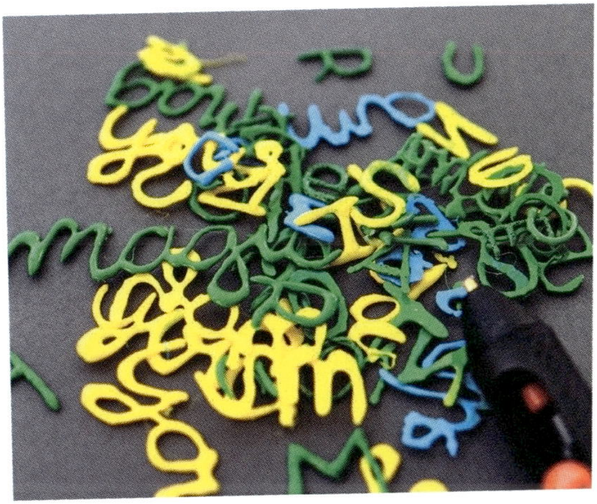

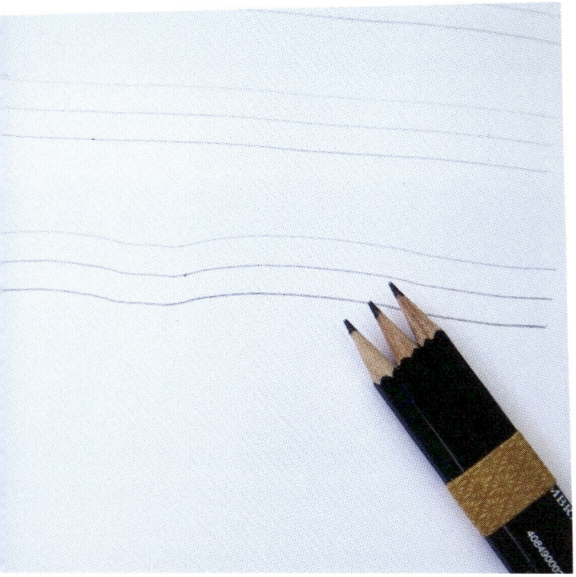

WACKLIGE WELLEN

Wer schon einmal versucht hat, ganz langsam eine gerade Linie zu ziehen, weiß: Da wird die Hand schnell zittrig und die Linie verwackelt. Ein beherzter Schwung kann Abhilfe schaffen. Zum Üben einzelner Buchstaben funktioniert diese Drei-Stift-Lineatur ganz gut. Für ganze Wörter ist sie aber nicht optimal.

REGISTER

A
Acrylfarbe 22, 23, 47, 85, 143, 154, 296, 299
Acryllack 158
Aquarellfarben 46, 86, 117, 122, 128, 200
Acrylmarker 289
Aquarellpapier 48, 92, 120, 121

B
Besen 71
Bilder
aufhängen 177, 182, 183, 188, 240
präsentieren 189, 192, 193, 241
Blattgold 163
Blending 275
Brush Pen 255, 275, 277, 284, 295

C
Cola-Feder 252
Collageelemente 148
Cuttermesser 16, 18, 118

D
Dauerbackfolie 262
3D-Buchstaben 266
3D-Effekte 232
3D-Schriftzug 256
Doppelpinsel 104
Drucken
mit Ausstechformen 231
mit Besteck 236
mit Deckeln 237
mit Fingern 234
mit Haushaltsgegenständen 144

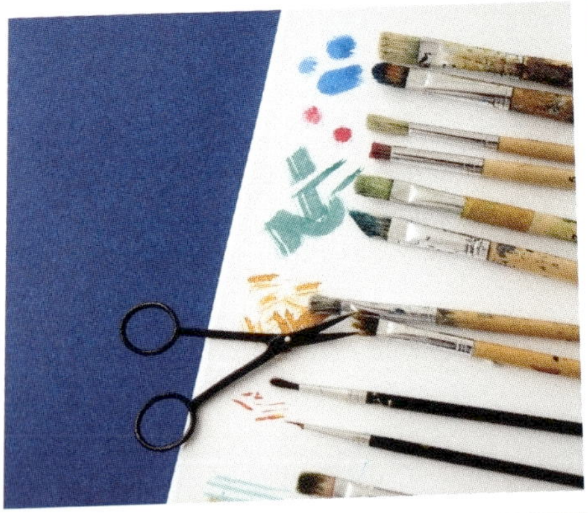

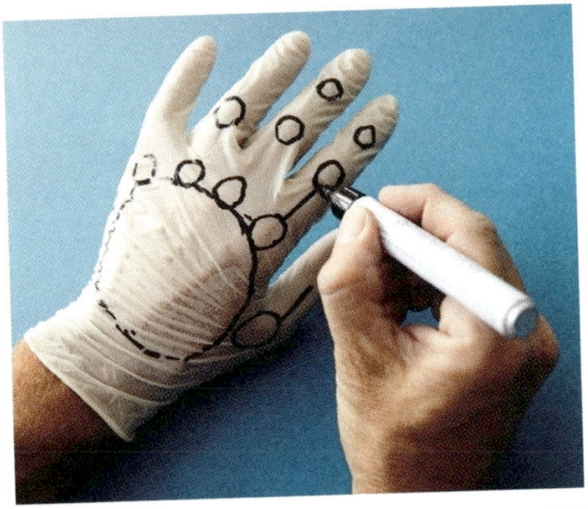

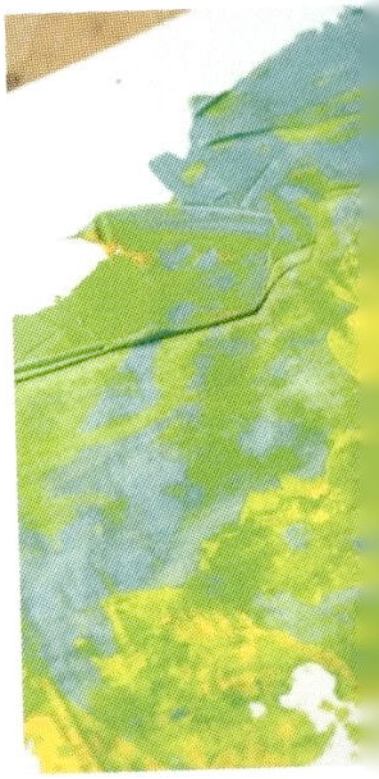

E
Eierkarton 210, 224, 228
Einpunktperspektive 14
Eisstiel 249, 276

F
Farbkreis 134, 274
Farben
aufbewahren 76, 77, 80
verwischen 43
transportieren 85, 86, 88
verlaufen lassen 142, 143
Fingerfarbe 221
Frischhaltefolie 22, 81, 145, 167

G
Gallseife 111
Gabel 152, 183, 236
Gesso 11
Gitter 11, 49
Gummihandschuh 108

H
Haarspray 7
Haushaltsschwamm 63, 21
Hintergrund 110, 158, 276

K
Kaffee 38, 286
Karton 34
Keilrahmen 61, 76, 126, 162, 213
Kernseife 58
Klebepistole 261, 299
Kohle 45, 106
Kraftpapier 294
Kreide 36, 66, 88, 216

L
Leinwand 126, 143
Lichttisch 248

M
Magic Pen 32
Make-up-Farben 37
Make-up-Schwamm 255, 282
Malerkreppband 131, 132, 186
Malkasten 22
Malsand 226
Marker auf Alkoholbasis 265, 297
Murmeln 208
Musterwalze 156

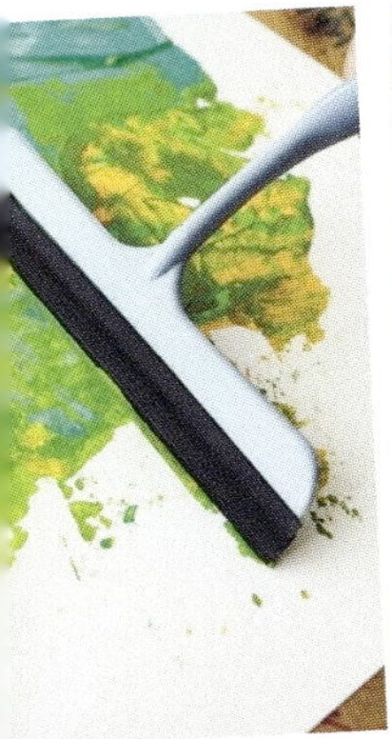

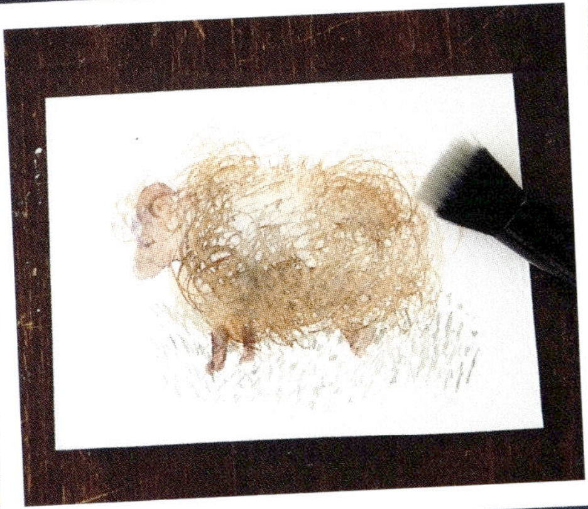

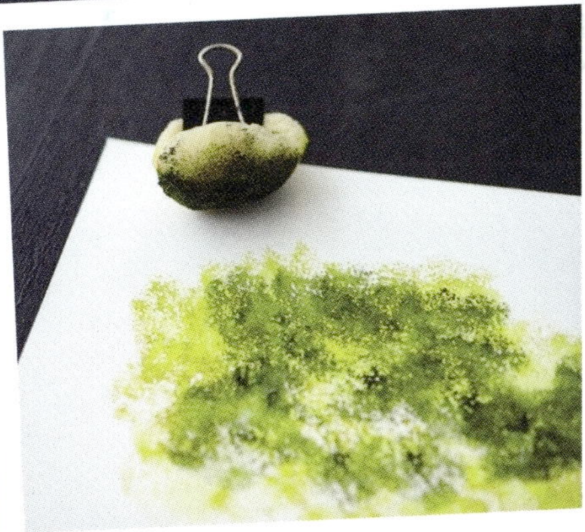

N
Nadelperspektive 15

O
Optische Täuschung 168, 170, 171

P
Palette 23
Paletten-Leporello 92
Panzertape 104, 116
Papprollen 78, 167, 224
Papier 82, 254
Passepartout 129, 184, 198, 290
Pauspapier 20
Pigmente 30, 31
Pinsel
auswaschen 56, 57, 58, 59, 62, 100
in Form bringen 127
selbst herstellen 24, 25, 27
trocknen + aufbewahren 60, 61, 75, 84, 89
Pipette 42, 123, 155, 160
Pouring-Technik 132, 160

R
Rahmen 162, 190, 194, 196, 197
Rasierschaum 232, 280

S
Salz 146, 214
Schablonen
aus Buchstaben 260
für Adressfelder 269
in Wolkenform 149
Schaumstoffwalze 110, 156, 167
Schminkpinsel 164
Seifenblasentechnik 227
Skizzenmappe 40
Spachtel 10
Spachtelmasse 39
Spezialpinsel 27
Sprühfarbe 158
Spiritus 161, 218
Staffelei 34
Stempeln
mit Buchstaben 250
mit Moosgummi 230
mit Schnur 229
Stifte
aufbewahren 205, 222
spitzen 16
Strukturpaste 16, 162

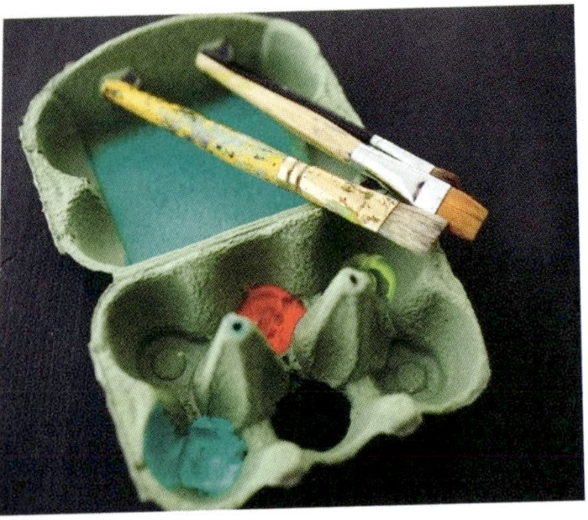

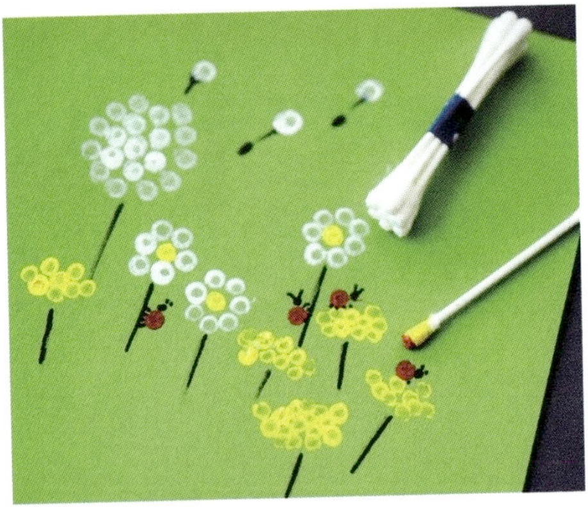

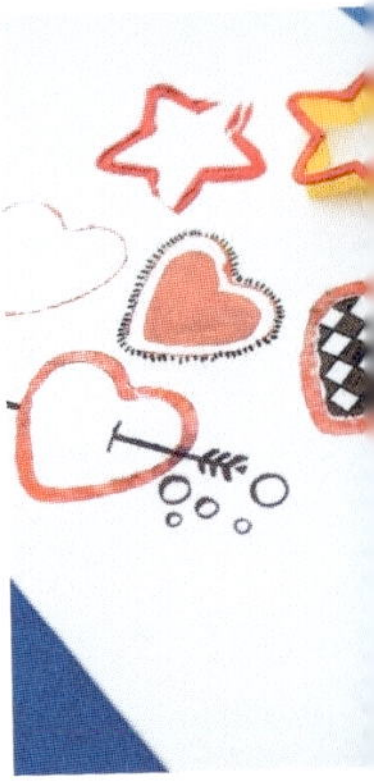

T
Teebeutel 47
Tinte 214
Tonwert 133
Tortenspitze 290
Transfertechnik mit Lavendelöl 150
Transportmappe 82
Tusche 158, 214

U
Upcycling 40, 47, 194, 197, 220, 288, 291

V
Vaseline 67

W
Wachsmalkreide 36
Wandfarbe 11
Washi Tape 245, 263, 272, 273, 278, 279, 283
Wasserfarben selbst gemacht 28, 46
Watercolor 261, 277
Wattestäbchen 43, 215, 221

Z
Zahnbürste 139, 293
Zahnpasta 181, 212
Zauberschwamm 65, 124
Zeichenfeder 18
Zeichenset to go 87
Zweipunktperspektive 12

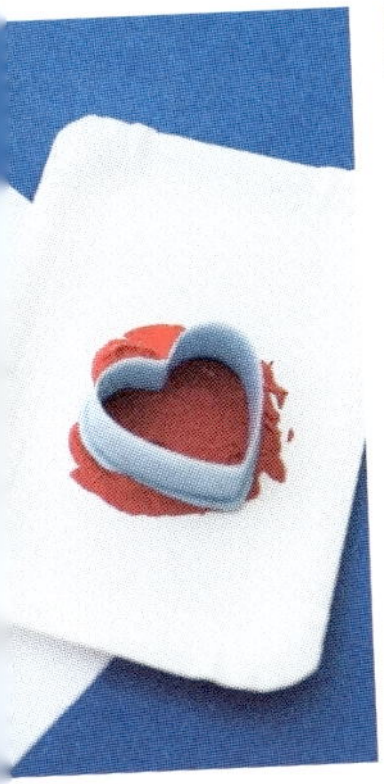

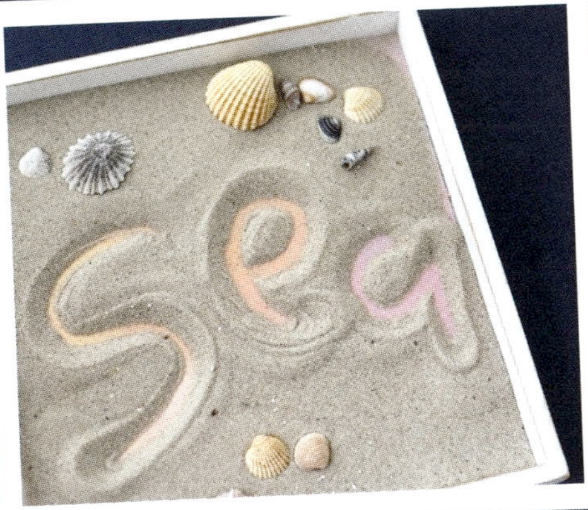

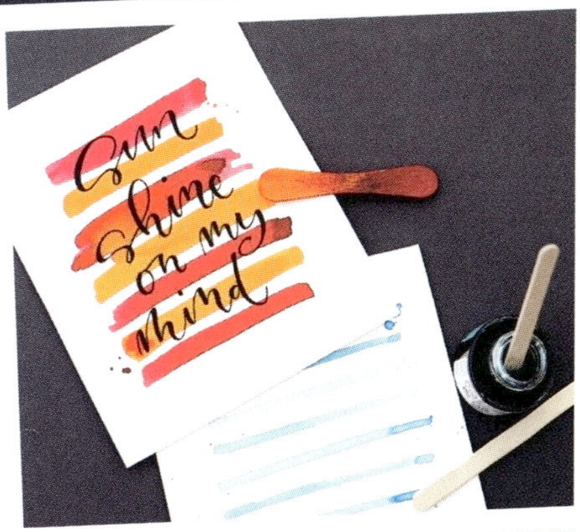

Wer wir sind, wie wir arbeiten, was wir lieben ...

Auf Instagram, Facebook und Pinterest findest du mehr über uns und unsere Arbeit und wirst immer schnell und einfach mit den neuesten Infos versorgt.

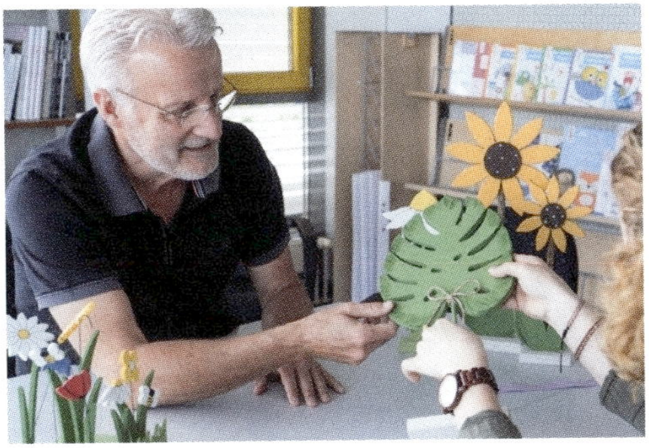

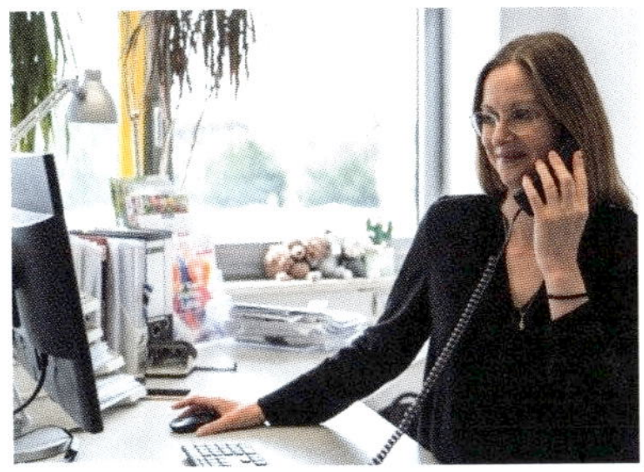

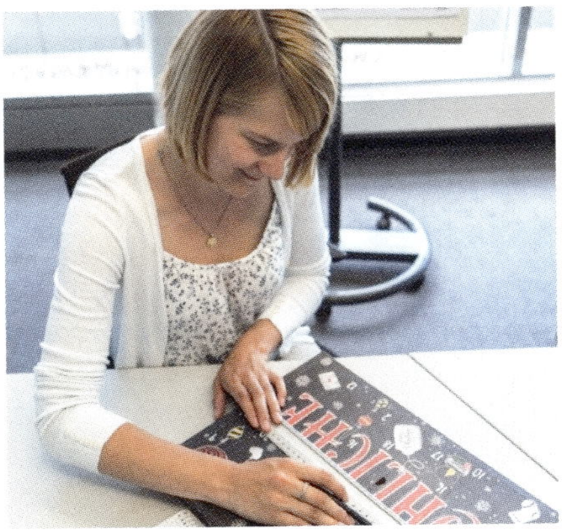

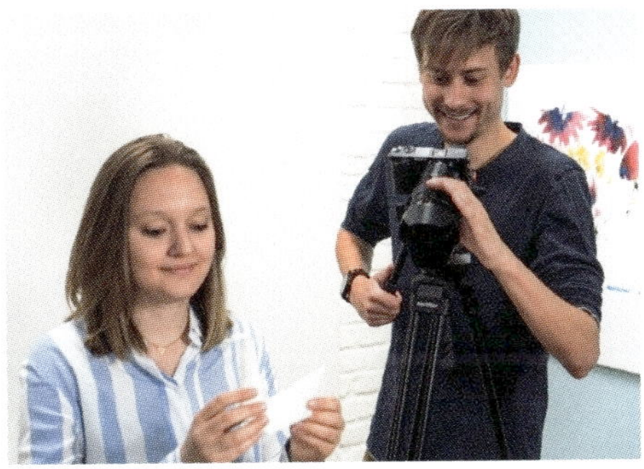

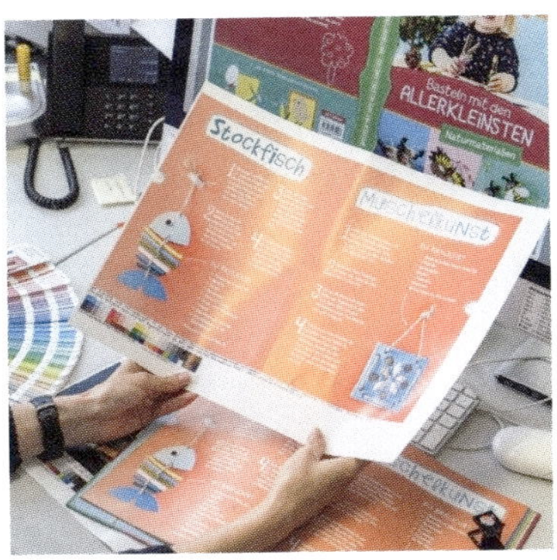

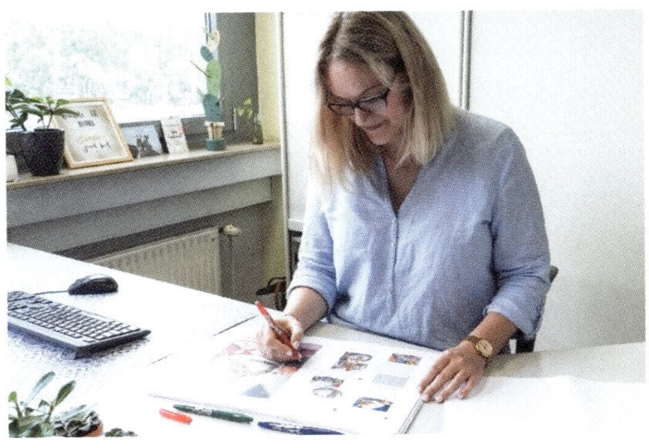

Alle News, alle Infos und alle Links findest du auf www.TOPP-kreativ.de

Buchempfehlungen für dich

Entdecke auch unsere anderen Bände mit vielen Lifehacks

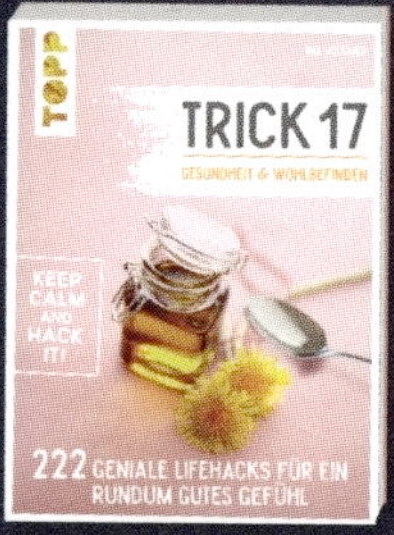

ISBN 978-3-7724-4495-1

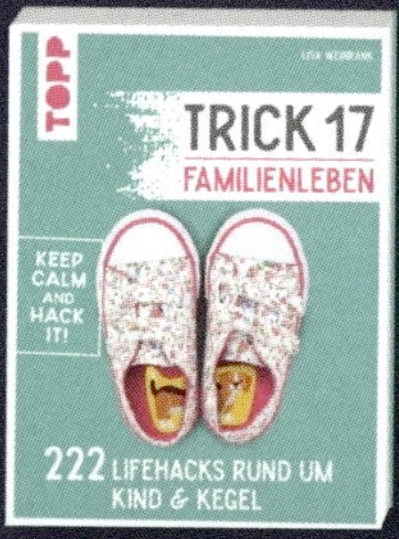

ISBN 978-3-7724-7186-5

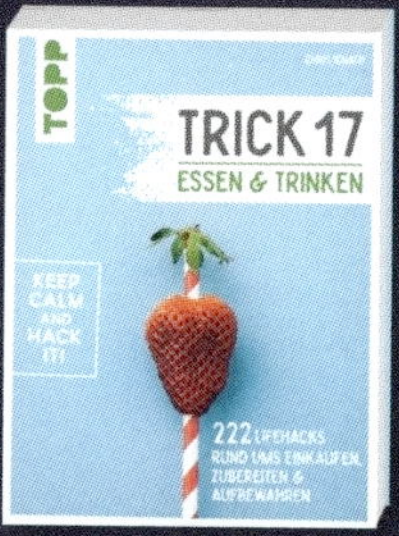

ISBN 978-3-7724-7155-1

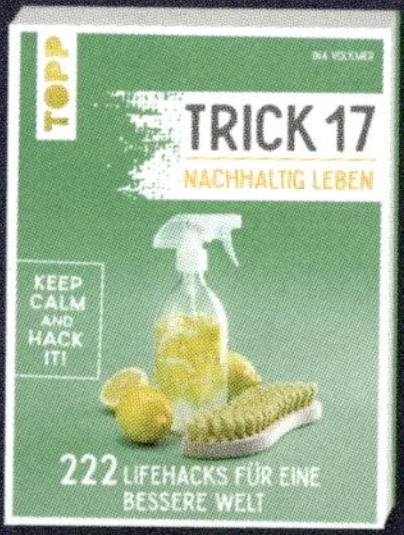

ISBN 978-3-7724-4976-5

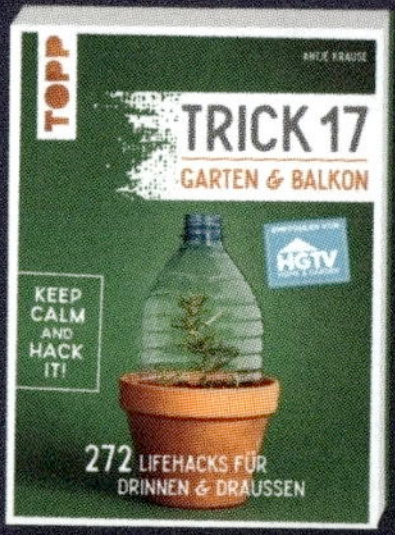

ISBN 978-3-7724-7181-0

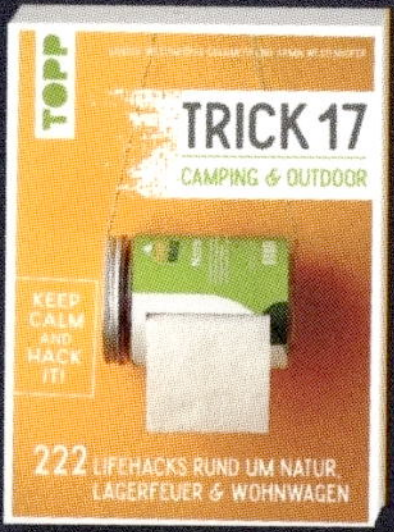

ISBN 978-3-7724-7196-4

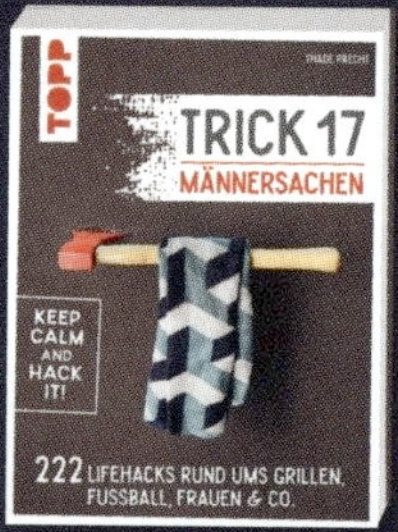

ISBN 978-3-7724-7596-5

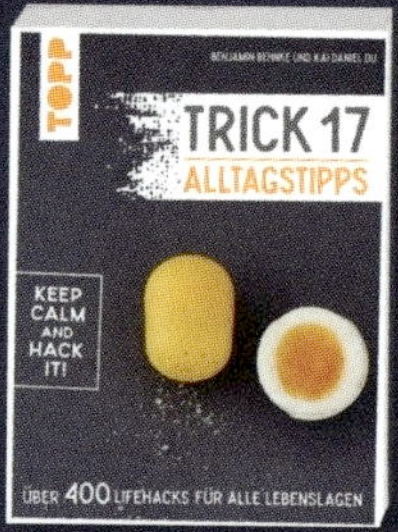

ISBN 978-3-7724-7009-7

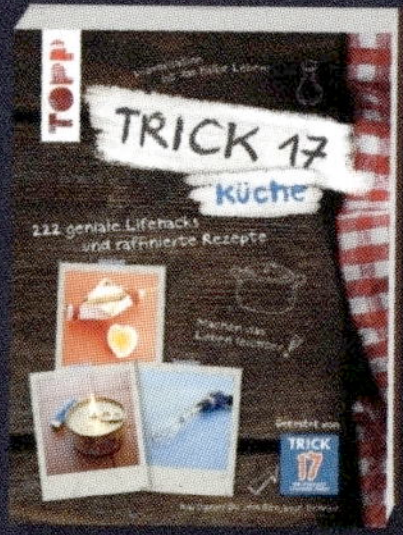

ISBN 978-3-7724-7468-2

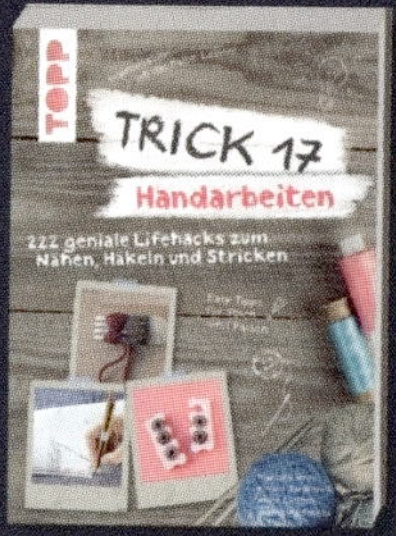

ISBN 978-3-7724-6455-3

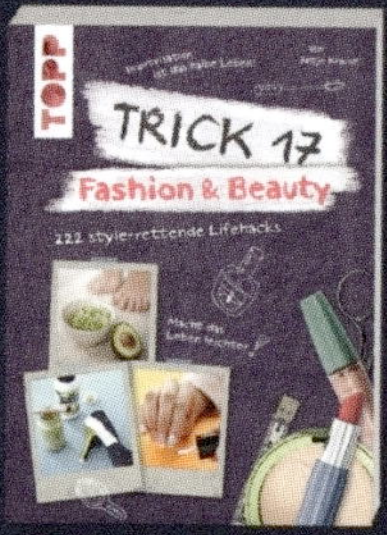

ISBN 978-3-7724-7716-4

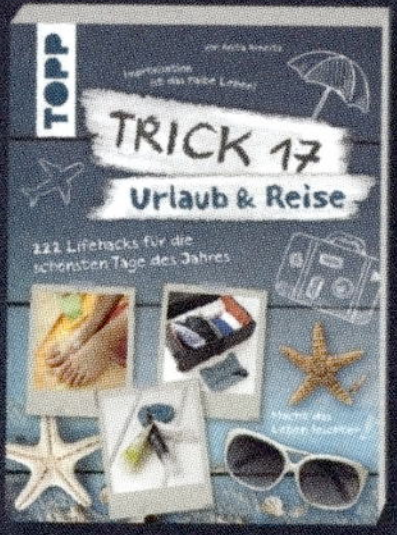

ISBN 978-3-7724-7745-4

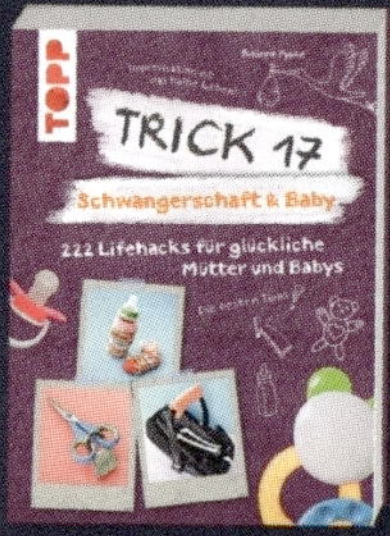

ISBN 978-3-7724-7784-3

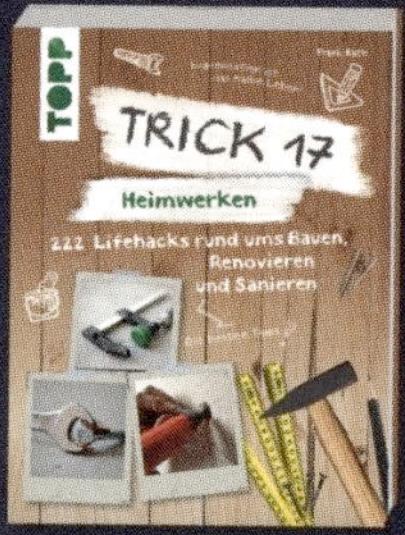

ISBN 978-3-7724-7826-0

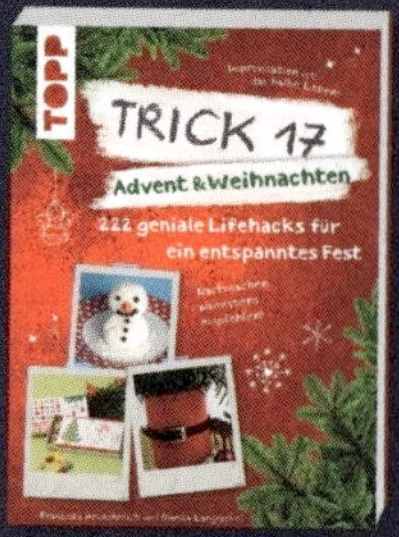

ISBN 978-3-7724-7693-8

Mehr zum Thema Lifehacks findest du auf www.trick17-dasbuch.de

Buchempfehlungen für dich

Hier gibt es weitere Lifehacks im Pockezz-Format und in einer großen Sonderausgabe

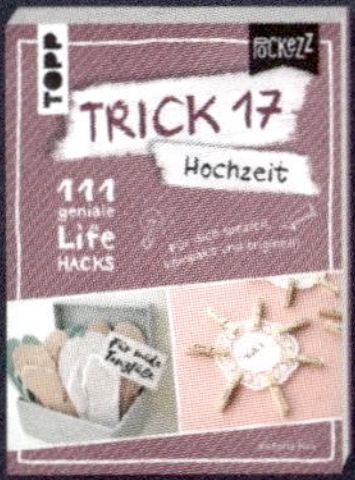

ISBN 978-3-7724-7921-2

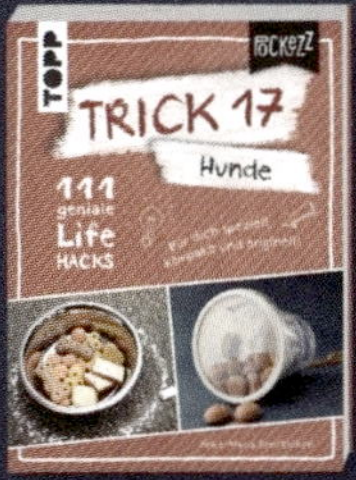

ISBN 978-3-7724-7922-X

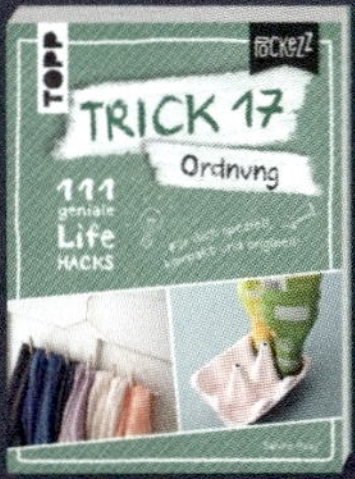

ISBN 978-3-7724-7923-6

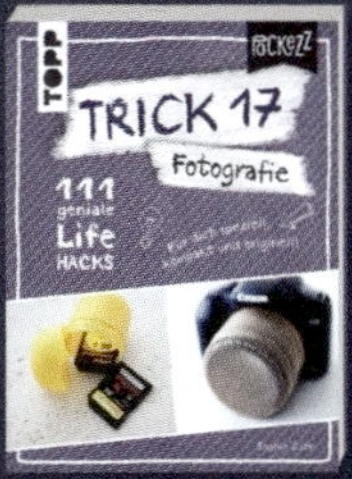

ISBN 978-3-7724-7924-3

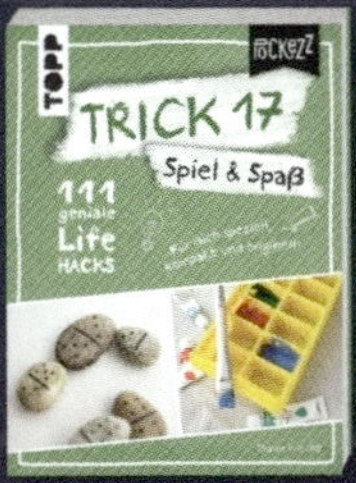

ISBN 978-3-7724-7925-3

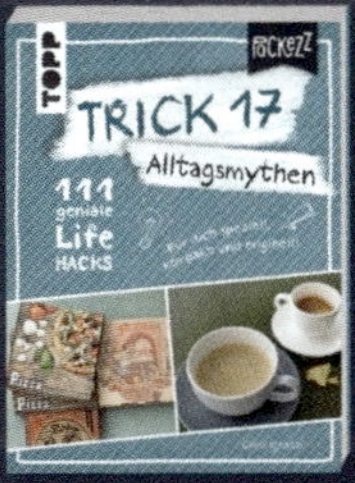

ISBN 978-3-7724-7926-7

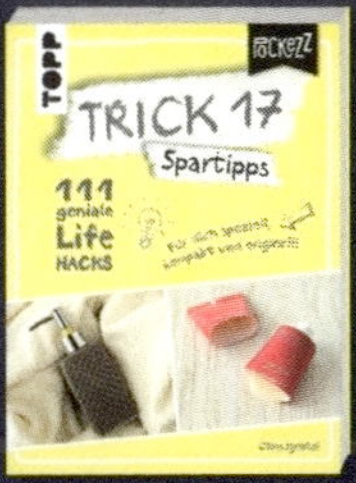

ISBN 978-3-7724-7147-6

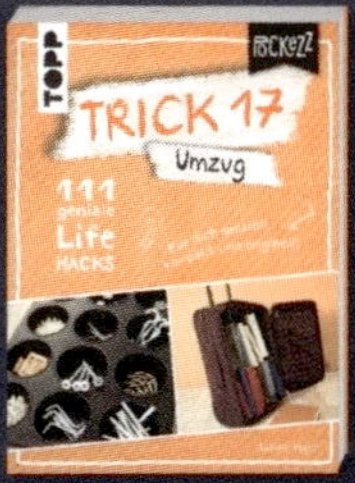

ISBN 978-3-7724-7145-2

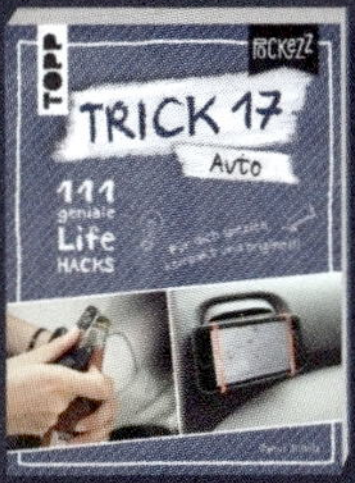

ISBN 978-3-7724-7144-5

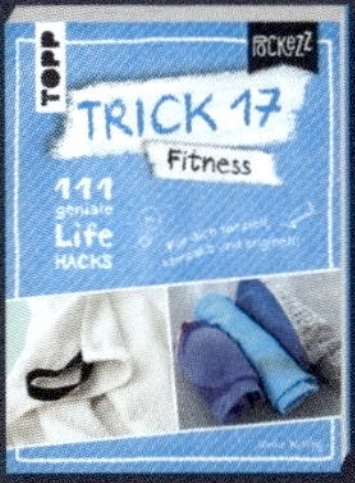

ISBN 978-3-7724-7146-9

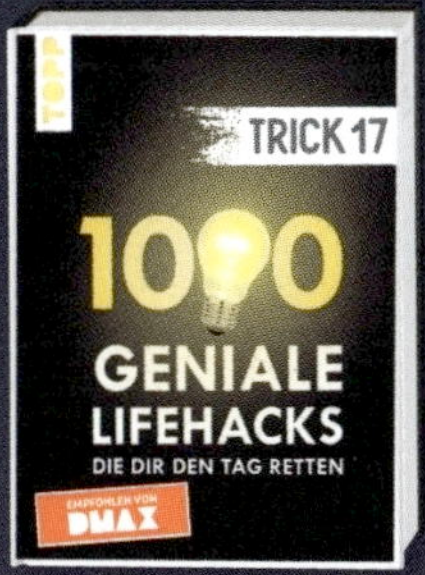

ISBN 978-3-7724-7168-1

NOTIZEN

IMPRESSUM

FOTOS: Fotostudio lichtpunkt, Michael Ruder, Stuttgart
ILLUSTRATIONEN KAPITELAUFMACHERSEITEN: Ludmila Blum
PRODUKTMANAGEMENT: Nicole Mering
LEKTORAT: Gabriele Betz, Tübingen
COVERGESTALTUNG UND LAYOUT: Eva Grimme
HERSTELLUNG: Heike Köhl
SATZ: Fotosatz H. Buck, Kumhausen
DRUCK UND BINDUNG: GPS Group GmbH, Österreich

3. Auflage 2021

ISBN 978-3-7724-4707-5 • Best.-Nr. 4707